AKAL / MÚSICA 24

MÚSICA MODERNA PARA UN NUEVO CINE

Diseño interior y cubierta: RAG

Reservados todos los derechos. De acuerdo a lo dispuesto en
el art. 270 del Código Penal, podrán ser castigados con penas
de multa y privación de libertad quienes reproduzcan sin la preceptiva
autorización o plagien, en todo o en parte, una obra literaria,
artística o científica fijada en cualquier tipo de soporte.

© Breixo Viejo, 2008

© Ediciones Akal, S. A., 2008

Sector Foresta, 1
28760 Tres Cantos
Madrid - España

Tel.: 91 806 19 96
Fax: 91 804 40 28

www.akal.com

ISBN: 978-84-460-2747-8
Depósito legal: M-42.714-2008

Impreso en Cofás, S. A.
Móstoles (Madrid)

Breixo Viejo

MÚSICA MODERNA PARA UN NUEVO CINE
Eisler, Adorno y el Film Music Project

Para Iria

Prólogo

Hace tiempo, Breixo Viejo, el autor de la presente monografía, me contó una anécdota de cuando estudiaba en la New School for Social Research en Nueva York y empezaba su investigación sobre el Film Music Project de Hanns Eisler. Se había enterado de que un coetáneo de Eisler, el barítono Mordecai Bauman, vivía en la ciudad, y había conseguido concertar una cita con él. Cuando ambos se vieron en el piso de Bauman, situado justo enfrente del antiguo edificio de la New School en la calle 12, éste, nada más empezar, le preguntó: «¿Eres músico?», «¿eres alemán?», «¿eres judío?». A lo que Viejo respondió con sinceridad: «No», «no» y «no». «Entonces –replicó Bauman–, ¿por qué haces esta investigación?». La respuesta de Viejo debió de ser muy convincente, también a nivel afectivo, ya que Bauman no sólo le concedió a continuación una extensa entrevista, sino que, a partir de entonces, se estableció entre ellos una estrecha amistad.

Esta pequeña anécdota me demuestra por lo demás algo esencial del Film Music Project de Eisler: que desde un principio ha ejercido una atracción asombrosa en personas que desde distintos ámbitos se han reunido e interesado por el proyecto, ya fueran historiadores, músicos, musicólogos, cineastas, historiadores de cine, sociólogos de los medios de comunicación o filósofos.

También yo tuve la oportunidad de conocer a Breixo Viejo a finales de 2002, cuando se trasladó a Berlín para continuar con su investigación. Me acuerdo bien de aquella larga tarde de invierno en la que empezamos hablando del Film Music Project y acabamos charlando de todo. Su entusiasmo supuso entonces para mí un apoyo inestimable, y, más adelante, cuando me dispuse a preparar una estancia de investigación en Nueva York, fue él quien me dio los mejores consejos.

En aquel momento yo me encontraba justo al comienzo de una aventura muy especial: la reconstrucción de los resultados fílmicos del proyecto de Eisler, que se habían perdido en su día debido a las distintas adversidades a las que el compositor se había enfrentado durante su exilio en los Estados Unidos, tras su expulsión de dicho país en 1948 y durante su etapa de posguerra en la República Democrática Alemana. Yo no sabía si dicha aventura llegaría a su fin, pero sí que ya había comenzado: unos años antes me había encontrado por casualidad las partituras cinematográficas alternativas que Eisler había compuesto para algunas secuencias de *Las uvas de la ira* (1940) de John Ford. Las composiciones autógrafas estaban en el Hanns-Eisler-Archiv de Berlín, pero se habían catalogado incorrectamente como las partituras de *Los verdugos también mueren* (1940) de Fritz Lang. Como me había propuesto estudiar este primer trabajo de Eisler en Hollywood, conseguí copiar las partituras y analizarlas con detalle. Gracias a este análisis, y despues de releer atentamente el «Informe sobre el Film Music Project» publicado en el libro *Composición para el cine* de Theodor W. Adorno y Hanns Eisler, me di cuenta de que los datos relacionados con la banda sonora alternativa de *Las uvas de la ira* coincidían con aquella composición que presuntamente, y contra mi parecer, «pertenecía» a *Los verdugos también mueren*.

En 2002, me puse en contacto con el director Berndt Heller, reconocido especialista en la reconstrucción de bandas sonoras. Sin demora alguna, Heller propuso interpretar las partituras redescubiertas con la Rundfunk-Sinfonieorchester de Saarbrücken en el siguiente encuentro que mantendría con la orquesta. Durante aquellos días en los que conocí a Viejo esperábamos a cada instante el resultado de la grabación que nos permitiría reconstruir finalmente el desaparecido experimento musical de Eisler.

Las circunstancias que siguieron al susodicho descubrimiento las vivió Viejo conmigo, siempre muy de cerca, durante su estancia en Berlín. Fue entonces cuando una casa de subastas berlinesa puso a la venta el legado de Louise Eisler-Fischer, la esposa de Hanns Eisler durante su exilio en los Estados Unidos. El Archivo de la Akademie der Künste, que hoy custodia el Eisler-Archiv, decidió adquirir dicho legado en convenio con la Biblioteca Nacional austríaca. Entre otra documentación aparecieron allí dos viejos discos de goma laca. Su estudio detallado demostró que contenían la grabación realizada en 1941 de *Catorce maneras de describir la lluvia,* la banda sonora original que Eisler había compuesto como partitura experimental para la versión sonora de *Lluvia,* el *cinépoème* dirigido por Joris Ivens unos años antes. Esta partitura, que había sido interpretada por última vez en Nueva York a comienzos de 1948, se creía perdida desde entonces. Durante mucho tiempo, de hecho, sólo se conoció a través de diversos intentos de reconstrucción que, desafortunadamente, eran todos erróneos, tal como demostró la grabación recuperada.

Así que, a finales de 2003, se reunieron de repente las condiciones oportunas para reconstruir de forma casi completa el estudio sobre música de cine de Eisler, para darlo a conocer y para hacerlo accesible al público en formato DVD. Viejo fue una de las personas que por entonces señaló la posibilidad de aquella empresa y que más me alentó a llevarla a cabo. El disparo de salida de la reconstrucción del proyecto sonó cuando se pudo reunir, en nombre de la Internationale Hanns Eisler Gesellschaft, la ayuda necesaria del Kulturstiftung des Bundes y de la Hanns und Steffy Eisler Stiftung. Finalmente, la editorial Suhrkamp se mostró interesada en publicar el DVD como parte de la edición especial de *Composición para el cine* que publicó en 2006.

La producción del DVD incluyó además otras tareas de reconstrucción de las otras dos películas del Film Music Project: *White Flood,* realizada por Frontier Films en 1940, y *A Child Went Forth,* dirigida por Joseph Losey en 1941. A diferencia de la versión musical de *Lluvia* y de la banda sonora alternativa para las secuencias de *Las uvas de la ira,* estas dos películas sí se habían conservado. Además de la versión existente de *White Flood,* que se distribuye por lo general con un comentario algo excesivo del narrador, se pudieron hacer otras dos versiones del film siguiendo las indicaciones mencionadas por el propio compositor en un artículo de 1941; la primera contó con un comentario menos extenso, y la segunda, sólo con subtítulos. Para poder realizar ambas versiones hubo que interpretar de nuevo la partitura avanzada de Eisler, que esta vez fue dirigida con brío por Roland Kluttig al frente de la Kammerensemble Neue Musik de Berlín. De *A Child Went Forth* se hizo una segunda versión algo más concisa y siguiendo otro orden de montaje de acuerdo a las indicaciones que se dan en *Composición para el cine*.

En cierto modo, el proyecto de reconstrucción se enfrentó de forma aleccionadora con algunas dificultades similares a las que se había topado el propio Eisler en su día, y que Viejo describe en este libro con detalle. Tuvimos que conseguir los correspondientes derechos de reproducción para poder trabajar con las bandas de diálogo y de sonido de las secuencias de *Las uvas de la ira*, que a su vez tuvieron que separarse con cuidado de la banda musical de la versión que actualmente se distribuye de la película. Las grabaciones se tuvieron que hacer con los correspondientes medios para su posterior sincronización, y al final el presupuesto de todo el proyecto demostró haberse calculado muy ajustadamente.

La reconstrucción final del proyecto en DVD la considero lograda sobre todo en la medida en que se ha publicado con la edición especial en alemán de *Composición para el cine*. El resultado teórico y la práctica artística se estudiarán a partir de ahora en conjunto. Así, algunas de las ideas de Adorno y Eisler ya no serán, como han sido hasta ahora y parafraseando a Immanuel Kant, «conceptos vacíos sin intuiciones». El peligro añadido de que la ilustración que dicho DVD hace del Film Music Project se quede, de nuevo en palabras de Kant, «ciega» por falta de corroboración conceptual, se ve contrarrestado por la presente monografía de Breixo Viejo.

Johannes Carl Gall
Berlín, noviembre de 2007

En su intento de manipular a las masas, la ideología de la industria de la cultura se transforma en su interior en antagonista de esa misma sociedad que pretende controlar. La ideología de la industria de la cultura contiene dentro de sí el antídoto a su propia mentira.

Theodor W. ADORNO, «Transparencias cinematográficas», 1966.

Introducción

Este libro pretende aportar una visión original, corregida y, en la medida de lo posible, completa, del desarrollo histórico y de los resultados estéticos del Film Music Project, el proyecto sobre música de cine que dirigió el compositor Hanns Eisler en Nueva York durante los primeros años de la década de 1940. A lo largo de esta investigación se ha intentado, por un lado, documentar cronológicamente cada una de las fases por las que pasó el estudio original y, por otro, analizar sus resultados prácticos y teóricos atendiendo a cuestiones de contenido y forma. La investigación de Eisler, sin embargo, no se ha estudiado aquí solamente como un proyecto específico sobre las relaciones entre música y cine: uno de sus objetivos fundamentales fue hacer una reflexión profunda sobre las limitaciones y posibilidades de ambas prácticas artísticas para cambiar la propia sociedad en la que surgió el proyecto. En la medida en que hemos intentado no perder de vista esta finalidad primordial del Film Music Project, también nuestro libro ha intentado reflexionar, aunque indudablemente de forma más modesta, sobre el carácter social, ya sea dominante o emancipatorio, del arte musical y del medio cinematográfico.

Quien acceda hoy a la reconstrucción del proyecto puede observar a su vez hasta qué punto fue un ejemplo perfecto de unión entre las dos tendencias principales de la estética marxista alemana de la primera mitad del siglo XX: la filosofía del arte de la Escuela de Fráncfort y la práctica artística de sesgo revolucionario. Dicha comunión no sólo se dio porque Theodor W. Adorno y Hanns Eisler fueran dos de los representantes principales de esas tendencias; el proyecto en sí, a través de la conjunta redacción del libro *Composición para el cine* y de la creación artística de las bandas sonoras, propuso una fusión de *teoría* y *praxis* inexistente en la mayoría de los proyectos realizados por la comunidad de marxistas alemanes. Ni bajo los auspicios del Institut für Sozialforschung dirigido por Max Horkheimer, ni dentro de la comunidad más ligada a los organismos creados en la órbita artística del Partido Comunista, se produjo con anterioridad o posterioridad una aplicación tal del pensamiento teórico al ámbito de la práctica.

El Film Music Project posee además una relevancia a la que este texto ha intentado hacer justicia en todas sus dimensiones: en tanto investigación personal, fue uno de los proyectos más importantes en la vida de Eisler; en tanto estudio financiado por una organización norteamericana (la Fundación Rockefeller), uno de los ejemplos paradigmáticos de los estudios desarrollados por intelectuales exiliados en los Estados Unidos durante la era nazi; y en tanto proyecto teórico y práctico de las cualidades estéticas de la música en el cine, un experimento desde entonces sin igual en las disciplinas de los estudios fílmicos y musicológicos. Desde su realización no se ha llevado a cabo ningún proyecto sobre música de cine que combinase películas independientes y comerciales, de ficción y de género documental, como lo hizo la investigación de Eisler. Hoy es difícil citar un libro que haya trascendido las fronteras de ambas disciplinas como lo ha hecho *Composición para el cine* (publicado originalmente por Oxford University Press en 1947). El proyecto original reunió por lo demás a una serie de colaboradores directos (Theodor W. Adorno, Joris Ivens, Joseph Losey) o indirectos (John Steinbeck, Bertolt Brecht, Arnold Schönberg) que han definido, en mayor o menor medida, una parte importante del pensamiento y del arte del siglo XX.

La idea básica que Eisler quería probar con sus partituras del Film Music Project era que la técnica moderna de composición, en principio esotérica y elitista, no sólo era adecuada para las películas, sino que además, cuando se usaba en el cine, parecía perder su carácter conservador y volverse sumamente progresiva. En un artículo escrito en 1941, el compositor señalaba a este respecto: «Aparententemente, el material musical avanzado, que la mayor parte de los asistentes a conciertos encuentra indigerible e irrelevante, pierde parte de su cualidad prohibitiva cuando se aplica al cine»[1]. A su vez, con la intervención de la música moderna la imagen cinematográfica podía adquirir un carácter novedoso y abstracto que le permitiese explorar al máximo sus posibilidades visuales y sonoras, y alcanzar por fin un estatuto propio. El medio cinematográfico, a través de una práctica productiva seria y crítica, podía alcanzar así una dignidad estética y social que se le había negado desde su origen como entretenimiento de feria.

Hace ocho años, cuando empezamos la redacción de este texto, la parte práctica del Film Music Project todavía no había sido reconstruida, ni tampoco existía una edición crítica y completa de *Composición para el cine*. Gracias a la ardua labor de investigación de Johannes Carl Gall, hemos podido confirmar hipótesis y descartar pistas falsas, así como disfrutar finalmente del proyecto de Eisler en una forma casi idéntica a la que debió tener en su día. En la reconstrucción editada recientemente por Suhrkamp Verlag, se encuentran las cuatro películas y bandas sonoras que conforman la parte práctica del proyecto: el cortometraje documental *White Flood* [Riada blanca, 1940] de la productora Frontier Films; el mediometraje *A Child Went Forth* [Un niño prosiguió, 1941] de Joseph Losey; la película experimental *Lluvia* (*Regen*, 1928) de Joris Ivens; y varias secuencias del célebre largometraje de ficción *Las uvas de la ira* (*The Grapes of Wrath*, 1940) de John Ford. Asimismo, la edición crítica del texto en alemán incorpora numerosas notas y tres epílogos que completan por fin la historia documental del libro.

La principal hipótesis que hemos querido demostrar en nuestro estudio es que, si algo definió al Film Music Project de Eisler, fue su carácter fuertemente contradictorio. Como las pretensiones artísticas del compositor fueron desmesuradas, cuando el proyecto fracasó, lo hizo estrepitosamente; pero cuando consiguió alcanzar algunos de los ideales artísticos que se había propuesto, entonces logró producir un ejemplo perfecto de esa manifestación enigmática y fascinante que comúnmente llamamos arte.

Si comparamos la propuesta para el proyecto que Eisler entregó a finales de 1939 a la Rockefeller Foundation, organismo financiador de la investigación, con el informe

---

[1] Hanns Eisler, «Film Music. Work in Progress», *Modern Music* 4 (1941), pp. 250-254, 250.

final sobre el Film Music Project que él mismo facilitó a dicha institución casi tres años más tarde, podemos comprobar fácilmente cómo, al término de su proyecto, Eisler tan sólo había conseguido una pequeña parte de lo que se había propuesto[2]. Una rápida comparación de dichos documentos demuestra, de hecho, que el Film Music Project fue en ciertos aspectos un proyecto fallido. Sin embargo, la intensa experiencia estética que se vive al ver y escuchar el film experimental *Lluvia,* de Joris Ivens, para el que el compositor escribió una nueva banda sonora en otoño de 1941, demuestra todo lo contrario. Escuchar la excepcional composición de Eisler para esta película y observar el singular modo en que la música interactúa con la imagen convence de inmediato al más escéptico de los investigadores. Una rápida visión o lectura de los demás resultados prácticos y teóricos del Film Music Project demuestra cómo, en otros aspectos, el Film Music Project fue un proyecto logrado.

Como sólo se puede comprender la investigación original de Eisler en su totalidad desde este paradigma de la contradicción, nuestro estudio se ha desarrollado desde el principio a través de la suma de microfuerzas contrapuestas. Si este trabajo ha obtenido conclusiones generales y relevantes, lo ha hecho gracias al estudio pormenorizado de cientos de detalles particulares, que por momentos puedan incluso parecer contradictorios e irrelevantes. Curiosamente, su conjunción no ha supuesto un tratamiento desordenado o cerrado de la comprobación de la hipótesis, sino todo lo contrario: con el constante enfrentamiento de conceptos, creemos que el texto ha activado ese campo de acción de fuerzas contrapuestas que en última instancia ha permitido la obtención de conclusiones relevantes sobre el proyecto de Eisler y Adorno.

El objetivo principal de este libro, por tanto, no ha sido otro que el querer demostrar la citada hipótesis con datos y documentos determinados que justificasen de forma objetiva nuestro entendimiento del Film Music Project como una investigación lograda y fallida al mismo tiempo. Lógicamente, dicho propósito no podría alcanzarse sin lograr antes otro cometido: el análisis crítico del desarrollo histórico y de los resultados teóricos y prácticos del proyecto original.

Debido a la extensión de este trabajo también se han podido cumplir una serie de objetivos secundarios, como la explicación de algunas características del contexto histórico, social e institucional del proyecto; las particularidades del primer exilio de sus dos protagonistas principales (Eisler y Adorno); o el análisis de la producción cinematográfica independiente y documental que se realizó en Nueva York durante los primeros años de la década de 1940. Hemos podido referirnos a la actividad intelectual de algunos exiliados durante aquel mismo periodo, describir distintos rasgos de la producción musical eisleriana e incluso detenernos en temas más particulares, como la problemática relación del compositor con el técnico de sonido Harry Robin o el ensayista Leo Rosten. Todos estos asuntos aparecen a lo largo del texto como teselas que configuran un pequeño mosaico de entre todos los mosaicos de aquella época. Lejos de entenderlos de forma independiente, estos subtemas son también abordados con una mirada crítica e interdisciplinar que los vincula a la hipótesis principal del libro: contribuyen de un modo u otro a demostrar qué elementos funcionaron en el Film Music Project... y cuáles no.

---

[2] Hanns Eisler, «Research Program on the Relation between Music and Films», s.f. (posiblemente última semana de octubre de 1939), 6 pp., Rockefeller Archive Center (RAC) y Hanns Eisler, «Final Report on the Film Music Project on a Grant by the Rockefeller Foundation», 30 de octubre de 1942, 6 pp., Feuchtwanger Memorial Library (FML).

Por ejemplo, el estudio de la noción genuinamente eisleriana de *angewandte Musik* (música aplicada), con la cual el compositor denominaba aquella música de cine o teatro que podía ser a su vez autónoma sin tener que variar ni una sola nota de su pentagrama, nos sirvió para comentar algunos de los aspectos más novedosos y brillantes del proyecto, como la doble funcionalidad o cierto carácter utópico que Eisler otorgó a su investigación. Por otro lado, el análisis de los vínculos del compositor con el gobierno norteamericano reveló cierta desorientación (o incluso cierto oportunismo), y demostró alguno de los cabos sueltos o mal atados del proyecto original. El estudio de la idea de «música aplicada» y de la colaboración de Eisler con la administración de Roosevelt fueron otros dos subtemas que ilustraron una vez más la hipótesis principal: demostraron a su manera cómo la contradicción fue un rasgo inherente al desarrollo histórico y estético del Film Music Project.

Durante nuestra investigación hemos recurrido a fuentes primarias de información. El desarrollo cronológico del proyecto se ha reconstruido a partir de documentos originales (telegramas, cartas, informes, partituras, presupuestos, listas de gastos, noticias, etc.) que residen principalmente en el Rockefeller Archive Center de Sleepy Hollow, en la Feuchtwanger Memorial Library de Los Ángeles y en el Hanns-Eisler-Archiv de la Akademie der Künste de Berlín. El análisis estético se ha realizado a partir de los propios resultados del proyecto: las películas para las que Eisler compuso sus respectivas bandas sonoras y los textos teóricos que acompañaron a dichas partituras (distintos informes y *Composición para el cine*).

Aunque estas fuentes primarias facilitaban la respuesta a gran parte de las preguntas básicas que cualquier investigación pudiera haber planteado, existían sin embargo una serie de incógnitas que sólo han podido ser dilucidadas empleando fuentes secundarias. Artículos de investigación, textos biográficos o ensayos de carácter general sobre el fenómeno del exilio, nos han permitido completar diversos pasajes del libro, que presenta asimismo una aproximación al periodo histórico del proyecto a partir de eventos paralelos y circundantes al Film Music Project. A diferencia de la literatura existente sobre la investigación original, que se ha limitado a comentar el contenido de las fuentes primarias (haciéndolo la mayor parte de las veces de forma incompleta)[3], nuestro estudio pretende cubrir los espacios que dichas fuentes dejaban en blanco con información nunca antes relacionada con el proyecto de Eisler. Por ejemplo, hemos comprobado que un texto del sociólogo Paul Lazarsfeld sobre su trabajo como director del Princeton Radio Research Project (otra investigación financiada por la Rockefeller Foundation)[4], revela hoy sobre el Film Music Project tanto como muchos de los documentos originales del proyecto. El estudio de las clases que Eisler impartió en la New School o de las bandas sonoras que escribió en Nueva York durante los meses previos al proyecto permiten igualmente dar una visión mucho más completa y detallada de sus características históricas y estéticas.

---

[3] Nos referimos en concreto a los pasajes dedicados al proyecto en Albrecht Betz, *Hanns Eisler. Musik einer Zeit, die sich eben bildet*, Múnich, edition text + kritik, 1976 (citado a partir de ahora por la edición en inglés de Bill Hopkins, *Hanns Eisler. Political Musician*, Cambridge, Cambridge University Press, 1982); Manfred Grabs, *Hanns Eisler: Kompositionen. Schriften. Literatur. Ein Handbuch*, Leipzig, Deutscher Verlag für Musik, 1984; y Jürgen Schebera, *Hanns Eisler. Eine Biographie in Texten, Bildern und Dokumenten*, Maguncia, Schott, 1998 (a partir de ahora citado como *Hanns Eisler*).

[4] Paul F. Lazarsfeld, «An Episode in the History of Social Research: A Memoir», en Bernard Bailyn y Donald Fleming (eds.), *The Intellectual Migration. Europe and America, 1930-1960*, Cambridge, Harvard University Press, 1969, pp. 270-337.

A lo largo del texto hemos corregido errores comunes y constantes en la literatura del Film Music Project y, gracias a esta metodología de fuentes secundarias, hemos podido dar una visión más completa del proyecto de Eisler. Entre dichas fuentes ha habido asimismo también unos libros fundamentales para la redacción de este estudio; nos referimos en particular a los textos que acabamos de citar sobre la vida y obra de Hanns Eisler, escritos por Albrecht Betz, Manfred Grabs y Jürgen Schebera. Aunque a menudo los hayamos citado para debatir algunas de sus tesis principales, nuestra deuda con estos tres autores es innegable. De igual modo, el volumen especial sobre la música de cine de Eisler que publicó en octubre de 1998 el *Historical Journal of Film, Radio and Television* bajo la supervisión de David Culbert y Albrecht Dümling ha sido una referencia constante de nuestra investigación[5]. Lejos de ser una fuente fiable y completa, este volumen sí aportó numerosas ideas que, indudablemente, motivaron algunos de los debates más airados de este estudio.

En cuanto a la estructura del libro, el primer capítulo, «La nueva fuga de Constantinopla», aporta una visión general sobre la heterogeneidad del fenómeno del exilio de intelectuales centroeuropeos a los Estados Unidos durante el periodo nazi, hace un recuento de las diversas instituciones que recibieron a los exiliados y destaca el papel de la New School for Social Research y del Institut für Sozialforschung, las instituciones que recibieron en Norteamérica a Eisler y Adorno, respectivamente (y cuya relación no fue siempre fácil). La última parte del capítulo está dedicada a los programas de ayuda a refugiados que la Rockefeller Foundation puso en marcha entre 1933 y 1945, y a su financiación de numerosos proyectos sobre la teoría y práctica del medio cinematográfico.

En el segundo capítulo, «Si no has visto América...», hemos querido presentar algunos rasgos de la vida y obra de Eisler y Adorno en el exilio a través de su llegada a los Estados Unidos a finales de la década de 1930. Nos hemos centrado en diversos temas, como las clases teóricas que el compositor impartió en la New School entre 1938 y 1942, su participación en tres cortometrajes realizados justo antes de dirigir el Film Music Project, o el trabajo teórico sobre la radio llevado a cabo por Adorno dentro del Princeton Radio Research Project de Lazarsfeld.

En el tercer capítulo comienzan la reconstrucción y el análisis del desarrollo histórico y los resultados estéticos del Film Music Project, dos tareas realizadas principalmente a partir de la información obtenida de las fuentes primarias. A lo largo de los cinco episodios siguientes se recorre cronológicamente la progresión del Film Music Project y se estudia cada uno de sus resultados prácticos: las bandas sonoras de las películas *White Flood*, *A Child Went Forth*, *Lluvia* y *Las uvas de la ira*. A modo de paréntesis, el capítulo quinto analiza la participación del compositor en el film *The Forgotten Village* [El pueblo olvidado, 1941], dirigido por Herbert Kline en México y basado en un guión original del novelista John Steinbeck. Aunque Eisler no realizó esta parti-

---

[5] David Culbert y Albrecht Dümling (eds.), *Historical Journal of Film, Radio and Television* 4/18 (octubre 1998) (citado a partir de ahora como *HJFRT* 4/18). Una parte considerable de nuestras críticas a estas fuentes las comparte Johannes C. Gall en sus trabajos «Hanns Eislers Musik zu Sequenzen aus *The Grapes of Wrath*. Eine unbeachtete Filmpartitur», *Archiv für Musikwissenschaft* 59/1 y 2 (2002), pp. 60-77 y 81-103; «A Rediscovered Way to Describe Rain? On the Trail of a Sound Version, Unseen and Unheard for 57 years», *European Foundation Joris Ivens Newsmagazine* 10 (2004), pp. 3-8; y «Modelle für den befeiten musikalischen Film», en Theodor W. Adorno y Hanns Eisler, *Komposition für den Film*, Fráncfort, Suhrkamp, 2006, pp. 155-182.

tura como parte integrante del Film Music Project, años más tarde, al escribir un informe sobre el proyecto para *Composición para el cine*, decidió incluir algunas de sus secuencias entre los resultados finales. Es esta inclusión la que justificó la redacción de nuestro «Interludio mexicano».

El capítulo final, «La nueva música del cine emancipado: *Composición para el cine*», recoge uno de los aspectos principales que aparecen a lo largo de todo el libro: la cualidad particular del pensamiento teórico sobre el que se fundamentó la práctica del Film Music Project. Aunque en los capítulos anteriores analizamos las propuestas y los informes que Eisler elaboró durante los primeros años del proyecto, es aquí cuando analizamos con mayor profundidad la teoría sobre las limitaciones y posibilidades de la música de cine que el compositor configuró con la inestimable colaboración del filósofo Theodor W. Adorno.

Lejos de habernos librado de los conflictos que en su día rodearon al proyecto, un análisis como el que aquí hemos propuesto ha sufrido también las consecuencias de aquella dinámica que convirtió un objeto en arte, y el arte, en su desaparición. Durante nuestra larga travesía investigadora hemos tenido la oportunidad de comprobar aquello que Georg Lukács señalaba hacia el final de su vida, cuando decía que la historia del arte tenía algo de proceso vivo... y algo de fosa común. También el proyecto de Eisler nos pareció por momentos una obra inacabada, fallida e inerte. Pero dicha incomunicación entre el investigador y el objeto de la investigación quizá se debió más a la incapacidad del primero por extraer las posibilidades expresivas del proyecto que a las posibles limitaciones del estudio original. En cualquier caso, este libro sólo podía progresar a través del reflejo de las tensiones que marcaron en su día el desarrollo de la Film Music Project y la vida de sus creadores. Esperamos que dicho reflejo no se vuelva contra el texto, sino que motive en él los elementos de verdad que toda tensión acaba siempre por generar, y que esta *Música moderna para un nuevo cine* no deje traslucir demasiado lo que de fosa común ha tenido su redacción, y refleje, en cambio, los momentos más vivos e inspirados del formidable proyecto original.

* * *

Antes de comenzar querríamos mostrar nuestro agradecimiento a las instituciones y a las personas que han hecho posible este libro. A nivel institucional, la New School for Social Research de Nueva York, la University of Southern California de Los Ángeles y la Deutscher Akademischer Austauschdienst (DAAD) de Bonn aportaron una imprescindible ayuda económica, sin la cual este trabajo nunca hubiese sido escrito. Los miembros del personal del Rockefeller Archive Center en Sleepy Hollow, la Raymond Fogelman Library en Nueva York, la Feuchtwanger Memorial Library en Los Ángeles, el British Film Institute en Londres, y la Staatsbibliothek y el Hanns-Eisler-Archiv de la Akademie der Künste en Berlín mostraron a su vez una constante disponibilidad durante la búsqueda y consulta de documentación original y secundaria. Gracias, en especial, a Marje Schutze-Coburn y Werner Grünzweig, por su cálido recibimiento en los archivos que dirigen en Los Ángeles y Berlín, respectivamente.

En el ámbito académico norteamericano, nuestra gratitud se extiende a Barbara Ajmone-Marsan, Ellen Schrecker, Lydia Goehr, Martin Jay y Robert Hullot-Kentor, por su amabilidad a la hora de responder a nuestras preguntas y de recibirnos en distintas ocasiones en las ciudades de Nueva York y Princeton. En Alemania, gracias también a

Tobias Fasshauer, Berndt Heller, Gertrud Koch, Jürgen Schebera, Horst Weber y Peter Schweinhardt, por haber contribuido a que este texto adquiriese forma durante nuestra estancia de investigación en Berlín. Un agradecimiento particular merecen Barry Salmon, profesor de música de cine en la New School, que un lluvioso día de diciembre de 2000 me preguntó por qué no hacía un estudio detallado sobre la música cinematográfica de Hanns Eisler; y Johannes Carl Gall, incansable investigador y máximo especialista internacional en el Film Music Project, por su constante apoyo y estrecha colaboración.

En nuestro país, gracias a aquellos profesores que leyeron y mejoraron el manuscrito: Alberto Elena, Javier Ordóñez, Valeria Camporesi, Vicente Benet, Joan Minguet y Josetxo Cerdán; a Arturo Lozano y a Daniel Sánchez Salas, por su ayuda en la publicación previa de dos capítulos del texto; y a Jesús Espino, editor de Ediciones Akal, sin cuya confianza este libro nunca habría sido publicado. Gracias también a los compañeros de la Filmoteca Española y a ese círculo de amigos que, de una manera u otra, se empeña en mantener vivo el pensamiento crítico en nuestro país: Mateu Cabot, David Cortés, Amador Fernández-Savater, Jordi Maiso, Antonio Notario y José Antonio Zamora.

En un terreno más íntimo, quisiera mostrar mi más sentido agradecimiento a las siguientes personas, por su inestimable apoyo y constante afecto: en Nueva York, Irma Commanday y el ya fallecido Mordy Bauman, Efrat Eizenberg y Eran Fisher, Judith Jorrish y Roberto Bermejo, Mercedes Vicente y Peter Wareing, Amy Rosenblum y Ferrán Martín, Sung-choon Park y Verónica Trelles-Thorne; en Los Ángeles, Erica y Bill Clark; en Raleigh, Andrea y Joe Gomez. Gracias también a Xosé Manuel Abeleira, Luis Magrinyà, Germán Mora, Amine Moussi, Alejandro Torregrosa, Manolo Iglesias e Isabel Cuenca, por su presencia y por su correspondencia. Y al apoyo incondicional de mis padres, Raimundo y María Teresa, y de mis hermanos, Mundo, Roque y Paio.

Gracias, finalmente, a Iria Candela, que ha inspirado cada una de las palabras que vienen a continuación...

Capítulo I

La nueva fuga de Constantinopla.
El exilio centroeuropeo en los Estados Unidos

> *Desde la afluencia de sabios a Europa occidental tras la caída
> de Constantinopla en 1453, el mundo no había visto un enriquecimiento
> tan enorme y tan repentino de una cultura a expensas de otra.*
>
> James K. Lyon[1].

Describir con detalle las múltiples vivencias de los exiliados centroeuropeos en Norteamérica desde 1933 a 1945 es una tarea ardua para cualquier investigador. El complicado contexto histórico ha hecho que los estudios sobre este periodo se hayan visto obligados a generalizar y a homogeneizar una realidad que, en realidad, fue muy heterogénea. Aunque resulte imposible aportar aquí una visión resumida y completa de un fenómeno tan amplio y variado, sí querríamos enfatizar, a modo de introducción al contexto histórico del Film Music Project, su carácter plural, para señalar, aunque tan sólo sea brevemente, algunas de las formas tan distintas en las que se vivieron aquellos años de exilio común.

UN DISTINTO EXILIO COMÚN

A pesar de que muchos de los intelectuales y artistas que se exiliaron a los Estados Unidos eran de origen semita (Anthony Heilbut ha señalado que «aproximadamente el ochenta por cien de los treinta mil radicales exiliados por Hitler entre 1933 y 1939 eran judíos»[2]), el término religioso de «diáspora» que se emplea a veces en la literatura escrita por y sobre los refugiados no hace justicia a la totalidad del fenómeno del exilio[3]. El dramaturgo Bertolt Brecht o el novelista Thomas Mann, por poner dos ejemplos cé-

---

[1] James K. Lyon, *Brecht in America*, Princeton, Princeton University Press, 1980, p. xi.

[2] Anthony Heilbut, *Exiled in Paradise: German Refugee Artists and Intellectuals in America from the 1930s to the Present*, Berkeley, University of California Press, 1997, p. 24.

[3] Aunque todavía existan lagunas en el estudio de los exiliados centroeuropeos en Norteamérica entre 1933 y 1945, la literatura sobre los intelectuales refugiados es muy abundante. Entre los estudios históricos consultados, querríamos destacar los siguientes: Bailyn y Flemming (eds.), *The Intellectual Migration*; Martin Jay, *The Dialectical Imagination: A History of the Frankfurt School and the Institute of Social Research, 1923-1950*, Berkeley, University of California Press, 1973; Lewis A. Coser, *Refugee Scholars in America: Their Impact and Their Experiences*, New Haven, Yale University Press, 1984; Martin Jay, *Permanent Exiles: Essays on the Intellectual Migration from Germany to America*, Nueva York, Columbia University Press, 1986; Claus-Dieter Krohn, *Intellectual in Exile. Refugee Scholars and the New School for Social Research*, Amherst, The University of Massachusetts Press, 1993; Klemens Wittebur, *Die deutsche Soziologie im Exil 1933-1945. Eine biographische Kartographie*, Münster, Lit, 1991; y Giuliana Gemelli (ed.), *The «Unacceptables». American Foundations and Refugee Scholars between the Two Wars and After*, Bruselas, PIE-Peter Lang, 2000.

lebres, eran gentiles. Al igual que ellos, muchos de los intelectuales, artistas y científicos que se vieron forzados a abandonar Europa durante el nazismo no vivieron la huida a distintos puntos de Norteamérica, Sudamérica o Inglaterra como un «éxodo» religioso sino como un proceso de persecución política; es más, una gran parte considerable de los exiliados semitas eran judíos seculares que, en el momento en que Hitler ascendió al poder, se sentían, por así decirlo, «más alemanes que judíos»[4].

Del mismo modo, emplear el término de «comunidad intelectual» para referirse al conjunto de refugiados también resulta problemático. Menos del diez por cien de los exiliados eran intelectuales profesionales, y no todos ellos, ni mucho menos, ejercieron su profesión tras abandonar su país de origen. Al hablar del fenómeno del exilio a menudo se escogen como casos paradigmáticos las trayectorias de figuras como Albert Einstein o Arnold Schönberg (quienes pudieron proseguir con su actividad profesional gracias al recibimiento de instituciones norteamericanas como las universidades de Princeton y de California), pero lo cierto es que muchos otros exiliados vivieron experiencias totalmente diferentes. Por ejemplo, Ruth Berlau, la colaboradora de Brecht, trabajó varios años de camarera, y Paul Dessau, uno de los compositores con los que más adelante colaboraría el dramaturgo, se ganó la vida en el exilio en una granja de pollos de Nueva Jersey.

La imagen del refugiado como un hombre adulto está también estereotipada. Es cierto que la mayoría de los académicos y artistas que abandonaron el país tenían entre treinta y cuarenta años, pero centrar el exilio en una sola generación tergiversaría una realidad también protagonizada por jóvenes como el cineasta Billy Wilder, que abandonó Berlín en 1933 con veintisiete años, o escritores de edad madura como el novelista Heinrich Mann, que llegó a América en 1940 a punto de cumplir los setenta. Tampoco puede decirse que los exiliados provinieran sólo de Alemania: el psicólogo Max Wertheimer era checoslovaco, el músico Miklós Roszá era húngaro y el politólogo Max Ascoli, italiano. Ni que su único destino fuera Nueva York; el filósofo Ernst Bloch, por ejemplo, pasó gran parte de su exilio en Massachusets; el artista Josef Albers vivió en Carolina del Norte dando clases de pintura; y ya a principios de la década de 1940 el matrimonio de Bertholt y Salka Viertel organizaron encuentros en su casa de Maberry Road, en Los Ángeles, donde reunían a exiliados tan ilustres como Brecht, Mann, Schönberg, Eisler, Adorno o Horkheimer[5].

A pesar de que a menudo se señale 1933 como el año con mayor número de traslados, no todos los refugiados abandonaron Europa en el mismo periodo: el sociólogo austríaco Paul Lazarsfeld llegó a Nueva York en septiembre de 1933 con una beca de la Rockefeller Foundation; Horkheimer lo hizo en 1935 buscando un lugar donde poder establecer el Institut für Sozialforschung de Fráncfort; y el cineasta alemán Douglas Sirk no lo haría hasta varios años más tarde, cuando logró escapar de un rodaje burlando a sus supervisores nazis. Hubo emigrantes de Weimar, exiliados del nazismo, y refugiados de la Segunda Guerra Mundial. Incluso se podría escribir una pequeña historia de aquellos que nunca llegaron, como el dramaturgo radical Kurt Tucholsky; su amigo, el escritor Walter Hasenclever; o el organizador cultural Willi Münzenberg, fa-

---

[4] Para una descripción de dicho «sentimiento», véanse las memorias de Fred Uhlman, *The Making of an Englishman. Erinnerungen eines deutschen Juden*, Zúrich, Diogenes Verlag, 1998.

[5] Para una descripción detallada de los encuentros en casa de los Viertel, véase el libro de memorias de Salka Viertel, *The Kindness of Strangers*, Nueva York, Holt, Rine, and Winston, 1969.

llecido en misteriosas circunstancias en París en octubre de 1940. En aquella misma ciudad se había suicidado un año antes el santo bebedor Joseph Roth, y al norte de Cataluña, en Port Bou, también lo hizo el que se llamó a sí mismo el «último intelectual europeo», el malogrado Walter Benjamin.

Aunque en términos generales resulte necesario entender el exilio como un proceso doloroso, las excepciones a esta versión son sorprendentemente numerosas. Al igual que hay una trágica historia de los suicidados, hay una historia feliz de exiliados artísticos y políticos: al leer las declaraciones de refugiados como Fritz Lang, Kurt Weill o Paul Lazarsfeld se descubre un júbilo inusitado y una voluntad de integración en el país que nada tiene que ver con esa imagen del intelectual centroeuropeo como un ser arisco, distante y aislado. Lang, por ejemplo, a propósito de sus primeras experiencias en el exilio, señalaría años más tarde:

> Al llegar desde Alemania [...] me sentí muy feliz de tener la oportunidad de vivir aquí y convertirme en un norteamericano. En aquellos días me negué a decir una palabra en alemán. [...] Leí *sólo* en inglés. Leí un montón de periódicos e historietas cómicas, de las que aprendí mucho. [...] Aprendí el *slang*. Recorrí el país en coche y me propuse hablar con todo el mundo. Hablé con cada taxista, con cada empleado de gasolinera, y ví películas. Por supuesto, también estaba muy interesado en los indios, así que me fui a Arizona y viví con los navajos seis u ocho semanas[6].

Las historias personales de escritores como Alfred Döblin o Heinrich Mann, cuyo exilio vino acompañado de vivencias traumáticas, nada tuvo que ver con las de Lang o Weill. En este asunto, de hecho, el consenso brilla por su ausencia, y las versiones de protagonistas e historiadores se diferencian tanto como el «optimismo americano» y el «pesimismo alemán».

A pesar de su reconciliatorio título, el libro de Anthony Heilbut *Exiled in Paradise (Exiliados en el paraíso)* también reconoce y contempla experiencias negativas, y las atribuye a un proceso general de desencantamiento vivido por la comunidad de intelectuales y artistas centroeuropeos a su llegada a Norteamérica. Heilbut cree que las expectativas con la cultura estadounidense que existían con anterioridad durante la República de Weimar se derrumbaron lentamente ante el conocimiento, esta vez de primera mano, de la verdadera esencia de la cultura de masas norteamericana[7].

Sin embargo, en su reciente artículo «"The Land of Milk and Honey": Anti-Nazi Refugees in Hollywood» («"La tierra de leche y miel": refugiados antinazis en Hollywood»), el ensayista Saverio Giovacchini ha puesto en tela de juicio la versión de Heilbut que observa de la trayectoria de los refugiados como un proceso de desencantamiento:

> Según Heilbut, la curva de ilusión/desilusión de los refugiados con los Estados Unidos es paralela al desarrollo de su relación con la cultura de masas norteamericana. [...] Su selección de fuentes (entrevistas con exiliados y autobiografías la mayoría de ellas realizadas después

---

[6] Citado en Peter Bogdanovich, *Fritz Lang in America*, Nueva York, Praeger, 1969, p. 21.
[7] Heilbut, *Exiled in Paradise*, pp. 3-22. Para un análisis completo de la visión de la cultura de masas norteamericana que se tenía en la Alemania de Weimar, véase Thomas J. Sauders, *Hollywood in Berlin: American Cinema and Weimar Germany*, Berkeley, University of California Press, 1994.

de la divisoria década de 1950) produce un retrato impresionante y convincente de la actitud que los intelectuales refugiados tuvieron ante dicha cultura *después* de la década de 1950. Sin embargo, habría que comprobar qué revelaban esas mismas fuentes sobre la actitud de los refugiados [...] *antes* del McCarthysmo[8].

Giovacchini señala que la actitud inicial de los centroeuropeos era abierta, receptiva e incluso amistosa, pero que los procesos de persecución llevados a cabo por el House Un-American Activities Committee (HUAC) a partir de 1947 empañaron la memoria de los refugiados. Para probar su versión de los hechos, Giovacchini recoge en su artículo una declaración de Edward Dmytrik en la que el cineasta decía que el Hollywood de principios de la década de 1940 era una «comunidad de genios», y una frase de Max Horkheimer, extraída de una carta de 1942 a Leo Lowenthal, en la que el sociólogo describía California como una «tierra de leche y miel»[9].

En efecto, la postura de algunos miembros de la Escuela de Fráncfort en particular, y de los refugiados en general, no fue la misma a principios de la década de 1950 que durante la década anterior. Si analizamos la percepción que la comunidad de exiliados tenía de Hollywood en 1939, observaremos que, en efecto, era muy positiva. Durante los primeros años de la década de 1940, *Aufbau,* la revista editada y publicada por dicha comunidad, expresaba continuamente su júbilo ante el estreno de cada nueva película antinazi hollywoodiense. Por ejemplo, Manfred George, su editor jefe, con motivo del estreno de *Confessions of a Nazi Spy* (*Confesiones de un espía nazi,* 1939) de Anatole Litvak, escribió: «Hasta ahora la tendencia antifascista marcadamente intelectual se manifestaba sólo en campañas políticas y en la producción de películas marginales. [...] Pero ahora Hollywood se ha convertido en *un importante centro de la lucha intelectual contra las dictaduras*»[10].

La realización de otros célebres filmes antinazis dirigidos por europeos exiliados como *Casablanca* (1942) de Michael Curtiz o *Los verdugos también mueren* (*Hangmen Also Die,* 1943) de Fritz Lang, así como la edición de numerosos libros en favor de la causa judía y revistas publicadas solamente en lengua alemana para apoyar a la Alemania antihitleriana, demostraban unas posibilidades de acción en Norteamérica que indudablemente debieron ilusionar y satisfacer a muchos exiliados.

Sin embargo, ni una visión reconciliatoria ni una catastrofista sería adecuada para describir la adaptación de los miles de refugiados a la sociedad y a la cultura estadounidense. Centrar el punto de atención en una figura como la de Kurt Weill, tal como hace Giovacchini al final de su artículo, transfigura la descripción de la vida en el exilio porque, de entre todos los emigrados, posiblemente fue Weill quien mejor se adaptó a la vida norteamericana. Sería como escoger la trayectoria de Alfred Döblin para dar por general y válida la visión del exilio como una experiencia solamente trágica.

El fenómeno de la llamada «emigración intelectual» es especialmente heterogéneo, y ninguna reconstrucción unidimensional podría hacer justicia a una realidad histórica tan complicada. En este trabajo sobre el Film Music Project seguiremos de cerca el caso de Hanns Eisler, y comprobaremos la heterogeneidad del fenómeno del exilio a través de su figura, ya que sus vivencias como exiliado abarcan desde la integración

---

[8] Saverio Giovacchini, «"The Land of Milk and Honey": Anti-Nazi Refugees in Hollywood», en *Historical Journal of Film, Radio and Television* 3/18 (agosto 1998), pp. 437-444, 438; la cursiva es nuestra.

[9] Esta carta se analiza de forma completa en Jay, «The Frankfurt School in Exile», en *Permanent Exiles,* pp. 28-61, 52.

[10] Manfred George, «Was geht in Hollywood an», *Aufbau,* 1 de mayo de 1939, p. 16; la cursiva es nuestra.

más entusiasta hasta la incomprensión más desalentadora. Los cambios de ánimo y rumbo, tan asiduos en la vida de los refugiados, se debieron, de hecho, al tipo de recepción que fueron recibiendo. La trayectoria de los exiliados estuvo claramente determinada por su grado de adaptación o inadaptación al modelo de vida norteamericano; en dicho proceso de integración, las así llamadas instituciones «de acogida y recepción» jugaron un papel fundamental.

PROCESOS DE ACOGIDA Y CENTROS ACADÉMICOS DE RECEPCIÓN

Según el High Commissioner for Refugees de la Liga de las Naciones, entre 1933 y 1945, huyendo del régimen nazi, abandonaron Alemania, Austria, Polonia y otros países europeos más de 500.000 personas; Claus-Dieter Krohn ha estimado que 12.000 de ellos, sin contar miembros familiares, eran intelectuales expulsados de la vida social y cultural alemana[11]. Estas cifras son las que han hecho que estudiosos como James Lyon hayan comparado el fenómeno del exilio con el éxodo de las elites culturales griegas tras la caída del Imperio de Bizancio en el siglo XV, quizá no tanto por el número de exiliados en sí como por los beneficios obtenidos por parte de los países que recibieron a aquellas elites. En su clásico estudio sobre la emigración intelectual a Estados Unidos, Laura Fermi citaba al respecto la famosa frase que un rector de una universidad norteamericana había pronunciado en pleno proceso de recibimiento de exiliados: «Hitler es mi mejor amigo. Él agita el árbol y yo recojo las manzanas»[12].

Es indudable que el ámbito académico estadounidense se enriqueció formidablemente gracias a la afluencia e influencia de los exiliados centroeuropeos, pero conviene señalar que la integración de dichos intelectuales en las universidades norteamericanas no siempre fue fácil. Prejuicios ligados al racismo y, sobre todo, al antisemitismo, produjeron un enfrentamiento constante entre profesores americanos y europeos durante los primeros años del exilio[13]. Más adelante, con la entrada de los Estados Unidos en la Segunda Guerra Mundial, estos prejuicios serían suplantados por el temor generalizado al alemán como posible colaborador nazi, y después, con el final del conflicto bélico y el comienzo de la Guerra Fría, por la visión estereotipada del extranjero como un posible agente comunista a las órdenes de Stalin[14].

Las instituciones que ayudaron a los intelectuales centroeuropeos a escapar del nazismo fueron numerosas y actuaron por múltiples y diferentes razones. Desde una perspectiva actual se puede comprobar cómo, en el proceso por el cual un profesor europeo exiliado conseguía una plaza en una universidad norteamericana, intervinieron a menudo tres tipos de organizaciones: la primera se ocupaba de facilitar la huida y el traslado físico de los refugiados, la segunda financiaba su estancia en el país de acogida y la tercera se encargaba de darle un puesto de trabajo. A veces las instituciones pertenecientes a este tercer tipo, en su mayoría universidades y centros de investigación académica, asumían también la función de financiar a los exiliados que acogían.

---

[11] Ambos datos son aportados por Krohn, *Intellectuals in Exile*, p. 11.
[12] Laura Fermi, *Illustrious Immigrants: The Intellectual Migration from Europe, 1930-1941*, Chicago, University of Chicago Press, 1968, p. 78.
[13] Krohn, *Intellectuals in Exile*, pp. 21-24.
[14] Véase al respecto el recorrido que hace Ellen Schrecker sobre este asunto en *No Ivory Tower: McCarthyism and the Universities*, Nueva York, Oxford University Press, 1986.

El primer grupo de instituciones estuvo formado por organismos como el Emergency Committee in Aid of Displaced German Scholars creado en los Estados Unidos, el Academic Assistance Council británico o el Notgemeinschaft deutscher Wissenschaftler im Ausland, con sede oficial en Zúrich. Estas tres agrupaciones habían sido formadas inmediatamente después de la llegada al poder de Adolf Hitler en 1933. La primera institución se encargó de facilitar la llegada de refugiados principalmente a Norteamérica; la segunda, a Inglaterra y a los países vinculados con el imperio británico; y la tercera, sobre todo a Turquía, ya que allí la universidad de Estambul había abierto sus puertas a decenas de profesores centroeuropeos (gracias al «programa de modernización» impuesto por la dictadura de Kemal Ataturk)[15].

Uno de los fundadores del Emergency Committee, Stephen Duggan, fue el encargado de establecer vínculos entre estos tres organismos principales de rescate y las distintas instituciones filantrópicas estadounidenses de recibimiento de refugiados. Este segundo grupo de organizaciones, en su mayoría fundaciones creadas por entidades privadas de gran capital, iban a aportar fondos económicos que serían gestionados por centros académicos de todo el país. Duggan y su comité lograron establecer programas de colaboración con fundaciones como la New York Foundation, la Carnegie Foundation o la Oberlander Trust, que a su vez contactaron con universidades de prestigio como Columbia, Harvard, Princeton o Yale.

Como veremos más adelante, nuestra investigación no se centra en ninguna de las tres organizaciones de rescate en particular. Aunque en 1935 Hanns Eisler visitó por primera vez los Estados Unidos gracias a un organismo de características similares (el Committee for the Victims of German Fascism de Lord Marley), lo cierto es que su traslado definitivo a los Estados Unidos en 1938 no necesitó ni del Emergency Committee ni del Academic Assistance Council ni del Notgemeinschaft deutscher Wissenschaftler im Ausland. Esto no significa que no nos vayamos a detener en el funcionamiento del segundo y tercer grupo de instituciones, sino todo lo contrario; el caso de Eisler, de hecho, nos remite a los que quizá fueron los dos organismos más importantes de cada grupo: la Rockefeller Foundation, la más activa de todas las instituciones benéficas norteamericanas, y la New School for Social Research, el centro académico donde se emplearon el mayor número de refugiados centroeuropeos escapados del nazismo. Como veremos, ambas instituciones serían las motivadoras principales del Film Music Project dirigido por el compositor alemán.

Además de la ya citada New School for Social Research de Nueva York, entre los centros principales de recibimiento académico destacaron, por el número de profesores recibidos y por la relevancia que se les dio a su llegada, el Institute for Advanced Study de Princeton University, la Chicago University y la Columbia University de Nueva York. Esta última tuvo una especial relevancia porque bajo el rectorado de Nicholas Murray Butler albergó en el exilio al célebre Institut für Sozialforschung de Fráncfort.

El Institut había sido fundado en 1923 como un centro de investigación interdisciplinar de los fenómenos sociales más variados. Aunque en un principio su orientación

---

[15] Para mayor información de primera mano sobre los comités de rescate de intelectuales perseguidos por el régimen nazi, véanse: Stephen Duggan y Betty Drury, *The Rescue of Science and Learning: The Story of the Emergency Committee in Aid of Displaced Foreign Scholars*, Nueva York, MacMillan, 1948; y Norman Bentwich, *The Rescue and Achievement of Refugee Scholars: The Story of Displaced Scholars and Scientists, 1933-1952*, La Haya, Nijhoff, 1953.

había sido fuertemente marxista, con el nombramiento de Max Horkheimer como director en 1930 se habían abandonado ciertos preceptos «ortodoxos» de los primeros años de existencia de la institución en favor de un pensamiento crítico que revisase incluso los principios aparentemente menos cuestionables de la filosofía política de Marx. A través de la publicación de la revista *Zeitschrift für Sozialforschung (Revista para la investigación social)*, figuras como el propio Horkheimer, Leo Lowenthal, Friedrich Pollock, Erich Fromm, Herbert Marcuse, Theodor W. Adorno o Walter Benjamin pudieron dar forma a lo que más tarde se llamaría Teoría crítica, aquella conjunción de los principios filosóficos del marxismo heterodoxo y los mecanismos interpretativos del psicoanálisis que pretendía interpretar la sociedad en términos dialécticos.

Tras verse forzado a abandonar Alemania en 1933 y, después de residir un año en Ginebra, el Institut trasladó su oficina central a Nueva York. Horkheimer había recibido allí una amable invitación de Butler en 1934, quien ofreció ese mismo año a la institución francfortiana un local en uno de los edificios de la universidad, el número 429 Oeste de la calle 117, en pleno corazón del barrio de Morningside Heights. El Institut se encargó entonces de recibir a muchos de sus miembros (que se fueron trasladando desde Alemania o Inglaterra a los Estados Unidos durante la década de 1930), pero también de ayudar a otros exiliados de ideología más o menos afín. Aunque el número de refugiados a los que dio trabajo no fue tan amplio como el de la New School for Social Research, hoy a menudo se cita al Institut como uno de los actores principales en el traslado de académicos e intelectuales alemanes a los Estados Unidos por la relevancia de sus resultados y por su influencia a largo plazo en las ciencias sociales norteamericanas[16].

Aunque no nos proponemos analizar el giro ideológico que sufrió el Institut a su llegada a los Estados Unidos, sí conviene recordar que, a partir de su cambio de sede, las fuertes contradicciones inherentes a la Teoría crítica desde su formación se hicieron cada vez más tensas. Como ha señalado Martin Jay, en el seno de la Escuela existía un conflicto entre

> por un lado, su insistencia en la interrelación de todos los fenómenos sociales y culturales (un énfasis heredado de su enraizamiento hegeliano y marxista) y, por otro, su miedo ante la posibilidad de que el hecho de hacer demasiado hincapié en la unidad o coherencia de la teoría o de las propias relaciones sociales disminuyese la posibilidad de una verdadera reconciliación en el futuro[17].

Los principales cambios a los que fueron sometidos el pensamiento de Horkheimer y el de algunos de sus colaboradores estaban relacionados con su entendimiento de la función de la práctica revolucionaria y de la clase obrera como agente del cambio: ni

---

[16] Krohn ha dicho al respecto: «Desde la década de 1960, los textos del Institut für Sozialforschung de Fráncfort [...] han recibido mucha atención pública gracias a las discusiones de una nueva generación de profesores universitarios. Sin embargo, este enfoque exclusivo ha contribuido a truncar la comprensión del exilio como un todo, como si Max Horkheimer y su círculo hubiesen sido los únicos representantes del éxodo de las ciencias sociales» (en *Intellectuals in Exile*, p. 4). Heilbut, por su parte, ha justificado el interés en el círculo de Horkheimer del siguiente modo: «Las preocupaciones del Institut resultaron ser proféticas. De los tres institutos nominalmente dedicados a la investigación social [el Institut für Sozialforschung, la Bureau of Applied Social Research de Columbia University y la New School for Social Research], los aislados francfortianos produjeron la obra más notable» (en *Exiled in Paradise*, p. 90).

[17] Jay, «The Frankfurt School in Exile», p. 31.

la una ni la otra fueron en Nueva York objeto de atención principal del Institut. En su exilio norteamericano, los miembros de la Escuela de Fráncfort se preocuparon sobre todo por «preservar lo propiamente teórico» y por proteger a aquella subjetividad siempre amenazada por «la unidimensional sociedad de masas»[18].

Junto al Institut, la institución de mayor relevancia en cuanto a recepción de exiliados fue la New School for Social Research. La New School había sido fundada en 1919 por un grupo de demócratas liberales entre los que se encontraban el economista Alvin Johnson, el filósofo John Dewey y el antropólogo de origen alemán Franz Boaz[19]. Desde su origen el centro había recibido también a profesores visitantes pertenecientes a grupos izquierdistas radicales norteamericanos y europeos, quizá porque entre sus fundadores se encontraba también el socialista británico Harold Laski. Unidos alrededor de la revista *New Republic,* durante la década de 1920 este grupo de académicos hizo de la universidad un centro de formación política y filosófica para adultos, y poco a poco la fue convirtiendo además en una plataforma de expresión y exposición crítica de los problemas de la época. Ya entonces se establecieron contactos e intercambios con universidades alemanas, sobre todo por una serie de iniciativas que emprendió el que durante los 25 años siguientes sería el principal dinamizador del centro (y uno de los protagonistas del Film Music Project): Alvin Johnson.

Johnson había dado clases con anterioridad en las universidades de Columbia, Chicago, Stanford y Cornell, y poseía un don especial para las relaciones públicas[20]. En 1933, preocupado por el avance del fascismo en Europa, decidió crear una facultad dedicada exclusivamente a las ciencias sociales dentro de la propia New School: la Graduate Faculty of Political and Social Science. Durante los siguientes doce años de nazismo dicha facultad acabaría adquiriendo el significativo nombre de «University in Exile» («Universidad en el Exilio»). A diferencia de otras organizaciones, la New School entendió que el proceso de ayuda a refugiados iba a durar varios años, y esta visión fue la que le permitió afianzar su condición de principal gestora de apoyo a los exiliados. A través de la Graduate Faculty, Johnson iba a poner en marcha el programa de ayuda a académicos europeos más importante de los Estados Unidos.

Del árbol que azotó Hitler, Johnson recogió el mayor número de frutos: entre 1933 y 1945 la New School rescató, sólo de la Alemania nazi, a 180 intelectuales. Entre ellos estaban los economistas Jacob Marshak, Adolf Löwe y Hans Staudinger, los politólogos Hans Simons y Frieda Wunderlich, el abogado Arnold Brecht, el sociólogo

---

[18] Para mayor información sobre la llegada de la Escuela de Fráncfort a los Estados Unidos y los cambios que dicho traslado produjo en la Teoría crítica, véanse los ensayos anteriormente citados de Jay, así como Wolfgang Bonss y Axel Honneth (eds.), *Sozialforschung als Kritik. Zum sozialwissenschaftlichen Potential der Kritischen Theorie*, Fráncfort, Suhrkamp Verlag, 1982; Rolf Wiggerhaus, *Die Frankfurter Schule*, Múnich, Hanser, 1986; y Helmut Dubiel, *Kritische Theorie der Gesellschaft. Eine einführende Rekonstruktion von den Anfängen im Horkheimer-Kreis bis Habermas*, Juventa, Weinheim, 1988.

[19] La mejor fuente de información sobre la New School es el libro de Peter M. Rutkoff y William B. Scott, *New School: A History of the New School for Social Research*, Londres, Collier Macmillan, 1986. Otras fuentes sobre la historia de los exiliados en la New School son: Monika Plessner, «Die deutsche "University in Exile" in New York und ihr amerikanischer Gründer», *Frankfurter Hefte* 19 (1964), pp. 181-194; y Benita Luckmann, «Eine deutsche Universität im Exil», *Kölner Zeitschrift für Soziologie und Sozialpsychologie* 23 (1981), pp. 427-439.

[20] Para mayor información sobre Johnson, véanse sus propios escritos, *Liberal Education* y *Ideas Are High Explosives*, ambos publicados por la New School, Nueva York, 1945 y 1962, respectivamente.

Hans Speier y el psicólogo del arte Max Wertheimer. Tras la derrota de Francia, en 1942 Johnson creó además dentro de la Graduate Faculty un programa que ofrecía asignaturas impartidas solamente en francés y que permitió la fundación de la Ecole Libre des Hautes Etudes en el exilio, donde darían clases el filósofo e historiador de la ciencia Alexandre Koyré, el antropólogo Claude Lévi-Strauss y el politólogo Boris Mirkine-Guetzévitch[21].

La historia de la New School durante aquellos años no está, sin embargo, exenta de conflictos. Un centro que, ya en el curso 1935-1936, recibía 5.000 peticiones de ayuda y que otorgaba tan sólo una docena de visados al año, salvaba exiliados tan rápido como ganaba enemigos. Las enemistades, de hecho, no sólo se crearon con aquellos profesores a los que la universidad no podía acoger, sino también con otras instituciones norteamericanas, como la Rockefeller Foundation. A pesar de que la fundación y la New School colaboraron intensamente en el proceso de ayuda a los refugiados europeos (como veremos, el caso del Film Music Project es ejemplar a este respecto), durante la guerra Alvin Johnson y la Graduate Faculty se convirtieron, como ha señalado Giuliana Gemelli, «en un asunto de preocupación recurrente para los miembros de la Rockefeller Foundation, ya que Johnson intentaba mantener en la New School el mayor número de refugiados, en lugar de apoyar los principios de la fundación de encontrar puestos para ellos en otras universidades estadounidenses»[22]. Un informe escrito en agosto de 1940 por Joseph Willits, el director del departamento de ciencias sociales de la fundación, ya mostraba dicha preocupación:

> En teoría, la «University in Exile» [...] iba a ser una residencia temporal para académicos que poco a poco irían cubriendo puestos en otras universidades. Esto no ha sido así; [...] y se debe en parte a las universidades, en parte a la personalidad de los académicos refugiados, y en parte también a que Alvin Johnson no los presiona para que se vayan [...] cuando surge alguna posibilidad en otras universidades. De tal modo que esta «University in Exile» sigue estando formada por una pandilla de extranjeros inadaptados[23].

Los conflictos también se extendían al profesorado de otros centros académicos; por ejemplo, los enfrentamientos entre los miembros de la Graduate Faculty y los del Institut fueron muy intensos. A pesar de compartir un terreno común que iba más allá del idioma y del país de origen (en Fráncfort, Horkheimer y Adorno habían asistido a las clases de Karl Mannheim y Adolph Löwe, dos de las figuras más influyentes en el profesorado de la New School), los objetos de estudio y las perspectivas adoptadas por ambas escuelas eran tan diferentes que, años más tarde, estudiosos como Martin

---

[21] Para mayor información sobre los procesos de selección y acogida de la New School, véase la documentación sin catalogar almacenada en los archivos de la Raymond Fogelman Library de la Graduate Faculty en Nueva York. Conviene señalar aquí que tanto Krohn como Gemelli se han quejado de la falta de colaboración del personal de la Fogelman Library. Nos gustaría señalar, sin embargo, que la falta de interés no se debe tanto al personal de los archivos como a la propia dirección del centro, que, al no dedicar financiación alguna a los fondos documentales, origina un malestar general que el personal reproduce de forma un tanto inconsciente. Durante las semanas que trabajamos como parte del personal en la Fogelmann Library en otoño de 2001, intentamos activar un proceso de atención a los archivos que fue ignorado por el rector del centro, Robert Kerry.

[22] Gemelli, *The «Unacceptables»*, p. 15.

[23] Joseph Willits, informe interno de la Rockefeller Foundation, 19 de agosto de 1940, RAC.

Jay todavía recurrirían a sus diferencias para ilustrar la metodología y las formas de pensamiento de cada una de ellas[24].

Las diferencias se daban a nivel económico, metodológico y lingüístico. Mientras el Institut de Horkheimer poseía independencia gracias a sus pudientes mecenas y a la habilidad del centro para aumentar sus fondos en el mercado de valores, la New School dependía de financiación pública y de instituciones privadas anexas. Mientras los francfortianos se aferraban a la «dialéctica negativa» como método de interpretación de la realidad, los miembros de la Graduate Faculty se dejaban llevar por el positivismo y el empirismo anglosajón. Mientras el Institut seguía empleando un alemán irreconciliado con la cultura de masas (y con la sociedad norteamericana), por lo general los seguidores de Johnson se adaptaban rápidamente a la concisión, por momentos reduccionista, de la lengua inglesa. La repetida frase de Hans Staudinger «ellos estaban aislados, nosotros *no*» muestra de forma explícita la diferente relación que ambos grupos mantenían con aquella América del New Deal que los había visto llegar escapando de las garras del nazismo[25].

Durante los siguientes quince años, los miembros de la New School se adaptarían a la vida académica norteamericana y participarían activamente en la forma de entender las ciencias sociales en los Estados Unidos; Horkheimer y los suyos, en cambio, continuarían con aquel exilio permanente nacido en la Alemania de Weimar que les había otorgado una distancia crítica idónea para desvelar los entresijos más oscuros del individuo y la sociedad estadounidense.

LA AYUDA A LOS REFUGIADOS DE LA ROCKEFELLER FOUNDATION

De entre las instituciones del segundo grupo al que nos referíamos anteriormente, la Rockefeller Foundation destaca entre todas las demás por su total implicación con los programas de recepción de exiliados. Como veremos más adelante, proyectos como el Princeton Radio Research Project de Paul Lazarsfeld, el estudio *Propaganda and the Nazi War Film (Propaganda y cine de guerra nazi)* de Siegfried Kracauer o el Film Music Project de Hanns Eisler fueron financiados parcial o totalmente por esta institución.

La Rockefeller Foundation fue creada en 1910, cuando John D. Rockefeller y su hijo, John D. Rockefeller Jr., decidieron invertir cien millones de dólares en una campaña para defender a la dinastía de la difamación que estaba sufriendo en ciertos medios impresos norteamericanos[26]. La llamada «masacre de Ludlow», en la que fuerzas

---

[24] Nos referimos en particular al estudio de Jay *The Dialectical Imagination*, en donde se enfrenta a ambas instituciones a lo largo del texto y se emplea dicho enfrentamiento en numerosos pasajes incluso como motor de la narración; no obstante, el mejor análisis de las relaciones entre el Institut y la New School sigue siendo el de Krohn, «The Graduate Faculty and the Horkheimer Circle of the Institute for Social Research», en *Intellectuals in Exile*, pp. 189-199.

[25] Staudinger, citado en Heilbut, *Exiled in Paradise*, p. 89. Como veremos, Eisler, aunque fue profesor de la New School durante varios años y un artista afín a ciertos principios del Institut, no formó parte ni de un grupo ni del otro. Junto a Bertolt Brecht, Lion Feuchtwanger, Wieland Herzfelde y otros artistas exiliados, se le podría encuadrar en un tercer grupo de exiliados, aquel que fue formado en la órbita artística del Partido Comunista.

[26] Para mayor información sobre la historia de la Rockefeller Foundation, véanse Raymond B. Fosdick, *The Story of the Rockefeller Foundation*, Nueva York, Harper and Row, 1952, y Robert Shaplen, *Toward the Well-Being of Mankind. Fifty Years of the Rockefeller Foundation*, Garden City, Doubleday, 1964. Fosdick fue

militares habían disparado contra varias decenas de obreros que trabajaban en una fábrica de la familia, activó en la prensa una serie de ataques que enfrentaron a los Rockefeller contra amplios sectores de las esferas políticas y públicas. Frente a aquellas acusaciones, la familia entendió que la filantropía, además de aportar grandes ventajas fiscales, podía servir para mejorar la imagen de los magnates y de su principal empresa, la Standard Oil Company, por entonces la compañía de petróleo más poderosa del mundo.

En las dos siguientes décadas, como parte de los ampulosos programas de la fundación, la familia financiaría la construcción y creación, sólo en la isla de Manhattan, del célebre Rockefeller Center, de la gigantesca iglesia de Riverside Drive, del Museum of Modern Art (MoMA) y del museo de los Cloisters. Además, se pondría en marcha una serie de programas sociales para mejorar la opinión que los ciudadanos tenían de los Rockefeller; a través de actividades benéficas propagadas en la radio y en el cine, y de proyectos de investigación sobre estos dos medios, se organizaría todo un entramado académico y social que más adelante sería empleado por los gabinetes de propaganda del gobierno norteamericano durante la Segunda Guerra Mundial. Los valores puritanos de la familia hicieron que desde un principio se concibiese el apoyo a las artes y a las ciencias como una aproximación a Dios. Cuando en 1933 el partido nacionalsocialista se hizo con el poder, y cientos de científicos, intelectuales y artistas se vieron obligados a abandonar Alemania, la fundación no dudó en prestar su ayuda samaritana. Con aquella gestión, de hecho, lograba un propósito doble: continuaba su campaña publicitaria y, al mismo tiempo, colmaba sus pretensiones caritativas de fraternidad religiosa.

A diferencia de los comités de rescate, formados inmediatamente después de la llegada de Hitler al poder, los programas de ayuda a exiliados de la Rockefeller Foundation ya existían desde principios de la década de 1920. Aunque entonces no poseían ningún carácter de urgencia, ya se habían desarrollado en distintos países de Europa y, antes de 1933, la fundación ya había establecido una sede en París para desarrollar relaciones académicas internacionales. Sería el auge del nazismo, no obstante, el que haría que los Rockefeller invirtiese una ingente suma de dinero en sus programas de financiación y formación de profesorado. Claus-Dieter Krohn ha señalado que entre 1933 y 1945 la fundación destinó casi un millón y medio de dólares a la recolocación de exiliados, invirtiendo «por sí sola más de la mitad del dinero que se dedicó a esta causa en todos los Estados Unidos»[27].

A través de diversos programas, la fundación otorgó presupuesto a diferentes instituciones académicas norteamericanas para que éstas lo distribuyesen en forma de salarios a los exiliados que habían sido seleccionados y aceptados previamente por dichas instituciones. La fundación repartió, en números exactos, 1.410.778 dólares en ayudas a refugiados, y lo hizo a través de tres programas que seguían las características y el funcionamiento de los programas de intercambio ya existentes. El primero, llamado «Special Research Fund for Deposed Scholars» («Ayuda de investigación especial a académicos cesados»), se desarrolló desde 1933 a 1939 y repartió entre 192 acadé-

---

presidente de la fundación, y tanto su libro como el de Shaplen aportan una visión «oficial» de la historia de la Rockefeller Foundation. Para una interpretación más crítica, véase el artículo de Donald Fisher, «The Role of Philantropic Foundations in the Reproduction and Production of Hegemony: Rockefeller Foundation and Social Sciences», *Sociology* 17 (1983), pp. 206-233.

[27] Krohn, *Intellectuals in Exile*, p. 29.

cos casi 750.000 dólares. El segundo y el tercero, llamados «Aid for Deposed Scholars» («Ayuda para académicos cesados») y «Emergency Program for European Scholars» («Programa de emergencia para académicos europeos»), respectivamente, funcionaron desde 1940 a 1945 y destinaron alrededor de 660.000 dólares a un total de 111 profesores. El programa de emergencia se estableció en consorcio con la New School y, a partir de 1942, permitió la huida de Europa de 52 académicos, de los cuales 34 serían contratados por la propia New School[28].

Si observamos las listas de los exiliados a los que ayudó la fundación y nos fijamos en el país de destino, podemos comprobar que, de los 303 «académicos desplazados», 224 fueron a Estados Unidos y el resto se repartió principalmente entre Inglaterra, Sudáfrica y Canadá. Si, por otro lado, consideramos el país de origen, comprobamos que entre el número total de profesores había 191 alemanes, 30 austríacos, 11 polacos, 6 húngaros y 5 checoslovacos, es decir, que la mayoría provenían de países centroeuropeos[29]. Además de estos tres programas, la fundación financió proyectos particulares de investigación que fueron dirigidos en algunas ocasiones por exiliados europeos, como fue el caso del Film Music Project de Eisler. Fuentes internas de la institución estiman que la fundación destinó otros 173.000 dólares en la financiación de dichos proyectos[30].

De todos modos, conviene recordar lo que Krohn señalaba en 1987:

> La cantidad de dinero que se dedicó a las becas, desde una perspectiva europea, parecía gigantesca; pero en realidad, desde el punto de vista de la fundación, era más bien pequeña. Las ganancias de la floreciente Standard Oil Company, propiedad de la dinastía Rockefeller, ascendían a 250 millones de dólares; sólo con las sumas de interés, la familia conseguía unas apropiaciones anuales de 8 millones de dólares[31].

Es decir, cinco veces más que el total de la suma que invirtieron en los intelectuales perseguidos por el régimen nazi durante doce años. Además, gran parte de los profesores de humanidades becados eran antiguos economistas de la universidades de Kiel y Fráncfort, que, con la financiación de los Rockefeller, se dedicaron a realizar planes de control y estudios de desarrollo económico para la propia fundación. El *crack* de 1929 y la consiguiente Gran Depresión habían activado en la familia Rockefeller un interés por conocer los mecanismos que producían las crisis económicas y los métodos de reactivación que podían emplearse para salir de ellas: desde este punto de vista (y sin querer negar del todo la voluntad filantrópica de la fundación), conviene también entender los planes de ayuda como calculados planes de inversión.

A la vez que ponía en marcha estos tres programas, la Rockefeller Foundation comenzó a organizar durante la segunda mitad de la década de 1930 una serie de pro-

---

[28] Los datos de este apartado provienen de numerosos documentos consultados en el RAC en octubre de 2001. También se han consultado al respecto diversos pasajes del libro de Krohn *Intellectuals in Exile* y el ya citado artículo de Giuliana Gemelli «Scholars in Adversity and Science Policies (1933-1945)».

[29] Los listados también demuestran que el campo de estudios que más se benefició de las becas Rockefeller fue el de humanidades (con 137 becarios), seguido de las ciencias sociales (con 110) y de las ciencias naturales y médicas (con 56).

[30] Para mayor información sobre estos proyectos, véase el artículo de William J. Buxton, «Rockefeller Support for Projects on the Use of Motion Pictures for Educational and Public Purposes», en www.archive.rockefeller.edu/publications/resrep/buxton.pdf.

[31] Krohn, *Intellectuals in Exile*, p. 33.

yectos para estudiar las posibilidades educativas del medio cinematográfico. Claramente influida por el Departamento de Propaganda del presidente Franklin D. Roosevelt, la institución comprendió que el cine sonoro poseía una habilidad extraordinaria para comunicar eficazmente mensajes determinados. Como ha señalado William J. Buxton en su artículo «Rockefeller Support for Projects on the Use of Motion Pictures for Educational and Public Purposes» («El apoyo Rockefeller a los proyectos sobre el uso del cine con fines educativos y públicos»), la fundación invirtió entre 1935 y 1954 cerca de un millón y medio de dólares en iniciativas relacionadas con el cine[32].

Junto al General Education Board, otra organización que apoyó fuertemente el desarrollo del cine educativo, la fundación organizó durante aquellos años una red de agencias descentralizadas por todo el país cuya finalidad fue potenciar el interés general por el cine realizado sin fines lucrativos. Creó canales de producción, distribución y exhibición paralelos a los establecidos por los estudios de Hollywood, y, amparada en un interés compartido por la política gubernamental, desarrolló programas liberales para aplicar a todos los niveles del sistema escolar. Entre los organismos más importantes financiados por la fundación estaban el American Council of Education, que desde su formación en 1935 recibió un total de 200.000 dólares para formación visual de profesorado; la Visual Education Unit, un centro de producción de documentales situado en la Universidad de Minnesota y dirigido por Robert Kissack, que entre 1937 y 1941 recibió 134.000 dólares para producir cortometrajes sin ánimo comercial; y la Commission of Human Relations, que recibió 167.000 dólares entre 1936 y 1939 para usar el cine como método educativo en los colegios estadounidenses.

Además, la Rockefeller Foundation financió en solitario otros múltiples proyectos para el desarrollo del estudio de los medios de comunicación de masas, entre los que destacaron la formación y desarrollo de la Film Library del MoMA de Nueva York y la creación del American Film Center.

El MoMA recibió 338.730 dólares de la fundación entre 1935 y 1954 para coleccionar, preservar y circular películas «histórica y estéticamente relevantes»[33]. El objetivo de la Film Library, dirigida durante sus primeros años por John Abbot y comisariada por Iris Barry, también fue el de promocionar el estudio académico del cine: la colección de aquellas «películas relevantes» servía de hecho a que profesores y estudiantes universitarios pasasen de ver las películas como fenómenos de masas *(movies)* a entenderlas como objetos de investigación estética y social *(films)*. Iris Barry, que se había formado como comisaria en la London Film Society, empleó su experiencia en Londres para configurar una serie de actividades que acompañarían al objetivo principal de almacenamiento de películas y que en los años siguientes harían de la Film Library del MoMA uno de los centros internacionales más importantes del estudio del medio cinematográfico. Además de organizar conferencias sobre todo tipo de géneros y directores de cine, la Film Library ayudó a desarrollar la exhibición del cine documental, organizó las primeras asignaturas sobre el medio cinematográfico en universidades como Columbia y la New School, y estableció programas de ayudas que disfrutaron, entre otros, el crítico de cine británico Paul Rotha, el cineasta español Luis Buñuel y el pensador alemán Siegfried Kracauer.

---

[32] Buxton, «Rockefeller Support for Projects on the Use of Motion Pictures for Educational and Public Purposes», en www.archive.rockefeller.edu/publications/resrep/buxton.pdf.
[33] *Ibidem*.

El American Film Center, por su parte, recibió 295.000 dólares y fue dirigido desde 1938 hasta 1948 por Donald Slesinger, antiguo rector de la Chicago University. Del mismo modo que la Film Library del MoMA se había basado en la London Film Society, el American Film Center tomó como modelo el London Film Institute dirigido por John Grierson. Entre las muchas actividades organizadas por Slesinger durante aquellos diez años, destacó la financiación del estudio sociológico sobre Hollywood de Leo G. Rosten, la participación en la producción de la serie documental *The March of Time*, los numerosos estudios sobre percepción y análisis de audiencias, la puesta en marcha del primer festival de cine en 16 milímetros de los Estados Unidos y la comercialización de la revista *Film News*. Como veremos, algunos de estos asuntos (los noticiarios de *The March of Time* o los estudios de audiencias) se relacionan directamente con el Film Music Project de Eisler.

De todos modos, y como ha señalado Buxton, esta red de centros para el desarrollo y el estudio del cine educativo no tuvo una vida extensa[34]. A excepción de la Film Library del MoMA, los demás organismos se fueron disolviendo poco a poco, debido a las malas gestiones de los organismos y, sobre todo, a la llegada de la televisión, que en la década de 1950 asumiría el protagonismo en materias de educación visual. Pero para nuestra investigación es imprescindible tener en cuenta este contexto, porque la Rockefeller Foundation iba a ser el principal promotor del Film Music Project, y muchas de las personas que colaboraron con otras investigaciones de la fundación (Joseph Losey y Theodor W. Adorno, pero también Joris Ivens, Helen van Dongen y Leo Rosten), iban a participar de forma más o menos directa en la investigación sobre música de cine dirigida por Eisler.

---

[34] *Ibidem*.

Capítulo II

«Si no has visto América...»
La llegada de Eisler y Adorno a Nueva York

La idea de contradicción a la que nos referíamos al comenzar este trabajo no sólo caracteriza la historia del Film Music Project, sino también la vida del propio Hanns Eisler. ¿Cómo podemos aproximarnos, si no es a través de la noción de *conflicto*, a la verdad de un artista que contribuyó a la realización del comunismo y, al mismo tiempo, vio cómo sus ideales eran traicionados de forma premeditada y violenta por aquellos que supuestamente habían de defenderlos? El siglo XX, para los que como Eisler creyeron firmemente en el proyecto revolucionario, fue el siglo de la traición; la traición de los valores ilustrados que tuvo lugar en los pactos secretos de la socialdemocracia alemana con el emergente nacionalsocialismo, pero también la traición de aquella esperanza que había anunciado la revolución rusa y que más adelante fue aniquilada en las terribles purgas estalinistas. El devenir histórico de aquella generación de artistas comprometidos fue tan complicada que figuras como el propio Eisler, al final de sus vidas y de forma más o menos consciente, se encontraron colaborando directamente con un sistema que negaba tanto los valores de la Ilustración como los del marxismo. Lo hacían quizá por razones similares a las que, en aquellos mismos años pero en la otra Alemania, motivaron a numerosos intelectuales críticos a trabajar en tareas ideológicas financiadas por el gobierno norteamericano; tanto unos como otros justificaban entonces sus acciones de forma negativa: negación al sistema del capital, negación al régimen totalitario.

Las batallas ideológicas marcaron la vida de Eisler. Por razones de ideología abandonó el compositor el círculo de Arnold Schönberg en el que se había formado en la Viena de entreguerras; por razones de ideología, y tras su fructífera etapa berlinesa junto a Bertolt Brecht, se vio también forzado a escapar de la Alemania nazi y a vivir quince años en el exilio; por razones de ideología, una vez más, fue obligado a abandonar los Estados Unidos en 1948 perseguido por el feroz Comité de Actividades Antiamericanas; y por razones de ideología, finalmente, sufrió una campaña de difamación en la República Democrática Alemana a partir de la publicación de su «amoral» libreto operístico *Johann Faustus*, preludio de su último declive. De todas las historias de la historia del exilio, la de Eisler es definitivamente la más triste, porque acabó mal. Su trayectoria, que ha sido definida indistintamente como la de un compositor melancólico, enérgico, depresivo y genial, fue, sobre todo y ante todo, la trayectoria de un hombre perseguido[1].

---

[1] Para mayor información sobre la vida de Eisler véanse: Betz, *Hanns Eisler. Political Musician*; Schebera, *Hanns Eisler. Eine Bildbiographie*, Berlín Oriental, Henschel, 1981; Fritz Hennenberg, *Hanns Eisler*, Rein-

Contra las circunstancias que le deparó su tiempo, o quizá fruto de ellas, el compositor consiguió crear una obra de dimensiones espectaculares. Compuso cientos de canciones, piezas para piano, suites para orquesta, quintetos, septetos, nonetos, docenas de obras para la radio, el teatro y el cine, y una gran sinfonía. Como quizá ningún otro músico del siglo pasado, fue capaz de combinar la alta cultura y la producción artística de masas de una forma que ni el más dedicado de los artistas posmodernos de hoy podría soñar: en el conjunto de su obra, a canciones políticas como la popular *Solidaritätslied (Canción de la solidaridad)* le siguieron piezas dodecafónicas e intimistas como la *Kammer-Symphonie (Sinfonía de cámara)* o la *Reisesonate (Sonata del viaje)*. Una especie de Schönberg socializado y de Brecht sin mal humor, Eisler colaboró directamente con algunos de los nombres más relevantes de la cultura de su época: desde el filósofo Ernst Bloch hasta el director de cine Alain Resnais, pasando por el barítono Ernst Busch, el director de teatro Erwin Piscator, el documentalista Joris Ivens, el director de orquesta Jascha Horenstein, el dramaturgo Clifford Odets, el filósofo Theodor W. Adorno y los cineastas Charles Chaplin, Douglas Sirk y Jean Renoir. Pero ni su extensa producción, ni su lograda combinación de alta y baja cultura, ni siquiera sus múltiples y fructíferas colaboraciones, pudieron librar a Eisler de los conflictos de su tiempo.

ENTRE HOLLYWOOD Y NUEVA YORK

A comienzos de 1935, tras dos años de exilio por distintos países de Europa, Eisler fue invitado por el Committee for the Victims of German Fascism a dar una serie de conferencias y conciertos en los Estados Unidos. Por entonces, evidentemente, el compositor no podía predecir la relevancia que esta primera estancia en América tendría más adelante en su vida. Aunque apenas estuvo unos meses (desde el 13 de febrero hasta el 8 de mayo), Eisler recorrió gran parte del país, dio por primera vez clases en la New School for Social Research, estableció contactos con los círculos musicales y teatrales en los que se introduciría años más tarde, conoció el funcionamiento de los departamentos musicales de Hollywood y entabló relación con una serie de artistas e intelectuales ligados a la izquierda norteamericana que más adelante le servirían para introducirse en el mundo del cine independiente de Nueva York.

La gira de 1935 se organizó para recaudar fondos para las familias y los niños que desde la llegada de Hitler al poder se habían visto obligados a abandonar la zona del Sarre. La finalidad del *tour* era dar a conocer las actividades musicales que habían surgido en reacción directa al avance del fascismo en Europa. A lo largo de su viaje por América, Eisler fue acompañado por Mordecai Bauman, un joven barítono ya involucrado por entonces en la música contemporánea y el activismo social[2].

---

beck, Rowohlt, 1987; y Schebera, *Hanns Eisler*. El libreto de *Johann Faustus* fue publicado por Aufbau-Verlag en Berlín Oriental en 1952.

[2] Bauman había sido formado como barítono en la Juilliard Graduate School y en la Columbia University. Su amistad con Eisler se relata en el artículo de Irma Commanday y Mordecai Bauman, «In Praise of Learning: Encounters with Hanns Eisler», *Das Brecht-Jahrbuch* 26 (2001), pp. 14-34. Gran parte de la información sobre el *tour* y los posteriores encuentros de ambos nos fue facilitada por el propio Bauman en distintas conversaciones mantenidas en Nueva York, desde octubre de 2001 a mayo de 2007, fecha de su fallecimiento.

Juntos, Eisler y Bauman, visitaron nueve ciudades: Nueva York, Boston, Chicago, Detroit, Pittsburgh, Saint Louis (donde se encontraron con Brecht), Berkeley, San Francisco y Los Ángeles. En cada una de ellas, además de interpretar su *kampfmusik*, Eisler solía realizar un breve discurso sobre asuntos variados, como las luchas de la clase obrera internacional (desde las revueltas de los mineros asturianos hasta las acciones comandadas por Tom Mooney), la alarmante existencia de campos de concentración en Alemania, o la necesidad de una música revolucionaria que diese voz a las primeras víctimas del nazismo. Como había sido y sería habitual en toda su carrera como compositor, en sus presentaciones Eisler hacía hincapié en el carácter político de la música y subrayaba que la urgente necesidad de una alianza inmediata entre intelectuales y trabajadores podía darse de forma especialmente fructífera a través de la radio y el cine, ya que estos eran los medios que por entonces más acercaban el arte musical a las masas[3].

Una expresiva carta nos permite acercarnos a las impresiones privadas y públicas de Eisler durante aquel *tour*. El 14 de marzo de 1935, «de camino a San Francisco», el compositor escribía a su amigo Ernst Hermann Mayer:

Querido Ernst:
 [...] En este país hay la mayor pobreza que uno se pueda imaginar. Cuantitativamente hablando, nunca antes había visto tanta miseria, hambre y delincuencia entre los pobres. Chicago, por ejemplo, es un infierno de escala sin precedentes. Viajar de un lugar a otro es de lo más instructivo. Aquí se da una dictadura sin «superestructura» y generaciones enteras se van directas a la ruina. Nuestro movimiento aquí tiene una resistencia poderosa; es joven, fresco y con una militancia colosal. [...] Me quito el sombrero ante esta gente que tiene que luchar y continuar con una vida tan dura y tan brutal que se resiste a cualquier tipo de descripción. Si no has visto América, sólo conoces el capitalismo parcialmente. Aquí late en su forma más desnuda, más salvaje y más brutal. Es algo realmente instructivo para una persona inclinada a teorizar. Saluda a todos de mi parte,
 tu viejo Hanns[4].

Los sentimientos de Eisler, como se puede comprobar, eran contradictorios. Por un lado, la carta mostraba la aflicción causada por el subdesarrollo económico, pero, por otro, expresaba cierto júbilo ante las posibilidades del movimiento comunista en los Estados Unidos. Demostrando ciertamente su inclinación a teorizar, Eisler se volvía a expresar de forma similar en una carta dirigida a Bertolt Brecht escrita en aquel mismo viaje: «El país es magnífico porque carece de superestructura; aquí las clases se enfrentan unas a otras de una forma radicalmente desnuda y la lucha toma formas de extrema brutalidad. Es refrescante»[5]. Mordecai Bauman debía estar refiriéndose a este carácter paradójico de la personalidad del compositor cuando señaló: «Eisler parecía ser más optimista cuanto mayores eran las dificultades que le rodeaban»[6].

Durante su viaje por los Estados Unidos, la atracción de Eisler por las posibilidades políticas del cine se acrecentó notablemente. Motivado por este interés, al llegar a Los

---

[3] Véase al respecto su texto «Address to a Solidarity Concert», en Hanns Eisler, *A Rebel in Music. Selected Writings*, edición a cargo de Manfred Grabs, Berlín Oriental, Seven Seas Books, 1978, pp. 69-73.
[4] Carta de Eisler a Mayer, 14 de marzo de 1935, reproducida en *A Rebel in Music*, p. 74.
[5] Carta de Eisler a Brecht, citada en Betz, *Hanns Eisler. Political Musician*, p. 143.
[6] Bauman, en conversación con el autor, Nueva York, 4 de diciembre de 2001.

Ángeles visitó diversos estudios de Hollywood para conocer el funcionamiento de los departamentos musicales de la industria cinematográfica. Los dos textos que escribió a su vuelta a Europa muestran el fuerte impacto que le causó dicha visita. Tanto en «Musikalisch Reise durch Amerika» («Viaje musical a través de América») como en «Hollywood Seen From the Left» («Hollywood visto desde la izquierda»), el compositor analizaba de forma dialéctica la experiencia vivida dentro de los grandes estudios: por un lado, loaba la potencialidad artística de una industria tecnológicamente hiperdesarrollada, pero, por otro, criticaba las rígidas jerarquías que dominaban las producciones, orientándolas de modo constante hacia fines estrictamente comerciales[7].

Además de visitar Hollywood, en su primer visita a Estados Unidos Eisler conoció a distintos jóvenes compositores como Marc Blitzstein, Charles Seeger y Henry Cowell, y, a finales del mes de abril de 1935, estableció su primer contacto con la New School for Social Research, impartiendo allí una serie de conferencias sobre música contemporánea. Aunque se desconocen los títulos exactos de las mismas, lo que sí es seguro es que la participación de Eisler fue muy satisfactoria para la New School: el 8 de mayo de 1935 el compositor se volvía a Europa, pero lo hacía con una invitación de Alvin Johnson bajo el brazo para dar clases en la «University in Exile» de Nueva York los dos cuatrimestres siguientes, el de otoño de 1935 y el de primavera de 1936.

Durante el verano Eisler viajó a Estrasburgo, Praga y Moscú, donde impartió varias conferencias y escribió distintos textos, también sobre sus experiencias en Norteamérica. El 26 de septiembre, desde el puerto de Le Havre, partió de nuevo a Nueva York, junto a su esposa Lou, por segunda vez en un mismo año. La segunda estancia de Eisler duraría algo más de seis meses, desde el 4 de octubre de 1935 hasta el 11 de abril de 1936.

Durante este periodo el compositor estaría principalmente centrado en su trabajo como profesor. En el cuatrimestre de otoño impartió las asignaturas «Musical Composition» («Composición musical») y «The Crisis of Modern Music» («La crisis de la música moderna»)[8]. En ambas clases, Eisler demostraba tener un fuerte interés por un entendimiento teórico-práctico de la música. De hecho, en el cuatrimestre de primavera de 1936 que empezó el 5 de febrero, junto a la clase de «Musical Composition», Eisler impartió de nuevo una asignatura teórica. Se titulaba «Schönberg and Stravinsky: An Introduction to Modern Music» («Schönberg y Stravinsky: una introducción a la música moderna»). Según su descripción en el boletín, Eisler explicaba los métodos de composición de la música moderna a través del estudio de «los dos maestros más importantes del nuevo estilo»[9], e ilustraba los conceptos musicales tanto con el uso del fonógrafo como con interpretaciones al piano en el aula. La última lección estaba

---

[7] Véanse ambos textos en *A Rebel in Music*, pp. 82-94 y 101-105, respectivamente.

[8] Esta información, así como la que a partir de ahora se aporte de las clases de Eisler en la New School, procede de los boletines originales publicados por esta institución entre 1935 y 1943. Dichos boletines se encontraban en una caja abandonada en una sala con materiales sin catalogar en la Raymond Fogelman Library de la New School. En nuestro periodo de investigación en dicha biblioteca, durante septiembre y octubre de 2001, «descubrimos» dichos materiales y los facilitamos en forma de fotocopias al HEA de Berlín. La comunidad de estudiosos de Eisler en Alemania se sintió muy interesada por la «nueva» documentación, como demuestran los textos de Tobias Fasshauer publicados en la revista de la Internationale Hanns Eisler Gesellschaft (IHEG). Nos referimos a la serie titulada «Hanns Eislers Kurse in den Vorlesungsverzeichnissen der New School», publicada en los números 28, 30 y 31 del *Eisler-Mitteilungen*.

[9] *The New School for Social Research Spring 1936*, Nueva York, The New School for Social Research, 1936, p. 44.

dedicada a los «posibles desarrollos futuros de la música moderna», como su aplicación al medio cinematográfico[10].

El análisis de estas asignaturas revela la faceta didáctica en la vida de Eisler en el exilio, refleja su temprano interés por aunar teoría y praxis a través de la reflexión sobre la composición moderna y la música de cine, y demuestra el ambiente ilustrado que rodeó al compositor durante su primera estancia en la New School. De hecho, las dos primeras visitas de Eisler a los Estados Unidos le sirvieron para establecer los contactos que años más tarde le permitirían hacerse un lugar como compositor en Nueva York y en Los Ángeles a través de su trabajo en el Film Music Project. Pero sería injusto percibir estos primeros años en América como una mera introducción a su emigración posterior; en abril de 1936, al volver a Europa, Eisler podía mirar atrás y comprobar todo lo que había hecho en Estados Unidos: la gira por las ciudades más importantes del país, la visita a Hollywood, la grabación de tres discos con la productora Timely Records, las asignaturas impartidas en la New School y el comienzo en un hotel de Detroit en marzo de 1935 de la que sería una de sus composiciones más importantes, la «Sinfonía de los campos de concentración», más tarde titulada *Deutsche Sinfonie (Sinfonía alemana)*.

El 22 de enero de 1938 el compositor llegó por tercera vez a Nueva York; a diferencia de sus dos anteriores viajes a los Estados Unidos, esta vez había venido para quedarse. Norteamérica no sólo le ofrecía una plaza de profesor asociado en la New School for Social Research; era, además, el país donde se producía mayor número de largometrajes, donde existía una posibilidad real de ganarse la vida a largo plazo escribiendo música para el cine. A las razones de trabajo debieron sumarse cuestiones personales: el número de artistas e intelectuales alemanes que estaban ya viviendo en el país fue sin duda otro aliciente para Eisler a la hora de escoger los Estados Unidos como destino final de su exilio[11]. Ernst Bloch, Ernst Toller, Arnold Schönberg, Thomas Mann, Max Horkheimer y muchos otros conocidos y amigos del compositor se habían asentado ya en distintos lugares de las costas Este y Oeste norteamericanas.

Uno de los biógrafos de Eisler, Albrecht Betz, ha señalado oportunamente que ni el compositor ni otros creadores o pensadores vinculados en mayor o menor medida al Partido Comunista, como Brecht o incluso Benjamin, pensaron seriamente en la posibilidad de emigrar a la Unión Soviética. Comparada con Francia, Gran Bretaña o los Estados Unidos, la URSS era todavía un país fuertemente subdesarrollado, que por aquel entonces sufría, además, un periodo de intensa regresión cultural y económica debido a los giros inesperados de la política estalinista. Los vínculos entre los artistas soviéticos y alemanes se habían debilitado con la llegada del nazismo, y ni el Kommunistische Partei Deutschlands (KPD) ni el Komintern invitaban o facilitaban ya la emigración a aquellos que no fueran miembros del Partido.

> Eisler hizo bien en emigrar a los Estados Unidos. En aquel momento, en la Unión Soviética el culto a la personalidad estaba traspasando nuevos límites y los juicios y las «purgas» se daban por doquier. En su huida del fascismo, allí Eisler podría haber pasado fácilmente de

---

[10] *Ibidem*, p. 44.
[11] Desde 1933 a 1938 Eisler vivió en Francia, Dinamarca e Inglaterra, y viajó, además de a los Estados Unidos, a Holanda, Checoslovaquia, la Unión Soviética y España, donde participó en diversos conciertos de las Brigadas Internacionales.

lo malo a lo peor, ya que entre las víctimas se encontraban escritores amigos como [Sergei] Tretiakov y Ernst Ottwalt[12].

Se debe hacer énfasis en este asunto, porque aclara el estatus de este grupo de intelectuales ante el Partido Comunista. La idea propagada en la literatura antiestalinista que presenta a Eisler y a Brecht como miembros del Partido pagados por el mismo para diseminar los postulados ideológicos del organismo en distintos países del mundo no se ajusta a la realidad histórica. Eisler, de hecho, nunca tuvo el carnet del Partido[13]. No pretendemos aquí negar los fuertes vínculos que existían entre ambos artistas y la Rusia bolchevique (su pieza teatral *Medidas tomadas* reflejaba una gran admiración por el régimen soviético), ni negar que más tarde su relación con el gobierno de la RDA fuese ambigua e incluso oportunista, pero sí queremos aclarar que su estatus era más similar al del artista heterodoxo que pulula alrededor del Partido con comentarios indirectamente críticos que al del burócrata ortodoxo e inflexible, formulador totalitario de férreos y asfixiantes dogmas ideológicos.

Estados Unidos ofrecía a este tipo de refugiados un mundo cultural más similar al que habían conocido en la Alemania de la República de Weimar[14]. Mercantilizar la obra artística individual para hacerse un sitio dentro de la industria de la cultura de masas norteamericana resultaba más fácil, y mucho menos peligroso, que producir obras colectivas «políticamente correctas» en la Unión Soviética de Josef Stalin. Además, desde la elección de Franklin D. Roosevelt en 1933, y con la puesta en marcha de la política socialdemócrata del New Deal, Norteamérica vivía quizá uno de los periodos más progresistas de su historia. Por entonces, el Partido Comunista norteamericano y los colectivos de izquierdas más o menos ligados a él todavía podían desarrollar sus programas de manera relativamente libre. Aunque a finales de la década de 1930 ocurrirían ya dos de los eventos históricos que más tarde «acabarían» con la izquierda estadounidense (la creación del HUAC en 1938 y el pacto nazi-soviético Molotov-von Ribbentrop firmado al año siguiente)[15], desde 1938 a 1942 Eisler pudo participar en Nueva York en distintas manifestaciones de izquierdas creadas por instituciones académicas y artísticas como la New School o Frontier Films. Su experiencia en Europa como compositor al servicio del movimiento revolucionario internacional le sirvió de «calzador» para integrarse en un grupo muy amplio de la sociedad norteamericana que compartía con Eisler el sentimiento común de luchar contra las distintas formas de fascismo que tenían lugar en Alemania, Italia y España.

---

[12] Betz, *Hanns Eisler. Political Musician*, 166. Tretiakov, uno de los ideólogos principales de la política cultural del Partido Comunista, fue asesinado en 1939 por fuerzas estalinistas al ser considerado un «espía japonés». Eisler había colaborado con él en el documental de Joris Ivens *Pesn o Gerojach* (1932) y juntos habían planeado hacer una ópera para el Teatro Bolshoi de Moscú sobre las características del capitalismo en Alemania. Ottwalt, por su parte, fue miembro del KPD, emigró a la Unión Soviética en 1933, y en 1939 fue falsamente acusado de espía nazi y condenado a 5 años de trabajos forzados en una campo de Siberia, lugar en el que falleció en agosto de 1943. Eisler había colaborado con él en *Kuhle Wampe* (1932) de Slatan Dudow y había escrito la música de su relato radiofónico *Kalifornische Ballade*.

[13] Eisler solicitó ser miembro del mismo, pero, como no pagó las tasas, nunca recibió el carnet. Véanse las declaraciones al respecto del propio Eisler ante el HUAC en 1947, en *Hearings Regarding Hanns Eisler*, Washington, Government Printing Office, 1947, pp. 39-42.

[14] Para un estudio de las similitudes culturales entre Estados Unidos y Alemania durante la década de 1920, véase Anton Kaes y Martin Jay (eds.), *The Weimar Republic Sourcebook*, Berkeley, University of California Press, 1995.

[15] Tal como ha afirmado Ellen Schrecker, en conversación con el autor, Nueva York, 5 de diciembre de 2001.

Al igual que había ocurrido en 1935 y 1936, en la New School Eisler se volvió a encontrar arropado entre profesores y artistas preocupados por sus mismos intereses intelectuales y convicciones políticas. Además de estar rodeado de colegas de la música, muchos de ellos también exiliados germanoparlantes (la lista de profesores del departamento incluye a figuras como Ernst Toch, Jascha Horenstein, Eduard Steuermann, Rudolf Kolisch, Otto Klemperer y George Szell), las conexiones interdeparmentales le permitieron entrar en contacto con otros importantes pensadores que vivieron en Nueva York el cambio de década. Entre 1938 y 1942, en la New School impartieron docencia intelectuales como el psicólogo Max Wertheimer, el urbanista Lewis Mumford, el crítico de arte Meyer Shapiro, los historiadores de cine Lewis Jacobs y Jay Leyda, el poeta W. H. Auden, los psicoanalistas Wilhelm Reich y Erich Fromm, o el sociólogo Hans Speier (que también recibiría financiación de la Rockefeller Foundation para codirigir con Ernst Kris un proyecto sobre comunicación de masas en los mismos años del Film Music Project)[16].

Durante cinco cursos académicos, Eisler dio varias clases sobre composición, historia de la música y recepción musical, como las tituladas «Musical Composition», «Music as Human Expression» («Música como expresión humana») y «The Art of Listening to Music» («El arte de escuchar música»). En su docencia, el compositor enfatizaba constantemente el importante papel que la música jugaba en las películas, y analizaba a menudo el modo en que el cine había cambiado para siempre la recepción del arte musical por parte del público. Como hemos señalado en otro lugar, el estudio particular de estas clases demuestra hasta qué punto, en el ámbito docente, Eisler trató temas similares, cuando no idénticos, a los que iban a determinar el contenido de su proyecto sobre música de cine[17].

Por ejemplo, en su participación en el Dramatic Workshop que Erwin Piscator dirigía por entonces en la New School (y que más adelante se convertiría en el célebre Actors Studio), Eisler impartió una clase titulada «Stage Music and Composition» («Música de escena y composición»), cuya descripción en el boletín de la universidad decía:

> Se estudiarán formas breves, interludios, música de fondo, conjuntos de sonido y efectos, así como los problemas particulares de la instrumentación en pequeñas orquestas. Como el presupuesto de la música teatral es siempre muy limitado y sólo permite un pequeño número de músicos, surgen problemas especiales en relación a la instrumentación. Se responderá a la pregunta: ¿cuáles son los instrumentos más «prácticos»?[18].

A la hora de componer sus partituras para el cine dentro del Film Music Project, Eisler se estaba encontrando con una problemática similar: los presupuestos eran reducidos, porque las películas con las que colaboraba eran documentales de baja financiación; tenía que emplear pequeños conjuntos musicales, porque los micrófonos de grabación de bandas sonoras no grababan con fidelidad composiciones para grandes orquestas; y usaba formas breves como las variaciones o los interludios, porque, a su entender, eran las

---

[16] Ernst Kris y Hans Speier, *German Radio Propaganda: Report on Home Broadcasting during the War*, Nueva York, Oxford University Press, 1944.

[17] Véase «Hanns Eisler y la New School for Social Research», capítulo tercero de nuestra tesis doctoral, *Historia y Estética del Film Music Project, 1940-1947*, defendida en la Universidad Autónoma de Madrid el 14 de noviembre de 2003.

[18] *Dramatic Workshop of the New School 1940/1941*, Nueva York, The New School for Social Research, p. 17.

que mejor se adecuaban a los principios estéticos impuestos por el montaje cinematográfico. La descripción de la clase también hacía referencia a la función de las partituras: «La música –señalaba Eisler– puede correr en paralelo a la acción, pero también en contraposición, marcándola a modo de contrapunto»[19]. El hecho de presentar un fondo musical que, en vez de imitar la acción dramática, la negase o interrumpiese con un sentido contrario, no sólo hacía eco de la teoría brechtiana del efecto de distanciamiento *(Verfremdungseffekt)*, sino que también llevaba a la escena lo que Eisler estaba intentando hacer en la pantalla con la música de cine. Como veremos, en aquel momento el compositor preparaba una banda sonora dodecafónica para el cortometraje *White Flood* que, lejos de reforzar el contenido de las imágenes, pretendía *abrir* o *ampliar* su significado con un acompañamiento musical nuevo que las comentase de forma contrapuntística[20].

ADORNO Y LA MEDICIÓN DE LA CULTURA

Por lo general, entre los estudiosos de la comunicación de masas, Adorno ha sido conocido por su postura de radical rechazo ante los productos generados por las industrias mediáticas; en este sentido, su «mala fama» dentro de los *media studies* sólo es comparable a la que se ha creado entre los seguidores de la música de Stravinski o los amantes del jazz. Su temprano énfasis en la compresión de los programas de radio y de las películas convencionales como mercancías portadoras de ideologemas cuya finalidad última consistía únicamente en aumentar los beneficios del sector industrial que las generaba, ha llevado a muchos a ver en él al prototipo de mandarín elitista que despreciaba toda forma de baja cultura[21]. El hecho de que incluso algunos especialistas en Adorno hayan dejado de lado, de forma casi sistemática, su reflexión sobre los medios de masas justifica si cabe todavía más los negativos presagios del filósofo a propósito del poder neutralizador de esa mercado cultural que desde su origen ha anulado cualquier tipo de pensamiento crítico que pudiese cernirse sobre él.

Sin embargo, lo cierto es que la imagen de Adorno como intelectual pesimista que rechazó enérgicamente «tradiciones culturales democráticas» como el jazz, las películas o las sinfonías radiofónicas, no es sino una visión fosilizada de un pensamiento vivo que luchó, quizá más que ningún otro, contra su propia reificación. Una mirada atenta a su análisis del cine y la radio revela en realidad una aproximación diálectica en la que la crítica radical a los procesos homogeneizadores y alienantes promovidos por

---

[19] *Ibidem*, p. 17.

[20] La asignatura tenía además una parte práctica que impartía Jascha Horenstein bajo el título de «Conducting», cuya descripción rezaba: «Este curso es un laboratorio para la práctica y experimentación del estudiante en dirigir orquestas y coros. Se hará un estudio de la relación y la importancia de la dramaturgia musical a todos los tipos de producción teatral, incluyendo el cine y la radio. Parte de la música será compuesta por los alumnos de la clase de composición del señor Eisler» (*Ibidem*, p. 17). Precisamente en aquel cuatrimestre, Horenstein dirigiría para Eisler la banda sonora de *White Flood*.

[21] Desafortunadamente, en la actualidad esta visión reduccionista sigue bastante vigente, tal como demuestra uno de los pasajes que Robert Stam dedica al filósofo en su reciente libro sobre teorías del cine, donde señala que Adorno «expresaba el mismo desdén por el pasivo público popular que un escritor de extrema derecha como [Georges] Duhamel» (*Teorías del cine. Una introducción*, Barcelona, Paidós, 2001, p. 88). Para mayor información sobre la relación de Adorno y el cine, véase Jordi Maiso y Breixo Viejo, «Imágenes en negativo: Notas introductorias a "Transparencias cinematográficas"», *Archivos de la Filmoteca* 52 (febrero 2006), pp. 122-129.

estos medios de masas por excelencia se entrelaza y enriquece con una imaginación fabuladora que descubre en lugares recónditos algunas de las posibilidades auténticamente emancipatorias del arte musical y cinematográfico. El brillante pasaje de «Transparencias cinematográficas» que abre este libro así lo demuestra.

Además de frecuentar asiduamente las salas de exhibición cinematográfica, de participar de forma activa en programas de radio durante su exilio norteamericano e incluso de intervenir en varios debates televisivos a su regreso a Alemania, conviene recordar que la problemática de la estética en los medios de masas reaparece una y otra vez a lo largo del corpus adorniano, y cobra un papel especialmente relevante en distintos pasajes de dos obras fundamentales del filósofo como son *Dialéctica de la Ilustración* y *Teoría estética*. Recientemente, varios estudios han reactivado el debate sobre la relación entre Adorno y los medios de comunicación y, sesenta años después de su redacción, se han publicado finalmente los textos sobre la música radiofónica que, bajo el título de *Current of Music (Corriente de música)*, Adorno escribió dentro del Princeton Radio Research Project dirigido por Paul Lazarsfeld entre 1937 y 1942[22].

Al igual que el Film Music Project de Eisler, el proyecto radiofónico de Lazarsfeld fue financiado por la Rockefeller Foundation para investigar el modo en que los *mass media* influían o modificaban el comportamiento de los ciudadanos norteamericanos. En términos generales, se puede afirmar que los resultados de la investigación fueron muy satisfactorios. El equipo del Princeton Radio Research Project inauguró la investigación cuantitativa de los efectos de los medios de masas en la sociedad estadounidense y propagó sus métodos prácticos de investigación a otros campos de estudio y universidades norteamericanas; además, publicó numerosos artículos sobre las diversas funciones de la radio en dos libros titulados *Radio Research 1941* y *Radio Research 1942-1943*[23]; y produjo múltiples cuestionarios e informes sobre la psicología de los oyentes que más adelante fueron utilizados en artículos para otras revistas y libros de prensa, radio y televisión.

En otoño de 1937, Adorno, que por entonces estaba exiliado en el Reino Unido, había recibido un telegrama de Max Horkheimer en el que le mencionaba la posibilidad de «una rápida emigración a Norteamérica» si se mostraba dispuesto a colaborar en un *radio project*. «Después de pensarlo un poco –señalaría Adorno años más tarde–, le dije que sí por telégrafo. La verdad es que yo no sabía qué era un *radio project*; [...] simplemente pensé que un amigo no me hubiera propuesto aquello si no estuviese convencido de que yo, en teoría, un filósofo, podía hacer aquel trabajo»[24]. Lazarsfeld, agradecido por cierto apoyo financiero que el grupo de Fráncfort le había prestado años antes, adjudicó a Adorno la plaza de director a tiempo parcial del departamento de música del Princeton Radio Research Project. Como diría más tarde, «era consciente de las características polémicas de su obra, pero me intrigaba en sus textos el papel

---

[22] El libro de Adorno *Current of Music. Elements of a Radio Theory*, editado por Robert Hullot-Kentor y con una extensión de casi 700 páginas, ha sido publicado por Suhrkamp en Fráncfort en 2006. Entre los estudios más recientes, nos referimos en concreto a los excelentes libros de Hullot-Kentor (*Things Beyond Resemblance*, Nueva York, Columbia University Press, 2006) y David Jenemann (*Adorno in America*, Mineápolis, Minnesota University Press, 2007).

[23] Ambos volúmenes fueron publicados por Duell, Sloan, and Pearce en Nueva York en 1942 y 1944, respectivamente.

[24] Theodor W. Adorno, «Scientific Experiences of a European Scholar in America», en Bailyn y Fleming (eds.), *The Intellectual Migration*, pp. 338-370, 340.

"contradictorio" de la música en nuestra sociedad. Consideraba un desafío el poder lograr que Adorno vinculase sus ideas a la investigación empírica»[25].

El desafío fue mucho mayor de lo que Lazarsfeld esperaba, y la relación entre ambos intelectuales resultó ser enormemente conflictiva. De hecho, cuando posteriormente se ha estudiado dicha colaboración, siempre ha sido para enfatizar sus intensas diferencias metodológicas y personales[26].

Adorno había pasado dos semanas en Nueva York en junio de 1937, pero no se asentó de forma permanente en los Estados Unidos hasta febrero de 1938, unos pocos días después de que lo hiciera Eisler. El contrato a tiempo parcial con el proyecto de Lazarsfeld se activó al poco de su llegada. A lo largo de sus dos años de trabajo en el Princeton Radio Research Project, el filósofo produjo una serie de textos sobre teoría radiofónica que más adelante agruparía bajo el título de *Current of Music*.

En este libro, Adorno realiza una *interpretación* de los fenómenos ocurridos en la esfera de los medios de masas, y no su mera *medición* y *clasificación*. Desde la redacción en 1932 de su brillante artículo «Zur gesellschaftlichen Lage der Musik» («Sobre la situación social de la música»), el filósofo había insistido en la concepción de la realidad como una totalidad intrínsecamente paradójica cuyas contradicciones «aparecían» en el arte de la música y en los productos de la industria cultural. Un análisis de la música en la radio debía estudiar las contradicciones sociales que se reflejaban en las formas y modos particulares con los que la industria radiofónica retransmitía dicha música.

A diferencia de Lazarsfeld y de los promotores del Princeton Radio Research Project, Adorno no creía que las manifestaciones culturales, del tipo que fueran, pudiesen ser transformadas en datos cuantitativos; ni tampoco pensaba que el sujeto que hubiese contestado de forma sincera a los cuestionarios más eficaces del proyecto se expresase necesariamente de forma subjetiva. Para él, en cada individuo residían fuertes motivaciones creadas por el sistema social hasta el punto de que dicho individuo, a la hora de responder a una encuesta, no podía ser espontáneo si la sociedad en la que vivía no lo era. Evidentemente, el filósofo no pensaba que la sociedad norteamericana de la década de 1930 fuera, ni por asomo, libre o espontánea[27]. En 1969, a propósito de su participación en el proyecto, señalaría:

> No se esperaba de mí una reflexión sobre la relación entre la música y la sociedad, sino sólo información. [...] Me molestó especialmente el peligro de aquel círculo metodológico y que, para acercarse a los fenómenos de la reificación cultural de acuerdo con las normas dominantes de la sociología empírica, uno tuviese que emplear métodos reificados [...]. Cuando se me exigió que «midiese la cultura», respondí que la cultura era precisamente aquella condición que excluye una mentalidad capaz de medirla. [...] La tarea de traducir

---

[25] Lazarsfeld, «An Episode in the History of Social Research», pp. 322-323. Para mayor información sobre la vida y obra de Lazarsfeld, véase J. Lautman y Bernard P. Lecuyer (eds.), *Paul Lazarsfeld (1901-1976). La sociologie de Vienne à New York*, París, L'Harmattan, 1998, pp. 84-119.

[26] Sobre las diferencias entre Adorno y Lazarsfeld, véase especialmente el artículo de David E. Morrison, «Kultur and Culture: The Case of Theodor W. Adorno and Paul F. Lazarsfeld», *Social Research* 2 (verano 1978), pp. 331-345.

[27] Martin Jay ha señalado acertadamente que para Adorno resultaba «imposible *comprobar sus reflexiones*, de tono esencialmente marxista hegeliano acerca de la reificación, el fetichismo de la mercancía y la falsa conciencia *a través de cuestionarios dirigidos a sus víctimas*» (en *Adorno*, Madrid, Siglo XXI, 1988, pp. 25-26; la cursiva es nuestra).

mis reflexiones en términos de investigación era equivalente a buscarle las esquinas a la circunferencia[28].

Y, sin embargo, los resultados de la colaboración de Adorno con el Princeton Radio Research Project fueron notables. David Morrison ha señalado irónicamente que, aunque el «matrimonio entre el teórico crítico Adorno y el empirista Lazarsfeld unió en la misma cama a dos colegas diferentes, el resultado de su incompatibilidad nupcial no fue en este caso, como en tantos otros, el divorcio»[29]. Ni mucho menos. Aunque todavía en 1969 Lazarsfeld consideraba fallida su colaboración («lo único que pudimos publicar fue su trabajo sobre la sinfonía radiofónica»[30]), lo cierto es que el conjunto de los artículos que el filósofo produjo durante ese periodo configuran una teoría de la radio de una fuerza crítica intelectual inusitada. El hecho de que Adorno, en su contribución con *The Intellectual Migration*, explicase con detalle el contenido de cada uno de ellos, parece indicar que el propio filósofo debió ser consciente al final de su vida de la relevancia de los textos.

Los siete artículos principales que conformaban *Current of Music*, desde «Radio Physiognomics» («Fisionomía radiofónica») hasta «On Popular Music» («Sobre la música popular»), presentaban desde distintas perspectivas una serie de conclusiones comunes sobre la forma en que funcionaba la radio, especialmente cuando reproducía música clásica para sus oyentes[31]. A diferencia de Lazarsfeld y sus colegas norteamericanos del proyecto, Adorno no creía que la difusión radiofónica de Haydn o Beethoven (como se hacía, por ejemplo, en el célebre programa The NBC Appreciation Hour) fuese educativa o democrática. Antes bien, para él aquellas retransmisiones destruían el contenido expresivo y crítico de las partituras, ya que lo que emitían era, en términos de experiencia estética del sonido, una caricatura de las mismas. Tal como ha señalado recientemente Robert Hullot-Kentor, «lo que Adorno observaba al escuchar música en la radio era que aquel contenido humano de la música que él había estudiado durante toda su vida, se había desvanecido. La música radiofónica, a oídos de Adorno, ya no era *aquella* música»[32].

Durante su investigación el filósofo descubrió que la retransmisión musical en el aparato radiofónico nada tenía que ver con su interpretación en un concierto en directo, principalmente porque los aparatos de la época tenían una calidad muy baja de re-

---

[28] Adorno, «Scientific Experiences of an European Scholar in America», pp. 344, 347. Para llevar a cabo dicha «medición de la cultura», se quiso poner en funcionamiento el célebre aparato *Program Analyzer* de Lazarsfeld y Stanton, que cuantificaba las respuestas de los oyentes a medida que estos iban escuchando diversos programas. Tal como lo describió John Marshall en una ocasión, «el medidor consiste simplemente en una pequeña caja con dos botones, uno que debe pulsarse en caso de una reacción favorable, y el otro en caso de una reacción desfavorable, y que anota dichas reacciones en una cinta móvil que puede sincronizarse con los movimientos de una composición musical» (Marshall, informe interno, 3 de enero de 1940, RAC). En dicho informe, que se analiza con detalle más adelante en este libro, Marshall recomendaba encarecidamente a Eisler el uso del Program Analyzer para realizar pruebas de audiencia en su Film Music Project.

[29] Morrison, «Kultur and Culture», p. 331.

[30] Lazarsfeld, «An Episode in the History of Social Research», p. 325.

[31] Para una descripción detallada del proceso de producción de estos textos, véase Robert Hullot-Kentor, «Zweite Bergung», en *Current of Music*, pp. 7-71. La actual edición de *Current of Music* recopila, como materiales anexos, otros nueve textos de Adorno escritos durante su participación en el Princeton Radio Research Project.

[32] Hullot-Kentor, *Things Beyond Resemblance*, pp. 109-110.

producción técnica. Las señales de onda larga no eran captadas en toda la extensión de la frecuencia, los emisores no poseían ninguna función para equilibrar el sonido instrumental, y, a falta de una reproducción estereofónica, el sonido en mono distorsionaba claramente la música orquestal y sinfónica. El resultado era un sonido «enlatado» que continuamente aparecía acompañado de un ruido deslizante y magnético. Con todo, era el modo de ser mismo de la radio en tanto medio de comunicación (y no la distorsión del sonido) lo que Adorno más rechazaba:

> En claro enfrentamiento con las asunciones estéticas de Benjamin, Adorno señala que la música no tiene original. Para existir, ha de ser interpretada. En la interpretación de la música, lo original es el auténtico objetivo. Por el contrario, la retransmisión radiofónica transforma la música en una relación entre el original y su reproducción. El original se convierte necesariamente en ese fetiche que la reproducción se esfuerza por alcanzar, pero sin éxito alguno, ya que el original ansiado, al haber desaparecido el objeto de la interpretación musical, es una ilusión[33].

Para Adorno, la retransmisión radiofónica anula el presente inconfundible e insustituible de la ejecución musical en directo, su *hic et nunc,* su «aquí y ahora». Frente a la experiencia sonora envolvente de una interpretación musical en vivo, el sonido reproducido en el aparato radiofónico de la sala de estar se convierte en un objeto más de consumo. Lo escuchado se espacializa y adquiere una forma física semejante al de una imagen; esta mutación atenta directamente contra la existencia temporal de la verdadera música que, según la interpretación adorniana, carece de un equivalente visual determinado. En la medida en que el sonido (y, por tanto, su recepción) se han banalizado, la composición deja de ser un fin en sí mismo y pasa a estar al servicio de la industria de la cultura.

¿Cómo se podía afirmar entonces que aquellos programas radiofónicos eran realmente educativos si lo que al final hacían era convertir la música en una mercancía estandarizada? En un pasaje de «The Radio Symphony» («La sinfonía radiofónica»), Adorno llegaba a afirmar que la retransmisión radiofónica anulaba el sentimiento de comunidad y aislaba al individuo a través de una «uniformación técnica» que lo convertía en un sujeto pasivo y distraído, víctima de una cultura falsamente «positiva» producida por la siempre unidimensional «administración centralizada»[34]. Lo que estaba en juego no era sólo un elemento estético específico de la música, sino el papel social del arte y su potencial transformador.

La interpretación del filósofo no se agotaba en su momento crítico. Al igual que haría más adelante en su colaboración con Eisler en *Composición para el cine,* Adorno observaba el fenómeno radiofónico de manera dialéctica: allí donde otro se hubiese cruzado de brazos, él continuaba su estudio proponiendo nuevas posibilidades de composición para la radio. Y lo hacía precisamente porque creía legítima una práctica musical radiofónica que tuviese en cuenta las características específicas del medio. Si-

---

[33] *Ibidem*, pp. 113-114.
[34] «The Radio Symphony: An Experiment in Theory» se publicó originalmente en Paul Lazarsfeld y Frank Stanton (eds.), *Radio Research 1941*, pp. 110-139. Adorno también publicó otras dos breves secciones del libro; nos referimos a «On Popular Music», *Studies in Philosophy and Social Science* 9 (1941), pp. 17-48, y «A Social Critique of Radio Music», *Kenyon Review* 7 (verano 1945), pp. 208-217.

guiendo algunas de las ideas de la planificación de la Nueva Música y retomando el camino inaugurado por la segunda Escuela de Viena, la composición radiofónica debía tomar ventaja de sus características específicas, es decir, aprovechar la desatención o excitabilidad del oyente, la aleatoriedad con el que éste se encontraba una pieza o la concisión y brevedad a la que la obligaba la programación diaria de las estaciones de radio.

Si la retransmisión técnica forzaba el desmoronamiento del *continuum* temporal de la música clásica tradicional, el compositor moderno debía prescindir de dicha continuidad y anteponer el *shock* y la sensación al desarrollo temático, al uso convencional del contrapunto o a la tonalidad tal como se había proyectado tradicionalmente. Debía dar primacía al motivo individual y al timbre, e incorporar la especificidad sonora de la radio (su carácter enlatado, quebradizo, monofónico) en tanto elemento instrumental. Como veremos, Eisler incorporaría a su práctica compositiva del Film Music Project instrumentos eléctricos como el novachord o el theremin, precisamente porque las condiciones de grabación técnica del cine eran especialmente aptas para la reproducción sonora de dichos instrumentos. Del mismo modo, Adorno proponía ahora incorporar la distorsión del sonido radiofónico como un elemento compositivo, para que así, «emancipada de la reproducción de una ilusión de la naturaleza, la música de radio obtuviese el potencial para lograr el sonido de una auténtica segunda naturaleza»[35].

Años más tarde, al publicar en Alemania uno de los textos del Princeton Radio Research Project en el libro *El fiel correpetidor,* Adorno todavía señalaba:

> La disolución del aura bajo la mirada propicia al reconocimiento es al mismo tiempo restauradora. Del aura agonizante surge en la música algo espiritual, fiel a su propia espiritualización, a la creciente reducción del mero aparecer sensorial a portador de lo insensorial. Incluso las pérdidas de calidad sensorial en el fenómeno radiofónico pueden tener efectos beneficiosos en nombre de tal espiritualización[36].

No es de extrañar que en esa misma revisión cite un texto programático de Stockhausen fechado en 1959, en el que el compositor exigía una música electrónica hecha *desde* y *para* la radio, que incorporase las condiciones sonoras del estudio radiofónico, de los aparatos de grabación, los micrófonos y las válvulas eléctricas.

En 1969, año de su muerte, el filósofo reconocería la influencia de estos trabajos sobre teoría radiofónica en su libro *Filosofía de la nueva música,* y destacaría algunas virtudes de la investigación y de los métodos aprendidos junto a Lazarsfeld. Sin embargo, y como fruto de su constante insistencia en los momentos negativos de cualquier experiencia, Adorno concluía lo siguiente: «No logré presentar una sociología o psicología social de la música radiofónica ejecutada sistemáticamente, [y] mi intento de hacer un estudio de audiencias fracasó»[37].

Como veremos, la participación de Adorno en el Film Music Project de Eisler resultaría también fructífera y fallida a un mismo tiempo. La obstinación del filósofo por configurar un pensamiento libre que no fuese «engullido» por los procesos de domina-

---

[35] Hullot-Kentor, *Things Beyond Resemblance*, p. 115.
[36] Adorno, «Sobre la utilización musical de la radio», en *El fiel correpetidor*, Madrid, Akal, 2007, pp. 379-410, 400.
[37] Adorno, «Scientific Experiences of a European Scholar in America», p. 352.

ción de la industria cultural o de los partidos políticos lo llevó a menudo a tomar posiciones conflictivas, incluso con sus más cercanos colaboradores. Lejos de anticipar falsas reconciliaciones, Adorno siempre pensó que sólo a través del conflicto y la crítica se podía expresar con viveza la auténtica práctica filosófica. Quizá en su problemática colaboración con Eisler podamos encontrar diversos momentos de verdad.

LOS ANTECEDENTES DEL FILM MUSIC PROJECT

Durante 1938 y 1939, antes de emprender la dirección del Film Music Project, Eisler compuso en Nueva York tres partituras que son antecedentes directos de su práctica posterior para el proyecto de la Rockefeller Foundation. Nos referimos a las bandas sonoras *The 400 Million* [Los 400 millones], el documental experimental que Joris Ivens realizó en 1938 sobre la guerra sinojaponesa; *Pete Roleum and his Cousins* [Pete Roleum y sus primos], una original película de animación dirigida por Joseph Losey aquel mismo año; y *The Living Land* [La tierra viviente], cortometraje producido en 1939 por el Departamento de Agricultura del gobierno norteamericano.

Eisler recibió el encargo de Ivens de componer música para *The 400 Million* a finales del verano de 1938. Esta vez el director le concedió una mayor libertad que en sus dos anteriores colaboraciones –*Pesn o Gerojach* [La canción de los héroes, 1932] y *Nieuwe Gronden* [Nueva tierra, 1933]–, por lo que el compositor pudo mostrar a su vez una mayor dedicación a la partitura[38]. De hecho, el resultado iba a ser extraordinario, ya que *The 400 Million* sería la primera película en la historia del cine en contar con una banda sonora original escrita íntegramente siguiendo las pautas compositivas del sistema dodecafónico.

Si la comparamos con la adaptación melódica de distintas canciones populares españolas que Virgil Thomson y Marc Blitzstein habían escrito para *The Spanish Earth* (el documental que Ivens había realizado un año antes sobre la Guerra Civil española), comprobamos que la vanguardista música de Eisler para *The 400 Million* es una composición mucho más novedosa y compleja. En 1940, el propio compositor describió el proceso de escritura de la banda sonora:

> La escena de la batalla de *The 400 Million* llevaría a un compositor inexperto a componer la típica música belicosa con trompetas atronadoras. Pero un análisis de la secuencia, con la ayuda de algunos de sus reveladores detalles (como la artillería situada bajo los árboles en flor, los soldados heridos, los refugiados, el tren blindado, etc.) pedía una música que pudiera expresar la contradicción de las imágenes; se trataba de algo muy importante que debía entender el público. Incluso en la lucha por una buena causa, la música no debe reducirse al mero ondeo de una bandera. Así que mi música expresó júbilo y, a la vez, tensión. [...] Tras un cuidadoso análisis de los detalles visuales, surgió la idea de una forma musical que me diese la oportunidad de cambiar el carácter de la música sin interrumpir su tempo y su lógica: la forma del tema y las variaciones[39].

---

[38] Para mayor información sobre la vida de Ivens y sus primeros trabajos con Eisler, véase su autobiografía *The Camera and I*, Berlín Oriental, Seven Seas Books, 1969, y la biografía de Hans Schoots, *Living Dangerously: A Biography of Joris Ivens*, Ámsterdam, Amsterdam University Press, 2000.

[39] Declaraciones de Hanns Eisler, *Films* 4 (invierno 1940), p. 10. Véase también el texto de Ivens, «Collaboration in Documentary», *Films* 1 (otoño 1939), pp. 30-42.

El título de la partitura para el film, que Eisler acabó el 15 de noviembre de 1938, era, en efecto, *Thema und Variationen für Orchester. Der lange Marsch (Tema y variaciones para orquesta. La gran marcha)*[40]. Lo sorprendente de la composición era que lograba captar la atmósfera de Oriente sin tener que recurrir a fáciles recursos pentatónicos y melodías chinas estereotipadas. Por ejemplo, en la secuencia del ataque aéreo, en donde se mostraban imágenes de estremecedora violencia, Eisler no se rendía a un desarrollo melódico que reforzase la emoción del espectador, sino que prefería escoger la sencilla estructura tonal de la señal de alarma, adoptarla como «tema» y componer a partir de ella una serie de variaciones con ecos atonales de elaborada construcción. Frente a la práctica convencional que se venía haciendo en los documentales y en las películas de ficción, en donde un bombardeo era necesariamente acompañado de una música explícita sobre el miedo y la destrucción, Eisler escribía, a modo de contrapunto, una partitura expresiva pero no expresionista, efectiva pero no efectista, sentida pero no sentimental. Al oírla Ivens debió sentirse impresionado, porque a continuación decidió volver a montar las secuencias del bombardeo y de la tormenta de arena siguiendo una sincronización exacta con la música de Eisler.

Ver hoy *The 400 Million* produce en el espectador cierta desconfianza en el texto y en la imagen, sobre todo por la propaganda un tanto burda que el film hacía en favor del Ejército Rojo de Mao Zedong. Desafortunadamente, la historia posterior de China, en ese sentido, le ha quitado por sí sola razón al discurso unidimensional e ingenuo de Ivens. Sin embargo, a la música de Eisler, consciente en sus declaraciones de la necesidad de captar la «contradicción de las imágenes», no parece haberle afectado el paso del tiempo[41]. La secuencia de los niños (que también se reeditó completamente para adaptarse al ritmo de la partitura) posee ese carácter dialéctico que caracterizaría a cada una de las obras del conjunto musical eisleriano en el exilio: por un lado, expresa la alegría y el júbilo de la revolución, pero, por otro, parece contener un tono misterioso que predice la tragedia provocada por aquellos que la traicionarían más adelante. Esos niños, se intuye al escuchar la música, son hijos de la revolución, pero también las futuras víctimas de la dictadura. La banda sonora, como si estuviera anticipando los postulados de la teoría estética adorniana, decía algo y, al mismo tiempo, afirmaba su contrario.

Eisler debió ser consciente de la calidad de su banda sonora, ya que poco después de componerla decidió adaptarla a distintos usos concertales; de dicha «reconversión» obtendría tres obras diferentes: las *Variationen über ein marschartiges Thema (Variaciones sobre un tema a modo de marcha)*, las *Fünf Orchesterstücke (Cinco piezas para orquesta)*, y el *Scherzo mit solovioline (Scherzo para violín)*. Albrecht Betz definiría en 1976 el pasaje central de las *Fünf Orchesterstücke*, una passacaglia de minuto y medio de duración, como una obra maestra de la concisión e invención contrapuntística: «Es una prueba fehaciente de que la *angewandte Musik*, si es lo suficientemente elaborada, puede tener varias funciones y, a la vez, mantenerse en pie por sí misma»[42].

Durante los primeros meses de 1939, antes de emigrar temporalmente a México para renovar su visado, Eisler tendría la oportunidad de colaborar en la primera pelí-

---

[40] La gran marcha es la llevada a cabo por el Ejército Rojo de Mao Zedong.

[41] A propósito de este doble carácter de la banda sonora, Peter Nau ha calificado la música de Eisler como una combinación «de sustancia bélica y guerrillera mezclada con melancolía y dolor», en «Poesie und Romantik in den Filmen von Joris Ivens», en Jan-Pieter Barbian y Werner Ružička, *Poesie und Politik. Der Dokumentarfilmer Joris Ivens (1898-1989)*, Tréveris, WVT Wissenschaftlicher Verlag, 2001, pp. 79-83, 81.

[42] Betz, *Hanns Eisler. Political Musician*, p. 174.

cula de Joseph Losey, el mediometraje de marionetas animadas *Pete Roleum and his Cousins*. Esta vez, a diferencia de los independientes métodos de financiación de *The 400 Million,* el film iba a ser pagado por un organismo de la industria del petróleo, la Petroleum Industries Exhibition Inc., que aportó unos 120.000 dólares para su realización.

El argumento de la película era sencillo: comenzaba mostrando un mundo totalmente destruido por la guerra y por la explotación incontrolada del oro negro. Los personajes, las gotas de petróleo (caracterizadas con rasgos humanos), habían sido maltratados y se habían extinguido. Al poco de empezar el film, sin embargo, volvían al ritmo de la música para reivindicar la relevancia de su presencia en la tierra. A través de una serie de canciones y de secuencias que formaban el cuerpo del mediometraje, las marionetas indicaban al público de forma directa lo importante que era el petróleo para el desarrollo del ser humano en la sociedad actual. La última secuencia, de hecho, mostraba al conjunto de personajes en un teatrillo cantando al unísono y despidiéndose de su audiencia antes de que cayese el telón. La idea básica, como diría Losey más tarde, era «mostrar que prácticamente todo lo que nos rodea hoy en día tiene algún elemento de petróleo»[43].

Eisler escribió la banda sonora durante el primer trimestre de 1939, mientras impartía en la New School una asignatura de introducción a la música. Para la realización de la partitura, formada principalmente por canciones de sesgo popular, contó con la estrecha colaboración del pianista y compositor Oscar Levant, con quien volvería a trabajar más adelante en *The Living Land*[44]. Levant ayudó a Eisler a componer las canciones que acompañaban al film: *The Bucket Song (La canción del cubo), Considering Everything (Considerándolo todo), Love Terzett (Terceto de amor), March (Marcha),* y la pieza que se hizo más célebre, *We're Pouncing on the Oil (Nos abalanzamos sobre el petróleo)*[45]. La letra de «The Bucket Song», que acompañaba a las gotas de petróleo cuando reaparecían en el mundo devastado, condensaba el mensaje que la industria del petróleo americana quería dar con el film: «We are coming back –*if* you want us to come back!» («Volveremos... ¡*si* queréis que volvamos!»).

Las piezas musicales articulaban perfectamente las distintas secuencias de la película y poseían un carácter ciertamente «mercúreo»[46]. Eisler conocía la brevedad con la que debían desarrollarse los motivos musicales en el cine, y ya había empleado canciones en películas europeas con anterioridad: un cortometraje realizado a partir de una serie de ellas resultaba indudablemente una tarea apropiada para él. La serie de canciones fue compuesta siguiendo los principios de composición que Eisler había aprendido a su llegada a Berlín en 1925. La música de cabaret y el *swing* de tinte social y sarcástico habían cautivado entonces al compositor que huía de los ambientes «elitistas» de Viena. El género de la canción y el carácter lúdico que ahora requería el

---

[43] Joseph Losey, citado en Michel Ciment, *Conversations with Losey*, Londres, Methuen, 1985, p. 57.

[44] Levant había estudiado brevemente con Schönberg y había compuesto inicialmente «música seria»; tras conocer a George Gershwin en 1925, había ampliado su campo de composición a géneros como la canción popular o la música de cine. Como pianista, se haría especialmente famoso por sus apariciones en películas como *Una americano en París* (1951) de Vincente Minnelli. Para mayor información sobre su participación en *Pete Roleum and his Cousins*, véase su libro *A Smattering of Ignorance*, Nueva York, Knopf, 1940, p. 144.

[45] Para mayor información sobre las características de estas partituras, véase Grabs, *Hanns Eisler*, p. 135.

[46] Betz, *Hanns Eisler. Political Musician*, p. 172.

film de Losey activaron en Eisler sus dotes para escribir una música popular que llegara de forma directa y rápida a los espectadores. Pero ahora la tecnología americana le ofrecía nuevas posibilidades: *Pete Roleum and his Cousins* se rodaba utilizando por primera vez un proceso similar al de la grabación de sonido estereofónico, y esto impresionó fuertemente al compositor que, como veremos, tan sólo unos meses después propondría grabaciones experimentales similares para conseguir la beca de la Rockefeller Foundation[47].

En una carta que Harry Robin, técnico de sonido del film, escribió a Manfred Grabs en enero de 1982, Robin señalaba lo siguiente:

> *Pete Roleum and his Cousins* fue un film de animación en tres dimensiones [sic] un tanto extraño que se hizo para la Petroleum Industry Exhibition de la Exposición Mundial de Nueva York de 1939. Los personajes eran marionetas animadas diseñadas y puestas en acción por los hermanos Bunin; la película la dirigió Joseph Losey y la montó Helen van Dongen. Yo hice el trabajo de supervisor de sonido: analizaba las secuencias y determinaba qué tempos eran apropiados para la música que Eisler compondría a partir de los ritmogramas que yo hacía de cada secuencia. La película tuvo muy buena acogida. Su tono era serio y gracioso a la vez, y a menudo sorprendente, y fue vista por cientos de miles de personas. Siempre me sorprendió la velocidad con la que componía Eisler; está claro que tenía enormes dotes, tanto artesanales como espirituales. Su conocimiento de los instrumentos y la combinación de los mismos fascinó a los intérpretes, que en aquella ocasión formaban parte de la New York Philharmonic. Las sesiones de grabación fueron extremadamente productivas. [...] Yo diseñé el sistema de grabación y el del *playback*, de tal modo que se podía proyectar el film con sonido estereofónico: en una secuencia un personaje de la pantalla era interrumpido por una voz que venía del público (de un altavoz), y entonces se establecía una conversación a dos voces entre un personaje de la pantalla y un «miembro» del público[48].

Aunque, a diferencia de *The 400 Million* y *The Living Land,* aquí la música no era complicada ni elevada, sino sencilla y popular, es indudable que la experiencia con el sonido estereofónico en este film se reflejaría más adelante en las propuestas de Eisler para la Rockefeller Foundation. Distintos elementos, como el método de escribir ritmogramas, la colaboración con la New York Philharmonic o la experimentación técnica de Robin, se repetirían más adelante en el Film Music Project.

La película se estrenó en la Exposición Mundial de Nueva York en mayo de 1939 y, como señalaba Robin, tuvo un éxito considerable. De hecho, las críticas fueron tan buenas que Eisler decidió incluirlas unos meses después en el *curriculum* personal que entregaría a la Rockefeller Foundation. El 1 de junio de 1939 el *New York World Telegram* publicaba una reseña titulada «La inteligente música de Eisler», en la que se decía:

> El petróleo y el agua, tal como se ha señalado en los laboratorios de química de todo el país, no se mezclan; pero el petróleo y la música sí, incluso a pesar de los juegos de palabras de Broadway que puedan abarrotar nuestras cabezas. Esto lo decimos a modo de introducción para señalar que la banda sonora con la que Hanns Eisler ha contribuido al cortometra-

---
[47] *Ibidem*, p. 172.
[48] Carta de Harry Robin a Manfred Grabs, 29 de enero de 1982, HEA.

je de dos rollos *Pete Roleum and his Cousins* ayuda inmensamente a aclarar el argumento y, además, es entretenida. Fiel a la calidad efervescentemente palatal de la película, la música burbujea con un ingenio refrescante e ingenioso. Es una banda sonora que profundiza en una serie de mecanismos para conseguir lo que se propone. En su mayor parte, es ágilmente descriptiva, fonéticamente imitativa y realmente muy inteligente. Se intercalan coros y solos con letras escritas con acierto. Y la interpretación de la música es de primera línea[49].

¿Fiel a la calidad efervescentemente palatal de la película la música burbujea con un ingenio refrescante e ingenioso? Frases como esta debieron llamar la atención hasta del más despistado lector: Eisler, en efecto, empezaba a darse a conocer en los Estados Unidos de América.

En noviembre de 1939, dos meses antes de recibir la beca de la Rockefeller Foundation, el compositor escribió una tercera banda sonora para el documental *The Living Land*, un cortometraje de carácter didáctico producido por el Departamento de Agricultura de los Estados Unidos[50]. Con la escritura de esta banda sonora, Eisler participó de manera tangencial en la política propagandística del New Deal y estableció por primera vez relación con el gobierno norteamericano.

De apenas cinco minutos de duración, el film estaba dominado de principio a fin por una voz en off que recordaba a los ciudadanos estadounidenses el problema del deterioro del suelo y los esfuerzos que realizaba la administración de Roosevelt para solventarlos. El texto de Helen Hill decía que durante décadas los granjeros habían entendido el suelo como un ente viviente que había que respetar, pero también que dicho entendimiento había sido violado por empresas formadas en las décadas de 1920 y 1930 que habían explotado el suelo de manera irracional y descontrolada, destrozando así el medio ambiente y transformando «la tierra viviente» en una tierra baldía. Para revitalizar el suelo, *The Living Land* proponía no sólo volver al respeto de las pasadas generaciones, sino también aplicar de forma racional la tecnología descubierta por la ciencia moderna. Como en los «documentales progresistas» de Ivens, y de forma no muy diferente a cómo lo harían John Steinbeck y Herbert Kline en *The Forgotten Village* (para la que Eisler, como veremos, compondría su segundo noneto), el texto mezclaba el respeto por la tradición con un optimismo ciego por los avances de la ciencia, hacía eco de los postulados ideológicos del New Deal y reflejaba de forma ejemplar el pensamiento «positivo» de la era Roosevelt y del US Film Service de Pare Lorentz y Robert Flaherty.

Visualmente, la película estaba dividida en seis breves secciones. La primera, a modo de introducción, mostraba las distintas formas de producción agrícola existentes en los Estados Unidos; en la segunda y en la cuarta se veían zonas devastadas por el abuso incontrolado del suelo; en la tercera, a modo de antítesis a las secciones que la

---

[49] «The Intelligent Music of Eisler», *New York World Telegram*, 1 de junio de 1939, sin firmar ni paginar, HEA. Véase además la reseña de Irving Kolodin en el *New York Sun* de 16 de mayo de 1939, sin paginar, también en el HEA de Berlín.

[50] Señalar la fecha precisa de producción de *The Living Land* es una tarea complicada, pues se desconoce con exactitud cuándo fue realizada. Desafortunadamente, el único texto de investigación escrito sobre la película, el artículo de Volker Helbing «Hanns Eisler's Contribution to the New Deal: "The Living Land" (1941)» –publicado en Culbert y Dümling (eds.), *HJFRT* 4/18, pp. 523-533–, no sólo no soluciona el problema, sino que contribuye a la confusión de datos. Eisler escribió la banda sonora entre el 13 y el 16 de noviembre de 1939, justo durante el proceso de solicitud de la beca Rockefeller, tal como se especifica en la partitura original albergada en el HEA.

rodeaban, se señalaba la necesidad de tratar respetuosamente el medio ambiente con nuevas tecnologías; y en la quinta y sexta se presentaba y justificaba con imágenes y palabras el programa de conservación de suelo del gobierno.

La música de Eisler estaba igualmente dividida en seis secciones, pero en ciertos pasajes, y a diferencia del texto, no parecía proponer un tono reconciliatorio. En distintas secuencias del film la banda sonora funcionaba más bien como un contrapunto a la imagen y a la voz en off, de tal modo que no ilustraba el referente visual de forma paralela, sino que lo negaba de un modo sútil pero intenso. En la medida en que funcionaba por momentos como contrapunto y no como ilustración, la partitura se vinculaba más a la práctica compositiva de *The 400 Million* que a la de *Pete Roleum and his Cousins*.

Para *The Living Land* Eisler compuso un noneto que seguía una vez más la técnica dodecafónica. En principio a la partitura la tituló *Variationen (Variaciones)* o *Improvisationen über ein Thema (Improvisaciones sobre un tema),* pero más adelante, al prepararla para su publicación como música concertal, cambió su título por el de *32 Variationen über ein fünftaktiges Thema (32 variaciones sobre un tema de cinco compases),* en homenaje a Beethoven, ya que en su configuración la orquesta de nueve instrumentos reproducía la disposición empleada comúnmente en la época de juventud del genio de Bonn. El noneto estaba formado, por un lado, por un quinteto de cuerda compuesto de dos violines, una viola, un violoncelo y un contrabajo; y, por otro, por un grupo de viento formado por una flauta, un clarinete, un fagot y una trompa.

Al igual que la música de *The 400 Million,* la partitura avanzaba por medio de una serie de variaciones. Al principio, la trompa tomaba protagonismo para exponer un motivo armónico que simbolizaba la reconciliación entre hombre y naturaleza, y expresaba así el tema sobre el que se iban a desarrollar las variaciones. A partir de ahí Eisler comenzaba a alternar dicho motivo con una serie de «improvisaciones» de tempos diversos *(allegretto moderato, grazioso, quasi marcia)* a modo de contrapunto a la narración visual. Por ejemplo, cuando las imágenes mostraban una tierra devastada, el compositor empleaba una música liviana con reminiscencias del vals vienés que parecía enfatizar la trivialidad del hombre al que no preocupaba la destrucción de la naturaleza; más adelante, cuando las imágenes y el texto explicaban de forma optimista cómo se podía recuperar la tierra baldía con la ayuda de las nuevas tecnologías, Eisler componía una marcha que recurría a tonalidades de la música negra norteamericana (en concreto, del *blues*) y enfatizaba así el vínculo entre dicha tierra y la opresión que desde antaño habían sufrido los hombres que la trabajaban.

El elemento más llamativo de la música de *The Living Land* llegaba al final del film, cuando Eisler decidía citarse a sí mismo e incluir los famosos compases de su *Kominternlied*. Al introducir una canción comunista en la propaganda del gobierno norteamericano, el compositor estaba demostrando las posibles vías de acción revolucionaria que existían dentro del mismísimo sistema. Las películas del Departamento de Agricultura se distribuían por las pantallas de todo el país como filmes educativos y, como tales, llegaban a un público muy amplio. Es probable que Eisler supiese esto y aprovechase su trabajo en *The Living Land* para ejercer de forma indirecta su militancia política.

Dicha acción subversiva, sin embargo, estaría condenada a una transitoriedad ciertamente efímera. Pocos años después, durante los juicios del HUAC a los que se vio sometido el compositor, el hecho de haber introducido de forma sutil la canción del

Comintern en un producto menor de la propaganda del gobierno norteamericano iba a ser detectado y usado en su contra. En un momento del interrogatorio, el comité preguntó al compositor si, además de la New School, había sido «empleado» alguna vez por algún organismo estadounidense.

> *Eisler:* Nunca.
> *Tribunal:* ¿No contribuyó usted a la realización de un film producido por el Departamento de Agricultura?
> *Eisler:* Sí, pero yo a eso no le llamaría «empleo». Se trataba de una pequeña película. Yo había querido colaborar gratuitamente. Creo que al final me pagaron cien o doscientos dólares[51].

Jürgen Schebera ha enfatizado oportunamente la paradoja a la que se vieron sometidos ciertos exiliados al llegar a los Estados Unidos. No importa lo radical que hubiese sido su actividad en Europa, ahora la necesidad de supervivencia los llevaba a realizar trabajos para el sistema que antaño habían rechazado y combatido. Kurt Weill, por ejemplo, participó en la Exposición Mundial de Nueva York con una ópera circense *(Zirkusoper)* que le había encargado la Union Pacific para presentar como espectáculo de atracción en el pabellón de las líneas ferroviarias americanas[52]. En 1942 Ivens colaboró con una multinacional del petróleo para poder pagar las deudas que había adquirido tras el rodaje de *Power and the Land* [La electricidad y la tierra, 1941][53]. Y, un año más tarde, Brecht acudía a California para poder ganarse la vida como guionista de películas en los grandes estudios de Hollywood.

El exilio sumió a muchos de los artistas europeos en uno de aquellos múltiples procesos de engullimiento o absorción de los que se nutría desde su nacimiento la industria de la cultura. Lo que quedaba todavía por comprobar era el modo en que dichos artistas radicales podían cambiar aquella industria *desde dentro*. La música de *The Living Land* fue quizá un primer y tímido paso en aquel intento.

---

[51] El testimonio de Eisler ante el HUAC, así como los de sus hermanos Gerhart Eisler y Elfriede Eisler (Ruth Fischer), se reproducen en el capítulo «The Eislers», Eric Bentley [ed.], *Thirty Years of Treason: Excerpts from Hearings before the HUAC. 1938-1968*, Nueva York, The Viking Press, 1971, pp. 55-107. Este extracto proviene de la página 77.

[52] Jürgen Schebera, *Kurt Weill. Eine Biographie in Texten, Bildern und Dokumenten*, Maguncia, Schott, pp. 217-218.

[53] Rosalind Delmar, *Joris Ivens: 50 Years of Film-Making*, Londres, British Film Institute, 1979, p. 39.

Capítulo III

El surgimiento del Film Music Project. Propuestas y concesiones

El primer documento sobre el Film Music Project que se conserva es la carta que el cineasta Joseph Losey escribió el 26 de septiembre de 1939 al por entonces ya célebre rector de la New School, el profesor Alvin Johnson. En aquella ocasión Losey le decía que había hablado con John Marshall, encargado de becas de la Rockefeller Foundation, sobre la posibilidad de que la institución concediese una ayuda económica a Hanns Eisler. «El trabajo para el cine y otros medios de comunicación de Hanns no puede financiarse como si fuera una beca –señalaba Losey–, pero sí se le podría ayudar si realizase un proyecto de investigación. El señor Marshall también cree que debe ser así»[1].

Aquella idea de Losey no tardó en tener efecto. El 13 de octubre, unos días más tarde, el director de la New School se puso en contacto por primera vez con Marshall para pedir apoyo financiero para el compositor. Tanto Losey como Johnson debieron de creer en aquel momento que el contrato que Eisler acababa de firmar con Oxford University Press para escribir un libro sobre música moderna podía servirle de apoyo a la hora de solicitar un beca Rockefeller. Johnson escribía lo siguiente:

Querido señor Marshall:

¿Me permitiría ir a verle para pedirle un beca de apoyo para Hanns Eisler y para la investigación que está llevando a cabo en un libro sobre música moderna? Tiene un contrato con Oxford University Press que podría mostrarle. Es un músico de verdad, ¿sabe?, y un pensador, y puede hacer algo muy bueno si es capaz de vivir de algún modo.

Atentamente,
Alvin Johnson[2].

A diferencia de Oxford University Press, la Rockefeller Foundation estaba mucho más interesada en la investigación práctica de los medios de comunicación de masas que en las características estéticas de las composiciones dodecafónicas. Por eso, cuando Marshall respondió a aquella primera carta, lo hizo mostrando su interés por la figura de Eisler como compositor de música de cine y no como creador de partituras autónomas.

---
[1] Carta de Joseph Losey a Alvin Johnson, 26 de septiembre de 1939, citada en Schebera, *Hanns Eisler*, 174.
[2] Carta de Alvin Johnson a John Marshall, 13 de octubre de 1939, RAC.

Junto a una carta del 1 de noviembre de 1939, escrita en respuesta a este interés mostrado por Marshall, Alvin Johnson envió dos documentos escritos por el compositor que hoy resultan fundamentales para entender el origen del Film Music Project. La carta de Johnson, profética en ciertos sentidos y realmente ingenua en otros, decía así:

> Querido señor Marshall:
> Adjunto aquí la información que le pedí a Hanns Eisler para que le indicase lo que ya ha hecho en el cine y cuáles son sus planes para el futuro.
> Es un programa ambicioso; es posible que, incluso en el caso de que pueda recibir un sueldo durante dos años, no sea capaz de acabarlo todo, sobre todo esa parte que exige el costoso uso del laboraratorio. Aun así, Eisler es una persona extraordinariamente dotada y con una posición lo bastante buena en la industria del cine como para acceder a recursos que no podrían acceder otros investigadores.
> Eisler pide tres mil dólares al año por un periodo de dos años. Como es uno de los pocos profesionales cualificados e internacionalmente conocidos en este campo, creo que es una previsión acertada decir que en dos años ya no necesitará subsidio alguno. Además, en ese periodo de tiempo nosotros ya tendremos accesibles puestos de trabajo en el teatro y en sus artes colindantes, así que podríamos mantenerlo, si es que logramos que se quede[3].

Como veremos más adelante, durante el Film Music Project Eisler no se mostró tan «dotado» como para lograr que sus relaciones con Hollywood fuesen fructíferas a corto plazo. Ni mucho menos logró poder prescindir de subsidio alguno a partir de febrero de 1942, ni siquiera a partir de febrero de 1943. Sin embargo, si analizamos esta carta observando el desarrollo de Eisler en Hollywood desde 1944 a 1947, entonces Johnson sí llevaba razón: el compositor iba a ser capaz de «hacerse un sitio» en los estudios componiendo música para cineastas como, Fritz Lang (*Los verdugos también mueren*), Clifford Odets [*Un corazón en peligro* (*None but the Lonely Heart*, 1944)], Douglas Sirk [*Un escándalo en París* (*A Scandal in Paris*, 1946)], Jean Renoir [La mujer en la playa (*The Woman on the Beach*, 1947)], y Edward Dmytrik [*El mejor recuerdo* (*So Well Remembered*, 1948)], e incluso llegaría a obtener una nominación al Oscar a la mejor banda sonora en 1944 por su partitura para el film de Lang.

La carta de Johnson incluía un tercer párrafo especialmente significativo y que hoy demuestra la capacidad del director para establecer sólidas relaciones profesionales entre la New School y otras instituciones norteamericanas y europeas en el proceso de acogida de los refugiados:

> La Rockefeller Foundation ha hecho un trabajo magnífico haciendo posible que decenas de académicos refugiados puedan sobrevivir a un periodo de adaptación. Cuando se escriba la historia de la cultura norteamericana dentro de cincuenta años, el historiador indicará las numerosas y novedosas ayudas a las ciencias que aportó en su labor la fundación. [...] Un hombre como Eisler [...] indudablemente desarrollará relaciones con la industria del cine que juega y jugará un rol tremendamente importante en nuestra cultura; cualquier contribución que permita elevar su nivel, merece una ayuda[4].

---

[3] Carta de Johnson a Marshall, 1 de noviembre de 1939, RAC.
[4] Ibidem.

Estas palabras debieron conmover a un «buen americano», fiel a la fundación, como era John Marshall. Y Johnson volvía a acertar: historiadores como los que han colaborado recientemente en el libro *The Unacceptables* todavía hoy ven la labor de la fundación como un impulso fundamental para la ciencia y la cultura norteamericana de mediados del siglo XX. No obstante, convendría señalar aquí que la Rockefeller Foundation no apoyó ningún proyecto de investigación de forma ingenua o desinteresada; como hemos visto, la mayoría de las veces financió estudios que servían para desarrollar alguno de los sectores de las numerosas empresas que poseía la familia, o alguno de los medios de comunicación con los que dichas empresas se podían dar a conocer internacionalmente. Más allá de su voluntad filántropa, el hecho de que la fundación invirtiese en estudios sobre la comunicación de masas refleja su especial interés por conocer los mecanismos con los que configurar una opinión pública favorable.

Sea como fuere, lo que ahora nos interesa son los dos documentos que Eisler adjuntó a dicha carta. El primero, titulado «Hanns Eisler's Work as Composer for the Films» («El trabajo de Hanns Eisler como compositor para el cine») es un *curriculum* de tres páginas en el que Eisler describe su carrera como compositor. El segundo, de seis folios de extensión, se titula «Research Program on the Relation between Music and Films» («Programa de investigación sobre la relación entre la música y las películas»), y es la primera de las dos propuestas que Eisler escribiría para la solicitud de la beca[5].

Que la fundación tendría frente a Eisler siempre *una preocupación doble* lo demuestran ya estos dos tempranos documentos; en la propuesta de cinco páginas, el compositor tenía que convencer a la institución que era lo «suficientemente bueno» como para dirigir el proyecto; y en el *curriculum* respondía a la que sería siempre una pregunta de mayor preocupación para la Rockefeller Foundation: la de saber si era un artista «políticamente correcto».

Eisler comenzaba el *curriculum* señalando su experiencia y conocimiento de la música de cine. En las primeras líneas hacía hincapié en la juventud del medio (el cine sonoro, por entonces, tenía sólo 12 años) y aclaraba que él había sido, con la realización de la música de *Opus III* (1924) de Walter Ruttman, uno de los primeros compositores de bandas sonoras fílmicas[6]. En la primera página describía su experiencia con el medio de la siguiente manera:

> En 1927 los inventores de la patente alemana del cine sonoro, Triergon (más tarde, Tobis Corporation) me invitaron a que, como músico, estudiase su sistema y compusiese su primera banda sonora. Fue la primera película sonora proyectada en Alemania (en el Festival de Música de Baden-Baden). La producción se realizó de la forma siguiente: primero se proyectó la película sonora con mi música, y después la película muda mientras yo dirigía la misma música con una orquesta. De este modo cualquier oyente pudo comprobar el éxito de nuestro experimento. A pesar de las dificultades de ser un experimento pionero, el éxito fue sensacional. Dos años después, cuando el cine sonoro se hizo popular en Alemania, la Tobis Corporation se convirtió en el centro cinematográfico alemán más importante. En esta

---

[5] Hanns Eisler, «Hanns Eisler's Work as Composer for the Films» y «Research Program on the Relation between Music and Films», s.f., 3 y 6 pp. respectivamente; ambos documentos se encuentran en el RAC.

[6] Eisler no citaba ni el título ni el director de la película. La música que compuso para el film hoy se conoce como la *Suite für Orchester Nr. 1, Op. 23*; para un análisis de la misma, véase Berndt Heller, «The Reconstruction of Eisler's Film Music: "Opus III", "Regen" and "The Circus"», en Culbert y Dümling (eds.), *HJFRT* 4/18, pp. 541-559.

película experimental, decidí no sólo tratar problemas musicales como la nueva instrumentación, las formas musicales, etc., sino también el problema de la relación entre la música y el cine[7].

A lo largo del texto, Eisler explicaba su trabajo en las películas para las que había compuesto música en Europa, desde *Niemandsland* [Tierra de nadie, 1931] de Victor Trivas hasta *Il Pagliacci* (1936) de Karl Grune, pasando por *Kuhle Wampe* [Vientres helados, 1932] de Slatan Dudow y Bertolt Brecht, *Le Grand Jeu* [El gran juego, 1933] de Jacques Feyder, y *Abdul the Damned* [Abdul el condenado, 1935], también de Grune. De su trabajo en Norteamérica, citaba *The 400 Millions* y *Pete Roleum and his Cousins*, pero, curiosamente, no hacía referencia alguna a *The Living Land*. También enumeraba sus investigaciones particulares en este campo, como la grabación específica para el micrófono, la investigación de la relación entre la canción y la imagen o las características peculiares de la filmación de la ópera.

Lo que llama más la atención hoy del *curriculum* es la insistencia constante de Eisler en el éxito de su trabajo. «He trabajado con todos los sistemas de sonidos que se emplean en todos los países», decía; «he obtenido el primer premio al mejor disco en la exposición de fonógrafos de Leipzig»; «*Nieuwe Gronden* de Joris Ivens ha ganado el premio de la Academia de Cine a la mejor película extranjera»; e incluso señalaba que su obra ya había sido descrita como «clásica» en el «exhaustivo libro» *Film Music* de Kurt London[8]. Para reforzar esta imagen de «éxito» incluía diferentes críticas de su música de cine aparecidas en la prensa norteamericana desde abril de 1939. El elevado número de críticas (había distintas reseñas de seis periódicos diferentes, entre ellos, *The New York Herald Tribune* y *The Hollywood Reporter*) indica claramente la ansiedad del compositor por conseguir la beca: Eisler, que entonces empezaba a tener serios problemas económicos, quería «convencer» a la fundación de que nadie mejor que él estaba preparado para dirigir aquel proyecto[9]. La reseña del 5 de septiembre de 1939 del *New York World Telegram* era breve pero directa: «La banda sonora de Eisler es excelente»[10]. Su investigación sobre música de cine, parecía decir el compositor, también lo sería.

Aunque en aquella ocasión no se le pidió expresamente que hablase de sus afiliaciones políticas (como se haría más tarde), Eisler dejó implícito en el texto que había tenido que abandonar Alemania en 1933 por culpa del nazismo. Quizá de forma un tanto ingenua, señalaba también que había viajado en 1931 a Rusia invitado por Joris Ivens para hacer la música de su película *Pesn o Gerojach*, lo cual debió llamar la atención de Marshall y otros miembros de la fundación, preocupados ya entonces de los posibles vínculos de Eisler con el Partido Comunista.

---

[7] Hanns Eisler, «Hanns Eisler's Work as Composer for the Films», p. 1; el énfasis es de Eisler.

[8] *Ibidem*, 3. El libro *Film Music* de Kurt London había sido publicado por Faber & Faber en Londres en 1936; se trata de uno de los primeros libros escritos sobre música de cine y fue una de las principales referencias que Hanns Eisler y Theodor W. Adorno emplearían en la redacción de *Composición para el cine*.

[9] A diferencia de 1938 y 1939, durante los primeros años de la década de 1940 el matrimonio Eisler sí tendría que enfrentarse a serias dificultades económicas, como demuestra gran parte de la correspondencia personal de los Eisler de aquellos años albergada en el HEA de Berlín.

[10] *New York World Telegram*, 5 de septiembre de 1939, citado por Hanns Eisler, «Hanns Eisler's Work as Composer for the Films», p. 3.

LA PRIMERA PROPUESTA

«Research Program on the Relation between Music and Films», el texto que Eisler adjuntaba al *curriculum,* es uno de los documentos más fascinantes del Film Music Project. Escrito como propuesta para un posible proyecto de investigación, es, a su vez, un breve, brillante e intenso análisis de las características y posibilidades de la música de cine.

Eisler señalaba aquí que la música de cine debía ser investigada sistemáticamente tanto a nivel práctico como teórico. En la primera página de su propuesta realizaba un diagnóstico ciertamente crítico de la situación «actual» (es decir, la de 1939) de la música de cine: «Hoy la composición para el cine está más bien desorganizada. Cuando no es muy mala, su virtud se debe solamente al azar de un compositor talentoso. En lugar de existir un conocimiento profundo, se genera una rutina barata»[11].

A partir de ahí, y dada la pobreza en la que se había desarrollado este medio artístico, Eisler señalaba que era necesario hacer una investigación global sobre sus características generales. Además de realizar un estudio sobre los métodos de composición ya existentes, una de las finalidades principales de dicha investigación sería la de llevar a cabo una práctica novedosa en la que se adaptase el material musical moderno al cine, tal como se había hecho ya en *The 400 Million.* Es decir, se aplicaría una música compuesta a partir del sistema dodecafónico a películas y a secuencias de películas. Esta práctica debería desarrollase a través de tres investigaciones: (1) la de los nuevos materiales musicales; (2) la de la relación entre la música, el sonido y la imagen; y (3) la de la música sintética.

La investigación de los nuevos materiales tendría que tratar un amplio abanico de asuntos básicos, como la adaptación a la pantalla de formas musicales clásicas (la sonata, la sinfonía, la fuga), el tipo de orquestación que se adecuaba mejor a las carácterísticas del micrófono, o los resultados que surgirían tras la introducción de nuevos instrumentos eléctricos –como el theremin, el novachord o el piano eléctrico– en la composición de bandas sonoras. Eisler también enfatizaba la necesidad de estudiar, a través de posibles pruebas prácticas, la aplicación de la música vocal, la canción, el coro o la ópera, al medio cinematográfico.

En su primera propuesta para estudiar la relación entre la música y la imagen, el compositor señalaba también lo que más tarde sería una de las tesis principales de *Composición para el cine:*

> En los últimos diez años se ha establecido un mal hábito que podría denominarse «ilustración musical», una imitación musical del ritmo de la imagen y una expresión musical del contenido sentimental de la imagen. Todas las películas recurren a esta rutina de forma vulgar. [...] Existe otra posible aproximación, en mi opinión, mucho más efectiva. Se trata del uso del principio del contraste y el comentario, por el cual la música funciona a modo de contrapunto de la imagen, en vez de seguir meramente el contenido de la imagen[12].

---

[11] Hanns Eisler, «Research Program on the Relation between Music and Films», p. 1.
[12] *Ibidem*, p. 3.

De todos las prácticas señaladas en la primera propuesta, ésta era quizá la que mejor se llevaría a cabo en el Film Music Project. De hecho, si por algo se recuerda hoy la aportación de Eisler a la historia del cine, es por haber compuesto música que funcionó como brillante contrapunto y no como mera ilustración de la imagen.

En este segundo apartado del texto el compositor proponía además estudiar la música de fondo y descubrir nuevos usos de la misma («el público ya está cansado de escuchar [...] la serenata del pobre Schubert cada vez que el chico conoce a la chica»)[13], así como la búsqueda de funciones inéditas de las «secuencia musicales», los efectos sonoros y la mezcla de estos con elementos musicales.

La tercera investigación propuesta, la de la música sintética, era la más ambiciosa de todas. Aunque Eisler no debía estar muy convencido de que la Rockefeller Foundation se interesase de lleno en esta posibilidad (en las siguientes propuestas e informes, de hecho, la idea de crear música sintética iría desapareciendo), presentó aun así un proyecto detallado de la misma. Señalaba que dicha práctica necesitaría de un laboratorio especializado y de un presupuesto muy amplio, y, remitiéndose a las «investigaciones previas del profesor Pfietzinger de 1931», proponía la creación de un «alfabeto» que, en caso de funcionar, revolucionaría la producción y la estética de la música de cine. El principio, decía Eisler, es el siguiente:

> El sonido debería mostrarse en el negativo de la película como un efecto de luz, de tal modo que los sonidos agudos aparezcan como marcas oscuras, y los sonidos graves, como marcas claras; con el uso de un microscopio será posible determinar las proporciones exactas de las marcas correspondientes a cada sonido. Así, se podría determinar científicamente el tamaño y la intensidad exactos de una marca que reproduce, por ejemplo, la nota «la». Podremos dibujar sobre papel una serie de marcas que, cuando sean fotografiadas sobre el negativo de la película, producirán una banda sonora predeterminada. Será posible por lo tanto establecer un «alfabeto» de marcas ampliadas en el que cada una de ellas representaría una nota particular. A partir de estas «letras» podríamos componer directamente sobre el negativo. Así, el compositor ya no tendría que darle su composición a la orquesta, sino a un ingeniero de sonido que, al trabajar con las «letras» musicales al igual que un editor trabaja con los tipos de impresión, produciría la música directamente sobre el negativo de la película[14].

Eisler creía que el método se podría aplicar al sonido en general e incluso a los efectos vocales. Con un filtro de tonos eléctrico con el que decía ya haber experimentado, podría crearse un tono ideal que alcancese una perfección absoluta. Dicha posibilidad permitiría «grabaciones de una belleza y pureza extraordinarias que ninguna voz humana o instrumento musical podrían nunca conseguir»[15].

Evidentemente, Eisler no estaba hablando sólo de la técnica de la música de cine; se refería al arte de la música en general. Haciendo alarde del enérgico optimismo que había caracterizado a su obra en la convulsiva era de Weimar, y haciendo eco de aquella voluntad estética ilustrada que exigía el triunfo de la razón en el ámbito de la producción artística, añadía:

---

[13] *Ibidem*, p. 3.
[14] *Ibidem*, p. 4.
[15] *Ibidem*, p. 4.

Podríamos escribir frases musicales con un color de trombones en un tempo y sobre una escala que un trombón nunca podría realizar. Además, podríamos aportar a las interpretaciones una precisión y una claridad que sobrepasase las capacidades de la mejor orquesta dirigida por el mejor director. Podríamos aportar una riqueza de color que superaría el sueño del mejor de los compositores. *El material musical podría desarrollarse de la manera que le está pidiendo la imaginación contemporánea.* [...] Esta línea de desarrollo supone curiosamente un *paso preliminar esencial para la racionalización de los métodos de producción cinematográfica y musical*[16].

Desafortunadamente, estas palabras, las más emocionantes y emocionadas de la primera propuesta, iban a ser desoídas por la Rockefeller Foundation, temerosa quizá de que aquel espíritu renovador del compositor fuese más allá de los dominios de sus futuros mecenas.

Para llevar a cabo su estudio a través de unos métodos particulares, Eisler proponía finalmente una investigación teórica general que preparase previamente la base de su trabajo práctico. Aquella insistencia en la necesidad de vincular teoría y praxis que enfatizaba Mordecai Bauman al hablarnos de Eisler encontraba aquí su mejor ejemplo[17]. Además, el compositor indicaba que sería necesario el apoyo de una filmoteca de películas sonoras que tuviese en su haber películas norteamericanas y extranjeras con distintos tipos de bandas sonoras. Tras realizar el estudio teórico a partir del visionado y la selección de secuencias, se pasaría al trabajo práctico y creativo, que incluiría cinco fases: primero, a modo de prueba experimental, se aplicaría música de cine a secuencias de películas para las que dicha música *no* había sido escrita (es decir, se aplicaría una banda sonora de, por ejemplo, Sergei Prokofiev, a una película de John Ford); después, se grabaría nueva música para acompañar secuencias de películas ya existentes; a continuación, y siempre que fuera posible, se rodarían breves secuencias que serían acompañadas con partituras del compositor específicamente compuestas para aquellas secuencias; en cuarto lugar, se proponía la producción de cortometrajes de dibujos animados y marionetas que ilustrasen materiales operísticos clásicos o inéditos; y para terminar, se proponía una investigación sobre música sintética que, aunque necesitase varios años de realización, podía revolucionar el mundo de la música de cine[18].

Eisler acaba su propuesta diciendo: «Esta aproximación total promete grandes resultados desde el punto de vista tanto de la industria del cine como del arte cinematográfico y musical norteamericano»[19].

Como se puede comprobar, la primera propuesta era una mezcla, por un lado, de la capacidad teórica de Eisler para diagnosticar un «estado de la cuestión» en el ámbito de la composición para el medio cinematográfico y, por otro, de su brillante habilidad para proponer una praxis renovadora a nivel técnico, estético y de contenido. A diferencia de aquellos artistas marxistas ortodoxos que exigían la adaptación rígida al realismo socialista, Eisler enfatizaba aquí la necesidad de experimentar *en*

---

[16] *Ibidem*, p. 5; la cursiva es de Eisler.

[17] Mordecai Bauman nos recordó que, si algo caracterizaba al compositor, «era su convencimiento de que no podía existir la teoría sin la práctica, ni la práctica sin la teoría» (en conversación con el autor, 4 de diciembre de 2001, Nueva York).

[18] Existe además un vínculo entre esta primera propuesta y el último capítulo de *Composición para el cine* con respecto al humor en la música. Eisler mencionaba aquí un posible desarrollo serio de la música burlesca o cómica que no emplease sólo y necesariamente formas operísticas y polifónicas.

[19] Hanns Eisler, «Research Program on the Relation between Music and Films», p. 6.

las formas y técnicas musicales para poder «racionalizar» su método de producción y su resultado último. Su imaginación idealista («grabaciones de una belleza y pureza extraordinarias que ninguna voz humana o instrumento musical podrían nunca conseguir») se combinaba con un realismo nada infantil ni romántico, al especificar que los gastos de dicha investigación serían muy altos pero que un primer y modesto paso para obtener «beneficios inmediatos» podría ser realizado. Cuando, además de en la frase final, vinculaba en dos ocasiones la posibilidad de crear una música sintética a la creación de una nueva música y de una nueva ópera *norteamericanas,* estaba aclarando a la Rockefeller Foundation que la inversión trascendería los ensayos del propio Eisler y podría obtener una repercusión *real* en la cultura musical de los Estados Unidos.

Aparte del enorme interés que pudiese suscitar en 1939 una propuesta tan novedosa y original como ésta, es evidente que el énfasis de Eisler sobre el «éxito» de su trabajo y sobre la repercusión del proyecto en la producción cinematográfica norteamericana convencieron a la Rockefeller Foundation del valor de la investigación. En un breve informe de correspondencia interna fechado el 2 de noviembre de 1939, John Marshall informaba a David H. Stevens, otro miembro de la Rockefeller Foundation, de ambos documentos, y expresaba su primera reacción ante la propuesta de Eisler:

> Se acordará por mi anterior informe de que, cuando hablé con Johnson a propósito de la posibilidad de ayudar a Eisler, fue en condición de ayuda a un académico desplazado. Me pregunto si ése es todavía el modo de proceder, si es que procedemos. Estoy realmente impresionado con el informe de Eisler sobre su obra; impresionado, de hecho, hasta el punto de plantear la posibilidad de darle un pequeña beca de ayuda a la New School con condiciones similares con las que otorgamos nuestra beca de ayuda original al Stevens Institute para el trabajo de Burris-Meyer. Si Eisler es tan bueno como suena, una pequeña inversión ahora, seguida posiblemente de otra que durase más tiempo, tal como hicimos con Burris-Meyer, podría resultar una inversión sorprendentemente buena. Lea por favor este material y hágame saber qué piensa de todo ello[20].

Tras un tiempo de deliberación, David Stevens y otros miembros de la Rockefeller Foundation comunicaron a Marshall su interés por el proyecto de Eisler, pero exigie-

---

[20] Informe de John Marshall a David H. Stevens, 2 de noviembre de 1939, RAC. El ingeniero de sonido Harold Burris-Meyer había comenzado sus investigaciones sobre sonido en 1927, el mismo año en que Eisler había compuesto su primera banda sonora. Durante los primeros años de la década de 1930 había desarrollado la tecnología sonora y acústica en escenarios teatrales y operísticos de todo el país, había dirigido las primeras grabaciones estereofónicas en el Carneggie Hall, y había inventado un sistema para introducir el hilo musical en los trenes norteamericanos. Fue entre 1939 y 1942 cuando la Rockefeller Foundation le otorgó 39.000 dólares para investigar el control de la luz y el sonido en teatro. Su proyecto, que contó con la participación de Harry Robin, fue interrumpido por la Segunda Guerra Mundial, pero su relación con la fundación se mantendría, ya que en 1947 recibiría otra beca de dos años, esta vez con una aportación menor (de 9.600 dólares) y cuyo resultado principal fue el libro *Theatres and Auditoriums* coescrito por Burris-Meyer y Edward C. Cole en 1949. El apoyo que la fundación había brindado a Burris-Meyer se había hecho, como en los casos de Lazarsfeld y Kracauer, a través de una segunda institución (en esta ocasión, el Stevens Institute of Technology). La idea de Marshall de vincular a Eisler con la New School evidentemente pretendía continuar esta «política prudente» por la cual el dinero no se otorgaba a un individuo extranjero sino a una institución privada norteamericana.

ron datos más concretos sobre su persona y sobre el presupuesto que necesitaría para desarrollar su investigación. En una carta dirigida a Alvin Johnson del 13 de noviembre de 1939, Marshall decía al rector de la New School que había hablado con Stevens: «Tras la conversación, ambos pensamos que nos gustaría saber más del tipo de trabajo que realizaría Eisler dentro de nuestro programa»[21]. En particular, la fundación estaba inquieta por la relación que Eisler podía tener con el Partido Comunista. A través de Marshall, se transmitió esta preocupación a Alvin Johnson, quien, el 16 de noviembre de aquel mismo año, escribía la siguiente carta:

> Querido señor Marshall:
> Le he pedido a Eisler que se ponga en contacto con usted.
> Después de que nos viéramos, hablé con Eisler para saber si había tenido alguna conexión con los comunistas o, en concreto, con la sección de Stalin-Trotsky. A lo largo de la conversación le dije confidencialmente que usted tenía ciertas dudas sobre algunos de sus amigos en relación a dicha conexión, y mencioné a Losey. Como pude prever, el comentario llegó a oídos de Losey, y éste ha dicho furiosamente que no pertenece ni por asomo a ninguna tribu comunista. Me alegra que lo haya demostrado[22].

La carta de Johnson debió tranquilizar a la fundación.
Unos pocos días después, Marshall llamó por teléfono a Eisler para comunicarle que la institución estaba muy interesada en su proyecto y que precisaba más información para que el proceso de solicitud siguiese adelante[23]. El 20 de noviembre, Marshall escribió a Alvin Johnson:

> Aunque no estoy seguro de cuál será la decisión final, estoy muy dispuesto a apoyar aquí cualquier propuesta que usted me envíe y que permita a Eisler comenzar el trabajo que me ha comentado. Entiendo que incluiría alguna dotación para el propio Eisler y alguna dotación para gastos, pero no para aquello que pudiese hacer el apoyo demasiado costoso. [...] Estoy pensando en la posibilidad de considerar una beca relativamente pequeña a un agente como la New School, que estaría interesada en auspiciar [al compositor] para la realización de este proyecto. Si le parece oportuno proceder de este modo, por mi parte estaría encantado de hacer todo lo posible para que este asunto salga adelante[24].

Como se puede observar en esta carta, Marshall le comunicaba a Johnson que la fundación, en caso de dotar a Eisler con la beca, lo haría a través de un tercero, es decir, de la New School. También dejaba implícito que la investigación sobre música sintética («aquello que pudiese hacer el apoyo demasiado costoso») no sería subvencionada por la institución. Johnson pareció aceptar aquel plan sin problemas: «Estoy totalmente de acuerdo con su sugerencia»[25].

---

[21] Carta de Marshall a Johnson, 13 de noviembre de 1939, RAC.
[22] Carta de Johnson a Marshall, 16 de noviembre de 1939, RAC.
[23] Carta de Marshall a Johnson, 20 de noviembre de 1939, RAC.
[24] *Ibidem*.
[25] Carta de Johnson a Marshall, 27 de noviembre de 1939, RAC.

LA SEGUNDA PROPUESTA

Durante la última semana de noviembre o los primeros días de diciembre de 1939, el compositor redactó la que sería su segunda y última propuesta para el Film Music Project, e incluyó un presupuesto de posibles gastos, a sugerencia de Alvin Johnson. El 5 de diciembre Johnson envió ambos documentos a Marshall con una carta en la que indicaba que la New School estaba dispuesta a funcionar de «agente intermediario» y a mantener un «contacto estrecho con el proyecto»[26]. Como colofón, una vez más, el rector volvía a depositar su confianza en las diestras capacidades de Hanns Eisler: «Después de sendas conversaciones con él, estoy completamente convencido de que será capaz de producir resultados realmente valiosos y que posee la iniciativa y el emprendimiento suficientes como para hacerse un lugar en nuestra industria del cine»[27].

La segunda propuesta de Hanns Eisler, de tres páginas de extensión, se titulaba «Music and Films» («La música y las películas»). A pesar de que era más breve que la anterior, también era más específica e incluía un presupuesto bastante detallado de los gastos que supondría la realización del Film Music Project[28].

Eisler indicaba aquí que necesitaría de un periodo de tiempo de dos años para llevar a cabo su investigación, que a su vez estaría dividida en cuatro periodos semestrales (los mismos que más tarde, efectivamente, marcarían cronológicamente el progreso del Film Music Project). El compositor especificaba además que a cada semestre le correspondería un informe y una demostración musical (algo que, en cambio, nunca ocurriría). El primero de los cuatro informes trataría sobre la aplicación al cine de nuevos materiales musicales; el segundo, sobre la instrumentación más adecuada para la grabación con micrófonos; el tercero, sobre los problemas de mezclas, el uso de efectos sonoros y la relación entre diálogo y música; y el cuarto, sobre los efectos dramáticos musicales en el cine. En las breves descripciones de cada informe, repetía de forma más sencilla las intenciones de la primera propuesta, aunque ahora incluía un matiz nuevo e importante: que la realización del proyecto también se llevaría a cabo en Hollywood.

Aunque es posible que esta idea surgiese de la Rockefeller Foundation debido a su interés en vincular las investigaciones a las industrias radiofónica y cinematográfica, también cabe la posibilidad de que el propio Eisler hiciese hincapié en ella, ya que el compositor era completamente consciente de que, si en el futuro pretendía «ganarse la vida» como creador de bandas sonoras, tendría que trasladarse en un momento u otro a California. Por supuesto, a finales de 1939 Eisler no sabía que amigos como Bertolt Brecht o Lion Feuchtwanger se establecerían en Los Ángeles, ni tampoco que el Institut de Horkheimer y Adorno se desplazaría allí con algunos de sus miembros, algo que (junto a la beca Rockefeller) facilitaría finalmente su traslado a la Costa Oeste.

En el apartado titulado «Method of Work» («Método de trabajo»), Eisler proponía el siguiente ejemplo para ilustrar su metodología en relación a la aplicación al cine de nuevos materiales musicales:

---

[26] Carta de Johnson a Marshall, 5 de diciembre de 1939, RAC.
[27] *Ibidem*.
[28] Hanns Eisler, «Music and Films» y presupuesto adjunto, s.f., 3 pp., RAC.

Considérese la secuencia de *Caballero sin espada* [*Mr. Smith Goes to Washington*, 1939] en la que el señor Smith observa la ciudad. La ve a través de los ojos de un joven norteamericano entusiasta en busca de su pasado y de su futuro. La forma en que podría componerse la nueva banda sonora sería, por ejemplo, la de tema y variaciones (el tema, la actitud del joven; las variaciones, el cambio caleidoscópico de las sensaciones y los ambientes). Tras una cronometración cuidadosa se escribiría y grabaría la nueva banda sonora. Las consecuencias de esta nueva música se describirían en el informe, y se analizarían las diferencias entre la composición anterior y la nueva[29].

Es decir, un método idéntico al expuesto en la primera propuesta, aunque esta vez acompañado de un ejemplo particular (la secuencia del film de Frank Capra) y de una explicación teórica a modo de informe.

Eisler cerraba aquella segunda propuesta señalando que el trabajo práctico se realizaría con cinco o seis secuencias de tres o cuatro minutos cada una, similares a la de *Caballero sin espada*. Cada una de ellas se presentaría públicamente en Nueva York y en Hollywood para determinar «qué selección sería más efectiva y por qué razones. Se emplearía el método del cuestionario con un público seleccionado cuidadosamente a partir de varios grupos, de acuerdo con las prácticas más recientes de medición. Los resultados del cuestionario serían incorporados al informe»[30].

Esta frase mostraba el interés del compositor por la investigación cuantitativa. Como haría más tarde Kracauer en su proyecto sobre propaganda nazi, Eisler debió de pensar en aquella ocasión que un complemento empírico a las conclusiones teóricas de sesgo especulativo de su investigación podría servirle de gran ayuda. Si finalmente esto no ocurría, al menos el hecho de proyectar una presentación pública y la realización de cuestionarios haría que la fundación, siempre interesada en fomentar los métodos empíricos, encontrase el proyecto más atractivo.

En el presupuesto adjunto Eisler proponía para sí un modesto sueldo de 3.000 dólares al año, es decir, 250 dólares mensuales. Para su ayudante, un joven norteamericano llamado Harry Robin, pedía 1.440 dólares, la misma dotación mensual (120 dólares) que el propio Robin estaba cobrando en aquel momento como becario Rockefeller[31]. Esta cantidad debería cubrir su trabajo como secretario encargado de la cronometración, la realización de ritmogramas y el montaje de sonido. Se necesitarían además 2.000 dólares para la publicación de los cuatro informes (cada uno costaría

---

[29] Eisler, «Music and Films», p. 2.
[30] *Ibidem*, p. 2.
[31] Robin, nacido en Brooklyn el 5 de enero de 1915, era hijo de emigrantes judíos rusos y se había licenciado en Física por el Brooklyn College de Nueva York. Desde 1936 a 1938 había trabajado como ingeniero de sonido para la Max Fleischer Cartoons en distintos episodios de Popeye y Betty Boob. Su conexión con Eisler, desarrollada a partir de la colaboración de ambos en *Pete Roleum and his Cousins*, había surgido a través del compositor Marc Blitzstein en la primavera de 1939, poco después de que Robin consiguiera una beca de la Rockefeller Foundation para completar su formación como ingerniero de sonido. Para mayor información sobre la relación entre Robin y Eisler, véase Harry Robin, «Es funktionierte ausgezeichnet», *Eisler-Mitteilungen* 29 (junio 2002), p. 13, así como el texto de su hija, Erica Clark, en ese mismo número, «Eisler Opened the Door. Harry Lewis Robin, 1915-2001: A Musical Remembrance», pp. 11-12. Agradecemos a William y Erica Clark su cálida hospitalidad en Los Ángeles y su constante disponibilidad para facilitarnos información escrita y visual sobre la vida y el trabajo de Harry Robin antes, durante y después del Film Music Project.

500 dólares) así como 10.356 dólares para la realización de las cuatro demostraciones musicales[32].

Posiblemente fue algún miembro de la Rockefeller Foundation el que incluyó tres anotaciones a lápiz sobre el presupuesto mecanografiado original de Eisler que hoy conviene comentar. La primera es un signo de interrogación a la nota en la que el compositor señalaba que las películas, cuando se necesitasen, serían «prestadas libres de gastos por la Rockefeller Foundation»; la segunda, una anotación que indicaba que el director de la orquesta podría ser «alguien como Levant o Smallans»; y la tercera, una frase que señalaba erróneamente que la beca empezaría «en febrero de 1939». La primera anotación, la más significativa, nos indica en efecto algo que no iba a ocurrir (el préstamos gratuito de películas por parte de la fundación), y que, como veremos, iba a causar problemas fatales en el desarrollo del proyecto. Ante el párrafo con el que Eisler cerraba el presupuesto, sin embargo, no había ninguna objeción:

> Los costes indicados arriba han sido calculados como mínimos; si se permitiese una pequeña ampliación en el número de músicos y en la duración y el número de rollos sería por supuesto de agradecer. La enorme importancia de las demostraciones musicales es evidente, tanto desde el punto de vista de la investigación como desde el punto de vista de sus resultados prácticos y de su repercusión. Sin embargo, si los costes excediesen lo contemplado, el número de dichas demostraciones podría reducirse proporcionalmente[33].

La flexibilidad de Eisler, quizá demasiado necesitado de dinero como para exigir grandes cantidades, permitía a la fundación tener dominio completo en materias de presupuesto. Sin embargo, y más allá de las cuestiones financieras, seguían existiendo dudas sobre la «competencia» del compositor. Parece que lo importante para la Rockefeller Foundation no era «cuánto» sino «a quién». Una carta del 28 de noviembre de John Marshall a Alvin Johnson todavía pedía más información sobre el compositor[34], y, durante el mes de diciembre, el propio Marshall se dedicó a construir un perfil completo sobre la vida personal y profesional de Eisler.

Para obtener más información se recurrió entonces a un hombre de confianza que conocía con profundidad el mundo de los exiliados: Paul Lazarsfeld. En 1940 los vínculos de Lazarsfeld con la fundación estaban ya fuertemente establecidos, y un informe positivo o negativo del sociólogo sobre Eisler podía decidir si la beca se concedía finalmente o no. El informe que Lazarsfeld envió a Marshall el 2 de enero de 1940 decía lo siguiente:

> Mi conocimiento del doctor Eisler es el siguiente: fue alumno de Schönberg y, como tal, formó parte de un grupo de músicos modernos en Viena. Siempre se supo que su familia y él estaban vinculados a movimientos liberales de diferentes modalidades.

---

[32] Los gastos de cada práctica musical se detallaban en este primer presupuesto e incluían los pagos al director de orquesta, a los músicos y al estudio de grabación; los gastos en seis rollos de película de cine sobre la que se grabaría el sonido y los efectos sonoros; el revelado de los mismos; la sala de montaje y la de proyección; así como los pagos al copista, al proyeccionista y a los «psicólogos estadistas» que se ocuparían de realizar los cuestionarios empíricos. Por este documento sabemos también que Eisler había pensado en emplear los estudios de RCA de Nueva York como centro de posproducción, que la película que usaría tendría un *ratio* 1:2, que necesitaría 6.000 pies de la misma y que montaría todo el trabajo en tan sólo 14 días.

[33] Eisler, «Music and Films», p. 3.

[34] Carta de Marshall a Johnson, 28 de noviembre de 1939, RAC.

Las canciones obreras de Eisler se encuentran entre los productos artísticos más conocidos de la era republicana después de la guerra. Yo mismo me sentí profundamente fascinado por muchas de ellas, y se puede decir que forman uno de los mejores resultados del esfuerzo de dicho periodo por desarrollar el arte de masas. Eisler se encuentra además muy por encima de la media como pianista y como teórico. Nadie parece dudar que, no importa cual sea el problema sobre los aspectos sociales de la música que él trate, su trabajo siempre será digno de apoyo.

El único comentario negativo que he oído sobre él tiene que ver con un exagerado interés por su carrera personal, a veces a costa de sus colaboradores. Pero usted sabe que estos rumores han de tomarse siempre con una pizca de sal.

Pese a que siempre me he interesado por su trabajo, no lo conozco bien personalmente. En términos generales, siento que no posee la profunda sinceridad intelectual y la gran frescura de enfoque del doctor Adorno; pero sus intereses siguen la misma dirección y, desde un punto de vista práctico, quizá Eisler sea más fácil de llevar.

En los próximos días prepararé para usted un breve informe de nuestros experimentos musicales, y usted mismo podrá juzgar si nuestro proyecto puede ser de ayuda para desarrollar los planes del doctor Eisler.

Paul L. Lazarsfeld[35].

Como se puede apreciar, el informe de Lazarsfeld a propósito de la capacidad de trabajo de Eisler era muy ambiguo. Por un lado, parecía animar a la fundación a que concediese la beca («su trabajo siempre será digno de apoyo»), pero, por otro, transmitía ciertas dudas («no posee la profunda sinceridad intelectual y la gran frescura de enfoque del doctor Adorno»). Dicha ambigüedad también se daba en la evaluación de Eisler a nivel personal; parecía «fácil de llevar» y, sin embargo, tenía «un exagerado interés por su carrera personal».

Pese a su falta de claridad, es indudable que el informe tuvo un efecto positivo. Y creemos que lo tuvo por una razón: lo que la fundación buscaba antes de nada en la opinión de Lazarsfeld era su evaluación de Eisler como figura política (es decir, saber si era miembro del Partido Comunista o no) y, en ese sentido, el informe era más que satisfactorio. Ya fuese por desconocimiento o por voluntad propia, el eufemismo empleado por Lazarsfeld en lo que se refiere a la afiliación ideológica de los tres hermanos Eisler («movimientos liberales de diferentes modalidades») alivió la preocupación de la Rockefeller Foundation.

En el dossier sobre Eisler que John Marshall entregó al comité de adjudicación de becas se incluían otras dos cartas. La primera estaba escrita por la comisaria de la Film Library del MoMA, Iris Barry[36]. Pese a su falta de conocimiento sobre música de cine, o quizá debido a él, Barry había considerado que el proyecto de Eisler tenía mucha relevancia. La mañana del 4 de enero de 1940, poco antes de escribir su informe para la Rockefeller Foundation, Barry y Eisler habían mantenido una conversación en la que el compositor le había explicado con detalle cuáles eran los propósitos y métodos de su trabajo. Los tres acuerdos a los que llegaron entonces eran descritos en la carta de la comisaria del MoMA a John Marshall:

---

[35] Informe de Lazarsfeld dirigido a la Rockefeller Foundation, 2 de enero de 1940, RAC.
[36] Carta de Iris Barry a Marshall, 4 de enero de 1940, RAC.

Me complace confirmar que la Film Library del MoMA estará encantada de cooperar con Eisler en su proyecto. En concreto, estamos listos para:

(1) Almacenar tanto los negativos como las copias de las películas o bandas sonoras que pretende producir.

(2) Facilitar el alquiler de películas en un régimen estrictamente no comercial a organizaciones e individuos, bajo las mismas condiciones con las que circulan ahora regularmente las películas en esta institución.

(3) Preservar los negativos y las copias de la misma manera en la que ya se están tratando otros materiales fílmicos en sus archivos[37].

La carta no sólo mostraba el apoyo de una institución afín a los Rockefeller, sino que solucinaba el problema indicado por aquellos signos de interrogación escritos a lápiz en la segunda propuesta de Eisler («las películas, cuando se necesiten, serán prestadas libres de gastos por la Rockefeller Foundation»). Si, como Barry indicaba, la Film Library del MoMA facilitaba las películas a Eisler para que examinase los nuevos usos de la música en el cine, entonces los costes del proyecto indudablemente se abaratarían, y la única duda respecto al presupuesto recibido el 5 de diciembre quedaba ya solucionada. Al final de su carta, la comisaria añadía:

Me ha interesado mucho hablar con el señor Eisler y escuchar sus planes, ya que aquí hemos reconocido la necesidad de un análisis del uso de la imagen cinematográfica en relación con el sonido que sea más detallado del que se da en las actuales circunstancias. Creo que el trabajo señalado podría ayudar y estimular a otros trabajadores y estudiantes de esta disciplina[38].

La tercera carta que recibió Marshall estaba escrita por el documentalista holandés Joris Ivens. Ivens había llegado a los Estados Unidos para participar en un proyecto Rockefeller, y a comienzos de 1940 era presidente de la Association of Documentary Film Producers de Nueva York. Desafortunadamente, no existe copia de esta carta en los archivos consultados al respecto[39]. Aun así, no parece descabellado pensar que, debido a la fuerte amistad que existía por entonces entre Eisler e Ivens, la evaluación escrita por el holandés para la Rockefeller Foundation (a diferencia de la de Lazarsfeld) fuese muy positiva.

Lo que sí se conserva es un detallado informe de tres páginas escrito por John Marshall sobre los dos últimos encuentros que tuvieron lugar antes de la adjudicación final de la beca del Film Music Project. En primer lugar, Marshall se reunió con Harry Robin y Hanns Eisler; y después, con Eisler y Johnson. Ambas charlas, como la redacción del informe de Marshall, tuvieron lugar en distintos momentos ocurridos entre el 4 y el 19 de enero de 1940[40].

---

[37] *Ibidem.*
[38] *Ibidem.*
[39] No existe copia de la carta ni en el RAC ni en el HEA ni tampoco en los archivos de la Joris Ivens European Foundation en Nijmegen. Quizá Helen van Dongen, por entonces compañera sentimental de Ivens, pudiese tener una copia de la misma; desafortunadamente, van Dongen no respondió en su día a ninguna de nuestras cartas.
[40] Por falta de documentación, las tres fechas no pueden establecerse en este punto con exactitud; el informe original de Marshall está fechado el 3 de enero de 1940, pero al final del texto cita la carta de Iris

En aquellos encuentros Marshall confirmó lo que Eisler había propuesto en sus proyectos e hizo pequeñas matizaciones al respecto. Junto a Johnson, los tres acordaron que, en caso de que se concediese la beca, la fundación cubriría los gastos de una investigación de dos años sobre música de cine que sería dirigida por Hanns Eisler bajo los auspicios de un agente intermediario, en este caso, la New School for Social Research. El coste total de la investigación sería de 20.160 dólares. Eisler realizaría cuatro demostraciones musicales, las presentaría públicamente y escribiría cuatro informes al respecto. Las pruebas se presentarían en Hollywood por lo menos en dos ocasiones; la primera, después de haber completado las dos primeras demostraciones musicales, y la segunda, cuando el proyecto hubiese alcanzado su fin. Se acordó también que Robin sería el ayudante de Eisler, que cobraría la beca Rockefeller que tenía por entonces hasta su terminación en julio de 1940, y que, a partir de entonces, seguiría recibiendo la misma cantidad (120 dólares) del presupuesto de Eisler durante los segundos seis meses del año (desde julio a diciembre de 1940). En enero de 1941 la beca de Robin podría ser prorrogada.

A su vez, Marshall incluía en distintos párrafos ciertos cambios con respecto a lo solicitado por Eisler. A pesar de que se llegaba a un acuerdo por el cual la fundación pagaría la publicación de los informes explicativos, se señalaba que ésta nunca se haría en formato de libro, sino a través de cuatro folletos publicados por separado en forma de mimeografía. Marshall, en nombre de la fundación, consideraba oportuno que los gastos de otro tipo de publicación más extensa del material de Eisler corriesen por su cuenta, y por ello no vio razones convincentes para cubrir los costes solicitados para una publicación general. Tanto Eisler como Johnson estuvieron de acuerdo con esta modificación, especialmente porque Eisler ya había firmado un contrato con Oxford University Press. En un segundo párrafo, Marshall señalaba un cambio más relevante:

> Tras revisar los gastos estipulados de las demostraciones musicales, se acordó que pueden llegar a ser incluso un poco mayores. En términos generales, Eisler espera trabajar en cada experimento con seis o siete secuencias de cine, cada una de tres o cuatro minutos de duración. Es decir, cada demostración musical tendría quince minutos de grabación de sonido. Después de debatirlo, se acordó que 2.500 dólares por experimento sería una cantidad adecuada[41].

Es decir, se acordaba aumentar el número de secuencias y de minutos totales de música que Eisler debería componer. En su propuesta, el compositor había hablado de «cinco o seis secuencias» que ahora pasaban a ser «seis o siete». Pese a lo que decía Marshall, el presupuesto no aumentaba sino que bajaba, ya que Eisler había pedido en principio 2.589 dólares por cada experimento.

Lo que sí obtenía más presupuesto, en cambio, eran los posibles análisis de audiencias. Aunque Marshall no estaba muy convencido del valor de dichos análisis, daba la impresión de que la fundación, por encima de su opinión, sí estaba interesada

---

Barry del 4 de enero. Aunque es posible que Marshall tuviera el don de la predicción, parece más razonable pensar que el informe fue escrito el día 13 de enero y que la máquina de escribir de Marshall no imprimió el número «1». En ese caso, las conversaciones habrían tenido lugar la segunda semana de enero.

[41] Informe de Marshall para la Rockefeller Foundation, 3 de enero de 1940 [sic], 2.

en producirlos y en vincular el estudio de Eisler a otros de carácter más empírico como los de Lazarsfeld o Burris-Meyer. Marshall, haciendo de narrador omnisciente, se expresaba del siguiente modo:

> JM [John Marshall] se mostró muy escéptico en relación a los logros de cualquier tipo de test psicológico sobre los efectos de las distintas bandas sonoras que Eisler pueda componer. Ciertamente, no existen exámenes en la actualidad que puedan producir una clara evidencia de dichos efectos. JM creyó más oportuno realizar una descripción del efecto, no sobre una audiencia cualquiera, sino sobre receptores que probablemente pudiesen articular de forma precisa sus reacciones. Indicó un método de examen realizado por Lazarsfeld y Stanton en el Princeton Radio Research Project, que consistía simplemente en una pequeña caja con dos botones, uno que debía pulsarse en caso de una reacción favorable, y el otro en caso de una reacción desfavorable, y que anotaba dichas reacciones en una cinta móvil que podía sincronizarse con los movimientos de una composición musical. Eisler se mostró muy interesado en la posibilidad de emplear este método y JM le comunicó el interés mostrado por Lazarsfeld en cooperar en cualquier estudio del tipo que Eisler desease realizar[42].

Se acordó entonces incluir en el presupuesto de cada año un gasto contingente para dichas pruebas de 500 dólares, que se aportarían sólo cuando Eisler hubiese formulado sus planes con anterioridad al personal responsable de la fundación.

Marshall finalizaba su informe diciendo que Eisler mantendría también contacto con Burris-Meyer, que Joris Ivens e Iris Barry habían mostrado por escrito su interés y apoyo en la investigación y que, por su parte, «JM sólo tenía comentarios favorables a propósito de este proyecto»[43].

En una carta del 10 de enero de 1940 Marshall comunicaba a Alvin Johnson que el 19 de enero el comité ejecutivo decidiría si el Film Music Proyect merecía o no la concesión de la beca[44].

LA CONCESIÓN DE LA BECA

En efecto, fue el 19 de enero de 1940 cuando la Rockefeller Foundation emitió un documento titulado «New School for Social Research: Music in Film Production» («New School for Social Research: la música en la producción cinematográfica») para anunciar la concesión de la beca con la que Hanns Eisler realizaría durante los dos años siguientes el Film Music Project[45]. El subtítulo del informe de dos páginas que anunciaba la dotación de la beca «RF 40013» decía así:

> Se ha resuelto que la suma de veinte mil ciento sesenta dólares ($20.160), o la cantidad que a partir de ahí sea necesaria, será entregada a la New School for Social Research para la realización de pruebas experimentales de música en la producción cinematográfica durante los dos próximos años, empezando el 1 de febrero de 1940[46].

---

[42] *Ibidem*, p. 3.
[43] *Ibidem*, p. 3.
[44] Carta de Marshall a Johnson, 10 de enero de 1940, RAC.
[45] «New School for Social Research: Music in Film Production», sin firmar, 2 pp., 19 de enero de 1940, RAC.
[46] *Ibidem*, p. 1.

El informe indicaba que el interés previo de la fundación en este campo específico era nulo, y presentaba a Eisler del siguiente modo:

> Para desarrollar la producción de las distintas artes en la New School for Social Research, su director, el doctor Alvin Johnson, ha incluido en el profesorado a modo de contrato a tiempo parcial al doctor Hanns Eisler [sic], famoso compositor austríaco y pupilo de Schönberg. Antes de emigrar a este país, el doctor Eisler se dio a conocer como uno de los más destacados compositores de música de cine en Europa, donde, por ejemplo, fue escogido como el compositor de la primera película sonora producida por la compañía alemana Tobis[47].

La resolución describía también las características generales del proyecto. Lo interesante de esta descripción es que, pese a ser escrita apenas unos días después del informe de Marshall, incluía ciertos cambios (no sabemos si hechos con el consentimiento de Eisler, Johnson y Marshall). La nueva descripción del proyecto decía así:

> Por el presente informe se permite al doctor Eisler de la New School for Social Research la posibilidad de dedicar los dos próximos años a hacer cuatro demostraciones experimentales que indiquen las nuevas e inéditas posibilidades de la música de cine. El plan del doctor Eisler es seleccionar para las pruebas breves secuencias de películas ya existentes con acompañamiento musical y preparar y grabar en soporte celuloide acompañamientos musicales alternativos. Los resultados los presentará ante un público no muy numeroso de cineastas en Nueva York y en Hollywood, junto a informes que expliquen su procedimiento. Estas presentaciones y otras ante grupos más comunes se utilizarán para medir las reacciones del público ante las diferentes versiones que se presenten. El doctor Eisler tratará cuatro tipos de problemas y cada uno de ellos será explicado en un informe final: (1) las posibilidades de emplear nuevos tipos de material musical en la producción de cine; (2) las características de la instrumentación; (3) el asunto de la mezcla de música y efectos sonoros; y (4) el problema más general de la música en relación al cine (una estética básica de cine y música)[48].

En la segunda y última página del informe se describía el presupuesto, se señalaba que los negativos de las bandas sonoras quedarían en haber de la Film Library del MoMA y que Harry Robin, becario de la fundación, sería ayudante del director de la investigación.

¿Qué ideas propuestas por Eisler habían sido minimizadas o incluso negadas y cuáles habían sido aceptadas o enfatizadas? Si comparamos este texto de la concesión de la beca del 19 de enero de 1940 con la primera propuesta de finales de octubre de 1939, lo primero que llama la atención es la desaparición completa del tercer apartado de la misma, donde se proyectaba un estudio experimental sobre la música sintética. Apenas dos meses después nada quedaba ya de aquel laboratorio donde se crearía el alfabeto de la música «más pura». Ya fuera por sus altos costes, por su carácter fuertemente vanguardista o por el cambio brusco que suponía la creación sintética en la producción de música de cine (recuérdese que con su desarrollo Eisler preveía la de-

---

[47] *Ibidem*, p. 1. Aunque nacido en Leipzig en 1898, Eisler poseía, en efecto, nacionalidad austriaca.
[48] *Ibidem*, p. 1.

saparición de la orquesta), la Rockefeller Foundation fue tremendamente efectiva en frenar dicha propuesta. A la vez que desaparecía el estudio de la música sintética, lo hacía la creación de cortometrajes de dibujos animados o de marionetas que comprobasen la adaptación de aquella música sintética o moderna en el medio cinematográfico.

El análisis comparado de ambos textos nos revela además un dato fundamental que no ha sido señalado por ningún estudioso del Film Music Project: que la Rockefeller Foundation determinó de forma directa *qué se haría* y *qué no se haría* entre las primeras ideas propuestas por Eisler. La visión un tanto estereotipada e ingenua de que la fundación dotó a Eisler de 20.000 dólares para que «hiciese lo que quisiese» en su estudio sobre música de cine tergiversa el desarrollo histórico real del Film Music Project[49]. Como hemos visto, la institución financiaba proyectos que servían a unos fines muy concretos para su propio beneficio, ya fuese a través de la creación de una imagen pública determinada (la fundación como entidad filántropa) o a través de estudios sobre la retransmisión eficaz de dicha imagen (proyectos sobre la efectividad de la radio y del cine como los de Lazarsfeld y Kracauer).

Mientras el estudio de música sintética *no* salía adelante, un estudio cuantitativo de las reacciones del público *sí* lo hacía. Sin embargo, si volvemos a la primera propuesta, comprobaremos que Eisler no citaba dicho tipo de estudio en ningún momento. El texto de la concesión de la beca, en cambio, reforzaba claramente el interés de la fundación en dirigir la práctica de Eisler hacia ese terreno. Por ejemplo, cuando se decía que la música resultante de la investigación se presentaría ante un público formado por cineastas en Nueva York y en Hollywood, se observaba una clara voluntad de vincular la investigación con la industria del cine; y más abajo, cuando se señala de nuevo como parte principal del proyecto el test de audiencias, se volvía a enfatizar un asunto que sólo había aparecido en la segunda propuesta de Eisler y con un significado considerablemente menor. El texto de la concesión de la beca, por si dicha orientación no había sido enfatizada suficientemente, finalizaba con una alusión directa al trabajo empírico de Burris-Meyer y describía el Film Music Project como un estudio similar[50].

Como veremos más adelante, que la fundación encauzase para sí la propuesta de Eisler no significa que lograse imponer enteramente su voluntad sobre la del compositor. Es evidente que los resultados finales del proyecto resultaron más del agrado de Eisler que de la Rockefeller Foundation: en efecto, la música sintética no fue investigada, pero las encuestas al público tampoco se hicieron.

Lazarsfeld, en su texto sobre el Princeton Radio Research Project, había señalado que, una vez conseguida la beca, el investigador gozaba de cierta libertad siempre que mantuviese informado a la fundación de los avances de su estudio[51]. Negar lo contrario en el caso de Eisler sería tergiversar la historia del Film Music Project, pero esto no quiere decir que la visión de «total libertad» bajo los auspicios de los Rockefeller sea a

---

[49] Los estudios de Betz, Schebera, Culbert y Dümling, en los que nunca se comparan las propuestas de Eisler con la resolución final de la beca, aportan esta visión de los hechos sin cuestionar el papel determinante de la Rockefeller Foundation en el surgimiento del Film Music Project.
[50] «New School for Social Research: Music in Film Production», p. 2.
[51] Lazarsfeld, «An Episode in the History of Social Research», p. 308.

su vez parcialmente falsa. Una conclusión válida a este respecto indica que la investigación de Eisler fue fruto de dos voluntades: la de su creador y la de sus mentores.

La comunicación entre ambos para celebrar la concesión de la beca se hizo a finales de enero de 1940. El día 23 Alvin Johnson recibió la noticia oficial en una carta firmada por la secretaria de la fundación Norma S. Thompson[52]. Esa misma semana Johnson informó a Eisler de la decisión y escribió a la fundación para mostrar su agradecimiento[53]. El día 28, el compositor envió desde su casa en el Upper West Side de Manhattan una breve nota a John Marshall:

> El doctor Johnson me ha informado de que el proyecto que les hemos propuesto ha sido aprobado.
> Me alegra mucho tener la oportunidad de realizar una investigación tan interesante, y quisiera agradecerle su cordialidad e interés.
> Atentamente,
> Hanns Eisler[54].

Al día siguiente, Marshall, más dado al protocolo que Eisler, respondía de forma más extensa:

> Querido señor Eisler:
> Le agradezco la amabilidad mostrada al escribirme el 28 de enero sobre la beca que la fundación ha podido otorgarle a la New School for Social Research para el proyecto que usted espera realizar con respecto a la exploración de las posibilidades de la música de cine. Por supuesto, me ha encantado hacer todo lo posible aquí para que su propuesta fuese considerada, ya que, personalmente, sentí que prometía resultados muy fructíferos. Pero debe tener la satisfacción de saber que la decisión favorable de la fundación recayó enteramente en sus propios méritos.
> Todos estamos muy interesados en saber cómo progresará su trabajo. Por supuesto, contamos con usted y con la New School, y esté seguro de que me tiene a su entera disposición para aquello en lo que pueda serle de ayuda. Con mis mejores deseos,
> John Marshall[55].

Al día siguiente, Marshall escribió una carta a Johnson para mostrar su alegría con la resolución positiva de la fundación y para asegurarse de que, si en la fecha de finalización de la beca, es decir, el 1 de noviembre de 1942, todavía sobraba dinero, éste debería ser devuelto inmediatamente a la Rockefeller Foundation[56].

---

[52] Carta de Norma S. Thompson a Johnson, 23 de enero de 1940, RAC.
[53] Cartas de Johnson a Eisler y a Marshall, ambas del 23 de enero de 1940, RAC.
[54] Carta de Eisler a Marshall, 28 de enero de 1940, RAC.
[55] Carta de Marshall a Eisler, 29 de enero de 1940, RAC.
[56] Carta de Marshall a Johnson, 30 de enero de 1940, RAC.

Capítulo IV

Una sinfonía de cámara.
White Flood de Frontier Films (1940)

La carta de Marshall mostraba alegría, pero mayor debía de ser el júbilo de Eisler: por primera vez en siete años de exilio podía disfrutar de un sueldo fijo. La mensualidad de la beca Rockefeller, sumada al escaso salario de profesor a tiempo parcial en la New School, hacía que su futuro en Norteamérica tomase un rumbo más favorable[1]. Una de las primeras personas a las que el compositor comunicó la buena noticia fue el director Joseph Losey. Eisler se sentía en deuda con él por haber sido la primera persona en animarlo a solicitar la beca que ahora le habían concedido. El 29 de enero de 1940 el cineasta envió a Eisler un telegrama como respuesta a su agradecimiento: «Hanns, no debes estarme agradecido; soy yo quien está en deuda contigo. Profundamente emocionado por este gran honor, Joe»[2].

Pero la concesión de una beca Rockefeller no implicaba que se emitiese de forma automática un permiso de residencia para el compositor.

A principios de febrero de 1940, de hecho, su visado estaba a punto de expirar. Como para amparar una solicitud de ciudadanía permanente ante el gobierno estadounidense se necesitaba una serie de cartas de recomendación, Eisler se vio obligado entonces a pedir ayuda a amigos y conocidos. Sus abogados Leo Taub y Harold M. Geller le recordaron que el visado había de emitirse en un país extranjero, y, posiblemente motivado por ellos, Eisler escogió un grupo muy variado de firmantes para evitar asociaciones políticas, y, al mismo tiempo, decidió hacer su solicitud en el consulado norteamericano de La Habana, en Cuba.

El 14 de febrero de 1940, Coert Du Bois, cónsul americano en la capital cubana, recibió una primera carta de recomendación de Eisler firmada por Arnold Gingrich, editor de la revista *Esquire;* más adelante, le llegó una de Oscar Wagner, decano de la prestigiosa escuela de música de Nueva York, la Juilliard Graduate School; y unos días después, una tercera, escrita por el compositor y pianista Oscar Levant. Desde la New School le escribieron Clara Mayer y Alvin Johnson, y el 23 de febrero lo hicieron Jo-

---

[1] Recuérdese que en la New School Eisler era profesor invitado con visado temporal y que sólo podía recibir el 50 por 100 de los pagos de matrícula de sus alumnos, es decir, una cantidad que no llegaba a los 50 dólares mensuales.

[2] Telegrama de Joseph Losey a Eisler, 29 de enero de 1940, HEA. Desafortunadamente no se guarda copia de la carta de agradecimiento de Eisler a Losey.

seph Losey y Clifford Odets. Todas las cartas mostraban gran entusiasmo por la figura del compositor; Levant, por ejemplo, lo describía como un «músico distinguido», de «incomparable conocimiento» e «irremplazables habilidades», y señalaba que, «en mi opinión, el nuevo movimiento de cultura musical norteamericano sufriría una dolorosa pérdida si Eisler se viese forzado a dejar el país»[3]. Johnson, hábil como siempre en sus capacidades diplomáticas, escribía: «He llegado a conocer al señor Eisler muy bien, y he reconocido en él a una de las personas más honestas y leales que me rodean. Será un buen ciudadano americano, e indudablemente hará importantes contribuciones a nuestra gran industria del cine»[4].

Sin embargo, el entusiasmo de Levant y Johnson no fue contagioso, y Du Bois no emitió el visado. Como veremos, Eisler permanecería de forma ilegal en los Estados Unidos hasta septiembre de 1940, cuando fue finalmente forzado a abandonar el país y a huir a México.

Las gestiones para conseguir las cartas de recomendación, además de resultar en última instancia inútiles, retrasaron el inicio del Film Music Project. Pese a lo que han afirmado Albrecht Betz y Jürgen Schebera en sus respectivas páginas sobre el proyecto, Eisler no empezó la investigación en el mes de febrero de 1940[5]. Éste es quizá uno de los errores más comúnmente aceptados en la literatura del Film Music Project: señalar que el compositor comenzó el proyecto justo después de recibir la beca[6]. Hoy sabemos que no fue así; además del problema del visado, el retraso de Eisler se dio porque la propia fundación no envió el dinero acordado hasta la última semana de febrero[7].

Como si estuviese informada de dicho retraso, la prensa neoyorquina no dio noticia de la concesión de la beca Rockefeller a Eisler hasta la última semana de febrero. *The New York Times* esperó al día 23 para publicar una información titulada «Rockefeller Supports Film Music Study» («Rockefeller apoya un estudio de música de cine»)[8]. El subtítulo rezaba: «Se financia con 20.000 dólares una investigación de 2 años dirigida por un compositor exiliado para que desarrolle formas novedosas de composición»:

> La Rockefeller Foundation ha concedido una beca de 20.000 dólares a la New School for Social Research, situada en el número 68 Oeste de la calle 12, para desarrollar un estudio de dos años que determine los usos de la música en el cine, tal como informó ayer la universidad. La investigación, descrita como el primer estudio de este tipo llevado a cabo, será diri-

---

[3] Carta de Oscar Levant a Coert Du Bois, 18 de febrero de 1940, HEA, donde se guardan copias de todas estas cartas.

[4] Carta de Johnson a Du Bois, 22 de febrero de 1940, HEA.

[5] Ambos autores han señalado que el compositor comenzó el Film Music Project el 1 de febrero de 1940 (Betz, *Hanns Eisler. Political Musician*, p. 315, y Schebera, *Hanns Eisler*, p. 306).

[6] Ninguno de los colaboradores del número especial de 1998 dedicado a la música de cine de Eisler en el *Historical Journal of Film, Radio and Television*, desde Helbing a Dümling, pasando por Fasshauer y Culbert, desmienten el dato.

[7] Carta de Johnson a George J. Beal, 28 de febrero de 1940, RAC. La primera carta en relación a los pagos de la institución está fechada el día 28 de ese mes; se trata de una breve nota que Johnson escribe a Beal, de la Rockefeller Foundation, para señalar y agradecer que la New School ha recibido el primer cheque de 4.860 dólares para la investigación sobre música de cine dirigida por Eisler.

[8] Existe una copia de la noticia en el HEA. Como se señalaba en la propia noticia, la fuente de información era un comunicado de la New School del que, en cambio, no existe copia alguna. Lo que sí se puede comprobar es que también fue enviado a otros periódicos, como *The New York Herald Tribune*, que ese mismo día publicó una noticia casi idéntica, también albergada en el HEA.

gida por Hanns Eisler, compositor alemán exiliado, en cooperación con la Radio Corporation of America y miembros de la Philarmonic-Symphony Orchestra.

El estudio explorará las posibilidades de nuevas formas musicales y materiales de instrumentación, y examinará la «relación entre la música y el diálogo, el uso de la canción y el coro, el empleo de sonidos y ruidos, y los problemas de orquestación y dramaturgia», tal como anunciaba el comunicado.

El señor Eisler compondrá cada año una secuencia de música original, de cuarenta a cincuenta minutos de duración, aplicando los nuevos principios musicales a películas ya existentes de una cualidad artística excepcional. Las bandas sonoras se escribirán para documentales, dibujos animados y largometrajes de ficción. Las composiciones serán grabadas por músicos y directores notables en los estudios R.C.A. y se interpretarán ante un público de «especialistas de la ciencia y el arte», tras lo cual se publicará un informe final[9].

Sorprendentemente, la noticia aportaba dos nuevos datos sobre el Film Music Project: el primero, que Eisler pretendía cooperar con la Radio Corporation of America y con miembros de la Philarmonic-Symphony Orchestra en los estudios R.C.A.; el segundo, que quería componer música para distintos géneros cinematográficos, entre ellos, los dibujos animados. Como veremos, ninguna de ambas cosas llegaría a ocurrir[10].

FRONTIER FILMS, UNA PRODUCTORA INDEPENDIENTE

Tras haber «perdido» el mes de febrero y residiendo en Nueva York de forma ilegal, Eisler se dispuso a comenzar su trabajo en el Film Music Project. La primera película que seleccionó fue un documental educativo producido por Frontier Films, la productora de documentales más importante del «cine radical norteamericano» realizado entre las décadas de 1930 y 1940[11]. Frontier fue fundada en marzo de 1937 en Nueva York con el fin de crear un cine comprometido con los problemas sociales del momento, y, durante sus cinco años de vida, produjo un total de 7 películas: *Heart of Spain* [Corazón de España, 1937] de Herbert Kline; *China Strikes Back* [China vuelve a luchar, 1937] de Jay Leyda, Irving Lerner, Ben Maddow y Sidney Meyers; *People of the Cumberland* [La gente de Cumberland, 1938] de Jay Leyda y Sidney Meyers; *Return to Life* [Vuelta a la vida, 1938] de Henri Cartier-Bresson y Herbert Kline; *History and Romance of Transportation* [Historia y romance del transporte, 1939] y *White Flood* [Riada

---

[9] *The New York Times*, 23 de febrero de 1940; la copia que se guarda en el HEA no indica el número de página.

[10] La voluntad de escribir música para dibujos animados, sin embargo, perduraría durante largo tiempo. En su visita a Los Ángeles en 1940, Eisler todavía intentaría establecer contactos con Walt Disney para ver si podía facilitarle algún rollo de película con el que crear música experimental. En concreto, el compositor quería escribir una nueva partitura para el cortometraje del pato Donald *His Better Self* (1939), tal como informaba la prensa del momento (Ed Wallace, «Professor Eisler, Exiled German Composer, Would Reform Our Musical Sound Tracks», *New York World Telegram*, 26 de febrero de 1940, s.p., y Priscilla Jaquith, «Matching Music to Movies», *Rockefeller Center Magazine* [junio 1940] pp. 17 y 30, ambos en el HEA).

[11] Para un estudio de dicho cine, véase Russell Campbell, *Cinema Strikes Back. Radical Filmmaking in the United States, 1930-1942*, Ann Arbor, Michigan, UMI Research Press/Studies in Cinema, 1982, y William Alexander, *Film on the Left: American Documentary Film from 1931 to 1942*, Princeton, Princeton University Press, 1981.

blanca, 1940], ambas de Ben Maddow, Sidney Meyers y Lionel Berman; y la célebre *Native Land* [Tierra nativa, 1942] de Leo Hurwitz y Paul Strand. Entre los colaboradores y miembros de su equipo de producción se encontraban además otros cineastas y artistas como Ralph Steiner, Elia Kazan, Willard Van Dyke, Earl Robinson, Alex North, Helen van Dongen, Elie Siegmeister, Paul Robeson y Marc Blitzstein.

Gran parte de los documentalistas ya se habían conocido durante la creación de la productora de cine documental Workers' Film and Photo League, que había tenido lugar en diciembre de 1930. Esta liga había sido creada como una sección más del Workers' International Relief, un organismo norteamericano vinculado al movimiento comunista internacional. Desde su origen, la Workers' Film and Photo League se había dedicado a desarrollar noticiarios documentales en favor de la clase obrera estadounidense. Aunque a menudo no conseguía distribuirlos comercialmente a nivel nacional, sí lograba estrenarlos en distintas salas (normalmente en núcleos urbanos) y de forma no comercial gracias a la colaboración de numerosos sindicatos filocomunistas activos en todo el país. Entre otras cosas, los filmes de la liga defendían los derechos de la población afroamericana, exigían la liberación de la mujer y se enfrentaban a la censura de organismos como la Legion of Decency y la Hays Office[12].

A finales de 1934 un pequeño grupo de los integrantes de la productora, comandado por Ralph Steiner y Leo Hurwitz, entró en desacuerdo con las bases estéticas e ideológicas del grupo y creó su propia compañía: Nykino (abreviatura de New York Kino). Con menor presupuesto pero con mayor fundamento teórico que la liga[13], este «grupo de transición» contó con colaboraciones temporales de artistas como Michael Gordon, Joris Ivens, Henri Cartier-Bresson, George Grosz o Clifford Odets, y tras formar un pequeño grupo de producción realizó tres cortometrajes: *Pie in the Sky* [Pastel en el cielo, 1935], *Sunnyside* (1936) y *Black Legion* [La legión negra, 1936]. Estos dos últimos se realizaron dentro de la serie de documentales *The World Today (El mundo hoy)*, la versión anticonvencional que Nykino quería realizar para combatir a *The March of Time (La marcha del tiempo)*, la célebre serie de noticiarios que se distribuían a través de Hollywood por todos los estados de norteamericanos.

Sería en 1937 cuando la productora ampliaría su capital y su personal, y cambiaría su nombre por el de Frontier Films. Financiada por préstamos y donaciones de numerosos simpatizantes liberales y radicales, así como por sindicatos locales, los objetivos principales de Frontier, al igual que los de las dos asociaciones anteriores, eran políticos y culturales, y no comerciales. Los miembros de su equipo de producción recibían

---

[12] Además de producir documentales, la Workers' Film and Photo League se dedicaba a proyectar aquellas películas que se consideraban «necesarias» para el avance de la lucha obrera; a mediados de la década de 1930 y en los locales del Labor Temple y de la New School for Social Research, la liga estrenó en Norteamérica gran número de las obras maestras del cine soviético. Además, en honor a uno de sus fundadores, creó la Harry Alan Potamkin Film School, la primera academia de cine documental de los Estados Unidos. Entre sus producciones de 1935 se encuentra un cortometraje de Edward Kern, titulado *United Front*, en el que se muestra una manifestación en el Madison Square Garden contra «la nueva legislación fascista» (Campbell, *Cinema Strikes Back*, p. 87). No hemos sido capaces de localizar este film, pero la curiosidad nos lleva a preguntarnos: ¿se trata quizá del evento antifascista en el que Mordy Bauman cantó por primera vez las canciones de Hanns Eisler?

[13] Véanse los artículos de Ralph Steiner, «Revolutionary Movie Production», *New Theatre* (septiembre 1934), pp. 22-23; Leo Hurwitz, «Survey of Workers' Films: A Report to the National Film Conference», *New Theatre* (octubre 1934), pp. 27-28; así como Ralph Steiner y Leo Hurwitz, «A New Approach to Filmmaking», *New Theatre* (septiembre 1935), pp. 22-23.

35 dólares a la semana, pero había periodos en los que dichos salarios se reducían e incluso llegaban a desaparecer. Muchos de los participantes, de hecho, trabajaban para otras instituciones; Jay Leyda, por ejemplo, era comisario ayudante en la Film Library del MoMA, y Cartier-Bresson y Paul Strand se ganaban la vida como fotógrafos profesionales. Aunque durante los dos primeros años las producciones propias aportaron ciertos beneficios, en 1940 los ingresos obtenidos de las proyecciones bajaron a sumas meramente simbólicas[14].

Quizá ésta fue una de las razones por las que la productora decidió estrenar en 1940 dos cortometrajes de carácter menos político y más comercial: *History and Romance of Transportation* y *White Flood,* ambas realizadas, como ya hemos dicho, por Lionel Berman, Sidney Meyers y Ben Maddow. Aunque pretendían obtener beneficios, ninguno de los dos cortometrajes lograría un éxito de taquilla considerable; como ha señalado Campbell,

> las dos producciones no políticas de Frontier cubrieron gastos pero, al no aprovecharse ni de las ventajas ni de los inconvenientes del cine convencional, apenas aportaron dinero extra a la compañía. Los beneficios de *History and Romance of Transportation*, que había costado 3.701 dólares, fueron de 3.259; y los de *White Flood*, que había costado 5.722, de 6.292. Incluso un tipo de documental más convencional como aquél estaba lejos de ser un buen negocio[15].

Antes de analizar *White Flood* resulta conveniente responder a la pregunta: ¿cómo entró Hanns Eisler en contacto con Frontier Films para colaborar como compositor de la banda sonora de la película? Existen a nuestro parecer varias posibilidades de conexión entre Eisler y la productora. La primera es su participación mutua en la Exposición Mundial de Nueva York de 1939; *History and Romance of Transportation* se había producido para el pabellón Chrysler de la exposición y se había exhibido a unos pocos metros de *Pete Roleum and his Cousins*. La segunda, su conexión común con la New School; los miembros de Frontier acudían con regularidad a los actos que se organizaban en la universidad e incluso impartían allí seminarios y conferencias sobre cine[16]. El tercer vínculo se puede establecer a través de las figuras de Clifford Odets y Harold Clurman; los dos amigos de Eisler, de hecho, habían colaborado antes de 1940 con Frontier Films: Odets como guionista de un proyecto que nunca se llegó a realizar y Clurman como miembro de su consejo de administración. La cuarta conexión la encontramos en el libro de conversaciones con Joseph Losey de Michel Ciment, en el que el director señalaba que «por entonces [a finales de la década de 1930] yo trabajaba en el mismo edificio donde estaba Frontier Films, con Paul Strand, Leo Hurwitz,

---

[14] En 1938 los beneficios eran de 2.846 dólares y en 1939 ascendían a 4.149; en 1940, en cambio, no llegaban a los 500 dólares. Para un análisis detallado de la financiación, los presupuestos y las recaudaciones, véanse Campbell, *Cinema Strikes Back*, pp. 149-151, y el informe «Treasurer's Report to Frontier Films Inc. from Inception to March 31, 1942», en la Frontier Films Collection, Paul Strand Foundation, Nueva York.

[15] Campbell, *Cinema Strikes Back*, p. 151. Debido al interés de Campbell por el valor político de la productora, cuatro capítulos de su libro están dedicados al análisis de los films, pero entre ellos, desafortunadamente, no se incluyen ni *History and Romance of Transportation* ni *White Flood*, ya que son consideradas *nonpolitical productions*. La descripción de Campbell de ambos films se limita a un par de párrafos en las páginas 159 y 160 de su libro.

[16] Irving Lerner y Jay Leyda dirigieron en la New School un taller de creación cinematográfica, Willard van Dyke participó en varios seminarios sobre cine y *People of the Cumberland* se proyectó por primera vez en la sala de la universidad el 2 de mayo de 1938, tal como indica la documentación albergada en la Fogelman Library.

Ralph Steiner y Ben Maddow»[17]. En ese mismo edificio, el número 1600 de Broadway, se había rodado *Pete Roleum and his Cousins*.

Una quinta y última posibilidad por la que Eisler entró en contacto con la productora pudo ser la relación de ambos con el movimiento comunista internacional. Como acabamos de señalar, el documentalismo norteamericano había sido financiado en sus orígenes por el Workers' International Relief, el organismo homólogo a la Internationale Arbeiterhilfe alemana en los Estados Unidos. La Internationale Arbeiterhilfe había sido formada en Berlín en 1921 y desde entonces había mantenido un estrecho contacto con el Comintern; como entidad vinculada a la Unión Soviética, había financiado proyectos artísticos como los filmes *Pesn o Gerojach* de Joris Ivens y *Kuhle Wampe* de Slatan Dudow, en los que Hanns Eisler había colaborado de forma directa[18]. La conexión de Frontier Films y el Partido Comunista norteamericano, sin embargo, es todavía un asunto espinoso que necesita ser investigado en profundidad; Campbell ha señalado que «existe poca evidencia objetiva para afirmar o negar las acusaciones de que Frontier Films se desarrolló bajo la influencia del Partido Comunista», pese a que distintos miembros de la productora hayan afirmardo que dicho vínculo era, sin duda alguna, real[19].

No sabemos con certeza cuál de estos vínculos entre Eisler y Frontier, si es que no fueron varios de ellos, fue el motivo final de la cooperación entre ambos. Lo que sí se puede afirmar es que, en términos artísticos, la colaboración demostraría ser especialmente valiosa para ambas partes.

WHITE FLOOD DE LIONEL BERMAN, BEN MADDOW Y SIDNEY MEYERS (1940)

Al igual que *History and Romance of Transportation,* el cortometraje *White Flood* fue sobre todo un trabajo de edición y posproducción. Este carácter se observaba ya en los títulos de crédito del film, en donde no se mencionaba director alguno: como los autores del montaje de la película (Berman, Maddow y Meyers) no habían dirigido, ni siquiera presenciado, el rodaje de las imágenes, ninguno había querido apropiarse de la dirección del film. Ni Maddow ni Meyers, de hecho, aparecían en los créditos con sus nombres auténticos (Maddow empleaba el pseudónimo «David Wolff» y Me-

---

[17] Losey, citado en Ciment, *Conversations with Losey*, p. 55.

[18] La Internationale Arbeiterhilfe (IAH) fue dirigida durante varios años por el célebre propagandista Willi Münzenberg que, a partir de 1925 y con la publicación de su texto *Erobert den Film!*, activó un proceso de creación de productoras documentales internacionales. Münzenberg creía que hacerse con el medio cinematográfico era un requisito fundamental del comunismo para enfrentarse al avance del fascismo. La primera productora en fundarse fue la soviética Mezhrabpom-Russ («Mezhrabpom» era el acrónimo ruso de IAH), productora de *Pesn o Gerojach* de Ivens y Eisler; más tarde, en Alemania, se creó la Prometheus Company, que, entre otras películas, produjo *Kuhle Wampe* de Slatan Dudow; y en los Estados Unidos, fruto también de la gestión de Münzenberg, se creó la Workers' Film and Photo League. *Erobert den Film!* fue publicado por Neuer deutscher Verlag en Berlín en 1925. Para mayor información sobre la vida de Münzenberg y la Internationale Arbeiterhilfe, véanse Tania Schlie (ed.), *Willi Münzenberg (1889-1940)*, Berlín, Lang, 1995, y Diethart Kerbs y Walter Uka, *Willi Münzenberg*, Berlín, Echolot, 1988.

[19] Campbell, *Cinema Strikes Back*, p. 157. Van Dyke, por ejemplo, señalaría años más tarde que «Nykino no tenía conexión alguna con el Partido Comunista, [...] pero con la formación de Frontier Films, a mí, por lo menos, me pareció que se tomaba una dirección influida por personas que eran miembros declarados del partido o compañeros de viaje» (en *opus cit.*, pp. 156-157). En el libro de Campbell se demuestra que Steiner compartía la opinión de Van Dyke, mientras que Hurwitz, Leyda y Gordon señalaban que no existía dicha conexión.

yers firmaba bajo el falso nombre de «Robert Stebbings»). Por estas y por otras razones podríamos definir *White Flood* como un proyecto insólito: ése es el adjetivo que consideramos más adecuado para definir un cortometraje sobre la Edad de Hielo con música dodecafónica realizado por una productora filocomunista.

Pese a la falta general de documentación sobre el film, siguiendo el método de fuentes paralelas o secundarias al que nos referíamos en la introducción, hemos conseguido obtener algunos datos que esclarecen el proceso de producción de la película. Por ejemplo, en su libro *Film on the Left,* William Alexander, uno de los protagonistas del cine documental norteamericano de aquellos años, señalaba lo siguiente:

> Las imágenes [de *White Flood*] eran principalmente de William Osgood Field, un miembro del comité de directores de Frontier que había hecho una amplia variedad de películas científicas y culturales y que había trabajado en *Spain, the Fight for Freedom* [España, lucha por la libertad] en 1937. *White Flood* se configuró a partir de las imágenes que él había rodado en Alaska, de otras imágenes rodadas en los Alpes por Sherman Pratt y de secuencias de tormentas de nieve rodadas por miembros de Frontier. Berman, con la ayuda de Maddow y de Meyers, escribió el guión, montó la película y se la facilitó entonces a Hanns Eisler como parte de sus experimentos sobre música de cine pagados por la Rockefeller Foundation[20].

Aunque el geólogo William Osgood Field fue, en efecto, miembro del consejo de Frontier, su participación en los filmes de la productora se reduce a esta única colaboración. Berman, Maddow y Meyers, en cambio, contribuyeron de forma fundamental en la mayoría de los documentales de la compañía.

Berman, que había trabajado como publicista en Nueva York, fue director ejecutivo y, más adelante, director del comité de producción de Frontier; como montador y guionista, colaboró en *History and Romance of Transportation*, *White Flood* y *Native Land*. Maddow, bajo el pseudónimo de «David Wolff», fue el único cineasta de la productora que participó en todas y cada una de sus películas. Meyers, por su parte, trabajó como «Robert Stebbins» en cinco de los documentales producidos por Frontier: *China Strikes Back*, *People of the Cumberland*, *History and Romance of Transportation*, *White Flood* y *Native Land*.

Meyers parece ser el único de los tres en haber sido influido directamente por su colaboración con Eisler. Al acabar el conflicto bélico, formó una pequeña productora llamada Film Documents, con la que realizó la película *The Quiet One* (*El tranquilo*, 1948), que fue definida por el crítico Paul Rotha como una obra maestra del cine social[21]. La influencia de Eisler en Meyers se observa claramente en este film, en el que

---

[20] Alexander, *Film on the Left*, p. 210. Al revisar los títulos de crédito del film, observamos que la información de Alexander no es del todo exacta: Berman y Meyers no colaboraron en la escritura del guión, obra en solitario de Maddow. Los créditos también especifican que la música era de Eisler, que la voz del narrador era de Colfax Sanderson, que la orquesta había sido dirigida por Jascha Horenstein y que la sincronización musical había sido llevada a cabo por Harry Robin. Para más información sobre los datos técnicos de ésta y las demás películas empleadas en el Film Music Project, véase el apartado dedicado a las fuentes al final de este libro.

[21] Paul Rotha, «Made with Modesty», en *Rotha on Film*, Londres, Faber & Faber, 1958, p. 159. El célebre crítico británico señalaba: «En Nueva York, los especialistas la consideran el documental social más importante desde antes de la guerra. [...] El resultado final es extraordinario: un film realmente memorable, importante y emocionante» (*Rotha on Film*, p. 158). En 1964 Meyers montaría *Film*, la única incursión de Samuel Beckett en el medio cinematográfico

se otorga a la banda sonora una relevancia inusitada. La película, al igual que *The Forgotten Village* de Herbert Kline (para la que Eisler, como veremos, también compuso la música), había sido rodada sin sonido, y fue sólo en el proceso de montaje cuando la partitura asumió un protagonismo extraordinario, especialmente si se tiene en cuenta la práctica del cine documental de aquellos años.

Maddow dijo en una ocasión que *White Flood* fue «un encargo para obtener un salario»[22]. Una de las paradojas del film es que, pese a que ninguno de sus tres directores le otorgó en su día la relevancia que poseían sus otros proyectos de mayor carácter político, hoy es, debido a la banda sonora de Eisler, uno de los documentales de la productora que más sigue interesando a los investigadores e historiadores de cine[23]. Russell Campbell debió percibir ya en 1982 la importancia de la participación de Eisler cuando, en su breve descripción del film, señalaba: «*White Flood* resultó particularmente notable debido a la música experimental de Hanns Eisler»[24].

La película contaba la historia de la formación de los glaciares y pretendía aclarar de forma especulativa cómo había sido la vida en la superficie de la tierra durante la «primera Edad de Hielo». Poseía un marcado carácter educativo, sobre todo en aquellas imágenes superpuestas de esqueletos de animales prehistóricos y de *homo sapiens* que pretendían explicar el origen y la evolución de las especies. Lo que daba fuerza al comentario del film era su insistencia en la idea de transformación. Una de sus primeras frases, por ejemplo, señalaba que, a pesar de su aparente inmutabilidad, la tierra sufría constantes alteraciones; «habitamos la fina superficie de un globo que arde», decía el narrador más adelante. A lo largo del film esta noción de cambio volvía a aparecer de forma constante en el comentario de Maddow: «El agua se enfrenta al hielo», se añadía, «y el líquido se opone a lo sólido».

Sin embargo, a pesar de su voluntad didáctica (o quizá debido a ella), el film carecía de rigor científico. Conviene señalar aquí que si hoy se puede apreciar todavía *White Flood* es indudablemente más por su valor poético que por sus toscas reflexiones sobre el proceso de deshielo del planeta.

Eisler vio el film a finales de abril de 1940 en la sala de proyecciones del Preview Theatre, situado también en el número 1600 de Broadway[25]. Debió de sentirse muy cómodo al comprobar que el estilo de las imágenes y el contenido del film eran similares a los de *The Living Land,* y que la película tenía igualmente aquella necesidad de una banda sonora original que agilizase el ritmo de la narración y ampliase su valor estético. También debió de agradar al compositor el carácter marxista del film, sobre todo en la presentación que *White Flood* hacía del ser humano como agente del cambio racional de una naturaleza adversa. Una de las frases leídas por el narrador que mejor reflejaba aquella idea era la que decía: «Viviendo en la superficie de la tierra, la vida del

---

[22] Ben Maddow, citado en Alexander, *Film on the Left*, p. 210.

[23] *White Flood* ha sido estudiada con detenimiento por Tobias Fasshauer en su artículo «Hanns Eisler's *Chamber Sinphony op. 69* as Film Music for *White Flood* (1940)», en Culbert y Dümling (eds.), *HJFRT* 4/18, pp. 509-521 (agradecemos a Fasshauer el habernos facilitado recientemente el texto «Hanns Eislers *Kammersymphonie* als Filmmusik zu *White Flood*», una versión revisada de su artículo de 1998). Además del análisis del film que hacemos en este libro, Johannes Carl Gall también le ha dedicado sendos pasajes en sus diversos artículos sobre el Film Music Project.

[24] Campbell, *Cinema Strikes Back*, p. 160.

[25] El Preview Theatre, uno de los centros físicos del Film Music Project, se encontraba en la planta octava del número 1600 de Broadway, a la altura de la calle 47, en Nueva York. Sabemos que Eisler vio el film por el primer informe de gastos, en donde se especifica que se pagó 1 dólar por la proyección de 1 rollo (listado de gastos, 31 de enero de 1941, RAC).

hombre depende de este balance colosal de aire, sol, hielo y agua. Éste es su mundo. Por eso prepara su mente ante el cambio de las montañas y, lentamente, aprende a controlar el movimiento invisible de la naturaleza y del planeta».

Respecto al contenido ideológico del film, Campbell ha señalado, sin embargo, que, «como la película sólo mostraba la naturaleza salvaje, afirmaciones como ésta no eran más que un gesto a favor del potencial humano»[26]. Creemos, no obstante, que Campbell no es del todo preciso: aunque en la mayoría de las secuencias, en efecto, aparecían solamente imágenes de la naturaleza, entre los primeros planos se podían encontrar también dos imágenes (la de un grupo de campesinos trabajando y la de otro grupo dirigiendo un arado arrastrado por dos caballos), que enfatizaban el vínculo entre el hombre y la naturaleza, o, dicho con otras palabras, la habilidad del ser humano de hacerse con su entorno natural. Una de las imágenes más poderosas de todo el film era precisamente la de un hombre diminuto perdido en la inmensidad de una tormenta de nieve (una especie de referente visual antitético a la tesis del film), a la que acompañaba el plano de la proa de un barco, que ilustraba también de forma directa la voluntad del hombre de dominar la tierra que le rodeaba.

Lo que Campbell no parece atreverse a decir en su breve análisis del film es que, en términos puramente visuales, *White Flood* no resulta, ni mucho menos, un documental especialmente logrado; sus imágenes son muy similares las unas a las otras y sus secuencias carecen de nexos o motivos que las unan. Los planos aéreos no se combinan con las imágenes grabadas desde el barco en lo que podría ser un ágil relato fílmico, sino que se superponen sin razón aparente y con una torpeza propia del cine *amateur*. Berman, Maddow y Meyers debieron ser conscientes de ello, y por eso el comentario leído por Sanderson está tan presente a lo largo del film: intenta darle la unidad que los autores no han podido otorgarle a la película en la sala de montaje.

Sin embargo, estos defectos no impiden hoy que el espectador atento aprecie aquello que hace valioso al cortometraje: la extraordinaria banda sonora compuesta por Eisler.

LA BANDA SONORA O *KAMMER-SYMPHONIE*

Tal como el propio compositor expresaría más tarde en dos textos escritos en la primera mitad de la década de 1940, la banda sonora de *White Flood* se dividía en cinco partes diferentes que, sin embargo, estaban unidas unas a otras con el fin de configurar la totalidad de una suite orquestal[27]. Sin su valor aplicado, Eisler llamó a esta suite *Kammer-Symphonie (Sinfonía de cámara),* y la incluyó con el número 69 dentro del conjunto de su obra. La partitura de *White Flood* y la *Kammer-Symphonie* representan uno de los ejemplos más claros de *angewandte Musik* en toda la carrera artística del compositor, porque, como ha señalado acertadamente Tobias Fasshauer, ambas son idénticas:

---

[26] Campbell, *Cinema Strikes Back*, p. 160.
[27] Eisler, «Film Music. Work in Progress», *opus cit.*, pp. 250-254, y Eisler, «Report on the Film Music Project», en *Composing for the Films*, Nueva York, Oxford University Press, 1947, pp. 135-165. Citamos la versión de «Film Music. Work in Progress» tal como se reimprimió en Culbert y Dümling (eds.), *HJFRT* 4/18, pp. 591-594. A partir de ahora empleamos la edición de *Composing for the Films* de Athlone Press publicada en Londres en 1994, ya que es la única versión en inglés firmada por Theodor W. Adorno y Hanns Eisler que reproduce de forma casi exacta la versión original del texto tal como se acabó de escribir en inglés en 1944. Para una versión en castellano, véase nuestra traducción *Composición para el cine* (Madrid, Akal, 2007), realizada a partir de la edición alemana de 1969.

La *Kammer-Symphonie opus 69* para 15 instrumentos [...] no es una adaptación de la banda sonora, sino una versión idéntica de la misma [...]. Como suele ocurrir en Eisler, un único manuscrito de la banda sonora representa ambos usos, pero aquí además no hay marcas para una readaptación de los movimientos que constituyan una versión en forma de concierto autónomo[28].

Por su artículo de 1941 «Film Music. Work in Progress» («Música de cine. Un proyecto en construcción»), sabemos que Eisler era consciente del perfecto doble uso de la composición como banda sonora y como música autónoma: «En un nuevo documental, *White Floods [sic]*, que está siendo preparado como parte del proyecto, he encontrado secuencias que encajan extraordinariamente con estos experimentos»[29].

Los experimentos a los que Eisler se refería aquí no eran únicamente aquellos que demostraban que la composición «lograda» de una banda sonora podía ser interpretada como música autónoma sin ningún tipo de arreglo a la partitura para la película. Al haber sido escrita siguiendo las pautas de la técnica dodecafónica, la *Kammer-Symphonie* demostraba la que ya entonces, en julio de 1940, se estaba configurando como una de las tesis principales de la investigación: que el material musical avanzado, a menudo percibido por el público como «indigerible e irrelevante», perdía su cualidad prohibitiva cuando era aplicado al medio cinematográfico. «Incluso a un oído no educado –diría Eisler más adelante– le resultan más comprensibles los recursos musicales complejos si éstos son acompañados por referentes visuales»[30]. Esta sorprendente frase reflejaba el arriesgado entendimiento del compositor de que un film como *White Flood* podía «ilustrar» su sinfonía, y sustituía la idea común de que era la música la que debía ilustrar al film.

Según informaba el propio Eisler en su artículo de 1941, como parte de la investigación para el Film Music Project, se prepararon tres versiones de *White Flood*: la primera se hizo «con el narrador agotador de turno»[31]; la segunda, con un uso más limitado de la voz en off; y la tercera, sin voz alguna y sólo con la música del compositor. La única versión original que se conserva es, desfortunadamente, la primera[32]. Evidentemente, y siguiendo lo que hemos expuesto en el párrafo anterior, para Eisler la mejor versión era la última: «Creo que el comentario continuo acompañado de música de fondo es una de las principales deficiencias de este tipo de cine»[33]. En aquella ocasión, como en muchas otras, el compositor volvió a preferir hablar de «imágenes de fondo» que de «música de fondo», y subvertía así el orden de importancia en la relación entre la música y el cine.

Eisler escribió la banda sonora de *White Flood* durante los meses de mayo, junio y julio de 1940. Por las marcas a lápiz que fueron borradas pero que todavía se pueden leer en la partitura original[34], sabemos que su afirmación en el artículo de 1941 («la

---

[28] Fasshauer, «Hanns Eisler's *Chamber Symphony op. 69* as Film Music for *White Flood* (1940)», p. 509.
[29] Eisler, «Film Music. Work in Progress», p. 592.
[30] *Ibidem*, p. 592.
[31] *Ibidem*, p. 592.
[32] La copia que hemos consultado en el MoMA es indudablemente la primera versión que se hizo del film y la que Eisler rechaza. Para un visionado de la segunda y tercera versión, véase la reconstrucción de Johannes Carl Gall editada en DVD por Suhrkamp Verlag y la IHEG.
[33] Eisler, «Film Music. Work in Progress», p. 592.
[34] Eisler, partitura original de la banda sonora de *White Flood*, HEA.

banda sonora de 16 minutos se escribió y grabó en el periodo de tres semanas habitual en Hollywood»)[35] es falsa. Eisler finalizó el primer movimiento el 30 de mayo, y el último, el 9 de julio; es decir, necesitó de al menos seis semanas para finalizar su composición.

La grabación se realizó a finales de julio y la sincronización musical fue llevada a cabo por Harry Robin en el Reeves Sound Studio de Nueva York. La orquesta de cámara, formada por músicos de la NBC Orchestra, fue dirigida por Jascha Horenstein, amigo de Eisler y compañero de departamento en la New School for Social Research. Por el informe de gastos sabemos, además, que el pago a la orquesta fue de 807 dólares, el mayor gasto que Eisler iba a tener durante el primer año del Film Music Project[36].

De cómo se desarrolló la sesión de grabación y de cómo se proyectó el film una vez adjunta la música, sabemos poco. La documentación original existente hasta hoy no aporta ningún dato[37]. Sin embargo, una fuente secundaria que ha sido pasada por alto en la literatura del Film Music Project, nos ayuda a imaginar cómo debieron organizarse las distintas proyecciones de la primera «demostración musical» del proyecto; nos referimos a los diarios de 1940 de Clifford Odets, titulados *The Time is Ripe (El tiempo está maduro)*[38]. En la entrada del lunes, 5 de agosto de 1940, Odets señalaba:

> Por la tarde subí a una sala de proyecciones privada para ver una parte del trabajo de Hanns, una banda sonora escrita para una serie de secuencias sobre la naturaleza [*White Flood*]. Su plan es adaptar la música a cada tipo de plano, para componer una especie de «arte de la fuga» del acompañamiento musical. La música que escuché era decididamente objetiva, inteligente, muy artesanal y distante. Me gustó, la aprecié por lo que era, pero no me emocionó[39].

Inteligente, objetiva, distante. Eisler no podría esperar una mejor crítica que la de Odets, sobre todo si pensamos que el objetivo de su música no era despertar la «emoción» del oyente, sino, a la célebre manera brechtiana, activar su capacidad crítica.

El propio compositor describiría más adelante la finalidad concreta de su banda sonora para *White Flood* en el texto «Report on the Film Music Project» («Informe sobre el Film Music Project»), publicado años más tarde como apéndice al libro *Composición para el cine*. Eisler y Adorno describían entonces los propósitos que se había impuesto el compositor a la hora de escribir la música de *White Flood*. La película, decían,

---

[35] Eisler, «Film Music. Work in Progress», p. 592.

[36] El informe de gastos señala además que la partitura fue copiada por Associated Musicians para entregar a los músicos y que, entre éstos, se encontraban «L. Bordokin, C. Fleissig, R. Sims, A. Zakin, T. Spiwakowski» y «L. Mitman». Cada uno de ellos recibió 12 dólares y medio por su colaboración.

[37] No hemos encontrado ningún documento al respecto en los archivos consultados. Por otro lado, entendemos que la breve información de Campbell sobre los ingresos de *White Flood* no aporta información precisa sobre las reacciones de audiencia ante los experimentos de Eisler, sino sólo un dato económico sobre la «corta vida» del film.

[38] Clifford Odets, *The Time is Ripe. The 1940 Journal of Clifford Odets*, Nueva York, Grove Press, 1998, p. 237. El hecho de que esta fuente de información haya sido pasada por alto en los textos de Betz, Schebera y Fasshauer se debe a cierta tendencia desafortunada entre los estudiosos de Eisler en volver una y otra vez a los mismos documentos.

[39] Odets, *The Time is Ripe*, p. 237. En el párrafo siguiente, Odets añadía: «Después llegó Oscar Levant, el príncipe de la Corona. Bajamos a tomar un café con tarta. [Eisler y Levant] se pusieron a hablar una hora de Schönberg, a quien aman y adoran. Schönberg será la influencia más importante en música desde Wagner, pero para mí fue una hora de aburrimiento» (en *opus cit.*, p. 238).

dejaba [...] espacio al trabajo porque carecía de acción [...]. Por otra parte, la ausencia de cualquier huella de continuidad dramática necesitaba el apoyo del compositor para articular formas musicales. Esto podía propiciar naturalmente el peligro de la inconexión [*unrelatedness*]: una vez desencadenada, la música podía ignorarlo todo salvo a sí misma y resultar demasiado pretenciosa[40].

La preocupación principal de Eisler tenía que ver con el sentido y la forma de la música en la película. La partitura *debía* adaptarse al film y, al mismo tiempo, ser autónoma; tenía que ser música *de* cine y, a la vez, evitar asociaciones fáciles como la imitación de una tormenta o del viento. No podía convertirse en un «vano capricho formalista»[41] sin relación con la imagen; pero tampoco debía recurrir a los estereotipos comunes en las composiciones para el cine. Tenía que ajustarse a la imagen a través de un significado musical independiente. Como él mismo había señalado, el cometido final que se proponía no era nada sencillo[42].

Para lograr su objetivo Eisler escogió un modo de composición avanzado (el dodecafónico) y creó una partitura que, paradójicamente, se iba a relacionar con la imagen siguiendo un método fácil y reconocible. Siguió el modo de sincronización conocido «en Hollywood como la técnica Mickey Mouse, [...] un método realista por el cual la música sigue a la cámara lo más cerca posible, describiendo cada detalle de la acción»[43].

Este empleo simple de una técnica compleja permitió a Eisler cumplir los dos propósitos que se había impuesto. Por un lado, el método de composición dodecafónico hacía que la música aquiriese un carácter formalmente independiente; por otro, la exactitud de la sincronía convertía la partitura autónoma en una genuina composición *para* el medio cinematográfico. Es decir, la imagen de la caída de un iceberg podía ser acompañada con los platillos y los timbales de forma imitativa, porque dicha imitación no iba a ser acompañada de los recursos melódicos convencionales de la música de Hollywood: la adopción anterior de la técnica dodecafónica había asegurado ya un desarrollo estético avanzado[44].

Para asegurarse de que la banda sonora tenía carácter autónomo suficiente, Eisler decidió escribir la pieza en cinco movimientos y con cinco formas musicales diferentes: la invención, el preludio coral, el *scherzo* con trío, el *étude* y la sonata *finale*. Cada una de ellas correspondía a cada uno de los cinco pequeños capítulos del film. El primer movimiento acompañaba la introducción en donde se exponía que el planeta estaba configurado por los cuatro elementos originales (tierra, fuego, agua y aire); el segundo seguía con moderación la descripción de la Edad de Hielo; el tercero funcionaba como breve *intermezzo* que suspendía relativamente la acción; el cuarto acompañaba el relato que narraba la progresión de un glaciar desde su surgimiento en

---

[40] Adorno y Eisler, «Report on the Film Music Project», p. 144.
[41] *Ibidem*, p. 144.
[42] Eisler, «Film Music. Work in Progress», p. 592.
[43] *Ibidem*, p. 592.
[44] En una carta de Eisler a Warren D. Allen, profesor de Stanford University, de octubre de 1944, el compositor señalaba a propósito de la música de *White Flood*: «En el film la técnica dodecafónica se usó del modo más estricto. De hecho, en esta banda sonora quise demostrar cómo esta técnica es apta para el medio cinematográfico [...]. El problema era que cada nota de la partitura tenía que concebirse de acuerdo con: a) su relación con la acción de la pantalla (la sincronización); b) su lugar en la técnica dodecafónica; y c) su lugar en la forma musical. Y a pesar de todo esto tenía que ser música espontánea, colorida, que pudiese entender todo el mundo» (carta de Eisler a Allen, 19 de octubre de 1944, FML).

las montañas hasta su llegada al mar; y el quinto y último movimiento enfatizaba el clímax dramático del film, la desintegración del hielo a través de numerosas y violentas avalanchas.

En relación a las formas, Eisler y Adorno señalarían en 1944 lo siguiente:

> La idea de la invención y el constante uso del tema en diferentes posiciones tonales es suscitada por la película al mostrar ésta la formación de un glaciar (el tema) bajo perspectivas que varían, por así decirlo, en distintos niveles. El preludio coral está compuesto sobre un *cantus firmus* sostenido. El *étude* está compuesto para dos violines solistas con acompañamiento de orquesta; el movimiento a modo de *étude* que se desarrolla entonces es una tormenta de nieve «estilizada». En la exposición de la sonata se presentan los glaciares compactos que se van a partir durante el desarrollo; en la recapitulación de la sonata se muestra el resultado del derrumbamiento: una bahía repleta de trozos de hielo[45].

La descripción, por su puesto, es más que adecuada; y, sin embargo, como Tobias Fasshauer ha señalado acertadamente, «la película y la música son mucho más diversos que los que los propios comentarios que Eisler podía sugerir»[46]. Por ejemplo, el segundo y el cuarto movimiento empleaban formas de composición cíclicas, es decir, repetían las mismas frases musicales al principio y al final, y ampliaban así el concepto de cambio expresado por las imágenes y la voz en *off*. Cuando en el cuarto movimiento se incluía una «recapitulación» musical similar a la expuesta en el preludio coral (aquella que acompañaba a los paisajes del film), se establecían a nivel sonoro vínculos indicados por el comentario y la imagen. «Esta tensión formal entre ambos medios –ha señalado Fasshauer– corresponde a la lección que *White Flood*, en tanto película educativa, quería enseñar: que la Edad de Hielo no formaba parte, como puede parecer desde una perspectiva humana, de un pasado remoto, sino que constituía un evento recurrente en el presente de la naturaleza»[47].

La banda sonora de *White Flood* sirvió, además, para examinar aquello que Eisler había comentado en sus dos propuestas para conseguir la beca de la Rockefeller Foundation: las nuevas posibilidades de instrumentación en la música de cine. En el «Report on the Film Music Project» se decía que la orquesta había sido configurada de acuerdo con la «frialdad de las escenas de la naturaleza»[48]. Para expresar dicha «frialdad» Eisler había recurrido a dos instrumentos «nuevos»: el novachord y el piano eléctrico. Sumados a la orquesta de cámara habitual (formada por flauta, oboe, clarinete, fagot, trompa, trompeta, trombón, percusión, cuarteto de cuerda y contrabajo), estos dos instrumentos cobraban una importancia especial porque aportaban ecos eléctricos y distantes a la partitura. Lejos de funcionar como «relleno armónico», el piano y el novachord adquirían el valor de instrumentos solistas: «En algunos momentos hay duetos, verdaderamente a dos voces, entre ambos, y con acompañamiento de orquesta. La frialdad y la agudeza de sus "formas", como los trinos, los mordentes, las apoyaturas y los trinos encadenados, se explotaron completamente»[49].

---

[45] Adorno y Eisler, «Report on the Film Music Project», p. 145.
[46] Fasshauer, «Hanns Eisler's *Chamber Symphony op. 69* as Film Music for *White Flood* (1940)», p. 512.
[47] *Ibidem*, p. 511.
[48] Adorno y Eisler, «Report on the Film Music Project», p. 145.
[49] *Ibidem*, p. 145.

Aunque en el texto de 1941 Eisler parecía satisfecho con los resultados de la nueva instrumentación («el uso de instrumentos eléctricos, [...] en su combinación con un pequeño grupo de otros instrumentos, me ha parecido muy satisfactorio»)[50], hoy sabemos que, en realidad, el compositor no estaba tan contento como parecía indicar en sus informes. En concreto, le preocupaba el efecto sonoro producido por el novachord. En la partitura original de *White Flood* señalaba: «quizá dos pianos eléctricos serían mejor que este "débil" novachord»[51]. Y años más tarde, en una carta a Jascha Horenstein, decía: «En la *Kammer-Symphonie* no emplearía el novachord: suena demasiado trillado. En su lugar emplearía un instrumento eléctrico más moderno (¿un trautonium quizá?). En la grabación he usado un órgano eléctrico, pero eso tampoco es lo correcto»[52].

Estos comentarios demuestran la meticulosidad de Eisler a la hora de experimentar con los instrumentos en su primera partitura para el Film Music Project. Lejos de ser el resultado más logrado del proyecto, la banda sonora de *White Flood* suponía sin embargo un comienzo prometedor. Por su arriesgada experimentación con la técnica avanzada y con la instrumentación, la partitura había servido para algo más que la unificación de las distintas partes del film: era un ejemplo perfecto de *angewandte Musik*, una muestra de cómo podían funcionar en el cine los instrumentos eléctricos, y un primer intento de llevar la imagen hacia el terreno del pensamiento abstracto a través de una relación fructífera con la música moderna.

RELACIÓN DE EISLER CON LA ROCKEFELLER FOUNDATION

En cuanto al desarrollo de la relación entre Hanns Eisler, la Rockefeller Foundation y la New School for Social Research, se puede señalar que todo transcurrió con normalidad durante el primer año del Film Music Project. El segundo de los pagos, también de 4.860 dólares, se efectuó a su debido tiempo (el 1 de agosto de 1940), y la correspondencia entre Johnson y Marshall se desarrolló, aunque con menor asiduidad, con la cordialidad acostumbrada. El único hecho que conviene destacar en este ámbito es la duda sobre la actividad política de Eisler expresada una vez más por parte de la fundación. Su colaboración con Frontier Films, una productora, como hemos visto, vinculada del algún modo al movimiento comunista norteamericano, no debió agradar a la Rockefeller Foundation, que desde el principio se mostró interesada en que el Film Music Project se vinculase a la industria de Hollywood y no al documentalismo radical neoyorquino.

Preocupada por la relación entre Eisler y Frontier, la fundación pidió a Johnson más información sobre los compromisos ideológicos del compositor. El 8 de julio de 1940 Johnson escribió a Marshall una «carta confidencial» con la que pretendía cerrar el asunto de una vez por todas.

---

[50] Eisler, «Film Music. Work in Progress», p. 593.
[51] Eisler, partitura original de la banda sonora de *White Flood*, HEA.
[52] Ambos documentos, la partitura original de *White Flood* y la carta de Eisler a Jascha Horenstein del 22 de abril de 1961, se encuentran en el HEA. La grabación a la que Eisler se refiere es probablemente la realizada en 1957 con la Kammerorchester Berlin dirigida por Walter Goehr.

Querido señor Marshall:

Estará usted interesado en el historial que le adjunto sobre la carrera de Hanns Eisler. La mayoría de lo que dice le resultará conocido. Una buena parte lo he verificado yo mismo. Pero añado nombres como referencias.

Como usted sabe de sobra, las autoridades de inmigración y el Departamento de Estado han examinado a Eisler con lupa. El hecho de que su música haya sido usada parcialmente por la izquierda, y de que una serie de izquierdistas hayan convertido la causa de Eisler en la suya, ha provocado un escrutinio como pocas veces hemos visto a la hora de examinar a los inmigrantes. El hecho de que Eisler siga aquí demuestra que no se encontró nada que pudiera presentarse en su contra.

Atentamente,
Alvin Johnson[53].

El historial adjunto, escrito en tercera persona posiblemente por el propio Eisler, era un informe detallado de dos páginas en el que se especificaban numerosos datos de la vida y carrera del compositor, desde la profesión de su padre hasta el tipo de música que había compuesto en Londres, pasando por los «tres años que sirvió como cabo en la Primera Guerra Mundial»[54]. En él hacía especial hincapié en los distintos países y fases por las que había pasado en su condición de nómada inmigrante, y destacaba su trabajo no remunerado a favor de causas antibelicistas. A medida que avanzaba cronológicamente, el informe repetía la frase «sin afiliaciones políticas»: ni en Viena durante su formación con Arnold Schönberg; ni en Berlín durante su trabajo musical en la radio y el teatro; ni en ninguna de las otras capitales a las que el nazismo lo había arrojado.

> Eisler no ha estado afiliado a ningún partido político. Nunca se ha comprometido con ninguna actividad política; ha dedicado su trabajo a la música y a lo que en Alemania se conoce como *kulturpolitik* [política cultural]. Los reaccionarios han atacado el arte moderno, la pintura, la música y la arquitectura, y los artistas modernos han tenido que defenderse. Eisler cree que sólo un frente popular que incluya a todos los sectores progresistas podrá luchar contra Hitler[55].

El informe no pretendía trastocar radicalmente la trayectoria de Eisler, ni era un manifiesto en el que el compositor negaba su actividad pasada para poder desarrollar sus nuevos proyectos en la liberal América de principios de la década de 1940. A diferencia de otros exiliados que rechazaron en mayor o menor medida su pasado europeo o revolucionario (como Kurt Weill o Georg Grosz), Eisler presentaba con orgullo su carrera como músico comprometido. Evidentemente, el tono no era el mismo que empleaba en su correspondencia íntima, donde el carácter crítico y político se manifestaba de forma directa, pero tampoco abrazaba el lenguaje utilitarista y pragmático de cierto liberalismo norteamericano.

El último párrafo del informe aclaraba el que quizá era el asunto más problemático para la fundación: la actividad de Eisler en los Estados Unidos como compositor de canciones de la clase obrera.

---

[53] Carta de Johnson a Marshall, 8 de julio de 1940, RAC.
[54] Informe curricular sobre Eisler, sin titular ni fechar, 2 pp., RAC.
[55] *Ibidem*, p. 1.

Algunas de sus canciones, en muy malas traducciones, son conocidas como canciones «izquierdistas». Por ejemplo, *Forward, We've Not Forgotten (Adelante, no olvidamos)* que fue escrita en 1930 para una película titulada *Kuhle Wampe*. La escena en la que aparecía la canción en la película era un festival deportivo. Esta película se hizo muy famosa en Europa y se ha visto también en los Estados Unidos. La canción conocida en Norteamérica como *Comintern* fue escrita en 1927 y se usó como marcha orquestal (sin palabras) para la película francesa *Dans les rues* [En las calles, 1933], que se estrenó en Nueva York bajo el título de *Song of the Streets (La canción de las calles)*. Se trata de una melodía sencilla, evidentemente sin ningún significado político, y es muy conocida con varios títulos y letras en muchos países. La letra en inglés es especialmente mala; Eisler niega cualquier responsabilidad sobre ella. Las canciones *United Front* [Frente unido] y *In Praise of Learning* [Oda al aprendizaje] fueron concebidas como números musicales para situaciones dramáticas específicas en la obra musical *La madre*[56].

Un lector informado hubiese detectado en este párrafo cuatro de las canciones más conocidas dentro del movimiento obrero internacional y norteamericano. Pero en los oídos de Marshall, desconocedor, por supuesto, de las melodías cantadas en los mítines del Partido Comunista, resonaron más «las malas traducciones» que los títulos de las canciones.

Es evidente que el representante de la Rockefeller Foundation desconocía igualmente ciertas actividades de Frontier Films y su voluntad explícita de enfrentarse a Hollywood. Cuando todavía se llamaba Nykino, la productora había realizado dentro de la serie de documentales *The World Today* un cortometraje titulado *Sunnyside*, que criticaba, nada más y nada menos, que a John D. Rockefeller. El film denunciaba la subida de precios de la vivienda en el barrio de Sunnyside, en Nueva York, debido a la especulación sin límites de «usureros multimillonarios» como el magnate señalado[57].

Que la fundación pagase a Eisler para colaborar con una productora que años antes la había criticado severamente demuestra las contradicciones internas de la cultura norteamericana de aquel momento y las posibilidades de acción subversiva que se podían llevar a cabo en dicha sociedad.

El 9 de julio de 1940, exactamente el mismo día en que Eisler acababa de componer su partitura para *White Flood*, Marshall enviaba a Johnson la siguiente nota: «Muchas gracias por su carta del 8 de julio sobre Eisler. Es exactamente el tipo de informe que esperaba recibir de usted»[58].

EL VIAJE A HOLLYWOOD

Por una carta de Johnson a Marshall sabemos que el 5 de agosto de 1940 Eisler estaba «a punto de irse a Hollywood para seguir con su trabajo de la beca Rockefeller»[59]. En efecto, tras acabar su participación en *White Flood* el compositor decidió visitar California; por segunda vez en su vida podría comprobar las enormes dife-

---

[56] *Ibidem*, p. 2.

[57] Para mayor información sobre la revisión de Frontier Films de la serie *The March of Time* y el análisis detallado de la producción y las características estético-ideológicas de *Sunnyside*, véase William Alexander, «*The March of Time* and *The World Today*», en *American Quarterly* 29 (verano 1977), pp. 69-73.

[58] Carta de Marshall a Johnson, 9 de julio de 1940, RAC.

[59] Carta de Johnson a Marshall, 5 de agosto de 1940, RAC. Johnson decía a Marshall en esta ocasión que Eisler solicitaba a la fundación la cantidad de 50 dólares para pagar la «estancia en Hollywood de su ayu-

rencias existentes entre la prácticas cinematográficas de las costas Este y Oeste. ¿Se trataba realmente del mismo arte, aquel que se producía en los gigantescos estudios de Hollywood y aquel que se creaba en la pequeña oficina neoyorquina de Frontier Films?

Con la composición de la *Kammer-Symphonie* Eisler podía ahora presentar el Film Music Project en Hollywood como un *work in progress,* y animar así a las productoras a que cediesen nuevas secuencias de distintas películas al proyecto. Pero el compositor tenía además una segunda razón para abandonar Nueva York: las autoridades de inmigración del estado lo estaban buscando, porque sabían que su visado había expirado[60].

Acompañado de su mujer y de su ayudante, Eisler llegó a Hollywood posiblemente la tercera semana de agosto de 1940[61]. En aquel momento, aunque era consciente de la fragilidad de su estatus como ciudadano, no podía prever que en apenas un mes, en concreto, el día 17 de septiembre, se vería obligado a abandonar otra vez el país[62].

En Hollywood, una de las primeras cosas que Eisler hizo fue entrar en contacto con el sociólogo Leo C. Rosten, tal como le habían sugerido John Marshall y su colega Donald Slesinger, director del American Film Center. Rosten había comenzado un estudio sobre la industria del cine en enero de 1939 con financiación de la Carnegie Corporation de Nueva York, y a partir del verano de 1940 lo había desarrollado con una beca de la Rockefeller Foundation conseguida a través de la recomendación de Slesinger y el consentimiento de Marshall. El principal resultado de su ampuloso proyecto, el Motion Picture Research Project, fue el libro *Hollywood. The Movie Colony, the Movie Makers (Hollywood. La colonia del cine, los creadores del cine)* publicado por Harcourt, Brace and Company en Nueva York en otoño de 1941.

Durante su periodo de investigación en Los Ángeles, Rosten contó con un comité de consejeros formado por Herbert Blumer y Louis Wirth de la University of Chicago, Robert Lynd de la Columbia University, y Harold Lasswell de la Washington School of Psychiatry[63]. Un equipo de diez investigadores (entre ellos, Dorothy Jones y Mae Huetigg) ayudaron a Rosten a organizar la información obtenida de las encuestas expresamente realizadas para la investigación y de los datos facilitados por cada uno de los estudios de Hollywood, desde Columbia a Twentieth Century-Fox, pasando por RKO, Universal, Warner Brothers y la productora de Walter Wanger. El cometido principal del Motion Picture Research Project era analizar los mitos creados alrededor de los es-

---

dante», Harry Robin. En la respuesta de Marshall, del 27 de agosto, se decía que no habría problema en dotar a Eisler de dicha suma, y se mencionaba por primera vez una de las razones por las que luego se produciría un enfrentamiento entre el compositor y su ayudante: «Robin [...] pregunta si se podría hacer algún tipo de cambio en su "beca", ya que pretende casarse en octubre. Como el trabajo en el que ahora esta involucrado es un proyecto de la New School, me parece que este es un asunto que Eisler debe planteárles a ustedes». Marshall sugería que se aumentase la beca de Robin en 50 dólares.

[60] Véanse las declaraciones de Donald T. Apell al respecto en *Hearings Regarding Hanns Eisler*, p. 80.

[61] En una carta de finales de agosto, John Marshall decía al rector de la New School que la petición de Robin de un «cambio» en su beca se hacía por escrito y *desde* Hollywood, lo cual nos permite suponer que los Eisler y Robin habían llegado a California algunos días antes (carta de Marshall a Johnson, 27 de agosto de 1940, RAC).

[62] Schebera, *Hanns Eisler*, p. 173.

[63] Harold Lasswell y Robert Lynd habían colaborado con la Rockefeller Foundation como miembros del consejo asesor del Princeton Radio Research Project de Lazarsfeld y Adorno.

tudios de cine con el fin de desvelar la verdadera identidad social de la industria y su influencia en la cultura norteamericana. «Este proyecto –decía Rosten en el prefacio de su libro– pretendió observar Hollywood con el microscopio de las ciencias sociales, porque Hollywood es un indicador de nuestra sociedad y de nuestra cultura»[64].

Como indicaba su título, el texto estaba dividido en dos partes; en «The Movie Colony» se analizaba en términos generales la estructura social de Hollywood, desde el modo de vida de las estrellas hasta las supersticiones más primitivas de los extras; en «The Movie Producers», de mayor interés, se estudiaban las condiciones de trabajo y los perfiles personales (formación, estatus matrimonial, salario) de los productores, directores, guionistas y actores de la industria cinematográfica. En un tercer módulo Rosten incluía las conclusiones y, en forma de ocho apéndices, los resultados de los cuestionarios reflejados en tablas y plantillas.

Desafortunadamente, para el lector actual el interés principal del libro de Rosten (los resultados de dichos cuestionarios) se disipa tan pronto como el autor decide mostrar su «conocimiento adquirido». Pese a que Rosten afirmaba que era un tratado de sociología, lo cierto es que el texto hoy no consigue diferenciarse mucho de la prensa rosa hollywoodiense a la que pretendía criticar. Aunque poseía pasajes que todavía resultan interesantes, como los relacionados con los sistemas de producción y las afiliaciones políticas en los estudios, capítulos como «Eros in Hollywood» («Eros en Hollywood») o «The Night Life of the Gods» («La vida nocturna de los dioses») se asemejaban a las columnas más banales de Louella Parsons. Su descripción de quién en Los Ángeles tenía yates, perros o chalets de fin de semana, se enfrentaba al cuchicheo periodístico con el pseudocienticismo propio de la sociología de segunda fila.

Pero, a diferencia de Adorno o Eisler, Rosten parecía cumplir todos los requisitos que la Rockefeller Foundation pedía a sus investigadores. Le fascinaban los métodos cuantitativos y era, tal como él mismo aclaraba en el capítulo «Politics over Hollywood» («La política en Hollywood»), «un buen demócrata»; los mejores valores de la industria, decía en aquel capítulo, no eran motivados ni por la «patética fe de la izquierda» ni por la «amenaza fascista de los sectores reaccionarios», sino por el gran Motion Picture Democratic Committee de Melvyn Douglas[65].

La Rockefeller Foundation, evidentemente, se equivocó al vincular a Rosten con Eisler. Más allá de las evidentes diferencias ideológicas, sus proyectos no compartían ni perspectivas ni hipótesis comunes. De hecho, sólo 4 de los 4.200 cuestionarios del Motion Picture Research Project habían sido destinados a los departamentos musicales de los estudios de Hollywood[66]. Además (y esto, como veremos, perjudicó seriamente a Eisler), Rosten se había ido ganando «mala fama» dentro de los estudios por su insidiosas preguntas sobre quién era quién en la tierra de la leche y miel.

La asociación directa con una «voz crítica» como la de Rosten (por lo menos, así lo consideraban los sectores más reaccionarios de los estudios) podía malograr no sólo el objetivo principal de Eisler en su visita a Hollywood (conseguir materiales para el Film Music Project), sino también su propósito de hacerse a largo plazo un sitio en Los Ángeles como compositor de bandas sonoras de largometrajes de ficción. Por otro lado, Eisler tenía a su vez una voz crítica propia que lo situó en una posición dis-

---

[64] Rosten, *Hollywood. The Movie Colony, the Movie Makers*, p. v.
[65] *Ibidem*, pp. 143, 150.
[66] *Ibidem*, pp. 83 y 381.

tante con respecto a los estudios. Dicha posición se deja entrever en las dos entrevistas con el compositor que el periodista Bruno David Ussher publicó en la prensa californiana en septiembre de 1940[67]. En la primera, «Music in Films» («Música en las películas»), Eisler decía que «en Hollywood apenas queda tiempo para intentar nuevos métodos musicales»[68]; en la segunda, «Speaking of Music» («Hablando de música»), volvía a señalar: «Hollywood no le ha dado ni el tiempo ni las oportunidades suficientes a sus compositores para abandonar las convenciones musicales del medio cinematográfico»[69].

En cualquier caso, ni sus primeros contactos con Rosten ni su visión escéptica del sistema de estudios impidieron a Eisler acudir a Hollywood para obtener materiales para su proyecto.

LA VISITA A LOS ESTUDIOS

Por un informe de tres páginas que Harry Robin escribió para la Hays Office de Nueva York, sabemos que el compositor visitó casi todos los estudios y consiguió un considerable número de rollos de películas para el Film Music Project[70]. Pero el informe de Robin aporta además un dato fundamental para nuestra investigación: explica las condiciones técnicas particulares con las que trabajaron el compositor y su ayudante durante su estancia en Los Ángeles.

A propósito del tipo de película que necesitaban, Robin señalaba:

> Para poder presentar nuestras demostraciones musicales de forma efectiva, sólo se necesitan las bandas de la película en las que se reproducen la imagen y el diálogo. La película de Hollywood compuesta de forma final sólo será empleada para los tests de reacción del público. La secuencia con la que experimentaremos tendrá las bandas de imagen y diálogo de Hollywood y la banda sonora especial compuesta por el profesor Eisler. [...]
>
> Hemos descubierto que cada estudio tira las bandas separadas de las copias de trabajo [*separate tracks of work prints*] al pasar unos meses después de la fecha específica del estreno del film. De ahí que tengamos mayor posibilidad de conseguir secuencias en la forma que acabamos de describir si pedimos a los estudios sus películas más recientes[71].

Las copias finales con la música de otros compositores que los estudios podían facilitar a Eisler sólo serían usadas para pruebas de audiencia. Para las demostraciones musicales del Film Music Project el compositor no necesitaba las secuencias de las pe-

---

[67] Nos referimos a los textos de Bruno David Ussher «Music in the Films» y «Speaking of Music», del 16 y 21 de septiembre de 1940, guardados como recortes de prensa en el HEA.

[68] Eisler, citado por Ussher en «Music in Films», publicación sin especificar, 16 de septiembre de 1940, p. 18.

[69] Eisler, citado por Ussher en «Speaking of Music», *Pasadena Star-News*, 21 de septiembre de 1940, p. 11.

[70] Harry Robin, informe para la Hays Office, sin título ni fecha ni firma, HEA. Este documento apareció en una maleta que se encontró recientemente en Viena y cuyo contenido ha sido adquirido por la Akademie der Künste de Berlín. Sabemos que fue escrito por Robin, pues así lo especifica él mismo en la posdata de la carta que envió a Eisler el 23 de octubre de 1940, albergada también en el HEA. El informe fue escrito, posiblemente, entre el 17 y el 23 de octubre de 1940.

[71] Estos dos párrafos no van seguidos en el informe: el primero aparece al principio de la primera página y el segundo, al final de la segunda. Fueron escritos a un espacio, a diferencia del resto del infome, que fue escrito a doble espacio.

lículas tal como éstas eran presentadas el día de su estreno. El compositor requería copias de los filmes que no incluyesen la banda de sonido por la que viajaba la música; necesitaba las secuencias tal como las habían recibido los compositores de Hollywood antes de componer las bandas sonoras de las películas. La copia que Eisler quería debía tener solamente la banda de imagen y las bandas de sonido que incluían ruidos, diálogos y efectos sonoros.

Cuando hablaba de *separate tracks of work prints,* Robin se refería a estas distintas bandas de sonido que se unían a la «copia de trabajo» o *workprint* en la mesa de edición. Por entonces, después de rodar una escena se hacían dos revelados del celuloide usado: un «negativo» *(negative)* que se guardaba para el montaje final, y una «copia de trabajo» con la que se trabajaba en la sala de montaje. A esta copia se le llamaba (y todavía se le sigue llamando) *workprint.* La «copia de trabajo» era cortada y editada por el montador, que sincronizaba la banda de las imágenes con las de sonido y con la banda sonora, y que también manipulaba la banda visual si a ésta se le incluían efectos especiales. Después del proceso de montaje, una vez que dicha copia adquiriría la forma de la secuencia final, la calidad del celuloide, como se puede suponer, estaba gravemente deteriorada. Era en aquel momento cuando se volvía al «negativo». A partir de las indicaciones mostradas en la «copia de trabajo», y con el montaje de todas las bandas ya realizado, el laboratorio editaba una copia final, lista para estrenar. Normalmente, en esta «copia final» o, como Robin la denomina, *composite film,* las distintas bandas de sonido (diálogos, ruidos, efectos y música) se comprimían en una sola. Dicha copia, por lo tanto, no servía a Eisler para sus propósitos prácticos.

Robin señalaba además que la «copia de trabajo» final se desechaba semanas después del estreno, y que la única copia que se guardaba era la «copia final». La última frase de su informe («de ahí que tengamos mayor posibilidad de conseguir secuencias en la forma que acabamos de describir si pedimos a los estudios sus películas más recientes») nos indica una de las razones por las cuales Eisler necesitaba material fílmico reciente. Con películas como, por ejemplo, *Caballero sin espada,* que se había estrenado en 1939, Eisler sólo podía trabajar con secuencias que no tuvieran música en su «copia final», de tal modo que la prueba de comparar ante una audiencia su música con la de otros compositores (en este caso, la de Dmitri Tiomkin) no podía realizarse.

El grueso del informe de Robin lo ocupaba la descripción de las visitas a las distintas productoras. «En Hollywood –decía el joven asistente– se establecieron contactos favorables con los siguientes estudios: Metro Goldwyn Mayer, Walter Wanger, Paramount, Columbia, Twentieth Century-Fox, RKO y Disney Studios»[72]. De entre estos, Walter Wanger, Metro Goldwyn Mayer y Paramount facilitaron material a Eisler antes de que abandonara el país el 17 de septiembre; los demás tan sólo «hablaron» de distintos grados de colaboración.

Wanger, sin duda el contacto más férreo de Eisler en su estancia en Hollywood, le facilitó dos rollos de *Hombres intrépidos* (*The Long Voyage Home,* 1940) de John Ford, dos rollos de *Enviado especial* (*Foreign Correspondent,* 1940) de Alfred Hitchcock, un rollo de *Sólo se vive una vez* (*You Only Live Once,* 1937) de Fritz Lang, un rollo de *Sustitución* (*Stand In,* 1937) y otro rollo de *Con su misma arma* (*Strictly Honorable,* 1940), ambas de Tay Garnett. Es decir, un material con el que el compositor debió sen-

---

[72] *Ibidem,* p. 1.

tirse muy gratificado; era reciente, tenía una duración más que considerable (cada rollo oscilaba entre diez y quince minutos de metraje), y los directores del material eran lo suficientemente conocidos como para atraer la atención de otros estudios e instituciones sobre el Film Music Project[73].

Metro Goldwyn Mayer sólo facilitó un rollo de la película *Vuelo nocturno* (*Night Flight*, 1933) de Clarence Brown. Robin señalaba en su informe (entre paréntesis) que la productora no podía colaborar en mayor grado porque su «sistema de grabación de bandas sonoras especial y doble»[74] requería un sistema de reproducción particular que no existía en Nueva York. No sabemos hasta qué punto esto era verdad o una simple excusa del estudio para no colaborar con Eisler; lo que sí sabemos es que el proyecto no recibiría más material de la Metro ni trabajaría con ese único rollo de *Night Flight*.

Paramount, por su parte, había facilitado dos rollos del film *Christmas in July* [Navidades en julio, 1940] de Preston Sturges. De entre las demás productoras, la más dispuesta a colaborar parecía Twentieth Century-Fox. Eisler y Robin acudieron a este estudio con la recomendación de «la señora Field» de la Hays Office de Hollywood. Es muy posible que fuese la Rockefeller Foundation quien les facilitase este primer contacto (como veremos, las relaciones de John Marshall con la Hays Office de Nueva York eran estrechas). Por el informe de Robin, sabemos que en Twentieth Century-Fox les recibió «el señor O'Neill»:

> Nos dijeron que necesitaríamos una carta de autorización de la Hays Office de Nueva York, y que con dicha carta ya sería suficiente para establecer la cooperación. A nosotros nos interesaría tener secuencias de las películas de Twentieth Century-Fox: *Las uvas de la ira*, *Corazones indomables* (*Drums Along the Mohawk*, 1939) y *Brigham Young* (1940)[75].

La carta, como veremos, llegaría unos meses más tarde, y Eisler recibiría material de la más importante de las tres películas: *Las uvas de la ira*.

También a través de «la señora Field» consiguieron contactar con Nicholas Carter, el responsable del departamento de publicidad de RKO. Carter recibió a Eisler y a Robin y organizó una proyección de distintas películas para que escogiesen aquéllas que les resultasen más interesantes. Entre el material proyectado se encontraban secuencias de películas como *Unidos por la fortuna* (*Lucky Partners*, 1940) de Lewis Milestone, *Lincoln en Illinois* (*Abe Lincoln in Illinois*, 1940) de John Cromwell, y *Certificado de divorcio* (*Bill of Divorcement*, 1932) de George Cukor. «Escogimos gran parte de las películas, aunque luego nos dijeron que tendríamos que tener permiso del señor George Shaefer, presidente de RKO, para poder llevarnos las secuencias que habíamos seleccionado»[76]. A día de hoy desconocemos si dicho permiso fue finalmente pedido o concedido.

---

[73] Para mayor información sobre Walter Wanger y su contribución a la integración de exiliados en Hollywood, véase el libro de Matthew Bernstein, *Walter Wanger. Hollywood Independent*, Berkeley, University of California Press, 1994, pp. 93-196.

[74] Robin, informe para la Hays Office, p. 2.

[75] *Ibidem*, p. 2. Las dos primeras películas son de John Ford; *Brigham Young* fue dirigida por Henry Hathaway.

[76] *Ibidem*, p. 2.

En Columbia Pictures los recibió Morris Stoloff, el director del departamento musical, que «mostró gran interés en nuestro proyecto»[77]. Eisler y Robin pidieron secuencias de *Rejas humanas* (*Blind Alley*, 1939) de Charles Vidor, *Coartada* (*Alibi*, 1931) de Leslie S. Hiscott, y *Caballero sin espada* «o cualquier otro film de Capra»[78]. Sin embargo, no pudieron llevarse ninguna secuencia de ninguna película, posiblemente por razones de derechos de reproducción. Del mismo modo, el encuentro con Disney tampoco produjo beneficios; Eisler habló con el jefe del departamento musical, al que había localizado gracias a la ayuda de Rosten, pero éste no pudo ofrecerle «nada por el momento», aunque sugirió que, «si el señor Disney lo permitiese», quizá podrían facilitarles un rollo de dibujos animados[79]. En una carta del 12 de noviembre de 1940 de Dorothy Jones a Eisler, la secretaria del proyecto de Rosten informaría al compositor de que dicho episodio finalmente no les sería facilitado: «La gente de Disney dice que no tienen una banda sonora separada como usted quiere. Aparentemente, en sus producciones la música y el diálogo son inseparables»[80].

La palabra *apparently* (aparentemente) da a entender de forma sutil que Jones cree que dicha razón es posiblemente una excusa puesta por los estudios para no colaborar con Eisler, lo cual no era del todo equivocado, sobre todo si pensamos en el carácter de la investigación de Rosten y en la conexión que la productora Disney posiblemente estableció entre Rosten y Eisler.

En todo caso, en apenas unas semanas Eisler había contactado con miembros de la Hays Office y la Academy of Motion Pictures en Hollywood, y con representantes más o menos importantes de seis de los grandes estudios; se había hecho con aproximadamente cien minutos de cine (y por entonces creía probable que en el futuro recibiría todavía muchos más); y las películas seleccionadas le habían proporcionado secuencias de muy diferentes estilos, géneros y cineastas. Para sus demostraciones musicales Eisler no podía contar con mejor material.

Y, sin embargo, en el último párrafo del informe se dejaban entrever las dos razones por las que estos primeros contactos se desvanecerían tan rápido como se habían establecido:

> Nuestro primer contacto [en Warner Brothers] fue el señor Leo Forbstein, que nos remitió al señor Wallace [sic], que a su vez nos puso en contacto con el señor Einfeld. En el curso de mi conversación con el señor Einfeld, me dijo que el método que habíamos adoptado de contactar individualmente con cada estudio era, en su opinión, incorrecto e ineficiente. A continuación el señor Einfeld propuso que nuestro proyecto fuese realizado en colaboración con la Motion Pictures Producers and Distributors Association, y en mi presencia llamó por teléfono al señor Jack Lawrence de la Hays Office de Hollywood[81].

La primera razón se observa en el cambio del número verbal (de primera persona del plural a primera persona del singular); hasta el momento Robin hablaba de «nosotros», pero ahora, por primera vez, escribe «*mi* conversación» y «en *mi* presencia». Obli-

---

[77] *Ibidem*, p. 2.
[78] *Ibidem*, p. 2.
[79] *Ibidem*, p. 2.
[80] Carta de Dorothy B. Jones a Eisler, 12 de noviembre de 1940, HEA.
[81] Robin, informe para la Hays Office, p. 3. Robin se refería al productor de Warner Brothers, Hal B. Wallis.

gado a cruzar la frontera con México, Eisler no pudo asistir a este encuentro con los miembros de Warner Brothers, lo que hizo que Robin tomase las riendas del proyecto momentáneamente. La segunda razón se observa en el consejo del señor Einfeld. Como veremos en un instante, el responsable de Warner Brothers comentó a Robin que el vínculo entre Eisler y Rosten sólo perjudicaría al Film Music Project, y que la colaboración con la Hays Office era la única manera en que el proyecto podría obtener resultados satisfactorios. No sabemos hasta qué punto esto era verdad, ni si lo que en realidad querían Einfeld y Lawrence (y, por extensión, Marshall y Slesinger) era vigilar a Eisler a través de la poderosa Hays Office. Lo cierto es que, a partir de entonces y durante las semanas siguientes, el Film Music Project iba a sufrir un duro revés.

ESPERANDO EN MEXICALI: EL CONFLICTO CON HARRY ROBIN

El estudio de las desavenencias entre Hanns Eisler y Harry Robin, que condujeron a la interrupción de la colaboración entre ambos, resulta fundamental para esta investigación. Conocer su enfrentamiento a través de sus intercambios epistolares va más allá del interés que las discusiones puedan suscitar por sí mismas, e incluso más allá de los retratos parciales de Eisler y Robin que aquí queramos hacer. El análisis de la ruptura de su colaboración nos permite en realidad saber por qué Eisler no estableció contactos más firmes con la industria de Hollywood durante su primer año de investigación, y por qué el Film Music Project adquirió finalmente el carácter «independiente» y *off-Hollywood* que ni la Rockefeller Foundation ni la New School habían deseado para él. Además, nos muestra la fragilidad del estatus de Eisler como exiliado y residente temporal en los Estados Unidos, y, al mismo tiempo, cierta incapacidad del compositor para entender los métodos y ritmos de trabajo norteamericanos (proyectada injustamente en forma de reproches al joven Robin).

La relación entre Robin y Eisler había comenzado en la New School for Social Research, donde el primero había asistido a las clases de contrapunto del compositor. Robin había colaborado con Eisler como técnico de sonido en *The 400 Million* y *Pete Roleum and his Cousins*, y le había ayudado a redactar la primera propuesta para solicitar la beca de la Rockefeller Foundation. Una vez que le fue asignado el puesto de ayudante de director del Film Music Project, se había encargado de la edición de sonido y de la sincronización de la banda sonora de *White Flood*. En 1938 Eisler le había dedicado su *Improvisation about an Old English Hornpipe (Improvisación sobre una vieja canción de marineros inglesa)*, y, durante el verano de aquel año, lo había invitado a pasar unos días a la casa de campo de Valley Cottage, donde Robin conocería, entre otros amigos de los Eisler, al filósofo Ernst Bloch. En términos generales se puede decir que se trataba de una muy buena relación entre el compositor y su pupilo.

Robin todavía permaneció por algún tiempo en Hollywood después de que Eisler, evitando a las autoridades de inmigración, se viese obligado a viajar a México el 17 de septiembre de 1940. Por el informe que acabamos de analizar, sabemos que una de las razones por las que Robin abandonaría Los Ángeles fue el consejo que recibió en Warner Brothers de colaborar con la Hays Office de Nueva York[82]. La otra razón, de índole personal, fue su compromiso matrimonial: Robin quería casarse la primera semana de

---

[82] *Ibidem*, p. 3.

octubre en la Costa Este. A pesar de que Eisler le había pedido que se quedase en Hollywood esperando su vuelta, Robin viajó a Nueva York. Una carta del 7 de octubre que el joven técnico escribió desde Manhattan a Charles y Polly Page (amigos comunes de Robin y Eisler), nos permite reconstruir la situación y saber por qué Robin no volvió de inmediato a la Costa Oeste:

Queridos Charley y Polly:

[...] Ayer, viniendo en coche desde Connecticut se me rompieron las gafas. Habíamos pensado volver a California esta misma mañana, pero la salida se retrasó por la reparación de mis anteojos. Mientras esperaba a que me las arreglaran, me acerqué a la New School, donde Hanns imparte clases, para saludar a la señora [Clara] Mayer. Durante nuestra conversación me dijo que Hanns tiene que volver a Nueva York el 16 de octubre para empezar a dar las clases del semestre de otoño. [...] También me dijo que la estancia permanente de Hanns en este país, una vez que vuelva a entrar, depende de su plaza como profesor de universidad. Al no saber yo esto, y creyendo que ocurriría algo disparatado (porque estoy seguro de que, de otro modo, Hanns no hubiese pensado en obtener un trabajo en Hollywood o en quedarse allí para nuestro proyecto), llamé por teléfono a Taub [el abogado de Eisler] para preguntar qué pasaba. Taub me dijo: (1) que Hanns debe volver a Nueva York y a la New School inmediatamente una vez que haya entrado en el país; (2), que bajo ninguna circunstancia puede quedarse en Hollywood [...]; y (3) que puede ser *deportado si no vuelve inmediatamente a dar clases*, ya que tiene un visado de profesor.

Os imaginaréis lo pasmado que me quedé al oír todo esto; teníamos las maletas hechas y estábamos preparados para salir tan pronto como estuvieran listas mis gafas. Taub, que pensó que me iba a Hollywood en plan luna de miel pagada, me dijo que me tomara mi tiempo en volver a Hollywood, ya que Hanns posiblemente no pueda salir de México en varios días o varias semanas. O sea, que al darse cuenta de que me volvía a Hollywood a retomar los contactos de la beca Rockefeller y que tenía pensado quedarme allí con Hanns por lo menos un mes (el tiempo suficiente para que Hanns pudiese pillar la oferta de Columbia), pues eso, entonces Taub me dijo que me quedase en Nueva York, y también que Hanns no podía aceptar ningún otro trabajo por ahora que no fuese la plaza en la New School, su principal obligación[83].

Al cerrar la carta, Robin pedía a los Page que informasen al compositor de que Taub le había prohibido ponerse en contacto directo con Eisler.

Los sentimientos de Robin en relación a su vuelta a Hollywood eran contradictorios. Al leer hoy otros párrafos de la carta se puede apreciar cómo, por un lado, sentía tener que «cortar» las relaciones que había establecido con «tanta gente amable» en Los Ángeles y no poder «estar cerca de Hanns y Lou» en una situación tan complicada; pero, por otro, también mostraba cierta alegría con la idea de quedarse en Nueva York para ahorrar dinero y para «ayudar a Hanns desde aquí a recibir su visado»[84]. Este carácter contradictorio pudo ser captado por los Page, que, según sus anotaciones a lápiz en la carta original, no parecían contentos con lo que decía Robin[85].

---

[83] Carta de Robin a Charles y Polly Page, 7 de octubre de 1940, HEA; la cursiva es de Robin.
[84] *Ibidem*.
[85] La carta original tiene unos signos de interrogación escritos a lapiz junto a la frase en la que Robin señala que Eisler debe volver a la New School si no quiere ser deportado.

El joven técnico no podía imaginarse todavía lo verdaderamente complicadas que se le pondrían las cosas. Estaba siendo el mensajero de dos asuntos que perjudicaban seriamente a Eisler: el primero, las instrucciones de Taub, que contradecían un acuerdo entre Johnson y Marshall por el cual Eisler podría desarrollar trabajos paralelos a sus clases y al Film Music Project; y el segundo, el cambio motivado por el «señor Einfeld», que echaba por tierra los contactos que Eisler y Robin habían establecido en Hollywood.

Al mismo tiempo que escribió a los Page, Robin envió una carta a Mae Huettig, secretaria de Rosten, para pedirle que mandase al Preview Theatre de Nueva York los rollos de película que los estudios habían cedido a Eisler[86]. Desafortunadamente, esta carta iba a iniciar un intercambio de malentendidos que acabarían con el despido temporal de Robin del Film Music Project.

El 16 de octubre de 1940 Huettig escribía una carta a Eisler, que desde hacía un mes se encontraba hospedado en el Hotel Comercial de la ciudad de Mexicali, en México[87]. Huettig se quejaba de los «informes contradictorios» que había recibido de «tus amigos y/o representantes», y, en concreto, se centraba en Robin:

> La carta de Harry contiene una lista de instrucciones que tenemos que llevar a cabo, como enviar películas a la Costa Este y llamar a una veintena de personas (aunque no especificó qué es lo que tenemos que decirles); todo esto presupone que tú no tienes nada más que hacer en Hollywood. Harry está actuando aparentemente bajo la asunción de que Donald Slesinger va a ser capaz de conseguir en Nueva York aquello para lo que te mandó venir aquí. Te sugerimos que, si todavía estás interesado en conseguir las secuencias de las películas, sería mejor, en nuestra opinión, que no te fiases de tan vaga promesa[88].

Al leer esta carta Eisler debió sentirse furioso con Robin. El compositor todavía no había oído la versión de los acontecimientos de Robin y no sabía que era Taub quién le impedía ponerse en contacto directo con él; puede incluso que los Page no hubiesen explicado a Eisler con detenimiento los cambios a los que Robin se había referido. Obligado a permanecer en Mexicali en espera de su próximo visado, el compositor veía cómo se desvanecía una oferta de Columbia Pictures y el trabajo del último mes en California. Si Robin, tal como le había aconsejado, no se hubiese ido a Nueva York, nada de aquello hubiese ocurrido. Muy probablemente fue entonces cuando Eisler escribió el esbozo sin fechar de un telegrama dirigido a Robin que decía así: «No importa donde esté yo o lo que haga: tienes que ir inmediatamente a Hollywood como lo habías prometido a cumplir con tu deber con el proyecto. No sigas los consejos de otra gente y deja de hablar tanto. Eisler»[89].

El mismo día en que le llegaban las quejas de Mae Huettig, Eisler recibía desde la New School una carta de Alvin Johnson. El rector, a través de Clara Mayer, sabía que Eisler quería que Robin volviese inmediatamente a Hollywood, por eso le decía: «En-

---
[86] Hasta donde tenemos información, no se conserva copia de esta carta en ningún archivo.
[87] Carta de Mae Huettig a Eisler, 16 de octubre de 1940, HEA.
[88] *Ibidem*.
[89] Nota de Eisler a Robin, escrita a mano, sin fechar, HEA.

tiendo por ello que está usted pensando en posponer su vuelta a la New School. [...] Eso dañaría sus posibilidades de permanecer en el país y perjudicaría seriamente a nuestro centro. Por eso le he pedido a Robin que se quede aquí hasta que aclaremos este asunto»[90].

El 22 de octubre, desde el «Hotel Commercial» [sic] de Mexicali, Eisler contestaba a Johnson lo siguiente:

Querido señor Johnson:

[...] Desafortunadamente Robin le ha desinformado por completo. Nunca pensé en quedarme en Hollywood más tiempo del que me llevase seleccionar los distintos materiales de mi proyecto. No tengo otro interés que el de compatibilizar mis clases en la universidad con el proyecto. Pero incluso si me dejaran salir de aquí hoy mismo, no sería capaz de llegar a Nueva York (en coche y con el material seleccionado) hasta finales de noviembre. [...] Por eso he pensado que lo mejor es que empiece a dar clases en el segundo semestre, en febrero[91].

Pero la carta no acababa ahí. Eisler arremetía entonces contra su joven ayudante:

En cuanto a Robin, se trata de un asunto diferente que *nunca* tuvo nada que ver con mi vuelta a Nueva York. No lo necesito en Nueva York, sino en Hollywood. Su deber era volver allí bajo *cualquier circunstancia* y acabar su trabajo con el material seleccionado para el proyecto; trabajo que ahora, debido a su comportamiento, se ha malogrado. La gente en Hollywood me ayudó mucho y cooperó del mejor modo posible. Ahora están furiosos por la desaparición de Robin. Les prometió a ellos y a mí que volvería en una semana. He escrito a la oficina de investigación en Hollywood para que me busquen inmediatamente un nuevo ayudante que pueda continuar con el trabajo durante mi ausencia (de tal modo que yo no pierda mucho tiempo) y llevarme en coche de vuelta[92].

El enfurecimiento de Eisler con Robin fue tal que su máquina de escribir se rompió en la mitad del segundo párrafo de la carta. En el original se puede observar como las letras se amontonan y se golpean unas contra otras, dando forma visual y metafórica al sentimiento de rabia del compositor. A mano, bajo su firma, Eisler escribía a Johnson: «Perdone, pero la máquina se ha roto de repente»[93].

Es posible que la idea de que Eisler quisiera permanecer en Hollywood fuese del propio Johnson; es posible que fuese sugerida al rector por Harry Robin a propósito del posible trabajo en Columbia Pictures; y es posible también que, pese a lo que afirmaba Eisler en esta carta, no se tratase de una asunción falsa. De hecho, si se observa con atención, se puede comprobar en las palabras del compositor cómo Hollywood lo ha tratado «del mejor modo posible» y cómo ha buscado rápidamente un nuevo ayudante en Los Ángeles, y no en Nueva York, lugar al que, en teoría, tenía que volver.

Quizá el malentendido hubiese sido resuelto si la extensa carta que Harry Robin escribió a Eisler el 17 de octubre de 1940 hubiese sido enviada algunos días antes.

---

[90] Carta de Johnson a Eisler, 16 de octubre de 1940, HEA.
[91] Carta de Eisler a Johnson, 22 de octubre de 1940, HEA.
[92] *Ibidem*; el énfasis es de Eisler.
[93] *Ibidem*.

Querido Hanns:

No te he escrito hasta ahora porque se me pidió que fuese cauteloso ante una posible censura; como cualquiera información mía podría haber sido de interés para inmigración (el estatus de tu plaza, etc.), Taub pensó que sería mejor escribirte sólo después de asegurarnos que escribirte no supondría ponerte en peligro. Ahora ya puedo hacerlo. He estado desesperado por la ansiedad y la preocupación provocadas por tu situación, y he pasado gran parte del tiempo dedicado a tu caso con gente extremadamente importante en Nueva York. [...]

Poco después de que te fueses de Hollywood a México, hablé con Hal Wallis, de los estudios Warner. Wallis se puso en contacto con el señor Einfeld, el encargado de relaciones públicas de la productora, a quien le expliqué nuestro proyecto tan detalladamente como me fue posible. Einfeld respondió a mi solicitud de cooperación diciéndome que él pensaba que la Hays Office (es decir, la Motion Picture Producers and Distributors Association) era lógicamente la organización con la que teníamos que trabajar.

Al final de aquella semana me vine a Nueva York. Ayer, después de esperar dos semanas, conseguí hablar con el gobernador [Carl] Milliken y con Arthur DeBra, de la Hays Office de Nueva York, para comprobar la propuesta de Einfeld. Los dos se mostraron muy contentos de verme en Nueva York, y me dijeron por qué. [...] Nuestro contacto «físico» con el Motion Picture Research Project de Rosten será perjudicial para nosotros a largo plazo. El grupo de Rosten ha decidido hacer un estudio sobre Hollywood que todo el mundo en Hollywood sabe que será una crítica severa desde todos los aspectos (algunos ejecutivos en Hollywood ya han decidido incluso no recibir a aquellas personas que conozcan a Rosten), y ésa es la razón por la que hemos tenido problemas para obtener secuencias de Twentieth Century-Fox (Zanuck) y de RKO. Si algún estudio nos rechaza directamente, después se nos pondrán las cosas cuesta arriba.

Milliken y DeBra [...] tienen muy buena relación con la Rockefeller Foundation y con Marshall. Insisten en que si continuamos nuestro trabajo en Hollywood tendremos dificultades: dicen que tarde o temprano nos enfrentaremos a las secciones musicales de los estudios. Creen que sólo debemos ir a Hollywood si tenemos algo que enseñar. [...] Me dijeron que, por ejemplo, cuando a Roy o a Walt Disney se les presenta un caso como éste, siempre se ponen en contacto antes con DeBra. Éste me asegura que aquí en Nueva York podemos conseguir igual todo lo que necesitamos, e incluso mejor. Va a entrar en contacto con los estudios para que cooperen, para conseguir las películas que queramos ver y para obtener de Hollywood las secuencias que quieras.

[...] Marshall desea que, pase lo que pase, mantengamos buenas relaciones con la Hays Office. Nuestra estancia en Hollywood, o mi vuelta a Hollywood, constituiría un rechazo a aceptar la ayuda y seguir los consejos que la Hays Office nos ha ofrecido. Sabes lo poderosa que es y lo difícil que nos lo podría poner; estoy seguro que te darás cuenta por qué debemos estar de acuerdo y por qué debo quedarme aquí[94].

Robin explicaba a continuación su carta a Huettig, y comentaba lo que Johnson y Mayer habían dicho con respecto a la vuelta inmediata de Eisler a Nueva York. Incluso le decía que, si no volvía, podía «ser deportado», subrayando ambas palabras. Y finalmente añadía, «Vi a Polly cuando vino a Nueva York y ya sé el lugar horrible en el que te encuentras. [...] No he perdido el tiempo aquí, y todo el mundo está de acuerdo

---

[94] Carta de Robin a Eisler, 17 de octubre de 1940, HEA.

conmigo. Sé que mi silencio te habrá parecido inexplicable, pero espero que ahora puedas entender mejor la situación»[95].

Eisler, sin embargo, no «entendió mejor la situación», porque la carta llegó demasiado tarde.

El 23 de octubre de 1940 el compositor recibió finalmente un visado para residir en los Estados Unidos de forma permanente. En los archivos de la Akademie der Künste de Berlín hay un breve telegrama de la Western Union enviado por Harry Robin a Eisler el 25 de octubre de 1940 en el que Robin felicitaba al compositor por la resolución en Washington. Para el investigador atento, sin embargo, resulta mucho más interesante lo que está escrito a lápiz en el reverso del mismo. Se trata de la rotunda respuesta de Eisler a Robin tras días de constantes malentendidos:

A Harry Robin
Hotal París, Nueva York
Tus cartas son completamente insatisfactorias. Mi estado aquí, en desorden total por tu desobediencia. Todos estamos desencantados y furiosos contigo. Entiendo que tu despido es definitivo. Mi nuevo asistente tendrá trabajo tan pronto como esté preparado.
Eisler[96].

FIN DE AÑO

El nuevo ayudante de Eisler sería el joven técnico de sonido Ralph Ives. Al igual que la familia de Robin, la de Ives procedía de Rusia: su verdadero nombre, con el que de hecho trabajó para el Film Music Project, era Ralph Aseew. Desafortunadamente, hoy apenas existe información sobre su vida personal y profesional o sobre su participación en el proyecto de Eisler. De su vida profesional sabemos que en 1942 colaboró con Frontier Films en el montaje de sonido de *Native Land* y que, como otras personas vinculadas a la izquierda norteamericana, sufrió las consecuencias del McCarthysmo[97], pero apenas sabemos algo más. En cuanto a su participación en el Film Music Project, el informe de gastos del proyecto de 1944 documenta que recibió un primer sueldo en noviembre de 1940, pero no parece que más adelante participase de forma intensa en la investigación.

Durante 1941 y 1942, Eisler, como veremos, iba a colaborar con otros dos montadores, Helen van Dongen y Carl Tughaus, e incluso volvería a contar brevemente con la ayuda de Harry Robin, que, pese a su despido, mantendría una tímida e intermitente relación con el compositor[98]. De hecho, aquello que James Lyon señalaba al hablar

---

[95] *Ibidem*.
[96] Nota de Eisler a Robin, sin fechar, escrita a mano en el revés del telegrama enviado por Robin a Eisler el 25 de octubre de 1940, HEA.
[97] El profesor de la New School Barry Salmon mantuvo una breve conversación con él a propósito del Film Music Project en Los Ángeles en 1998. Ives, que falleció en 1999, le dijo que había cambiado de apellido por temor a ser perseguido durante la Caza de Brujas debido a su participación en el Film Music Project de Eisler y en el film *Native Land* de Leo Hurwitz y Paul Strand.
[98] En noviembre de 1940 Robin recibió los últimos 60 dólares de su salario; sin embargo, como demuestra el listado de gastos de 1944, en abril de 1941, recibió 31 dólares; en febrero de 1942, 12 dólares; y aún en abril de 1942, dos dólares más. Entre los papeles personales de Eisler en la FML se alberga además una felicitación de Navidad de Robin a Eisler de diciembre de 1945. El contacto se mantuvo incluso hasta

de la estancia de Bertolt Brecht en California (que su carácter cambiaba rotundamente dependiendo de su situación económica) puede aplicársele también a Hanns Eisler. Una vez conseguida la residencia permanente, las tensiones surgidas en Mexicali se fueron disiparon lentamente.

La entrada del 24 de octubre de 1940 del diario de Odets refleja dicha distensión:

> Fay y yo subimos por las colinas de Hollywood hasta Outpost Drive, para reunirnos con Hanns y Lou Eisler, que han vuelto de México y están viviendo de nuevo en casa de los Page. Fue un encuentro cálido, porque todos estábamos emocionados con su vuelta: nuestra amistad ha subido a un nivel más alto. Todos conversamos alegremente, contentos de que los problemas de su vuelta ya hayan pasado; el gobierno los ha admitido permanentemente en este país y están listos para recibir sus primeros papeles de ciudadanía.
>
> Motivados por esta alegría, tuvimos una cena estupenda en el restaurante Little Hungary, que, por cierto, sirve la mejor comida de Hollywood. Después nos volvimos a casa, y Hanns y Lou nos contaron sus aventuras en Mexicali. Hanns tiene un buen instinto teatral; me contó todo como si fuera un dramaturgo, esperando que algún día emplee el material para escribir una obra de teatro sobre refugiados que se sientan en un hotel mexicano en espera de volver a este país, mientras al otro lado de la calle, tintinea un neón que dice: «¡Estados Unidos!»[99].

Por supuesto, la pregunta que surge al leer esta entrada del diario de Odets, es: ¿pero no estaba obligado Eisler a volver a Nueva York para dar clase en la New School for Social Research? ¿Cómo había conseguido entonces el visado?

El mismo día en que se le concedió la residencia permanente, Alvin Johnson le decía que debía volver de inmediato a Nueva York para reanudar sus clases[100]. Aunque no existe respuesta a esta carta, es posible que Eisler comunicase a Johnson el cambio de toda aquella situación: al poseer finalmente un visado de residencia permanente *(nonquota visa)*, Eisler ya no estaba obligado a dar clases en la New School para poder residir en los Estados Unidos. Aunque poco después reanudaría sus clases (durante la segunda semana de noviembre), el compositor decidió quedarse en Los Ángeles por unas semanas para intentar cerrar con éxito su malograda visita a los estudios de Hollywood.

Durante los primeros días de noviembre, el compositor decidió contactar con la Hays Office de Nueva York para conseguir alguna secuencia de *Las uvas de la ira*. Por una carta de Arthur DeBra, asistente de Carl Milliken, secretario principal de la Hays Office, sabemos que Moe Sanders, de Twentieth Century-Fox, organizó una proyección privada del film de Ford para Eisler el día 7 de noviembre de 1940[101]. Fue entonces cuando el compositor seleccionó distintas secuencias del film, entre ellas, aquellas para las que más tarde compondría parte de la música experimental del Film Music Project. Aunque todavía no tuviera el permiso para llevárselo a Nueva York, obtener este material debió agradar a Eisler, sobre todo si pensamos que, apenas unos días después, vería cómo otros estudios cerraban las puertas a su investigación[102].

1947, cuando Robin se ofreció a revisar diferentes materiales del Film Music Project que por entonces residían todavía en la New School.

[99] Odets, *The Time is Ripe*, pp. 319-320.
[100] Carta de Johnson a Eisler, 24 de octubre de 1940, HEA.
[101] Carta de Arthur DeBra a Moe Sanders, 6 de noviembre de 1940, HEA.
[102] Recuérdese que el 12 de noviembre de 1940 Eisler recibía la carta de Dorothy Jones en la que se le informaba de que los estudios Disney no facilitarían ningún material al Film Music Project.

Por un listado de gastos de enero de 1941 sabemos que a finales de octubre llegaron a Nueva York, enviados por el Motion Picture Research Project, los materiales seleccionados por Robin: los diez rollos de películas cedidos por Walter Wanger, Metro-Goldwyn Mayer y Paramount Pictures[103]. Fue durante los meses de noviembre y diciembre, mientras Eisler daba finalmente clases en la New School, cuando trabajó con dichos materiales. El 22 de noviembre se realizaron pagos al Preview Theatre por servicio de moviola, lo cual nos indica que Eisler visionó material para componer nueva música. Por la cantidad pagada, 21 dólares y 50 centavos, sabemos que se trató de varias horas de proyección (ya que proyectar un rollo de quince minutos costaba tan sólo un dólar). Podemos pensar que Eisler, por ejemplo, proyectó todos los rollos dos veces, o bien que seleccionó alguna secuencia particular y trabajó con ella repetidas veces.

Si optamos por seguir la segunda posibilidad podríamos pensar que durante esos días Eisler escribió alguna partitura para *Hombres intrépidos* de John Ford. En el texto «Film Music. Work in Progress», escrito a comienzos de 1941, Eisler decía:

> Para trabajar en este proyecto desde otro ángulo más funcional, y explorar los usos principales de la música en relación al cine, seleccioné ciertas secuencias de las películas más o menos recientes *Hombres intrépidos* y *Las uvas de la ira*. De la primera escogí la muerte y el funeral del marinero. Me impuse la tarea de escribir la banda sonora para un diálogo[104].

Como todavía no se ha encontrado ninguna partitura con el título del film, todavía resulta una incógnita saber si el compositor realmente compuso esta música para la película de Ford. En el listado final de gastos escrito en 1944 se especifica que, durante los meses de noviembre y diciembre de 1940, los únicos pagos significativos que se hicieron fueron: (1) 48 dólares a Frontier Films para obtener una «copia combinada» *(combined print)* de *White Flood*, y (2) 100 dólares pagados a Jascha Horenstein el día 10 de diciembre[105]. Que no existan gastos de interpretación ni de grabación ha llevado a afirmar al musicólogo Johannes Carl Gall que Eisler nunca compuso música para *Hombres intrépidos*[106]. Es evidente que la música no fue grabada, como prueba no sólo el listado de gastos sino también el condicional empleado por Eisler («tendría que sincronizarse»); sin embargo, el hecho de que no fuese grabada no implica necesariamente que no fuese escrita. Eisler escribió música para las otras dos películas que menciona *(White Flood* y *Las uvas de la ira)*, y creemos que es posible que también lo hiciese para este film.

En todo caso, lo que sí es seguro es que a finales de diciembre de 1940 Arthur DeBra recibió una carta de Twentieth Century-Fox en donde se decía que ya estaban preparadas las secuencias de *Las uvas de la ira* para el Film Music Project. El día 30, justo antes de acabar el año, DeBra escribía a Eisler:

---

[103] Listado de gastos, 31 de enero de 1941, RAC.
[104] Eisler, «Film Music. Work in Progress», p. 593.
[105] Así se especifica en el listado de gastos de 1944. Se desconoce la razón por la que Horenstein recibió esta cantidad: ¿ayudó a Eisler en alguna composición? ¿O sencillamente recibió este dinero, al igual que ocurriría más tarde en California, como ayuda de Eisler por los problemas económicos que Horenstein estaba pasando?
[106] Johannes Carl Gall, en conversación con el autor, 10 de enero de 2003, Berlín.

Espero que esta nota le llegue a tiempo para felicitarle el Año Nuevo. Me han dicho desde los estudios Fox que le serán facilitados las secuencias de *Las uvas de la ira* que usted desea usar, y les he indicado que me envíen el material aquí. Quizá esto signifique que más adelante podamos obtener material adicional de ellos si así lo queremos[107].

Antes de despedirse, DeBra preguntaba a Eisler dónde estaba, si en Nueva York o, como le habían dicho en la New School, «en casa de unos amigos en Pennsylvania»[108]. Ni lo uno ni lo otro, habría que responderle: Eisler estaba de vuelta en México.

---

[107] Carta de DeBra a Eisler, 30 de diciembre de 1940, HEA.
[108] *Ibidem*.

Capítulo V

Interludio mexicano.
The Forgotten Village de Steinbeck y Kline (1941)

Esta vez Eisler no había viajado a México para evitar un posible arresto de las autoridades de inmigración norteamericanas. En esta ocasión había sido invitado para componer la banda sonora de una nueva película, *The Forgotten Village,* dirigida por el documentalista Herbert Kline y conocida hoy por el guión del novelista norteamericano y premio Nobel de literatura, John Steinbeck. La música de este original docudrama, más tarde reescrita como suite en nueve movimientos y titulada *Nonett Nr. 2* (Noneto n.º 2), no formó parte intrínseca del Film Music Project, ya que ni la producción del film ni la de la banda sonora fueron realizadas con financiación de la Rockefeller Foundation; no obstante, se trata de una obra fundamental para comprender los resultados del proyecto, tanto por sus fechas de realización como por su estilo de composición, muy similar al de las otras bandas sonoras compuestas para el Film Music Project[1].

LA NO TELEOLOGÍA DE JOHN STEINBECK

The Forgotten Village fue producida por una compañía cinematográfica formada por los principales miembros del equipo de rodaje del film: la Pan-American Films, Inc[2]. La productora tenía su oficina central en la avenida Madison de Nueva York, pero también poseía delegaciones en Ciudad de México y en Los Ángeles. Callman Gottesman era su presidente, y Herbert Kline, John Steinbeck y Alexander Hackenschmid, sus directores. Como hemos visto, Kline era por entonces uno de los miembros más activos de Frontier Films, y conocía a Eisler por su trabajo en *White Flood* y posiblemente por su colaboración con Ivens en *The 400 Million*. Antes de *The Forgotten Village,* Kline había rodado dos películas para Frontier (*Heart of Spain* y *Return to Life*), y otros dos documentales: *Crisis* (1939) y *Lights Out in Europe* [Luces en Europa, 1940].

---

[1] Betz y Schebera han incluido el film como resultado del proyecto en sus respectivas biografías sobre el compositor, en parte porque el propio Eisler citó de pasada su título en el apéndice de *Composición para el cine*. Sin embargo, los diversos listados de gastos demuestran que ningún miembro del equipo de producción (ni siquiera el compositor) recibió dinero de la fundación.

[2] Schebera se equivoca por tanto al citar a Frontier Films como productora del film, en *Hanns Eisler,* pp. 177 y 322.

Alexander Hackenschmid, que se encargó de dirigir la fotografía de *The Forgotten Village*, rodaría más adelante junto a Maya Deren una de las primeras películas del cine experimental norteamericano, *Meshes of the Afternoon* [Las mallas de la tarde, 1943], y sería más adelante uno de los protagonistas principales del surgimiento del cine de vanguardia en los Estados Unidos. Además, Pan-American Films contaba con la participación de Mark Marvin y Rosa Kline (es decir, el hermano de Kline y su esposa), en función de productores.

En *The Forgotten Village*, un docudrama o, mejor dicho, un documental ficcionalizado, Kline contaba la historia de Juan Diego, un niño que vivía en un remoto pueblo mexicano y que tenía que enfrentarse a su comunidad, e incluso a su propia familia, para luchar contra el oscurantismo y la superstición. Eisler debió sentirse especialmente atraído por la contradicción principal del film: el enfrentamiento entre una sociedad pasada, representada por la curandera, y la sociedad actual, que tomaba forma en la figura del maestro, conocedor de la medicina moderna. La posibilidad de colaborar con Steinbeck se justificaba más allá de razones económicas o comerciales; junto a otros representantes del sector crítico norteamericano de la década de 1930, Steinbeck personificaba la voluntad reformadora y progresista que la política del New Deal había activado en el terreno de las artes. Dicha voluntad no era muy distinta a la que había inspirado al compositor en Berlín a finales de la década de 1920.

En su libro *Steinbeck and Film (Steinbeck y el cine)*, Joseph R. Millichap ha señalado que

> las mejores películas en las que participó Steinbeck demuestran las cualidades que lo convirtieron en un gran escritor: personajes vívidos, narraciones sólidas, espacios reales, temas significantes y un estilo realista. Las peores, en cambio, demuestran e incluso definen sus fracasos literarios: abuso de personajes estereotipados, argumentos pesados, espacios de postal, ideas de segunda fila y un estilo sentimental[3].

Millichap ha situado históricamente el cambio del «primer» al «segundo» Steinbeck en diciembre de 1941, momento en el que los Estados Unidos entraron a formar parte del bando aliado en la Segunda Guerra Mundial, y ha incluido *The Forgotten Village* en el primer grupo de películas[4].

El mismo año de la producción del film, Steinbeck escribió, junto a Ed Ricketts, el libro *Sea of Cortez: A Leisurely Journal of Travel and Research (El mar de Cortés: un diario distendido de viaje e investigación)*, también surgido de sus experiencias y viajes por México (esta vez, por el golfo de California)[5]. Al igual que la película, este tex-

---

[3] Joseph R. Millichap, *Steinbeck and Film*, Nueva York, Frederick Ungar Publishing, 1983, p. 1.

[4] El autor afirma en otro momento: «Aunque *Las uvas de la ira* se estrenó como película en 1940 y *The Forgotten Village* en 1941, ambas pertenecen, definitivamente, [...] a la década de la depresión», en *Steinbeck and Film*, p. 56. Aunque señala excepciones, como sus colaboraciones en *La perla* (1947) de Emilio Fernández y *Viva Zapata!* (1952) de Elia Kazan, Millichap cree que a partir de 1942 la carrera de Steinbeck vivió un declive y no produjo obras de la talla de sus trabajos durante la década de 1930. En un momento de su libro, llega incluso a afirmar: «Steinbeck se pasó al campo enemigo» (*Ibidem*, p. 7). El autor señala además que la evolución de Kline fue similar: «Tras la Segunda Guerra Mundial, la carrera de Kline fue paralela a la de Steinbeck, ya que abandonó el documental en favor del cine comercial de Hollywood con la realización de títulos como *The Kid from Cleveland* (1950) y *Prince of Pirates* (1953)» (*Ibidem*, p. 183, n. 2).

[5] John Steinbeck y Ed Ricketts, *Sea of Cortez: A Leisurely Journal of Travel and Research*, Nueva York, The Viking Press, 1941.

to mezclaba la realidad y la ficción a través de un método que seguía lo que el propio novelista llamó *non-teleology* (no teleología), concepto que nos sirve para entender la tipología genérica (el documental ficcionalizado) en la que se enmarca *The Forgotten Village*. Steinbeck señalaba entonces que la no teleología era una especie de *modus operandi* narrativo por el cual «las cosas son vistas como son, y no como pueden, podrían o deberían ser»[6]. Con esta frase describía con precisión el carácter general de una obra como *The Forgotten Village*. En el prólogo del guión publicado después del rodaje del film, el propio novelista volvía a señalar: «No opinamos ni atacamos ni defendimos nada. Pusimos en la película lo que encontramos, y solamente lo modificamos para que el argumento fuese coherente»[7].

No obstante, más allá de la buena voluntad de los autores, esta afirmación resulta hoy algo simplista. Y más si observamos el mecanismo narrativo principal a través del cual Steinbeck participó en el film (la voz en off o *commentary*), que claramente manipulaba el relato de las imágenes.

Como Kline y su equipo no incluyeron en la película ni el sonido ni el diálogo en directo, la narración de los acontecimientos dependía del comentario de Steinbeck que, más allá de sus virtudes o defectos, otorgaba a la película un fuerte carácter editorializante. El tono empleado por el narrador (Burgess Meredith) parecía, de hecho, comentarlo todo[8]. Quizá por ello Millichap haya afirmado que el mensaje social del film «ha envejecido mal»:

> Desafortunadamente, Steinbeck y sus colaboradores en el film no siguieron su programa. *The Forgotten Village,* pese a todas sus virtudes, aportaba finalmente una visión particular, un ataque de la curación popular y una defensa de la medicina moderna. En el México de 1940 una visión así era socialmente deseable; pero [hoy] esta postura parece debatible, e incluso reduccionista. Las perspectivas contemporáneas ni aceptan la medicina científica de forma tan incuestionable, ni desprecian la medicina popular de forma tan completa. [...] Este problema de contenido afecta a *The Forgotten Village* en su totalidad, ya que el argumento se vuelve demasiado fácil, y la parábola, demasiado obvia[9].

Millichap quizá no ha sabido apreciar que lo que ha «envejecido mal» no es tanto la parábola como la técnica del comentario; la idea básica del film, la lucha de la razón y la ciencia contra el oscurantismo y la superstición, sigue siendo, a nuestro entender, muy actual. Es el recurso fílmico de la voz fuera de campo lo que en la actualidad re-

---

[6] Steinbeck, citado en Millichap, *Steinbeck and Film*, p. 51.

[7] Steinbeck, *The Forgotten Village*, Nueva York, The Viking Press, 1941, p. 6. A petición de Kline, Steinbeck escribió un primer guión sobre un imaginario golpe militar en México, pero el film se realizó finalmente sobre un segundo guión, igualmente original, que el novelista escribió en dos semanas. Albrecht Betz señaló erróneamente al respecto: «La novela de Steinbeck, sobre la que se basaba el guión, trata de la ignorancia y superstición en un pueblo indio que, a pesar de sufrir una epidemia, se resiste a la medicina moderna», en *Hanns Eisler. Political Musician*, p. 180. Tal novela nunca existió; el libro fue publicado posteriormente al rodaje y, de hecho, reproducía fotogramas del film y el texto completo que leía el narrador en la película.

[8] En su prólogo a *The Forgotten Village*, el propio Steinbeck se refería a los problemas de la narración: «La mayor dificultad de todas fue el método con el que contar la historia [...]. Grabar el sonido en directo resultó imposible, ya que el equipo técnico no fue capaz de llegar al pueblo. Grabar el diálogo tampoco fue posible, ni siquiera en español, porque la mayoría de la gente mayor del pueblo hablaba el idioma indio de sus antepasados» (*The Forgotten Village*, p. 6).

[9] Millichap, *Steinbeck and Film*, pp. 52-53.

sulta menos creíble, en la medida en que otorga una autoridad al narrador que parece restar a los protagonistas reales de la historia.

Quizá el concepto adorniano de «campo de fuerzas» *(Kraftfeld)* resulte el más apropiado para analizar la partitura de *The Forgotten Village,* ya que en el film conviven diversas tensiones que no se reconcilian entre sí (hasta el punto de que la energía expresiva de sus imágenes y su música llega incluso a contradecir el discurso por momentos unidimensional de Steinbeck). Es desde esta perspectiva desde donde podemos observar cómo la música de Eisler irrumpe en ese campo con un protagonismo inesperado, y cómo, valiéndose desde sus propios recursos expresivos, amplía el valor estético de la película con la pluridimensionalidad idiosincrática de sus partituras para el cine.

ALEGRES MARCHAS FÚNEBRES

En un primer momento, Kline había contactado con el compositor mexicano Silvestre Revueltas para escribir la música de la película, pero ante el repentino fallecimiento de éste, la Pan-American Films contrató finalmente a Eisler[10]. Por la transcripción de los juicios de Eisler ante el HUAC, sabemos que el compositor recibió la invitación de Kline en noviembre de 1940 y que el día 29 de ese mes solicitó a las autoridades pertinentes un permiso temporal para visitar México[11]. El 5 de diciembre la oficina de inmigración del estado de Nueva York emitió para el compositor un permiso que le permitiría salir y entrar en los Estados Unidos durante las siguientes seis semanas. Por una fuente de información posterior sabemos que Eisler llegó a Ciudad de México el 15 de diciembre, y que residió en el país durante tres semanas, es decir, hasta el 6 de enero de 1941[12].

Según contaría meses más tarde a Theodore Strauss, periodista de *The New York Times,* a su llegada a México Eisler vio una primera versión, incompleta, del film, y «empezó a trabajar inmediatamente»[13]. Además de dedicarse a componer, el músico también tuvo tiempo para recorrer la ciudad y acudir con el equipo de rodaje al entierro de un niño en un pueblo cercano a la capital. Para estas imágenes, incorporadas a la película en forma de la secuencia del funeral, Eisler escribiría uno de los movimientos más intensos del noneto: la llamada por el propio compositor «marcia funèbre a la Mexicana»[14].

Cuanto tiempo llevó al compositor finalizar la partitura y dónde la escribió en su totalidad es difícil de determinar. Según Albrecht Betz, «Eisler tuvo seis semanas para escribir una banda sonora de 80 minutos, que tenía que ser sincronizada al film de forma precisa»[15]. Estas palabras, sin embargo, no parecen acertadas, porque un rápido visio-

---

[10] Recuérdese que Silvestre Revueltas había conseguido que Eisler obtuviese una plaza de profesor visitante en el Conservatorio Nacional de Música de Ciudad de México en verano de 1939.
[11] *Hearings Regarding Hanns Eisler,* p. 11.
[12] La información de la fecha de su llegada procede del artículo de Theodore Strauss, «Musical Marathon», *The New York Times,* 23 de noviembre de 1941, s.p., recorte de prensa albergado en el HEA; la información de su salida procede de *Hearings Regarding Hanns Eisler,* p. 11.
[13] Eisler, citado por Theodore Strauss en «Musical Marathon».
[14] Eisler, partitura original del *Nonett Nr. 2,* HEA.
[15] Betz, *Hanns Eisler. Political Musician,* p. 180.

nado del film demuestra que la banda sonora no dura 80 minutos (y porque Betz tampoco señalaba qué fuentes exactas determinan dicho número de semanas)[16]. La correspondencia entre Kline y Eisler de enero de 1941, en cambio, nos ayuda a obtener una serie de datos relevantes que nos permiten reconstruir, aunque sólo sea parcialmente, el proceso de composición del *Nonett Nr. 2*. Por ejemplo, el día 5 de enero Kline enviaba una extensa carta a Eisler en la que decía, entre otras cosas, lo siguiente:

> Rosa [Kline] me ha contado tu plan de empezar la grabación de los primeros cuatro rollos, lo cual me parece muy buena idea. Y también me ha dicho que explicarás a los patrocinadores que la película ya está montada en pequeñas secciones para la grabación, y que, desafortunadamente, habrá cierto retraso hasta que las unamos para la proyección. [...] He escrito a los laboratorios H.E.R. en el número 457 Oeste de la calle 48. Ellos se encargarán de revelar e incluir tu grabación. Si les pides cita de forma apropiada harán el trabajo sin retrasos, y podrás revisar la grabación de los primeros cuatro rollos, seleccionar las mejores partes y enviárnoslas por correo aéreo.
>
> Esta grabación en dos partes nos permitirá hacer un mejor trabajo en la grabación de la narración y también será mejor para tu música. Por favor, haz esto cuanto antes y, si es necesario, deja a un lado los segundos cuatro rollos en favor de los cuatro primeros. Así no perderemos aquí tiempo con el trabajo técnico. No hay ni mucho tiempo ni mucho dinero, pero tenemos que «arreglárnoslas» como sea. Perdona por recordártelo, pero no hay ni un solo dólar más que los 2.000 que te hemos dado. Es decir, ¡que te queda muy poco para las copias! [...]
>
> No tengo nada más que añadir, salvo que sé que harás todo lo posible para acabar cuanto antes por el bien de tu presupuesto, de tu tiempo y del nuestro[17].

Veinte días más tarde, en un telegrama enviado desde Los Ángeles a Nueva York, Kline añadía: «Hanns, entiendo que has acabado la música hoy. Si no es así, díme por telegrama cuándo acabarás dentro de los próximos días ya que de ningún modo podemos esperarte por más tiempo para que acabes la grabación musical. Saludos y gracias, Herbert Kline»[18]. La urgencia, a finales de mes, no había disminuido.

Eisler tuvo problemas para acabar a tiempo y es muy posible que, como indica Betz, la partitura no estuviese acabada hasta mediados de febrero. La segunda semana de ese mes, de hecho, Eisler recibió una carta de Abe Meyer, de la MCA Artists Agency, en la que el agente le preguntaba si había acabado ya la «película mexicana»

---

[16] Lo más probable es que Betz recogiera su información del artículo de Theodore Strauss, en donde se decía: «Eisler es un hombre bajito con una pasión por la composición musical, una gran admiración por John Steinbeck y unas orejas como las de Bugs Bunny. Las orejas no tienen mucho que ver con este artículo; pero si no fuera por el embriagador entusiasmo de Eisler respecto a los problemas de las matemáticas musicales y por su elocuente amistad con el señor Steinbeck, Herbert Kline y Alexander Hackensmid *[sic]*, probablemente nunca hubiese aterrizado en Ciudad de México el pasado diciembre, ni tampoco se hubiese visto, seis semanas después, con una partitura de 80 minutos compuesta, ensayada y grabada como la banda sonora de *The Forgotten Village*» (en «Musical Marathon»).

[17] Carta de Herbert Kline a Eisler, 5 de enero de 1941, HEA. En la parte alta del folio, fuera de la caja del texto, Kline añadía: «Rosa acaba de llegar y tuvo un buen vuelo, y Steinbeck está ya aquí [en Los Ángeles], preparado para empezar a trabajar tan pronto como llegue la nueva copia». Por la fecha de la carta, es evidente que Kline volvió de México a Los Ángeles antes que Eisler, y que fue desde allí desde donde envió la carta a los H.E.R. Laboratories de Nueva York.

[18] Telegrama de Kline a Eisler, 25 de enero de 1941, HEA.

[sic][19]. Lo más sorprendente no es que el 10 de febrero Eisler no hubiese finalizado la grabación, sino que tardase todavía un mes en responder a Meyer[20]. Sólo el 10 de marzo de 1941 podía afirmar el compositor: «La música está completa y la grabación ya se ha hecho en Nueva York»[21]. Si el 10 de febrero Kline todavía estaba montando el film, y si Eisler no respondía a Meyer hasta un mes más tarde, es posible que la estimación de Betz sea acertada. Aunque no existe documento que verifique estas fechas, el compositor, meses más tarde y una vez estrenada la película, declararía a *The New York Times* que «poner música a toda la acción de *The Forgotten Village* produjo un sinfín de problemas técnicos como nunca antes había tenido»[22].

Lo que sí sabemos es que Eisler volvió a contar con Jascha Horenstein como director de la orquesta, y que grabó la banda sonora en el Reeves Sound Studio de Nueva York, el mismo lugar donde se había llevado a cabo la sincronización de la música de *White Flood*[23]. La propia composición, de hecho, guardaba similitudes con la música del documental de Frontier Films. También había sido escrita para una pequeña orquesta (esta vez, un conjunto de nueve instrumentos, compuesto por flauta, clarinete, fagot, trompeta, timbal, tres violines y un contrabajo); también recurría al método dodecafónico, y también entendía la imagen como un elemento del medio cinematográfico que, más que ilustrar, había que ampliar. La limitación instrumental no se debía en aquella ocasión solamente a las restricciones económicas; es cierto que Eisler, con los 2.000 dólares que contaba para el pago a los músicos, la grabación y las copias, no podía pensar en una gran orquesta, pero también hay que recordar su constante insistencia en la necesidad de crear bandas sonoras para pequeñas orquestas que pudieran adecuarse mejor a las técnicas de grabación y a las limitaciones de los micrófonos existentes.

Dividida a su vez en nueve movimientos, la composición empezaba con un *allegreto molto* que acompañaba a los títulos de crédito y que introducía las melodías que más adelante aparecerían, con diversas variaciones, a lo largo de toda la película. Como Kline no había grabado sonido en directo, la película dependía de la música y de la voz del narrador, que a veces era omnisciente y a veces pronunciaba las palabras de los distintos personajes.

La banda sonora hacía hincapié, con los diferentes tempos de sus movimientos y con la rica combinación de instrumentos, en la noción de cambio que Steinbeck había enfatizado igualmente en el guión: «Entre las montañas de México –escribía el novelista al comienzo del film– la vida antigua sigue igual, a veces sin ninguna alteración durante mil años. Pero hoy, desde las ciudades del valle, desde las escuelas y los laboratorios, llegan a los pueblos remotos el nuevo pensamiento y las nuevas técnicas»[24]. También esta idea de transformación vinculaba *The Forgotten Village* con *White Flood*.

A pesar de las prisas de Kline, la película no se estrenó comercialmente hasta el mes de noviembre de 1941. La principal razón de este retraso se debió al proceso

---

[19] Carta de Abe Meyer a Eisler, 10 de febrero de 1941, HEA.
[20] Carta de Eisler a Meyer, 10 de marzo de 1941, HEA.
[21] *Ibidem*.
[22] Eisler, citado por Strauss en «Musical Marathon».
[23] Una segunda grabación o *re-recording* se realizó en los Monogram Studios. Para más información sobre algunos aspectos de la posproducción del film, véanse las notas al respecto en Herbert Kline, «On John Steinbeck», *Steinbeck Quarterly* 4 (verano 1971), pp. 80-88.
[24] Steinbeck, *The Forgotten Village*, 7. Steinbeck añadía en aquella ocasión: «A veces lo nuevo y lo viejo chocan, pero de dicho encuentro está surgiendo un cambio paulatino en los pueblos» (en *opus cit.*, p. 7)

de censura activado por el Board of Review de Nueva York. El censor del estado consideró la escena del nacimiento de un niño en el pueblo como «algo inhumano e indecente»[25]. Gracias a la agencia responsable de promocionar el film, Evelyn Gerstein Associates y, sobre todo, al apoyo de Eleanor Roosevelt, el film pudo finalmente estrenarse el 18 de noviembre de 1941. Unas semanas antes, la señora Roosevelt había dedicado una breve sección de su columna diaria «My Day» («Mi día») a loar la película:

> Anoche vimos un film, un documental, muy hermoso, *The Forgotten Village*, escrito por John Steinbeck y con música de Hanns Eisler. Es la historia de un chico en un pequeño pueblo de México; se muestra la vida de la villa, las supersticiones que todavía existen y las malas condiciones de higiene. La película retrata el encuentro vespertino de la familia alrededor del fuego, el nacimiento de un nuevo niño, la venta del maíz (que es la base de la vida), un festival y una muerte en la familia. Al final el joven mexicano abandona el pueblo porque el maestro local informa e inspira a la juventud del pueblo que está abierta a nuevas ideas. El chico volverá formado para conducir a su gente hacia una vida mejor[26].

A lo que, con cierta demagogia, pero en lo que era un claro ejemplo de los principios progresistas de la política del New Deal, añadía:

> Me interesaron enormemente los furgones médicos que recorren caminos infranqueables para ayudar a la gente en esos pueblos remotos. Un servicio médico rural de ese tipo me parece muy importante. México está haciendo algo que podríamos estudiar fácilmente, ya que necesitamos mejorar nuestros servicios en muchos aspectos[27].

Estas palabras fueron las que finalmente frenaron la censura del Board Review de Nueva York y apoyaron el estreno de *The Forgotten Village*.

Millichap ha señalado que la repercusión del estreno del film se vio reducida parcialmente por el ataque japonés a Pearl Harbour ocurrido unas semanas después, el 7 de diciembre de 1941[28]. Sin embargo, conviene señalar que, aunque no hubiese habido bombardeo alguno, *The Forgotten Village* tampoco habría tenido éxito: un documental ficcionalizado sin estrellas ni alardes técnicos apenas podía combatir con las producciones de desorbitados presupuestos de Hollywood en la carrera por hacerse un lugar en las taquillas. Su intención, de hecho, nunca había sido ésa.

---

[25] Tal como señalaba Evelyn Gerstein, en una carta a Eisler del 11 de septiembre de 1941, albergada en el HEA.

[26] Eleanor Roosevelt, «My Day», *Ladies' Home Journal*, 4 de septiembre de 1941, s.p., recorte de prensa albergado en el HEA.

[27] *Ibidem*.

[28] Millichap, *Steinbeck and Film*, p. 52.

Capítulo VI

El contenido de la forma.
A Child Went Forth de Losey y *Lluvia* de Ivens (1941)

El 31 de enero de 1941, día en que el Film Music Project cumplía justo un año de vida, Eisler envió a la Rockefeller Foundation un completo informe con los gastos realizados durante los doce meses de su investigación. En él anotó, en primer lugar, los ingresos recibidos para la realización del proyecto, es decir, los dos cheques de 4.860 dólares que la fundación le había proporcionado en los meses de febrero y agosto de 1940. En segundo lugar, indicó que el coste total de producción había sido de 2.316 dólares, cifra a la que llegaba tras la suma de los múltiples gastos realizados a lo largo del año. A esta cantidad sumó, en tercer lugar, los 3.000 dólares que correspondían al sueldo anual del compositor desde febrero de 1940 a enero de 1941 (recuérdese que Eisler había recibido un salario mensual de 250 dólares). El total de los gastos del primer año era, por lo tanto, de 5.316 dólares.

Como el total de ingresos ascendía a 9.720 dólares, Eisler se encontró con un «balance inesperado» de 4.404 dólares a su favor. Su satisfacción al ver que poseía todavía gran parte del presupuesto del primer año debió verse acompañada de cierta inquietud: quizá la fundación creyese que aquel balance respondía en realidad a una falta de laboriosidad por parte del director del proyecto. Esta inquietud fue la que llevó al compositor a explicar en una nota a pie de página que la dificultad de obtener material fílmico de la industria, «incluso con la ayuda de la Hays Office», había retrasado algunas grabaciones[1]. Dicha dificultad, externa e impuesta, no significaba de ningún modo un cambio de planes: «las grabaciones –decía el compositor– se harán por ello el segundo año»[2]. Eisler dejaba así para el segundo año casi la mitad de su presupuesto del primer año, lo cual significaba indudablemente que a lo largo de 1941 podría emprender proyectos mucho más ambiciosos que el único que había llevado a cabo en 1940: la banda sonora de *White Flood*.

Si comparamos la situación del compositor en enero de 1941 con su situación de un año antes, comprobamos que no sólo el presupuesto había aumentado. Al hecho de disponer de mayor financiación se sumaban ahora otros cinco cambios importantes: (1) Eisler había conseguido el permiso de residencia permanente para él y para su esposa, y su estatus como ciudadano visitante en los Estados Unidos ya no dependía

---

[1] Eisler, listado de gastos del 31 de enero de 1941, p. 2.
[2] *Ibidem*.

de los contratos temporales con la New School; (2) gracias a su plaza de profesor en este centro, a su participación en proyectos como *The Forgotten Village* y, por supuesto, a la beca Rockefeller, su situación económica había mejorado considerablemente; (3) había compuesto una banda sonora experimental dentro del proyecto (la *Kammer-Symphonie*); (4) tenía en su haber materiales cedidos por la productora de Walter Wanger y por Twentieth Century-Fox con los que podría trabajar libremente para el Film Music Project; y (5) había establecido contacto con una de las instituciones más influyentes en la industria cinematográfica norteamericana: la Hays Office de Nueva York.

Sin embargo, sería inadecuado por nuestra parte concluir a partir de estos cambios que el primer año del Film Music Project fue un año productivo (o, por lo menos, *sólo* productivo). Como hemos señalado al comienzo de nuestra investigación, el paradigma de la contradicción parece ser el más adecuado para analizar la investigación original de Eisler, y una versión mucho más certera de los hechos sería aquella que indicase que 1940 fue al mismo tiempo un año poco fructífero. Otros cinco puntos demuestran nuestra hipótesis: (1) hasta enero de 1941 Eisler no había escrito música para secuencias de películas de ficción, tal como había prometido; (2) no había compuesto más que 14 minutos de música a imágenes que no poseían diálogo ni desarrollaban acciones dramáticas; (3) no había realizado ninguna prueba de audiencia con *White Flood* para comprobar la respuesta de los espectadores ante la aplicación de la música dodecafónica al cine; (4) no había logrado establecer contactos estables ni con el proyecto de Leo Rosten ni con estudios de Hollywood como RKO o Metro Goldwyn Mayer; y (5), quizá lo que resulta más llamativo, no había escrito ninguno de los dos pequeños informes que había mencionado en sus propuestas para la Rockefeller Foundation.

Una segunda fuente de información que nos sirve para analizar los logros del primer año del Film Music Project es el artículo «Film Music. Work in Progress», publicado por la revista *Modern Music* en 1941[3]. Aunque no fue escrito para la Rockefeller Foundation, el texto funciona a modo de primer informe sobre el Film Music Project. El hecho de que el compositor lo publicase en *Modern Music* es una suerte para el conjunto de estudiosos de esta investigación. Como veremos más adelante, en la década de 1940, y a diferencia de la prolífica década anterior, Eisler encontraría enormes dificultades para poner por escrito sus nociones teóricas y estéticas sobre la música de cine. Por ejemplo, durante aquellas mismas fechas un miembro de la revista *Theatre Arts* escribió a Eisler el 14 de febrero (y de nuevo el 4 de marzo) para pedirle un texto sobre composición que se publicaría en el «número especial sobre cine» que la revista preparaba con motivo de su 25 aniversario en abril de 1941[4]. Pese a la insistencia del editor, Eisler nunca contribuyó a dicha publicación.

---

[3] El origen de este artículo, uno de los textos fundamentales del proyecto de Eisler, se remonta a algún momento de noviembre de 1940, cuando el compositor conoció a Minna Zederman, representante de la revista en Nueva York. Por una carta que Zederman escribió a Eisler, sabemos que el compositor se comprometió entonces a colaborar con la revista con un artículo sobre sus «investigaciones sobre música de cine» (carta de Zederman a Eisler, 26 de noviembre de 1940, HEA).

[4] Cartas de Hermine Rich Isaacs a Eisler, 14 de febrero y 4 de marzo de 1941, ambas en el HEA. Isaacs pedía un artículo «de carácter técnico» sobre la composición de música para el cine.

UN PROYECTO EN CONSTRUCCIÓN

La ausencia de informes que resuman el trabajo del primer año del Film Music Project hace que el artículo «Film Music. Work in Progress» cobre una relevancia especial. El principal objetivo del texto era explicar los resultados del proyecto para aclarar que la posibilidades expresivas de la música de cine apenas se habían desarrollado. Con su investigación, Eisler pretendía realizar un estudio más sistemático de la disciplina y elaborar un proceso de composición que siguiese «las pautas comunes del trabajo en el laboratorio»; es decir, la determinación teórica de un problema, el tratamiento de dicho problema a través de experimentos prácticos y su comprobación pública[5]. En este caso, el *problema* era la comúnmente «inadecuada» y «tosca» composición de bandas sonoras para el cine; el *tratamiento*, la creación de nuevas partituras de música moderna; y la *comprobación pública*, las pruebas de audiencia que demostrarían que una música más rica produciría mejores resultados artísticos. Para ilustrar su método, Eisler indicaba que primero escogía una secuencia de un film que ya existía; después, escribía la partitura usando, por ejemplo, la forma del tema y la variación; y, finalmente, y tras grabar dicha partitura, la proyectaba públicamente para medir y supervisar las reacciones del público[6].

Más allá de esta proposición de carácter científico, hoy lo relevante del artículo resulta el modo en que el compositor explica el *núcleo intelectual* de su investigación. Como si de un resumen del propósito final del proyecto se tratase, Eisler señalaba:

> Lo que este proyecto de investigación trae a colación es la pregunta planteada en estos últimos años por músicos de todas partes: ¿es realmente necesario continuar la práctica hollywoodiense actual de volver a escribir bandas sonoras «originales» compuestas con las migas recogidas de las mesas de Tchaikovsky, Debussy, Ravel, Richard Strauss y Stravinsky? ¿Es posible componer material musical nuevo? ¿No sería incluso más útil y eficaz?
>
> Para juzgar estas preguntas de la forma más severa he empleado en distintas ocasiones técnicas de composición avanzadas y complicadas, como el sistema dodecafónico inventado y empleado por primera vez por Arnold Schönberg. [...] Introducir esta técnica en el mundo del cine así de pronto parece tan absurdo como emplear terminología hegeliana en una columna de prensa rosa. Sin embargo, mi propia experiencia con esta técnica ha sido muy satisfactoria. En dos bandas sonoras que escribí antes de comenzar este proyecto (*The 400 Million* y *The Living Soil* [sic]) empleé exclusivamente el sistema dodecafónico. Esta posibilidad no se había explotado todavía y, quizá por ello, las bandas sonoras fueron bien recibidas[7].

Si Eisler estaba introduciendo terminología hegeliana en una columna de prensa rosa (como en efecto estaba haciendo), no era tanto por su incapacidad de prescindir de los recursos de la alta cultura como por su afán por dotar a la cultura de masas de una dignidad que a ésta, dominada por prácticas industriales, le estaba siendo negada. Eisler no componía la banda sonora de *White Flood* con el sistema de doce tonos para demostrar lo brillante que era su ejecución de los postulados schönbergianos; lo hacía por un deseo expreso de otorgar al cine el valor artístico que el propio medio y su público se merecían.

---

[5] Eisler, «Film Music. Work in Progress», p. 591.
[6] *Ibidem*, p. 591.
[7] *Ibidem*, pp. 591-592.

A partir de su ruptura con el círculo de Schönberg es imprescindible concebir la actividad artística del compositor como un constante intento por comunicar a una audiencia lo más amplia posible los valores que un grupo de contemporáneos y el propio Eisler consideraban genuinamente revolucionarios. Durante sus primeros años en Berlín, desde 1925 a 1928, el compositor sufrió el olvido de la comunidad musical vienesa y severas dificultades económicas, a la vez que fue testimonio de las brutales represiones policiales y militares que sufría cualquier tipo de manifestación obrera. Claramente influido por las inclinaciones socialistas de sus padres y por la afiliación de sus hermanos Elfriede y Gerhart a los partidos comunistas alemán y austríaco, el compositor fue incapaz de seguir aceptando los principios estéticos vieneses de *l'art pour l'art* y buscó nuevas formas de producir «un arte útil».

Como se aprecia en estos dos párrafos que acabamos de citar, Eisler no sólo señalaba lo inadecuado de aplicar a las películas música de sesgo posromántico, sino que insistía además en las posibilidades expresivas de un uso heterodoxo del sistema dodecafónico en el cine. Y lo hacía particularmente en la última frase: «Las bandas sonoras fueron bien recibidas»; es decir, la música gustó al público, a la gente, les fue útil. Para Eisler, el éxito o fracaso de una obra de arte dependía en gran parte de su capacidad para provocar cambios en el oyente o espectador al que iba dirigida. Lejos de ajustarse a las demandas del mercado, lo que él pretendía era devolver al público una calidad musical de la que antaño sí había disfrutado[8]. Frente a un sistema social que parecía condenar a las masas a la consumición de productos culturales alienantes, el compositor creía necesaria y urgente la producción de un arte que concienciara a las masas de su propia existencia alienada.

Una de las características que ya habían diferenciado al joven Eisler de otros alumnos de Schönberg había sido su capacidad para liberar a la dodecafonía de ciertos rasgos rígidos aparentemente inherentes a aquel sistema musical. Tras su traslado a Berlín, el deseo de, por así decirlo, «llevar la dodecafonía a las masas», se hizo en él cada vez más intenso. En este mismo artículo, «Film Music. Work in Progress», el propio compositor comentaba al respecto:

> Sabemos lo difícil que resulta la música de este gran maestro incluso para los músicos, pero a menudo no se ha señalado que la complicación principal del complicado estilo de Schönberg *es* Schönberg. La técnica dodecafónica de por sí no impone un estilo más específico que la tonalidad clásica. Pero sí aporta una tendencia a producir una estructura musical más completa y a excluir las formas musicales armónicas y melódicas convencionales que normalmente se supone garantizan la fácil comprensión y la popularidad[9].

Lo que Eisler quería demostrar con sus nuevas partituras era cómo la aplicación al medio cinematográfico de la música dodecafónica hacía de ésta una manifestación artística más popular, más comprensible, más democrática. En el que quizá sea uno de los párrafos más esclarecedores sobre el Film Music Project, el compositor decía: «Aparentemente,

---

[8] Uno de los temas recurrentes de los numerosos textos de la década de 1930 de Eisler era el de enfatizar la calidad de la música medieval popular (véanse al respecto los artículos compilados por Grabs en *A Rebel in Music*, pp. 32-149).

[9] Eisler, «Film Music. Work in Progress», p. 591; la cursiva es nuestra.

el material musical avanzado, que la mayor parte de los asistentes a conciertos encuentra indigerible e irrelevante, pierde algo de su cualidad prohibitiva cuando se aplica al cine»[10].

Como haría momentáneamente el filósofo Theodor W. Adorno años más tarde, Eisler parecía otorgarle aquí al cine una cualidad curativa. Para el francfortiano, el carácter terapéutico del arte cinematográfico residía en la posesión de un antídoto a su propia mentira; para Eisler, dicho carácter se basaba en la habilidad del cine para convertir en progresivas formas artísticas de críptica autonomía.

En «Film Music. Work in Progress» el compositor aclaraba al mismo tiempo que dicha conversión de la obra de arte no podía darse simplificando las formas artísticas, sino explotando la flexibilidad que ellas mismas poseían:

> Aunque no voy a intentar resumir los resultados de mi trabajo todavía inacabado, sí querría enfatizar una vez más el que a mi parecer es el principal problema del desarrollo de la música de cine[:] la calidad de la música. [...] Es imprescindible enfrentarse a la situación de forma honesta y evitar posibles huidas. Al final sólo queda un objetivo a seguir: elevar el nivel musical dentro del ámbito específicamente delimitado por el cine[11].

Las composiciones que Eisler escribiría en 1941 para el Film Music Project, las bandas sonoras de *A Child Went Forth* y de *Lluvia*, ilustrarían de forma exacta los métodos con los que el compositor lograría dicho objetivo.

1941, UN AÑO MULTIDISCIPLINAR

En su «Biographische Übersicht» («Cuadro biográfico»), Manfred Grabs, primer director del Hanns-Eisler-Archiv y autor del catálogo razonado *Hanns Eisler. Kompositionen, Schriften, Literatur*, elaboró una completa descripción de la vida del compositor a través de 64 entradas[12]. Cada entrada se correspondía con cada año de la vida de Eisler, desde 1898 hasta 1962, y poseía a la vez diferentes subapartados en forma de breves frases que informaban sobre su actividad artística y personal. Resulta asombroso comprobar cómo 1941, dentro del largo periodo de exilio del compositor que abarca desde 1933 hasta 1948, es el año que menos entradas tiene.

A diferencia de, por ejemplo, 1939, que posee seis extensos subapartados, Grabs se limita a señalar de 1941 lo siguiente: «15.6.-30.9. Estancia en el pequeño pueblo de Woodbury, Connecticut»[13]. Ni Albrecht Betz ni Jürgen Schebera, en sus correspondientes biografías sobre Eisler, han ahondado mucho más en la actividad del compositor durante el segundo año del Film Music Project. Por sus ensayos sabemos que la larga estancia en Woodbury la pasó en casa de su amigo el doctor Joachim Schumacher; que allí fue donde compuso el *Woodbury-Liederbüchlein (Pequeño libro de canciones de Woodbury)*; y que, durante el último trimestre del año, el compositor volvió a la ciudad de Nueva York para escribir la nueva partitura del film experimental *Lluvia* de Joris Ivens[14].

---

[10] *Ibidem*, p. 592.
[11] *Ibidem*, p. 594.
[12] Grabs, «Biographische Übersicht», en *Hanns Eisler*, pp. 17-24.
[13] *Ibidem*, p. 21.
[14] La vida y obra de Eisler en 1941 es analizada brevemente en Betz, *Hanns Eisler. Political Musician*, pp. 177-180, y en Schebera, *Hanns Eisler*, pp. 178-179.

Sin embargo, tras nuestra investigación, podemos afirmar que, lejos de ser un periodo estéril dentro del productivo exilio del compositor, 1941 aparece como uno de los años más importantes de Eisler en los Estados Unidos y, ciertamente, como el año más importante de su estancia en la ciudad de Nueva York[15]. Durante el primer semestre de ese año, el compositor impartió clases de música en la New School for Social Research; dirigió la sección musical del Dramatic Workshop de Piscator; participó –junto a compositores como Marc Blitzstein, Benjamin Britten, Aaron Copland, Dimitri Shostakovich y Virgil Thomson– en el simposio «Music in Films» («Música en las películas»), organizado por la revista neoyorquina *Films. A Quarterly of Discussion and Analysis;* reescribió la música de *The Forgotten Village* como pieza de cámara *Nonett Nr. 2,* que fue interpretada por primera vez en el mes de septiembre de ese mismo año en el NYA Radio Workshop de Nueva York; y compuso la obra *Variationen für Klavier (Variaciones para piano),* en homenaje a Margarette Steffin, la colaboradora de Bertolt Brecht, fallecida en Moscú en junio de 1941[16].

Durante las vacaciones de verano, Eisler escribió el *Woodbury-Liederbüchlein,* una composición formada por veinte miniaturas para coro a capella, femenino o infantil, cuyo texto procedía de canciones infantiles norteamericanas que Wieland Herzfelde había traducido para el compositor, y también de distintos versos de Johann Wolfgang Goethe y Eduard Mörike. Algunas de las breves canciones están dedicadas a los Schumacher, otras a los Horenstein, y dos de ellas, a la esposa de Eisler, Lou. Junto a la partitura de estas dos últimas canciones de carácter disonante, el compositor escribió: «Compuestas después de leer una mala noticia en la prensa»[17]. El 22 de junio de 1941 el gobierno de Hitler había dado la orden de invadir la Unión Soviética. Como ha señalado Jürgen Schebera al respecto: «En 1941 no era posible fantasear despreocupadamente sobre canciones infantiles norteamericanas. [...] También en el idílico Woodbury volvían a alcanzarles los acontecimientos de la lejana Europa»[18].

Las bandas sonoras que Eisler escribiría al final de ese mismo año para el Film Music Project demostrarían dicho desarrollo: el septeto de *A Child Went Forth* poseería una fuerza fantaseadora propia de los enérgicos niños filmados por Losey, pero en el quinteto de *Lluvia* aquella fantasía se convertiría en melancolía y, en sus últimos pasajes, en profunda desesperación.

---

[15] Gran parte del malentendido por el que ninguno de los tres biógrafos ha dedicado atención a este año en sus respectivos estudios sobre Eisler surgió por la inadecuada datación de su colaboración con Losey en *A Child Went Forth;* tanto Betz, como Grabs, como Schebera, en las décadas de 1970, 1980 y 1990, respectivamente, pensaron que Eisler había compuesto la banda sonora del film en 1940, pero los «nuevos» documentos descubiertos en Viena recientemente han demostrado de forma definitiva que el compositor escribió la música para la película de Losey en 1941.

[16] Eisler había dado a las *Variationen für Klavier* un segundo título en su privado y peculiar «angloalemán», *Trauermusik for Piano Solo* (Música de luto para piano solista). La sección intermedia de la primera de las codas, de intensa emotividad disonante, incluía una anotación que explicaba esta nueva nomenclatura: «Marcha funeral para Grete, muerta, mientras huía, de tuberculosis». Margarette Steffin había muerto en trágicas circunstancias el 4 de junio de 1941 huyendo de las tropas nazis. Lo realmente sorprendente del pasaje era cómo Eisler, para dar voz a su sentimiento de vacío ante la muerte, reinterpretaba el tema de *La flauta mágica* de Mozart en el que Papageno, amordazado, sólo puede expresarse con la boca cerrada. Como ha señalado Manfred Grabs al respecto, «las variaciones de Eisler están inspiradas no por el ímpetu cómico de Papageno, sino por el apuro de estar condenado al silencio» (citado por Christoph Keller en el libreto del CD *Hanns Eisler. Oeuvres pour piano,* Accord 200582).

[17] Eisler, partitura original de *Woodbury-Liederbüchlein,* HEA. Para mayor información sobre esta composición, véase Elfie Stiehl, «Untersuchungen zu Aufführungen des *Woodbury-Liderbüchleins* von Hanns Eisler», Departamento de Germanística, Halle-Wittenberg, Martin-Luter-Universität, 1971.

[18] Schebera, *Hanns Eisler,* p. 178.

A CHILD WENT FORTH DE JOSEPH LOSEY

Por los listados de gastos sabemos que desde febrero a mayo de 1941 Eisler trabajó en el Film Music Project, aunque, desafortunadamente, desconocemos el tipo de actividad concreta a la que se dedicó. Entre los 47 dólares que pagó al Preview Theatre durante aquellos meses se incluyeron los gastos del alquiler del casillero donde el compositor almacenaba los rollos de las películas que había recibido tras su estancia en Hollywood; pero también es muy probable que el pago incluyese servicios de proyección para visionar dichos materiales, e incluso alguna sesión de moviola para reanudar su trabajo en el proyecto. Los 47 dólares tuvieron que ser empleados en algo más que almacenamiento y proyección, porque proyectar un rollo, es decir, unos diez minutos de película, costaba tan sólo un dólar, y el alquiler del casillero, tres dólares y medio al mes.

Los listados también nos indican que en marzo y en abril de 1941 Eisler pagó a Ralph Ives y a Harry Robin 41 y 31 dólares respectivamente por sus horas de trabajo en edición de sonido. Creemos que dichos pagos cubrían, o bien tareas de posproducción de *The Forgotten Village*, o bien la preproducción de las bandas sonoras de alguna de las películas con las que trabajaría meses más adelante para el proyecto, en concreto, *Las uvas de la ira* o *Lluvia*. Aunque no sabemos con exactitud qué estaban haciendo, lo más probable es que Robin e Ives estuvieran trabajando en la preparación de ritmogramas para la composición de futuras partituras.

En cualquier caso, lo importante aquí es señalar que a comienzos del verano de 1941 Eisler se encontraba en el momento más crítico de su investigación. La preparación de ritmogramas no equivalía a la creación de la música: la partitura tenía que ser escrita y era él quien debía asumir dicha responsabilidad. Como acabamos de ver, su actividad como profesor en la New School y como compositor independiente había sido muy fructífera, pero, en cuanto al Film Music Project se refiere, lo cierto es que durante el semestre de primavera no había producido ningún material nuevo. Los rollos de película que había almacenado en el Preview Theatre en otoño de 1940 todavía seguían allí: intactos, inertes, sin música.

Con la llegada del verano Eisler se encontró en una situación paradójica: tenía demasiado dinero a su disposición y no podía gastarlo si no era trabajando[19]. Dicha situación se solucionó en julio de 1941, cuando recibió una carta de Joseph Losey que decía así:

Querido Hanns:
Por fin he conseguido tu dirección; he estado yendo y viniendo con John [Ferno] de aquí para allá. Creo que tendremos que esperar por lo menos un par de semanas antes de empezar cualquier proyecto nuevo, es decir, hasta que hayamos arrancado con la película del parque de atracciones y sigamos con la película del campamento. [...] A comienzos de la semana que viene [...] tendremos fragmentos casi completos de la película del campamento listos para proyectar, y entonces podrás decidir si quieres hacer algo con ella[20].

---

[19] En julio de 1941 la Rockefeller Foundation enviaba 5.220 dólares más a la New School para el Film Music Project y el presupuesto de Eisler aumentaba así considerablemente. Véase al respecto la carta de H. M. Gillete a Johnson, 29 de julio de 1941, RAC.

[20] Carta de Losey a Eisler, 15 de julio de 1941, HEA.

Esta carta cerraría la etapa improductiva del compositor y pondría en marcha su siguiente trabajo para el Film Music Project: la banda sonora del film *A Child Went Forth*.

A Child Went Forth fue producida por la National Association of Nursery Educators, una institución de pedagogos que se encargaba de desarrollar métodos didácticos progresistas en centros de enseñanza infantil de los Estados Unidos. La financiación fue gestionada por una productora particular llamada Documentary Film Productions. David Caute ha señalado que también Frontier Films aportó financiación para la realización de la película[21]. Aunque desconocemos su fuente de información, es indudable que el vínculo entre la productora y Joseph Losey existía. Como hemos señalado, el propio director recodaría más tarde que, durante el rodaje de *A Child Went Forth*, el equipo de producción trabajaba en el mismo edificio donde se encontraba la oficina de Frontier Films.

Para la dirección de fotografía del film Losey contó en aquella ocasión con John Ferno, que había colaborado en distintas ocasiones con Joris Ivens y había conocido a Eisler en la Unión Soviética en 1932. A mediados de 1941, Losey y Ferno viajaron juntos a Woodlea, un pueblo del estado de Nueva York donde se encontraba el campamento Nell Goldsmith (llamado así por el nombre de su fundadora), y allí rodaron varios rollos de película con el fin de explicar cómo afectaban los nuevos métodos pedagógicos de la National Association of Nursery Educators a la educación de los niños del campamento. Años más tarde, Losey recordaría que

> [*A Child Went Forth*] era un documental de media hora hecho en un campamento infantil donde estaban llevando a cabo un experimento interracial, y donde se recibía a niños muy pequeños de todos los tipos, nacionalidades y colores; parecía funcionar maravillosamente. Tomé la idea básica de un poema de Walt Whitman que se titula «A Child Went Forth», pero también se hizo un guión, que lo escribió [Munro Leaf]. John Ferno se encargó de la fotografía y yo de la dirección. Me prestaron 500 dólares para hacer aquella película y me dieron 2.000 del laboratorio, Dios sabe cómo, pero me los dieron[22].

Mientras que la «película del parque de atracciones» nunca se llegaría a realizar, *A Child Went Forth*, «la película del campamento», se acabaría (y con música de Eisler) durante las semanas siguientes.

Losey volvería a escribir a Eisler el 16 de agosto de 1941. Esta segunda carta, mucho más extensa, nos aporta una información más detallada del proceso de posproducción y de las condiciones de trabajo del compositor. El cineasta comenzaba hablando de una primera proyección del film, todavía inacabado, en el Preview Theater.

> Este lunes a las seis de la tarde vamos a proyectar en el Preview Theater una primera versión de la película del campamento. No está del todo finalizada, pero nos queda muy poco; tan sólo unas pocas cosas más. Estamos apresurando este trabajo porque MacGowan y Whitney, si lo acabamos, nos han prometido un contrato con el Departamento de Estado que nos daría el suficiente dinero para poder continuar con el rodaje de la película del parque de atracciones (que se rodaría en el Venice Park de Hollywood). Pienso ir con MacGo-

---

[21] David Caute, *Joseph Losey. A Revenge on Life*, Nueva York, Oxford University Press, 1994, p. 70. Caute no señala el origen de dicha información.
[22] Losey, en Ciment, *Conversations with Losey*, pp. 55-56.

wan a Washington el próximo viernes para proyectar esta primera versión del film del campamento, quizá ya con un texto que sirva de comentario.

Aunque no es obligatorio, sería estupendo que acudieras el lunes a la proyección. La mujer que va a presentar la película parece ser una experta en canciones infantiles. Espero que prepare algún material para que puedas obtener de ahí temas que te sean útiles. Pero, lo dicho, no es necesario que hables con ella el lunes. Ella siempre puede reunir algunas canciones por su cuenta y, dentro de una semana o de diez días, organizamos un encuentro en serio[23].

A continuación el cineasta pasaba a hablar de los términos económicos en los que se realizaría la colaboración en caso de que Eisler compusiese finalmente la banda sonora del film.

Para ponerlo por escrito y de forma clara, me gustaría indicarte los dos posibles acuerdos para que escribas la música de estas dos películas, como te has ofrecido a hacer generosamente:

1. *La película del campamento*. John y yo hemos trabajado por nuestra cuenta y no hemos cobrado sueldo de ningún tipo. El dinero nos ha llegado a través de préstamos y créditos. La cantidad que nos da MacGowan (sin contar la cantidad que necesitamos para la película del parque de atracciones) sirve solamente para pagar los costes, así que, cuanto más puedas sacar de tu proyecto para esta banda sonora, mejor.

Si no me equivoco, podrías cubrir los gastos de grabación de una banda sonora, ¿no es así? E incluso pagar la música. Hemos pensado en un número muy reducido de instrumentos. Nosotros, por supuesto, nos encargaremos de grabar el comentario y los efectos sonoros. Si nos puedes echar una mano con los costes de la grabación final, estupendo. Si no, veremos qué podemos hacer.

Esperamos vender la película para que se distribuya comercialmente, por lo menos, eso seguro, en 16 milímetros. Resulta muy difícil saber cuánto aportará la película en términos de beneficios. Puede ir desde unos cien dólares hasta, si tenemos suerte, unos cinco mil. Te agradezco mucho tu ofrecimiento y espero que las películas te sirvan para tu proyecto. Pero John y yo, como detalle, querríamos que aceptases un porcentaje de los beneficios, un cinco por cien. No es mucho, pero [...] espero que te reporte, por lo menos, 200 ó 300 dólares.

2. *La película del parque de atracciones*. En cuanto a este film, se supone que MacGowan te pagará los costes de grabación [...][24].

Por esta carta sabemos que fue Eisler quien se ofreció a colaborar con Losey, y que, en algún momento del verano, el compositor comentó al cineasta que tenía presupuesto suficiente para colaborar con financiación propia en alguno de sus proyectos («si no me equivoco, podrías cubrir los gastos de grabación de una banda sonora»). Hoy sabemos, además, que Eisler contactó con la «experta en canciones infantiles», ya que el septeto que escribiría para *A Child Went Forth* (en efecto, una banda sonora de «reducido número de instrumentos») proponía una serie de variaciones sobre aquellas nanas populares norteamericanas a las que se refería Losey en su carta del 16 de agosto. También podemos comprobar que el viaje del director a Washington tendría éxito:

---

[23] Carta de Losey a Eisler, 16 de agosto de 1941, HEA.
[24] *Ibidem*.

«la película del campamento» sería comprada por el Departamento de Estado más adelante y exhibida a través de éste en un amplio número de países[25].

En la lista final de gastos del Film Music Project de 1944 se especifican las cifras exactas que Eisler invirtió en la banda sonora del film: 652 dólares para pagar a los músicos, 208 para pagar el alquiler del Reeves Sound Studio y 150 para pagar a Jascha Horenstein, que se encargó de dirigir el septeto. Las dos primeras entradas están fechadas el mismo día, el 25 de septiembre, y la tercera, cinco días después, lo cual nos indica que posiblemente a principios de octubre de 1941 el film ya contaba con la banda sonora y estaba listo para ser estrenado y distribuido.

Como había ocurrido con *White Flood*, Eisler estaba recibiendo un encargo profesional que él mismo decidía enmarcar dentro de una investigación sin ánimo lucrativo (el Film Music Project). A diferencia de las partituras que escribiría para *Lluvia* o *Las uvas de la ira*, de finalidad experimental, la música de *White Flood* y de *A Child Went Forth* podían aportarle (como posiblemente ocurrió) beneficios económicos.

Este tipo de colaboración, dependiendo del punto de vista con el que se mire, puede servir para demostrar cómo el compositor se saltó una de las condiciones básicas que había acordado con la Rockefeller Foundation, a quien desde un principio había presentado el Film Music Project como una investigación sin finalidad comercial. Como las producciones de Frontier Films y de Joseph Losey no tenían una sólida financiación, Eisler decidió invertir el dinero de la fundación en ambas películas, de tal modo que, además de ayudar de forma inmediata a la realización de los filmes, podía obtener a largo plazo y a título individual un porcentaje de los ingresos. Es decir, no sólo se estaba saltando las bases del proyecto, sino que estaba invirtiendo dinero de la institución para beneficio propio.

Por otro lado, este hecho puede observarse desde un punto de vista diferente que afirme que, como las cantidades de inversión y, sobre todo, de retribución, fueron tan pequeñas, resultaría ridículo presentar a Eisler como alguien interesado en obtener beneficios económicos personales a partir de la «buena voluntad» de la Rockefeller Foundation. Lo que esta inversión en proyectos ajenos demostraría más bien sería su «camaradería» a la hora de apoyar la producción de películas progresistas como *White Flood* y *A Child Went Forth*. Además, confirmaría la imagen de Eisler como un compositor constante que creía en la posibilidad de producir películas dentro del sistema, financiadas por dicho sistema, y cuyo contenido ideológico iba, sin embargo, en contra del mismo.

Posiblemente estos dos puntos de vista, el que presenta a Eisler como investigador delictivo y el que lo presenta como investigador revolucionario, tengan ambos algo de verdad y algo de farsa.

Sea como fuere, una vez que el comentario de Munro Leaf fue leído por el actor Lloyd Gough e incluido como voz en *off* del film, y que la banda sonora de Eisler se incorporó igualmente al negativo, posiblemente en octubre de 1941, Losey dio por finalizado el proceso de posproducción de la película. Aunque en principio la New York University Film Library se encargó de la distribución del film, tras varios viajes a Washington, como acabamos de señalar, la productora Documentary Film Productions logró vender los derechos de *A Child Went Forth* al Departamento de Estado.

David Caute ha señalado que el gobierno norteamericano decidió comprar el film porque estaba muy interesado «en los modelos y las formas que podían solucionar el

---

[25] Caute, *Joseph Losey. A Revenge on Life*, p. 70.

problema de la evacuación infantil en tiempos de guerra»[26]. Si ésa fue la razón, no lo sabemos; pero lo cierto es que con la financiación estatal el film se dobló a más de veinte idiomas, la Office of War Information del gobierno norteamericano la distribuyó en Europa, y el Rockefeller Committee on South American Relations, en toda Sudamérica[27].

Para esta amplia difusión internacional el gobierno redujo la duración del film; como señaló Losey años más tarde, «se cortaron entonces diez minutos del total, y no creo que exista hoy copia alguna que sea completa»[28]. Este comentario de Losey puede crear confusión, porque en realidad la película se redujo durante el proceso de posproducción, posiblemente tras el primer viaje a Washington de Losey y MacGowan y antes de la incorporación del comentario y la banda sonora. Aunque Losey y Ferno tuviesen preparado una primera versión de treinta minutos, la copia definitiva y final con el texto de Leaf y la música de Eisler duró 19 minutos; es decir, el tiempo exacto del film en las copias que todavía hoy se pueden encontrar de *A Child Went Forth*.

La película tuvo un éxito más institucional que comercial. No sabemos cuales fueron las recaudaciones ni si Eisler cobró finalmente el cinco por cien de los beneficios totales del film. Lo que sí está claro es que a Joseph Losey le sirvió para realizar a continuación otro cortometraje también de carácter didáctico, pero de mucho mayor presupuesto, titulado *Youth Gets a Break* (*La juventud se toma un respiro*, 1942), que financió directamente la National Youth Administrarion del gobierno estadounidense y que a lo largo de 20 minutos mostraba «los distintos aspectos que rodeaban al trabajo de la institución con los jóvenes de todo el país»[29]. Y que a Eisler le permitió seguir experimentando con los distintos usos y formas de la música cinematográfica.

EL SEPTETO DE HANNS EISLER

En el informe que publicaron como apéndice a *Composición para el cine,* Eisler y Adorno resumían el contenido de *A Child Went Forth* en un breve párrafo:

The Children's Camp (*El campamento infantil*) no tiene argumento; se trata de una secuencia flexible compuesta por una especie de estampas de género unidas por un lugar de acción común, el campamento. En su totalidad es sencilla y modesta. Josef [*sic*] Losey, el director, diferenció las secuencias claramente; cada una trata un momento especial de la vida en el campamento, y cada una está diseñada para aportar una idea particular. La duración relativa de las escenas fue equilibrada cuidadosamente[30].

---

[26] Caute, *Joseph Losey. A Revenge on Life*, p. 70.
[27] Caute señala que «antes de octubre de 1945 *A Child Went Forth* se tradujo a veinticuatro lenguas» (*Ibidem*, p. 70); Joseph Losey, por su parte, cifra el número de idiomas en veintitrés (en Ciment, *Conversations with Losey*, p. 56).
[28] *Ibidem*, p. 56.
[29] *Ibidem*, p. 56. En esta segunda ocasión Losey contó con la colaboración de Ferno y de otros dos documentalistas ligados a Frontier Films, Willard van Dyke y Ralph Steiner, y el montaje fue realizado por Jay Leyda, también miembro de la productora, profesor en la New School y traductor al inglés de los textos teóricos de Sergei M. Eisenstein.
[30] Adorno y Eisler, «Report on the Film Music Project», p. 141.

De forma un tanto inexplicable, los autores cometían un error ortográfico al escribir el nombre de Joseph Losey y daban un título erróneo a *A Child Went Forth*. Su descripción de la película era del mismo modo bastante inexacta: ambos demostraban en las frases siguientes de su informe que la estructura del film no era tan libre o carente de argumento como parecía. A lo largo de una serie de secuencias, en efecto, «cuidadosamente» equilibradas y sencillas, *A Child Went Forth* exponía, como señalaban Adorno y Eisler, los principios sobre los que se basaba una educación infantil liberal; pero conviene señalar que el film proponía también algo más.

A través de las actividades que realizaban los niños del Nell Goldsmith Nursery Camp el espectador observaba los valores éticos de una vida en comunidad donde no había escalas sociales ni hegemonías ni posesiones. Si pensamos en el gran interés por las formas de visa socialista que Losey tenía de joven, entonces el contenido del film puede vincularse de forma directa a la idea de utopía y sociedad sin clases en el pensamiento marxista.

Lejos de ser ingenua, la visión del director parecía vislumbrar a lo lejos la que sería la motivación principal de su posterior obra: el examen del modo en que se corrompen los seres humanos y malogran la construcción de dicha sociedad utópica. Esa fascinación por la degradación humana y la incapacidad del hombre de ser fiel a un ideal que desarrollaría Losey en su etapa adulta, se puede ya observar, y de forma pura, en *A Child Went Forth*, en concreto, en la secuencia en que los niños se peleaban en el estanque[31]. Como los sujetos filmados eran tan pequeños y como su entorno era tan ideal, la acción de la pelea cobraba en el film una significancia mayor, convirtiéndose en una enunciación casi abstracta sobre la fragilidad moral de todo ser humano. La naturaleza tan armónica, parecía decirnos el cineasta en aquella secuencia, contenía dentro de sí el germen de su propia extinción, hasta tal punto que, allí donde Walt Whitman había visto cómo verdeaban y maduraban los quintillones, Losey descubría el principio de su putrefacción.

Para hacer esta interpretación quizá sea necesario conocer la obra posterior del cineasta, pero para percibir que *A Child Went Forth* está rodada con una genialidad muy particular, no hace falta en absoluto. El magnífico uso del nítido blanco y negro, los suaves *travellings* de la cámara, la dialéctica creada entre los primeros planos de los niños y los planos generales de las praderas que los rodean, la incorporación del sonido en directo (el tañido de las campanas) y la bella música de Eisler... todo hace del film una pequeña obra maestra.

La falta de apreciación que la película ha tenido por parte de historiadores se debe sobre todo a las modestas pretensiones del propio film: ¿quién acudiría a un cortometraje «sin argumento» ni actores profesionales rodado en apenas unas semanas para descubrir ciertos elementos novedosos en la historia del primer cine sonoro norteamericano?

Y, sin embargo, como hemos señalado anteriormente, fue precisamente la modestia de los filmes la que permitió a Eisler desarrollar su trabajo en el Film Music Project con plena libertad. En sus partituras para Hollywood no produciría piezas de *angewandte Musik* que pudiesen trasladarse de forma exacta o casi exacta a la sala de conciertos, algo que en cambio sí ocurriría en este septeto para *A Child Went Forth,* o en la sinfonía de cámara para *White Flood.*

---

[31] Para un breve pero fascinante análisis del concepto de degradación en el cine de Losey, véanse las últimas páginas del capítulo octavo de Gilles Deleuze, *L'image-mouvement. Cinéma I*, París, Les Éditions de Minuit, 1983.

La banda sonora de *A Child Went Forth* consistía en una serie de variaciones realizadas a partir de temas de canciones infantiles norteamericanas como *Strawberry Fair (La feria de la fresa), Sourwood Mountain (La montaña Sourwood)* y *Little Ah Sid (Pequeño Ah Sid)*. Como se indicaba en el informe final, las canciones fueron modificadas para las situaciones específicas de la película, aplicando «formas musicales definidas, como el canon, el rondó y formas de lied más breves»[32]. El método de Eisler consistió en aplicar un tratamiento de contrapunto y armonización a las estructuras musicales de las nanas, para que su configuración básica pasase a seguir el estilo musical moderno.

Esta aplicación tenía una doble finalidad: por un lado, evitaba la cursilería en la que acostumbraban a caer las producciones artísticas (ya fueran literarias, fílmicas o musicales) dirigidas a un público infantil, y, por otro, aportaba una seriedad musical ausente en las melodías de las nanas. En *Composición para el cine*, Eisler y Adorno señalaron al respecto:

> El problema musical era salvar a la película del romanticismo sentimental, empalagoso y gracioso de los cuentos infantiles de las revistas. El efecto de la música no podía ser ni conmovedor ni jocoso. Su gama de sentimientos tenía que incluir elementos que habitualmente no se asocian a los niños: auténtica seriedad, como la que los niños muestran a menudo cuando juegan; tristeza, nerviosismo e incluso histeria; pero todo esto de forma suelta, ligera e inconsecuente. Ante todo la música no debía dar una especie de golpecito en el hombro a los niños, ni convertirlos en objeto de los chistes de los adultos, ni congraciarse a sí misma adoptando un falso lenguaje infantil[33].

Para lograr dicho objetivo, Eisler recurrió en primer lugar a una instrumentación determinada (el septeto formado por la flauta, el clarinete, el fagot y el cuarteto de cuerda); en segundo lugar, escogió la forma musical de la suite, que le permitió emplear una serie de piezas válidas por sí mismas (como cada secuencia del film), pero también conectadas unas con otras por la instrumentación común; y, finalmente, desarrolló la partitura con un método musical moderno que no sobrepasaba los límites de la tonalidad, pero que otorgaba plena libertad a cada progresión de las variaciones.

Los temas originales de las canciones tenían un carácter alegre, pero la modificación de Eisler les daba por momentos un intenso carácter dramático. Las piezas del septeto eran así metáforas de los sentimientos cambiantes del niño, y también de los altibajos constantes de aquel que vivía en el exilio: haber sido capaz de escapar a la persecución nazi le producía alivio, pero el sentimiento de haber perdido su lugar de origen para siempre lo cubría de melancolía. Por eso en el septeto el brío de las cuerdas se entremezclaba con cierta solemnidad desalentadora de los instrumentos de viento: toda existencia, incluso la más ingenua, tenía un trasfondo de tristeza.

Y al instante, vuelta al cambio de ánimo, vuelta a la fascinación infantil por la realidad que rodeaba a Eisler: el *pizzicato* imitando al banjo; los violines estridentes que señalaban, antes de que los viésemos, la presencia de los ratones; la música cómica del perro que se sacudía cada gota de agua al brincar. Y más adelante, la nana ante la niña que dormía, y el silencio musical que dejaba paso a las campanadas que anun-

---

[32] Eisler, «Final Report on the Film Music Project on a Grant by the Rockefeller Foundation», p. 3.
[33] Adorno y Eisler, «Report on the Film Music Project», p. 141.

ciaban el almuerzo, donde se escuchaba el choque de los tenedores en los platos y las voces, ya cansadas y lejanas, de los niños.

A diferencia de lo ocurrido con otras bandas sonoras, la de *A Child Went Forth* fue descrita minuciosamente por Eisler y Adorno en el apéndice de *Composición para el cine*. Por lo detallado del análisis, podemos pensar que tanto el compositor como el filósofo tenían un especial aprecio por la obra. Aunque es sabido que Eisler rara vez describió con detenimiento sus propias partituras para el cine, en este caso hizo una excepción:

> Un *allegretto* introductorio que acompaña a los títulos del film establece la tónica. Contiene una canción infantil, pero en principio no como voz principal. Resuena vagamente en el tono medio del fagot, lo cual enfatiza su carácter introductorio. En la segunda mitad del breve pasaje la canción infantil pasa a ser la melodía, pero se disuelve inmediatamente con el uso de sus notas finales. El siguiente pasaje, escrito para acompañar la lectura de unos pocos versos de Walt Whitman, funciona estructuralmente como una breve coda a la introducción, pero contiene el comienzo de una nana que, por el momento, se deja sin resolver.
>
> El primer y breve «movimiento principal» es un *allegro assai* que acompaña una escena en el patio del recreo. Los juegos no son ilustrados; la música posee el carácter general de un alegre bullicio. Liberada de la restricción de seguir a la imagen con detalle, se aproxima a la estructura de una exposición de sonatina, sin desarrollo. Un «tema cantabile» sobresale claramente.
>
> El siguiente movimiento breve sigue la imagen más de cerca. Los niños están pintando los juguetes con mucha seriedad y diligencia. La música imita esta actitud con un pequeño y abigarrado *fugato*.
>
> Más adelante los niños aparecen cargando unas piedras pesadas. La música contiene el tema del *fugato* y lo hace laborioso con cambios puramente estructurales. Al final los niños se pelean, y la música sugiere los gestos de los empujones.
>
> La secuencia más larga (de casi cuatro minutos) es un popurrí de fragmentos de juegos. La tarea de la música es la de introducir unidad en esta diversidad. Consta de una introducción, una canción infantil con tres variaciones y una coda. Aquí se aplica exactamente al cine una forma de música autónoma.
>
> En una de las escenas siguientes se lava a un perro. La finalidad dramática es la de evocar el tatareo que a menudo acompaña al trabajo mecánico, aunque en realidad ninguno de los niños está tatareando. Por eso la música no procede de forma realista de lo que sucede en la pantalla, sino del modo de comportamiento que se representa en ella. Sólo una breve introducción hace referencia a la resistencia del perro; el baño es acompañado por una canción infantil interpretada por las cuerdas *(pizzicato, quasi à la banjo)* y el clarinete; se desarrolla ligeramente y, en la siguiente estrofa, se invierte. El perro se sacude para secarse al son de una enérgica coda.
>
> Más adelante, se muestra a los niños alimentado a minúsculos ratones recién nacidos. Muestran el mayor cuidado, y la música refleja su precaución y nada más: es una pieza rápida, de registro agudo, ansiosamente chirriante.
>
> Las escenas de los juegos con la pelota conducen gradualmente a un grupo que usa un caballo real como modelo para una pintura. La alegre constancia del juego se refleja ahora en un canon jubiloso desarrollado a partir de una canción infantil, de tal manera que también mantiene la sincronía con la secuencia de la pintura.
>
> La escena final muestra la visita a una granja. Los niños están observando varios animales y la música posee un carácter pastoral; es puramente decorativa y está más relacionada con el escenario que con la acción. Al final, un obrero agrícola pasea a los niños en un pe-

queño remolque tirado por un tractor. El tractor se muestra como si fuese una máquina inmensa y aquí la música pierde todo carácter infantil y, frente a la escena pastoral, se asocia a los tanques y a la guerra; se hace seria, sombría, airada, y altera por completo el estilo de la composición anterior[34].

Lo que este extenso pasaje demuestra, entre otras cosas, es el grado de dominio y originalidad de Eisler a la hora de componer música para cine y su capacidad (sumada a la de Adorno) para reflexionar a posteriori sobre ella. El pasaje refleja además su interés en que la música de *A Child Went Forth* fuese genuinamente cinematográfica, es decir, que avanzase junto a la imagen ampliando su significado, que fuese banda sonora en el sentido más literal de la palabra: partitura compuesta *para el cine (for the film)*. Y, al mismo tiempo, se observa también su esfuerzo para que dicha práctica no deviniese en el mal hábito de la imitación, en la ilustración *mickeymousy*, en el *leitmotiv* más primario. Por ejemplo, la música seguía a los niños cuando estaban pintando o se peleaban, pero parecía abandonar la acción cuando se contenía el tema del *fugato* en «cambios puramente estructurales». O, en otra ocasión, cuando los acordes acompañaban el sacudirse del perro, el *pizzicato* abandonaba la imitación, otorgándole a la imagen un carácter dinámico diferente. O, finalmente, en los acordes combativos de la «música de batalla» *(kampfmusik)*, que ilustraban el paso del tractor, pero que también se convertían en música de luto por las víctimas de la guerra.

Estos párrafos dedicados a *A Child Went Forth* también descubren el interés del compositor por crear «música aplicada», no sólo porque la banda sonora recogía formas de música autónoma como la sonatina o el canon, sino también porque se especificaba que tales formas se empleaban «de forma exacta». Cuando Adorno y Eisler se referían a la secuencia más larga («aquí se aplica *exactamente* al cine una forma de música autónoma»), estaban implicando a la vez que dicha banda sonora se podría interpretar bajo idéntica forma como música de cámara.

Sería, de hecho, en calidad de composición autónoma como la partitura se interpretaría durante los años siguientes. Ligeramente modificada en la *Suite für Septett Nr. 1, opus 92a (Suite para septeto n.º 1, opus 92a)*, se estrenaría el 14 de diciembre de 1947 en el Coronet Theater de Los Ángeles, dentro del concierto patrocinado por Igor Stravinsky, Aaron Copland, Roger Sessions, Ernst Toch y Roy Harris en solidaridad con el compositor por el proceso de difamación al que el HUAC lo estaba sometiendo durante aquellas mismas semanas. Y algunos días después, el 28 de febrero de 1948, se volvería a interpretar en el Town Hall de Nueva York, con motivo del así llamado «concierto de despedida de Hanns Eisler», patrocinado por músicos como Copland, Randall Thompson y Leonard Bernstein, que tuvo lugar días antes de que el compositor abandonase los Estados Unidos para siempre[35]. Como *Suite für Septett* la dirigiría y grabaría el propio Eisler con la Staatskapelle, el 18 de enero de 1956, lejos ya de América, en la sección oriental de Berlín.

---

[34] *Ibidem*, pp. 142-144.
[35] «Concert Program», Coronet Theater de Los Ángeles, 14 de diciembre de 1947, y «Concert Program», Town Hall de Nueva York, 28 de febrero de 1948, ambos en el HEA. En ambas ocasiones la *Suite für Septett* fue subtitulada «In the Kindergarten». En la segunda parte del primer concierto se interpretaron extractos de la música de Eisler para el film *The Circus* de Charles Chaplin, y se proyectó *Lluvia* de Ivens con el

LA MÚSICA DE *REGEN:* CATORCE MANERAS DE DESCRIBIR LA LLUVIA

Con la escritura de una nueva partitura para *Lluvia* de Ivens, Eisler realizaría no sólo la banda sonora más compleja del Film Music Project, sino una de las composiciones más logradas de toda su carrera artística. Albrecht Betz la definió en una ocasión como «el corazón del proyecto», y el propio compositor la consideró años más tarde su «mejor pieza de música de cámara»[36]. Titulada en alemán *Vierzehn Arten, den Regen zu beschreiben* y en inglés *Fourteen Ways to Describe Rain (Catorce maneras de describir la lluvia),* este quinteto, opus 70 del conjunto eisleriano, tiene el cometido de cumplir una triple función: en primer lugar, homenajear al maestro del compositor, Arnold Schönberg; en segunda instancia, ampliar el significado de las imágenes cinematográficas de la versión muda de *Lluvia;* y, en tercer y último lugar, traducir en forma musical algunos de los sentimientos personales que Eisler experimentó intensamente durante aquellos años de exilio norteamericano. «No quiero decir –declararía el compositor posteriormente– que el tema crucial del siglo XX sea, por decirlo de algún modo, la anatomía del dolor o la anatomía de la melancolía. Pero indudablemente este tema está presente en toda [mi] obra musical»[37] y, muy especialmente, en la partitura de *Lluvia.*

A diferencia de las composiciones originales para *White Flood* o *A Child Went Forth,* Eisler no tuvo que cumplir ningún requisito comercial con el cortometraje dirigido por Ivens. Ni el film había llegado a sus manos por medio de contactos profesionales, ni se le pedía que colaborase en el proceso de posproducción (*Lluvia,* de hecho, había sido finalizada 12 años antes). En esta ocasión, el compositor había escogido la película por razones personales, no sólo para investigar las posibilidades de la música dodecafónica en el cine, sino también para desarrollar con libertad las formas musicales con las que mejor expresar sentimientos subjetivos en torno a temas como la guerra o el exilio.

En una carta que escribió a John Marshall el 25 de septiembre de 1941, Eisler enfatizaba el carácter puramente investigador de su partitura:

> Mi querido señor Marshall:
>
> Estoy teniendo muchas dificultades para alquilar estudios de sonido con sistemas RCA o Western Electric, ya que en estos momentos piden por adelantado el pago de las licencias, que suman 513 dólares.
>
> Ni por asomo podría pagar yo esta cantidad de apropiación. [...] Estas licencias se cobran a los productores comerciales, pero *mi proyecto es puramente científico* y le puedo asegurar que mis grabaciones nunca se mercantilizarán ni se venderán[38].

Aunque en realidad el Film Music Project no fue, ni mucho menos, un «proyecto puramente científico» (*White Flood* y *A Child Went Forth,* aun siendo películas principalmente educativas, tenían también finalidades comerciales), la partitura de *Re-*

---

título de «*Fourteen Ways to Describe Rain* (Film music composed under the auspices of the Rockefeller Foundation)». Bajo ese mismo título se proyecto también dicho film en el concierto de despedida de Eisler en Nueva York.

[36] Ambas afirmaciones se recogen en Betz, *Hanns Eisler. Political Musician,* pp. 177-178.

[37] Eisler, citado en Hanns Bunge, *Fragen Sie mehr über Brecht. Hanns Eisler im Gespräch*, Múnich, Rogner Bernhard, 1970, p. 16. En otra ocasión Eisler llamaría a la composición *Vierzehn Arten, mit Anstand traurig zu sein*: catorce maneras de ser pudorosamente triste (en Schebera, *Hanns Eisler,* p. 179).

[38] Carta de Eisler a Marshall, 25 de septiembre de 1941, RAC; la cursiva es nuestra.

gen que el compositor estaba escribiendo en aquellos momentos sí lo sería. El cortometraje de Ivens con la nueva banda sonora de Eisler sólo se proyectaría como parte resultante del Film Music Project y nunca en salas de cine con finalidades lucrativas.

Ivens había rodado *Lluvia* en 1929 con la colaboración en el guión y en el montaje de su amigo Mannus Franken. El rodaje se había alargado durante cuatro meses porque el director había decidido rodar numerosas tomas de cada uno de los momentos de un día de lluvia[39]. Como si de una crónica del llover se tratase, Ivens había filmado repetidas veces los distintos momentos de una serie de días lluviosos en Ámsterdam, y había obtenido así abundante metraje que retrataba el proceso y el efecto de la lluvia en la ciudad (desde la primera ráfaga de viento que anuncia la tormenta hasta el débil rayo de sol que aparece después de llover). Todo este proceso había sido unificado rítmicamente en la mesa de edición, donde Franken e Ivens habían seleccionado las mejores tomas de cada momento para conformar los doce minutos del film. El ritmo era tal que la propia imagen muda, como ha señalado recientemente Claude Brunel, «poseía de por sí una construcción musical»[40].

Con ocasión de su estreno en Ámsterdam, *Lluvia* fue presentada como una película que contaba simplemente cómo era un día de lluvia en la ciudad; no obstante, y pese a su corta duración y falta de pretensiones, el film obtuvo un éxito inmediato. Si lo hizo fue sin duda por la calidad estética de su estilo cinematográfico: que el paso de los años no haya debilitado dicha calidad justifica la consagración posterior del film como uno de los grandes clásicos del cine experimental. Evidentemente, la pregunta que surge llegados a este punto es: ¿qué elementos hacían entonces (y hacen ahora) de *Lluvia* una película tan especial?

Quizá la principal característica que sorprende del film es la exactitud con la que capta el fenómeno natural de la lluvia. Durante el rodaje Ivens empleó una película Agfa de alta velocidad, sin corrección de color ni filtro alguno, que le permitió filmar la cualidad física de la lluvia en todos sus aspectos: lumínico, voluminoso y motriz. Gracias a un cuidadoso revelado del film en blanco y negro, el cineasta fue capaz además de capturar una amplísima gama de grises que le permitió mostrar las formas del agua de manera exacta y precisa, ya fuera al caer sobre la ventana, al gotear desde una barandilla o al chapotear contra el suelo adoquinado de la ciudad. A esta delicada técnica fotográfica sumó también recursos genuinamente cinematográficos como la panorámica o el travelín (especialmente llamativos cuando la cámara se sitúa dentro de un tranvía o en el interior de un automóvil), de tal modo que las imágenes, antes de ser editadas, poseían ya una velocidad propia. En la mesa de edición, como imitando

---

[39] Tal como afirma el propio Joris Ivens en su autobiografía, *The Camera and I*, p. 37. Para mayor información sobre el rodaje de *Lluvia* y los primeros años de Ivens como documentalista, véanse además Wolfgang Klaue *et al.* (eds.), *Joris Ivens*, Berlín Oriental, Staatlichen Filmarchiv der DDR, 1963, pp. 122-123, y Hans Schoots, *Living Dangerously*, pp. 34-58.

[40] Claude Brunel, «Music and Soundtrack in Joris Ivens' Films», en Kees Bakker (ed.), *Joris Ivens and the Documentary Context*, Ámsterdam, Amsterdam University Press, 1999, pp. 195-210, 195. Aunque originalmente la película había sido rodada sin sonido, en 1932 el compositor Lou Lichtveld había compuesto una partitura de sesgo impresionista para flauta, trío de cuerdas y arpa, que había sido sincronizada al film en París por Helen van Dongen. En Nueva York, durante la realización del Film Music Project, Eisler debió sentir que aquella versión sonora ya existente de *Lluvia* negaba en cierto modo el carácter enigmático del film: Lichtveld, con todas sus buenas intenciones, parecía no creer que la película fuera *algo más* que la descripción de un día de lluvia en Ámsterdam.

la constante caída de la lluvia, Ivens incrementó el movimiento del relato visual siguiendo los principios del montaje paralelo y por asociación. Dicha construcción, ejemplificada en la ágil combinación de las cambiantes luces del día y los serios gestos de los paseantes, otorgó al film un carácter dinámico y melancólico a la vez, como el que parece poseer, sorprendentemente, la lluvia misma.

Lluvia vinculaba cada una de sus partes con un ritmo interior que la unificaba y, al mismo tiempo, la hacía avanzar. «La única continuidad de la película –diría el propio Ivens más adelante– estaba marcada por el comienzo, la progresión y la finalización de la lluvia. No había ni títulos ni diálogo. Sus efectos pretendían ser *puramente visuales*»[41]. Quizá fue este carácter estrictamente óptico el que ha llevado a los estudiosos de cine, desde Béla Balázs a Gilles Deleuze, a definir el film como un auténtico *ciné-poem,* como un ejemplo perfecto del «cine absoluto» o como expresión ultima de esa «imagen-afección» donde el argumento no depende ya de una concatenación de acciones y reacciones, sino que se libera de toda narratividad para entrar finalmente en el terreno de la expresión visual más abrumadora y directa.

Como compositor de bandas sonoras para el cine, Eisler percibió en la película dicho «carácter poético» y entendió que *Lluvia,* en tanto ejercicio lírico de experimentación visual, permitía gran libertad a la hora de preparar una nueva partitura que acompañase a las imágenes. A diferencia de los documentales posteriores de Ivens, de fuerte carácter político, este cortometraje parecía no tener contenido o, en todo caso, no tenerlo sino era a través de su forma[42]. Resulta ciertamente irónico que en un momento crucial de su carrera, Eisler (que a menudo había sido considerado como un compositor político, explícito, incluso abiertamente directo y agresivo) escogiese una película como *Lluvia* para escribir una partitura como *Catorce maneras de describir la lluvia;* ni en una ni en otra se podía encontrar expresión ideológica que no fuese la radical apuesta por tensar la forma hasta su máxima autonomía. Nada en ellas había del *plumpe Denken* o pensamiento crudo que Walter Benjamin había descubierto en el arte eisleriano; todo era sutileza, estilo, *indirección*[43].

Comenzada en la casa que el amigo del compositor Joachim Schumacher tenía en el estado de Connecticut, y finalizada el 18 de noviembre de 1941, la partitura de Eisler pretendía no sólo reforzar el carácter lírico de las imágenes, sino también ampliarlo[44]. Para lograr dicha finalidad el compositor necesitaba escribir una composición que, en el terreno de las formas, fuese todavía más rica y compleja que el film. Eisler decidió entonces combinar un tipo de instrumentación, una técnica de composición y unas soluciones musicales determinadas que le permitiesen llevar la imagen al ámbito de la abstracción. Más adelante, Adorno y él llamarían a *Catorce maneras de describir la lluvia* «la composición más completa y elaborada de cuantas se escribieron para el proyecto»[45].

---

[41] Ivens, *The Camera and I.*, p. 35; el énfasis es nuestro.

[42] El propio Ivens señalaría: «La crítica más seria contra el film fue "su falta de contenido". En cierto sentido era una crítica acertada. No fui capaz de enfatizar suficientemente las reacciones de los seres humanos ante la lluvia en una gran ciudad. Todo estaba subordinado a una aproximación estética» (*Ibidem*, p. 40).

[43] Para un análisis del concepto de *plumpe Denken* en relación a la obra de Brecht y Eisler, véanse los ensayos de Walter Benjamin, «*La novela de cuatro cuartos* de Brecht» y «El autor como productor», en *Tentativas sobre Brecht. Iluminaciones III*, Madrid, Taurus, 1975, pp. 103-114 y 115-134.

[44] Grabs, *Hanns Eisler*, p. 367.

[45] Adorno y Eisler, «Report on the Film Music Project», p. 148.

El tipo de instrumentación escogida fue la de un quinteto formado por una flauta, un clarinete, un violín (o viola), un violoncelo y un piano; es decir, la misma configuración del célebre *Pierrot Lunaire* (1912) de Arnold Schönberg. La deuda de la composición de Eisler hacia su maestro también se observaba en la técnica de composición seleccionada (la dodecafónica) y en la escritura misma de la partitura, que repetía el anagrama de las iniciales del compositor en la disposición A-eS-C-H. La interpretación y grabación de la banda sonora, llevada a cabo en el RCA Sound Studio de Nueva York a finales de diciembre de 1941, fue dirigida por el director de orquesta Rudolf Kolisch, que también había sido estudiante de Schönberg en Viena. Al piano Eisler contó con un intérprete de honor, Eduard Steuermann, compañero del compositor en la New School for Social Research y a su vez amigo de Kolisch y Adorno. Además de grabarse la música como banda sonora óptica *(optical soundtrack)* en el celuloide, se realizó una grabación simultánea en un disco Nadelton de 78 rpm. Tres años más tarde, reunidos en el exilio californiano, Eisler dedicaría la obra a Schönberg con motivo de su setenta cumpleaños, y le regalaría una copia de dicha grabación[46].

Dividida en catorce piezas (o en dieciséis, si contamos los monogramas que forman la introducción y la conclusión), la banda sonora pretendía demostrar la pertinencia de la aplicación de la música más avanzada al medio cinematográfico. La partitura debía ser, al mismo tiempo que homenaje a Schönberg y creación musical eisleriana, una composición *para* la pantalla. Dicha especificidad era posible gracias al doble carácter que Eisler descubría en su música, ilustrativa y autónoma a la vez. Siguiendo los principios estéticos de la *angewandte Musik*, la partitura podía acompañar cada uno de los detalles de la imagen y, al mismo tiempo, ser lo bastante independiente como para interpretarse en forma de música autónoma. De hecho, y de manera un tanto paradójica, *Catorce maneras de describir la lluvia* se interpretaría numerosas veces en vida del compositor como música de cámara independiente de cualquier imagen, pero tan sólo en dos ocasiones como banda sonora de la película de Ivens[47].

El interés de Eisler por demostrar el carácter ilustrativo de la partitura dodecafónica se observaba claramente en la descripción que Adorno y él hacían de la misma en *Composición para el cine*. Tras escoger una secuencia determinada, los autores demostraban, compás a compás, cómo la música seguía a la imagen o, dicho con sus palabras, cómo se desarrollaba «la imitación sincronizada y precisa de la acción visual»:

---

[46] De la existencia del disco dan noticia también los diarios de Bertolt Brecht: distintas entradas del primavera de 1942 señalan que el dramaturgo y el compositor escucharon «el disco de Eisler con la música de la lluvia» en casa de Adorno y que Schönberg usó la partitura como material musical para sus clases universitarias (citado en Werner Hecht, *Brecht Chronik*, Fráncfort del Meno, Suhrkamp Verlag, 1997, pp. 677-678). Esta grabación ha permitido a Johannes Carl Gall hacer la reconstrucción sincronizada de la banda sonora y el film, tal como describe en su artículo «A Rediscovered Way to Describe *Rain*? On the Trace of a Sound Version Unseen and Unheard for 57 Years», en *European Foundation Joris Ivens. Newsmagazine* 10 (noviembre 2004), pp. 3-8.

[47] *Lluvia* sólo fue proyectada con la música de Eisler el 14 de diciembre de 1947 en el Coronet Theater y el 28 de febrero de 1948 en el Town Hall. Por los programas de ambos conciertos se puede deducir que el público observó el film con la banda sonora incorporada en el celuloide; a diferencia de todas las demás piezas de los programas, bajo el título de la pieza no se indicaba director ni músico alguno. Como ha señalado Heller, este hecho confirma que se proyectó una copia en 16 o 35 mm *con* la banda sonora de Eisler, y descarta la posibilidad de que la película fuese acompañada con música en directo (Berndt Heller, «The Reconstruction of Eisler's Film Music», p. 547).

Los compases 43 y 44 acompañan una panorámica que muestra nubes sobre la ciudad y una brisa que empieza a soplar. El compás 45 acompaña la imagen de un plano detalle: las ramas de un árbol son agitadas por el viento. La música entona una frase recurrente a la manera coral reconocible en su final de tresillo, al que se unen la flauta, el clarinete y el violoncelo, mientras una figura interpretada por el violín, que vibra casi como un sonido imperceptible, reproduce el ruido del viento.

En los compases 45 y 46 el movimiento de la ramas se traduce en una frase de acompañamiento del piano, que también es importante para la pieza en su totalidad, y que desde un punto de vista musical y formal, tiene la importancia de la conclusión de una estrofa coral. De esta manera, *la forma cinematográfica determinó la forma musical hasta en su más mínimo detalle*[48].

De todas las partituras del Film Music Project, *Catorce maneras de describir la lluvia* fue la que llevó el recurso de la sincronización a su forma más perfecta. Y no sólo por la técnica compositiva empleada en esta ocasión por Eisler, sino por las posibilidades de sincronización que la propia mesa de edición y los ritmogramas permitieron al compositor. Berndt Heller señaló al respecto: «Es evidente que, en algunos pasajes de su música, Eisler unificó la relación entre la duración de las notas (el tempo) y la medida de los fotogramas (los *frames*) de forma *totalmente exacta*»[49].

En realidad, Eisler no sólo lo hizo en «algunos pasajes», sino en gran parte del film. Por ejemplo, cada vez que se escucha al piano repetir unos semitonos emparejados, lo hace para acompañar planos cortos de las gotas de lluvia; cuando el plano cambia y la cámara muestra en plano general a la gente que busca un lugar donde cobijarse, entonces el piano deja de sonar. La misma precisión ilustrativa se puede descubrir en las secuencias en las que se capta el movimiento del automóvil (acompañado de acentuados tresillos de las cuerdas) o en cualquier otro momento que aporte un especial cambio de ritmo a la imagen.

Pero más allá de la demostración de cómo la música dodecafónica podía ilustrar perfectamente cada plano, la sincronización exacta hizo que Eisler obtuviese una nueva conclusión sobre la especificidad de la música de cine. Como el tempo estaba determinado por la duración de los fotogramas, las decisiones de los intérpretes para imprimir mayor o menor duración a la partitura se volvían inútiles. Es decir, la «interpretación» en la música de cine dejaba de existir. Al igual que Brecht exigía a los actores del teatro épico que «no actuasen», Eisler parecía pedir ahora a los intérpretes de su *angewandte Musik* que no interpretasen. La mecanización de su actividad dejaba al descubierto los mecanismos de manipulación que los músicos habían ido perfeccionando a lo largo de la historia de la interpretación, pero además establecía un canal de comunicación *directa* entre el creador y el destinatario de la obra musical.

En una carta al pianista de *Catorce maneras de describir la lluvia* Eisler pedía a Eduard Steuermann que interpretase su partitura «sin aceleración ni ritmo»[50]. El compositor estaba especialmente interesado en que no hubiese emoción en la interpretación y en que la música participase del «carácter objetivo de *Lluvia*» a través de su incorporación automática, mecánica, no temperamental. En un párrafo especialmente significativo de *Composición para el cine,* Eisler y Adorno dirían:

---

[48] Adorno y Eisler, «Report on the Film Music Project», p. 149; el énfasis es nuestro.
[49] Heller, «The Reconstruction of Eisler's Film Music», p. 549; el énfasis es nuestro.
[50] Carta de Eisler a Eduard Steuermann, citada por Heller, «The Reconstruction of Eisler's Film Music», pp. 550-551.

En las largas secuencias que requieran la coincidencia continua entre las imágenes y la música, la sincronización debe estar automatizada. Si se quiere obtener exactitud matemática, la incapacidad de los seres humanos para observar relaciones temporales mecánicas tiene que ser corregida por medios técnicos[51].

Dichos medios técnicos eran, en este caso, los ritmogramas, que permitían al director de orquesta *controlar* y *ensayar* la música de cine, pero que, al mismo, anulaban su capacidad para *interpretarla*. Seguir el ritmograma impedía alterar el tempo de la música hasta tal punto que la partitura del compositor sólo permitía una única interpretación posible. Este interés de Eisler por la abolición de la interpretación, surgido en consonancia con su previa fascinación por la música sintética y con la celebración benjaminiana de la desaparición del «original» en el cine, tenía una clara intención revolucionaria. Acabar con el evento burgués del concierto supondría acabar a su vez con el espacio burgués del salón musical; sin lugar y sin acontecimiento, las clases acomodadas perderían para siempre parte de su dominio del terreno artístico.

Lo más sorprendente de aquel nuevo «descubrimiento» sobre la música de cine de Eisler era que la interpretación única, lejos de limitar las cualidades expresivas de la obra, participaba de su extensión. Como si estuviese siguiendo máxima estéticas minimalistas, en *Catorce maneras de describir la lluvia* el compositor reducía las posibilidades de interpretación con el convencimiento de que dicha reducción revertía de forma enriquecedora en el conjunto de la obra. El propio compositor señalaba en el informe de 1944:

> Conviene destacar la economía de los recursos musicales. A pesar de la imperante textura afiligranada (propia de la música de cámara) de la composición, todo lo que era superfluo, todo lo que no era absolutamente necesario para la exposición de la idea musical, ha sido evitado. Incluso en este pequeño quinteto, los instrumentos tocan todos a la vez sólo en raras ocasiones. Esta economía de medios es particularmente recomendable para la música de cine, que debería evitar todo tipo de superficialidades[52].

La economía de medios en Eisler siempre motivó el desarrollo de su imaginación. Quienes culpan al compositor de no haber creado nunca un «gran corpus de sinfonías» adoptan una perspectiva quizá equivocada a la hora de entender la obra eisleriana. La idea de que un compositor alcanza su grandeza cuando produce un conjunto magno de piezas orquestales es claramente decimonónica; el siglo XX, para bien o para mal, es el siglo de la fragmentación, de la ruptura, del discurso interrumpido. Lo relevante de esta tradición estética, indudablemente marcada bajo el signo de las dos contiendas bélicas mundiales, es que convierte la limitación de recursos en uno de sus medios más expresivos. *Catorce maneras de describir la lluvia,* escrita en tiempos de victoria nazi, es un perfecto ejemplo de ello.

Y de todos sus pasajes, el último es quizá el más representativo de esta «expresiva limitación de medios». Es en ese preciso momento que muestra la ciudad en calma de Ámsterdam, ya soleada, cuando deben escucharse las estremecedoras notas finales del

---

[51] Adorno y Eisler, «Report on the Film Music Project», pp. 109-110.
[52] *Ibidem*, p. 152.

piano. Sin referente visual rítmico o dramático alguno, reducido el quinteto a una única expresión, Eisler convierte entonces el film experimental en una tragedia política: los gélidos acordes del teclado preludian una ciudad destruida por la Segunda Guerra Mundial. Al igual que el inesperado y abrupto final de la melódica canción *An die Stadt* del ciclo eisleriano *Hollywooder Liederbuch* aludía al Heidelberg bombardeado y no a la villa idílica que describían los versos de Hölderlin, la resolución de *Catorce maneras de describir la lluvia* transforma la melancolía de Ivens en un alegato contra la guerra y la barbarie.

Dicha repudia, no obstante, no se hace de modo explícito a través de una imagen expresionista o de la palabra combativa: procede de la música en forma de dolor puro. En su momento de máxima autonomía, la composición, paradójicamente, expone el componente político más radical, convirtiendo la forma en contenido. Más allá de la ilustración o el contrapunto, con una moderna técnica de composición que se ha vuelto progresiva, anulada la interpretación mediante las técnicas específicas del medio de masas por excelencia, las catorce maneras de describir la lluvia se convierten en un elemento formal de transformación interna del contenido de la película de Ivens. Eisler consigue entonces alcanzar la que más adelante denominaría tercera función de la música en el cine: aquella que dota al film de una profundidad de la que antes carecía, y que hace que la imagen devenga finalmente en pensamiento.

RECAPITULACIÓN

Hoy se puede señalar que, pese a que la primavera de 1941 fue el periodo más improductivo de la investigación, durante el semestre de otoño Eisler consiguió producir los dos mejores resultados del Film Music Project: la banda sonora de *A Child Went Forth* y *Catorce maneras de describir la lluvia*.

Con estas dos partituras el compositor lograba varias de las finalidades propuestas antes de comenzar el proyecto: (1) demostraba en múltiples secuencias de *Lluvia* y *A Child Went Forth* la riqueza y diversidad formal producida al aplicar material musical moderno al cine; (2) aportaba más de treinta minutos de demostraciones musicales en las que la música cumplía las funciones de ilustración, contrapunto y «profundidad»; (3) justificaba el uso de una instrumentación limitada (un septeto y un quinteto) con la expresiva variedad estética de dichas demostraciones; (4) proponía ejemplos concretos de grabación de alta calidad realizados con un reducido número de micrófonos; y (5) obtenía nuevas conclusiones sobre el modo de ser propio de la música de cine, como sus posibilidades para acentuar el carácter abstracto de la narración visual o para anular los procesos de interpretación musical.

Pero al señalar los objetivos cumplidos del proyecto de Eisler reaparecen irremediablemente aquellos sin cumplir. Una vez más el carácter contradictorio vuelve a definir la evolución histórica y estética del Film Music Project. Frente a los cinco logros que acabamos de enunciar se pueden señalar otros cinco objetivos que el compositor se había propuesto y que, casi dos años después del inicio del proyecto, todavía no había realizado: (1) no había compuesto ni un solo minuto de música para secuencias de películas de Hollywood; (2) no había producido ninguna demostración en la que la banda sonora se combinase con el diálogo; (3) no había escrito más que un breve ensayo («Film Music. Work in Progress») de los cuatro informes que había prometido a la

Rockefeller Foundation; (4) no había realizado ninguna presentación pública de su trabajo ni en Nueva York ni en Los Ángeles; y (5) no había llevado a cabo las pruebas de audiencia con el *Program Analyzer* de Lazarsfeld y Stanton.

A finales de 1941 el propio compositor fue consciente de que estos problemas expuestos en las propuestas del Film Music Project todavía no habían sido resueltos, y ésa fue una de las razones por las que (junto a la necesidad de seguir cobrando un sueldo del presupuesto de la fundación) Eisler solicitó una prórroga para el proyecto. Nueve meses más de trabajo le permitirían experimentar con los materiales que había conseguido en Hollywood y escribir una reflexión teórica sobre su investigación, tal como se le estaba pidiendo desde las oficinas de Oxford University Press[53]. La afirmación de Jürgen Schebera de que, «con la finalización de *Lluvia* en enero de 1942, los dos años de duración de la parte práctica del proyecto llegaban a su fin»[54], no es, ni mucho menos, correcta. Como veremos a continuación, Eisler todavía produciría fabulosas partituras durante el periodo de prórroga del Film Music Project.

---

[53] Carta de Philip Vaudrin a Eisler, 8 de enero de 1942, RAC.
[54] Schebera, *Hanns Eisler*, p. 179.

Capítulo VII

Disonancias revolucionarias.
Las uvas de la ira de John Ford (1942)

SOLICITUD Y CONCESIÓN DE LA PRÓRROGA

El 10 de diciembre de 1941 Alvin Johnson envió a John Marshall un informe escrito por Hanns Eisler para solicitar una prórroga de nueve meses para el Film Music Project. «Querido señor Marshall –decía en aquella ocasión el siempre dispuesto Johnson–, durante las dos últimas semanas he querido llamarle para hablar de Eisler [...]. Aquí le envío su solicitud. Ya sabe que estaría encantado en visitarle para charlar con usted de todo esto»[1]. La solicitud que adjuntaba Johnson se titulaba «Memorandum to Dr. Johnson from Hanns Eisler» («Informe para el Doctor Johnson de Hanns Eisler»), y había sido escrito por el compositor el 26 de noviembre de 1941. Se trataba de una petición para que la Rockefeller Foundation prorrogase la fecha de finalización del Film Music Project hasta el 31 de octubre de 1942. El texto decía lo siguiente:

> A pesar de la dificultad para obtener el material de Hollywood que retrasó mi trabajo varios meses, me complace informarle que va a ser posible acabar todos mis experimentos prácticos muy cerca del tiempo acordado, es decir, en febrero de 1942.
> A partir de entonces, la situación presentará muchas dificultades. Mi proyecto habrá acabado y el material estará listo, pero necesitaré un cierto tiempo para describir teóricamente todos los detalles y los diferentes métodos que he empleado. La necesidad de encontrar otros trabajos para mantenerme mientras tanto supondrá una interferencia a esta tarea. Sería muy triste que, tras una serie de apéndices y de breves informes (que, pase lo que pase, voy a presentar), se abandonase todo el material en la Film Library del MoMA. Por la gran cantidad de cartas que he recibido de distintas universidades e instituciones, puedo decir que el interés sobre este tema es muy elevado. Realmente necesito tiempo para escribir un libro sobre la teoría y la experiencia que ha supuesto este proyecto.
> Mi propuesta es, por lo tanto, la siguiente: que la beca de la Rockefeller Foundation cubra un salario de un año para mí y para un asistente, y posiblemente una pequeña suma para gastos de viaje. Esto supondría: 3.000 dólares para mi salario; 1.400 dólares, para un asistente; y 500 dólares, para gastos de viaje; es decir, un total de 4.900 dólares.

---

[1] Carta de Johnson a Marshall, 10 de diciembre de 1941, RAC.

Con este apoyo sería posible unir la experiencia teórica y práctica dentro del marco del experimento propuesto[2].

En este breve informe Eisler aportaba de nuevo una visión claramente modificada del desarrollo real del Film Music Project. Aseguraba que en febrero finalizaría la parte práctica de la investigación, lo cual era algo improbable (sobre todo si tenemos en cuenta que, pese a haberse comprometido a ello, el compositor todavía no había grabado ninguna partitura original con secuencias de largometrajes de ficción). Además, decía haber recibido cartas que mostraban interés por su estudio, lo cual tampoco era cierto, ya que el Film Music Project, durante sus dos primeros años de vida y a diferencia de años posteriores, apenas recibió atención de la comunidad académica norteamericana[3]. Y, por último, amenazaba de forma un tanto frívola sobre un posible fracaso del proyecto («Sería muy triste que [...] se abandonase todo el material en la Film Library del MoMA»), frase que en su veleidad no podía prever el desafortunado destino que tendría la parte práctica del Film Music Project a partir de 1948.

Marshall y Eisler tuvieron un encuentro posiblemente la tercera semana de diciembre de 1941. Marshall le dijo entonces que, si no solicitaba mayor financiación, entonces no habría problema en prorrogar la beca; al mismo tiempo, y siguiendo las normas de la fundación, le sugirió que solicitase dicha prórroga por escrito[4]. En una breve nota del 23 de diciembre, Marshall volvía a dirigirse al compositor: «Después de hablar el otro día con usted pensé que, ya que solicita una prórroga para su beca, quizá pueda hacernos un breve resumen del avance de su proyecto hasta el 1 de enero de 1942. ¿Sería tan amable de escribir dicho resumen y facilitárnoslo al mismo tiempo que pide la prórroga?»[5].

Esta petición originó el que sería el segundo informe de Eisler sobre el Film Music Project: el texto de dos páginas de extensión titulado «Report Concerning the Project: The Relationship between Music and the Movies» («Informe sobre el proyecto: la relación entre la música y las películas»), escrito por el compositor durante la primera semana de enero de 1942.

«Report Concerning the Project» es, evidentemente, una fuente imprescindible para comprender la evolución del proyecto. Sin embargo, y a pesar de su importancia, el informe ha sido pasado por alto, incomprensiblemente, una y otra vez, por los estudiosos de Eisler y del Film Music Project. Ni Schebera en sus distintos libros y artículos, ni Betz en su excelente monografía, ni Culbert ni Dümling en el número especial que prepararon sobre la música de cine de Eisler en el *Historical Journal of Film, Radio and Television,* lo citaron en momento alguno. Debido a esta desafortunada coincidencia en hacer caso omiso del informe, el texto ha sido sin lugar a dudas la fuente de información menos estudiada en la literatura existente sobre el Film Music Project. Y, sin embargo, «Report Concerning the Project» es un documento fundamental porque en él Eisler enumera los resultados del proyecto desde febrero de 1940 a diciembre de 1941, al mismo tiempo que proyecta el desarrollo de la investigación durante los nueve meses siguientes.

---

[2] Eisler, «Memorandum to Dr. Johnson from Hanns Eisler», 26 de noviembre de 1941, RAC.
[3] Como veremos más adelante, durante su exilio en Los Ángeles desde 1942 hasta 1948, Eisler sí comprobaría cómo los resultados del Film Music Project llamarían la atención de distintas instituciones.
[4] Carta de Marshall a Eisler, 23 de diciembre de 1941, RAC.
[5] *Ibidem.*

El informe comenzaba enumerando las partituras que Eisler había compuesto para el Film Music Project. El compositor decía que, hasta el 1 de enero de 1942, había escrito las composiciones siguientes:

1) 14 maneras de describir la lluvia	14 minutos.
2) Diferentes escenas naturales	25 minutos.
3) Escenas de niños y escenas de niños y animales	22 minutos.
4) Diferentes (y más breves) secuencias de largometrajes	20 minutos[6].

El primer apartado se refería a *Lluvia;* el segundo, a *White Flood;* el tercero, a *A Child Went Forth;* y el cuarto, posiblemente, a *The Forgotten Village, Hombres intrépidos* y *Las uvas de la ira*. En total, Eisler decía haber grabado 81 minutos de música.

Es evidente que el compositor estaba aumentando los resultados del Film Music Project para convencer a la Rockefeller Foundation de la importancia y el buen desarrollo de su investigación. *Lluvia* duraba 12 minutos, *White Flood* no llegaba a los 25; ni *A Child Went Forth* a los 22. Las partituras alternativas para las películas de John Ford no había sido grabadas (quizá ni siquiera habían sido escritas), y *The Forgotten Village*, por las razones de financiación que hemos analizado al principio del capítulo 5, no formaba parte del proyecto.

Pero el hecho de que el compositor pudiese modificar el desarrollo real del proyecto en algunos de estos apartados no debe hacernos pensar que lo hacía en todos los demás. Es posible que Eisler estuviese incluyendo entre las partituras de las «diferentes escenas naturales» la música de *The Living Land,* el cortometraje del Departamento de Agricultura para el que había compuesto la banda sonora unas semanas antes de comenzar el proyecto. Y también que estuviese sumando algunas secuencias de *White Flood* y *A Child Went Forth* en las que se mostraba la música «con poca» o incluso «sin la voz del narrador», tal como el propio compositor había explicado en su artículo «Film Music. Work in Progress». Esta segunda opción, de hecho, parece poder confirmarse con algo que Eisler señalaba más adelante en «Report Concerning the Project» cuando decía: «Tengo dos y tres versiones de las escenas de los niños y de las de la naturaleza, respectivamente»[7].

De todos modos, si «Report Concerning the Project» resulta esencial para nuestra investigación no lo es por este primer párrafo, sino por un segundo listado mucho más sorprendente que Eisler incluía al poco de empezar:

Al emplear pequeñas orquestas y estudios más baratos, al no pagar derechos de autor, y gracias al interés personal de los participantes, ha sido posible preparar grabaciones adicionales como:

1) Secuencias de largometrajes (secuencias más largas)	25 minutos.
2) Grabaciones para instrumentos eléctricos (noticiarios)	10 minutos.
3) Una banda sonora experimental	10 minutos.

---

[6] Eisler, «Report Concerning the Project: The Relationship between Music and the Movies», s.f., 2 pp., RAC, p. 1.

[7] *Ibidem*, p. 1.

Las bandas sonoras están casi completas, y la preparación para la grabación se está llevando a cabo[8].

¿Estaba Eisler diciendo aquí que había escrito otros 45 minutos de música de cine, es decir, que la parte práctica del Film Music Project ascendía ya a un total de 126 minutos de bandas sonoras originales entre las que se encontraban además grabaciones para instrumentos electrónicos y música experimental? Sí, eso decía el compositor en este informe, pese a que la literatura sobre el Film Music Project *nunca* se haya parado a examinar este momento esencial de la investigación.

Este sorprendente segundo listado se puede interpretar de tres maneras diferentes. La primera señalaría que el compositor, por su afán de convencer a la Rockefeller Foundation para que le concediera la prórroga, incluyó resultados que en realidad no había obtenido nunca ni pretendía obtener. La segunda, que Eisler estaba sencillamente informando de sus sorprendentes avances (había escrito ya 126 minutos de música original de los cuales 45 estaban en proceso de grabación). Y la tercera, que esos tres nuevos resultados prácticos (al igual que las secuencias de los largometrajes de ficción que señalaba en el párrafo anterior), reflejaban en realidad no los resultados obtenidos sino los planes que el compositor tenía para los próximos meses. En nuestra opinión, esta tercera interpretación es la más correcta. Y lo es por el desarrollo que el Film Music Project iba a tener durante los nueve meses de prórroga, un periodo en el que Eisler, como veremos más adelante, grabaría música para secuencias de *Las uvas de la ira* y quizá para distintas imágenes de noticiarios de guerra.

Este segundo informe, con la solicitud de prórroga y un presupuesto final, llegaría a John Marshall el 9 de enero de 1942. Una vez más el texto de Eisler iba acompañado de una carta de Alvin Johnson apoyando el proyecto del compositor:

> Le envío aquí el informe de Eisler y su solicitud de prórroga para un periodo de nueve meses. Me parece que el doctor Eisler ha llevado a cabo su proyecto con energía y competencia. Sería una pena que, por no ampliar la investigación durante nueve meses, el estudio no pudiese realizarse en su totalidad[9].

Para la Rockefeller Foundation, sin embargo, la recomendación de Johnson no fue suficiente, y por ello se pidió a John Marshall que realizase un informe personal sobre la evolución y los resultados hasta el momento del Film Music Project.

Tras leer la carta de Johnson y el informe de Eisler, Marshall redactó un extenso texto que, en régimen de correspondencia interna, llegó al comité de concesión de becas de la fundación el 15 de enero de 1942. En la que sería su última intervención a favor de Eisler, Marshall decía lo siguiente:

> [...] La propuesta de Eisler no fue la de escribir la música que él consideraba necesariamente mejor para un film determinado, sino la de crear varios tipos de composición para ilustrar una escala de posibilidades y explorar la utilización de recursos musicales que hasta entonces apenas habían sido usados (como, por ejemplo, diversas formas de armonía, varios tipos de composición o distintas estructuras melódicas). El proyecto de Eisler comenzó por

---
[8] *Ibidem*, p. 1.
[9] Carta de Johnson a Marshall, 8 de enero de 1942, RAC.

obtener los derechos para usar secuencias de películas ya existentes y escribir composiciones experimentales. Su permiso para usar dichos materiales (así lo entiendo yo) se hacía a condición de que Eisler depositase sus distintas versiones en la Film Library del MoMA, que, por su parte, las haría accesibles a todos aquellos estudiosos serios de cine. Como su último informe demuestra, ha completado unos 81 minutos de estas versiones experimentales.

[...] Retrasos iniciales y una economía comedida han dejado un balance a su favor de aproximadamente 5.000 dólares que, con el término de la beca actual el 30 de enero [de 1942], todavía no han sido utilizados. Esta cantidad, cree Eisler, le permitirá hacer 45 minutos más de grabaciones experimentales. Como sólo recientemente ha obtenido el derecho a usar ciertas secuencias de largometrajes, su proyecto quedará claramente incompleto si la beca no se extiende para que pueda trabajar con este tipo de material visual. Igual de interesante, en mi opinión, es su propuesta de experimentar con nuevos instrumentos musicales, en particular, aplicándolos a imágenes de noticiarios[10].

Y entonces, tras informar del avance del Film Music Project, Marshall se adentraba en una evaluación personal de la investigación de Eisler:

Si tengo alguna duda sobre este proyecto, sólo concierne a su efecto práctico. La producción de cine está tan rígidamente controlada que tal vez sea mucho esperar que los hallazgos de Eisler sean utilizados en Hollywood. Por otro lado, quizá nos sorprenda en este punto, porque posee un prestigio considerable, y si su trabajo tuviese éxito impresionando a alguna autoridad de Hollywood, quizá lograse allí un efecto inesperado.

En cuanto a la cuestión teórica, sin embargo, su proyecto siempre me ha llamado la atención por su sorprendente y considerable significación. Lo que está haciendo realmente es crear una gramática de la música de cine. La publicación de sus descubrimientos está asegurada por Oxford University Press, y la película experimental que está produciendo quedará disponible en la Film Library del MoMA para su estudio. Éstas son las razones que me llevan a pedir la extensión de la beca tal como él la ha solicitado[11].

Estos acertados comentarios demuestran una habilidad especial de Marshall para entender el carácter y la finalidad del Film Music Project. «Crear una gramática de la música de cine» era una descripción más que apropiada del objetivo del compositor. Al mismo tiempo, las «dudas» ante los diferentes efectos de la investigación a nivel teórico y práctico eran igualmente pertinentes: durante los años siguientes el proyecto sería mucho más conocido por el libro *Composición para el cine* que por las bandas sonoras de las películas. Cuando Marshall hablaba además de una «autoridad de Hollywood» que podría hacer que la investigación de Eisler tuviese consecuencias reales en la industria, inevitablemente pensamos en la figura de Charles Chaplin, en su amistad con el compositor y en lo que podría haber supuesto la exhibición de *El circo* (*The Circus*, 1928) con la banda sonora de Eisler de no haber sido por la llegada del McCarthysmo a Hollywood[12].

Pero tampoco este informe de Marshall fue suficiente. A este texto, a la solicitud de Eisler y a la recomendación de Johnson habría de sumarse un escrito más: un informe

---

[10] Marshall, informe sin titular, 15 de enero de 1942, 3 pp., RAC, p. 1.
[11] Marshall, *Ibidem*, p. 2. Nótese que Marshall vuelve a señalar que los resultados prácticos del Film Music Project quedarían a disposición de la Film Library del MoMA.
[12] Para mayor información sobre la banda sonora de Eisler para *The Circus* véase Heller, «The Reconstruction of Eisler's Film Music», pp. 551-554. Heller nos comentó que, en su opinión, el septeto que Eisler

interno anónimo de la Rockefeller Foundation redactado el 27 de enero de 1942, que hoy refleja, una vez más, la inquietud de la fundación ante las actividades políticas de Eisler:

> Se ha llamado a Johnson para preguntarle si, desde la última investigación de Marshall, ha ocurrido algo que pudiera producir en él algún tipo de dudas sobre Eisler como persona. La respuesta de Johnson fue un «no» categórico. Está convencido de que Eisler en este país tiene un historial totalmente limpio. No hay signo alguno de conexión indeseable con Alemania o de afiliaciones políticas indeseables. Esta afirmación se confirma con el hecho de que Johnson matiene contacto estrecho con el FBI, en una posición que le permitiría obtener de ellos la información sobre posibles dudas acerca de Eisler. Además, Johnson también está en contacto con la oficina del Abogado del Distrito, ya que es miembro de la comisión que revisa los casos de enemigos extranjeros[13].

Quizá fue aquel «no categórico» el que, en apenas tres días, llevó al «sí» definitivo de la fundación que Eisler estaba esperando desde la última semana de noviembre de 1941. El 30 de enero de 1942, más de dos meses después de que el compositor presentase a Johnson su primera solicitud, el rector de la New School recibía esta carta de Marshall:

> Me alegra informarle de la concesión de la prórroga de la beca que la fundación ha otorgado a la New School of Social Research para la investigación del doctor Eisler a propósito de la música de cine, tal como usted pidió en su carta del 8 de enero. Por esta prórroga se entiende que la suma restante de la beca de la fundación es utilizable hasta el 1 de noviembre de 1942, y que cualquier suma restante en dicha fecha volverá a manos de la fundación[14].

Eisler lo había conseguido: disponía de nueve meses más para completar, tal como se había propuesto, su querido Film Music Project.

LA LLEGADA A CALIFORNIA

Aunque en este capítulo VII se analiza primero la música que Eisler compuso para *Las uvas de la ira* de John Ford, luego los noticiarios de guerra y finalmente el «informe final» sobre el proyecto, estas tres fases del Film Music Project no se sucedieron siguiendo exactamente este orden cronológico. Cuando Eisler escribió su informe final todavía no había finalizado la grabación de la banda sonora para las secuencias de los noticiarios de guerra; ni siquiera lo había hecho cuando en noviembre de 1942 presentó el proyecto a la Rockefeller Foundation como un estudio «acabado». Una reconstrucción cronológica exacta trataría primero las partituras de *Las uvas de la ira*, grabadas durante la última semana de octubre de 1942; luego el «informe final», fechado el 30 de octubre de 1942 (aunque quizá escrito más tarde); y finalmente, la

---

compuso para el film de Chaplin fue su banda sonora «más hermosa y más perfecta» (en conversación con el autor, Berlín, 7 de enero de 2003).
[13] Informe de la Rockefeller Foundation, sin firmar, 27 de enero de 1942, RAC.
[14] Carta de Marshall a Johnson, 30 de enero de 1942, RAC.

música de los noticiarios, finalizada quizá en marzo de 1943[15]. Pero como también es probable que las partituras se concibiesen o escribiesen antes del informe final, y para facilitar el entendimiento de estos últimos meses del proyecto, hemos preferido analizar las últimas fases del Film Music Project siguiendo este orden... que el proyecto no tuvo.

Tras recibir la prórroga, desde finales de enero a mediados de abril de 1942, Eisler se dedicó a impartir en la New School la asignatura de «The Art of Listening to Music», al tiempo que empezó a preparar su traslado a California. La llegada de su antiguo colaborador Bertolt Brecht a Los Ángeles en julio de 1941 había acrecentado las ganas del compositor de viajar a la Costa Oeste; Eisler pensaba que, tras asentarse allí, ambos volverían a trabajar juntos (algo que, en efecto, ocurriría). En algún momento del mes de abril de 1942 Brecht le escribía:

querido Eisler:
   que vengas a vivir aquí es la mejor noticia que tengo desde hace tiempo. ¿quieres que te busque casa? te diría que te vinieses a vivir con nosotros si esta maldita caseta de hollywood no hubiese sido construida de forma tan poco práctica. aunque quizá vengas con nosotros de todos modos. cuando sepas la hora de llegada, te voy a buscar a la estación. y entonces nos damos consejos de guerra[16].

El dramaturgo no tuvo que esperar: el 20 de abril de 1942 Eisler llegó a Los Ángeles, ciudad en la que se había instalado ya gran parte de la comunidad de exiliados alemanes, y donde se le ofrecían mayores oportunidades profesionales, ahora que las clases de la New School apenas aportaban beneficios económicos y que la beca Rockefeller, su principal fuente de ingresos, anunciaba su fin.

Aunque su primer año en California resultó lo bastante difícil como para que el compositor pensase en volver a la Costa Este meses más tarde, lo cierto es que a partir de 1944 Eisler empezó a adaptarse realmente bien a la vida californiana. De hecho, su integración en Hollywood a partir de aquel año se desarrolló en apenas unos meses de forma meteórica: consiguió una plaza de profesor de música en la University of California en Los Ángeles (UCLA); se hizo miembro de la Academy of Motion Pictures Arts and Sciences; y fue nominado al Oscar a la mejor banda sonora por su participación en *Los verdugos también mueren* de Fritz Lang. Desde 1944 a 1947, trabajó como compositor para cineastas como Clifford Odets, Frank Borzage, Harold Clurman, Douglas Sirk, Jean Renoir y Edward Dmytryk. Como su trabajo en Hollywood le reportaba un muy buen sueldo, tuvo además la posibilidad de comenzar paralelamente una actividad artística independiente. Por entonces realizó, por ejemplo, la música para el *Galileo* de Brecht, escenificado por Losey y protagonizado por Char-

---

[15] Según Johannes C. Gall, Eisler escribió en realidad el informe varios días más tarde, pero lo fechó el 30 de octubre para cumplir con las fechas acordadas por la Rockefeller Foundation en la concesión de la prórroga. Ésta es la razón por la que, según este musicólogo, el compositor no envió su *final report* a Nueva York hasta el 21 de noviembre de 1942.

[16] Carta de Bertolt Brecht a Eisler, escrita a mano y en alemán, sin fechar, FML. Brecht escribía las cartas y los diarios en minúsculas salvo cuando citaba ciertos nombres o cuando empleaba el «usted» *(Sie)*. La carta continuaba así: «en cuanto a lo de buscar trabajo en el mundo del cine, yo no soy gran experto. de la gente de cine conozco a dieterle, lang, koster y kline (para el que hiciste la película de México). a renoir todavía no lo he visto».

les Laughton, y compuso diferentes canciones y partituras para conjuntos de cámara. Su casa en Pacific Palisades y, más adelante, en Malibu Beach, se convirtió en un lugar de encuentro común entre intelectuales alemanes y artistas norteamericanos progresistas de la época: animados por el magnetismo musical de Eisler, invitados como Thomas Mann, Arnold Schönberg, Bertolt Brecht, Lion Feuchtwanger, Peter Lorre, Charles Chaplin, Fredric March, Clifford Odets, Charles Laughton, Harold Clurman (y un largo etcétera) se reunieron numerosos fines de semana alrededor de la mesa de los Eisler.

A diferencia de este periodo posterior de integración, 1942 fue para Eisler un año difícil. El reecuentro con otros exiliados como Adorno o Fritz Kortner fue grato, pero su temporal separación de Lou y de otros amigos en la Costa Este, donde había pasado los últimos cuatro años de su vida, sumieron por momentos al compositor en un estado de ansiedad e incertidumbre[17].

Gracias a una capacidad especial que Eisler poseía para convertir la melancolía en inspiración, dichos sentimientos hicieron que, poco después de su llegada a Los Ángeles, en mayo de 1942, comenzase la composición de la que hoy quizá sea su pieza más conocida: el *Hollywooder Liederbuch (Libro de canciones de Hollywood)*[18]. Esta composición no sólo marcó el reencuentro artístico con Bertolt Brecht (cuyos poemas en el exilio formaban el grueso del libro de canciones), sino que otorgó a Eisler un lugar único en la historia de la música del siglo XX: con la publicación de estas partituras, el compositor se convirtió en el representante contemporáneo más importante del *lied*, continuando así una tradición protagonizada por músicos como Franz Schubert, Robert Schumann, Johannes Brahms o Hugo Wolf.

En el *Hollywooder-Liederbuch,* Eisler desarrollaba una amplísima gama de modalidades de diálogo entre la voz y el piano, exprimía al máximo las posibilidades líricas de la canción, y otorgaba un cariz fuertemente personal a los versos de su coetáneo Brecht, pero también a los lejanos poemas de Friedrich Hölderlin, Johann Wolfgang Goethe y Blaise Pascal. Combinando registros musicales de todas sus etapas anteriores, Eisler imprimía a cada pasaje esa dialéctica propia entre el júbilo y la melancolía, entre la alegría y el dolor, que habían definido de forma más o menos intensa su obra desde un principio. Por ejemplo, de la expresión de la aflicción en *An die Stadt* pasaba a la enérgica rebeldía de *Nightmare (Pesadilla),* y de la irónica dulzura de *An den kleinen Radioapparat (A la pequeña radio),* a la desesperación más absoluta de *Über den Selbstmord (Sobre el suicidio).* Todas y cada una de estas canciones eran exponentes del talento eisleriano y de su profunda renovación del *lied.*

La composición del libro de canciones y la intención del compositor de encontrar un nuevo puesto de trabajo dentro de los estudios de Hollywood relegaron el proyecto Rockefeller a un segundo plano. En efecto, y por extraño que parezca, tras conseguir la prórroga, Eisler apenas dedicó tiempo al Film Music Project durante la primavera y el verano de 1942.

Sin embargo, cuando en septiembre de ese mismo año la investigación comenzó a aproximarse a su fin, el compositor tuvo, lógicamente, que apresurarse. Fue sin duda

---

[17] La extensa correspondencia de ese año albergada en el HEA y la FML así lo demuestran.
[18] Para un análisis detallado del *Hollywooder Liederbuch* véanse Claudia Albert, *Das schwierige Handwerk des Hoffens*, Stuttgart, J. B. Metzlersche Verlag, 1991; y Wolfgang Hufschmidt, *Willst zu meinen Liedern deine Leier drehn?*, Saarbrücken, Pfau Verlag, 1992.

en esas fechas cuando escribió la música para distintas secuencias del largometraje *Las uvas de la ira* de John Ford.

LA MÚSICA DE *LAS UVAS DE LA IRA* (1942)

A finales de 1940 el compositor había conseguido el permiso de la Hays Office para usar varias secuencias de esta película. El libro había sido concebido por John Steinbeck como una obra de carácter documental durante un viaje a California que el novelista había realizado con un fotógrafo de la revista *Time* en 1938. Aunque más tarde convirtió el libro en una novela, Steinbeck mantuvo numerosos elementos realistas en el desarrollo ficcional de la historia y dotó al texto de un fuerte carácter crítico con el que se denunciaban las duras condiciones de vida durante la Gran Depresión[19].

Twentieth Century-Fox se encargó de que la película incorporase distintos elementos progresistas de la novela de Steinbeck y del arte del New Deal: facilitó a Gregg Toland, el director de fotografía del film, y a Richard Day y Mark Lee Kirk, sus directores artísticos, cientos de fotografías de la Farm Security Administration que mostraban el atraso económico de gran parte de los estados norteamericanos (entre ellas se encontraban las famosas fotografías de Dorothea Lange que tanto habían impresionado a Steinbeck). El guión de Nunnally Johnson fue lo suficientemente fiel al original como para obtener el visto bueno del novelista, y la campaña publicitaria fue encargada por el propio Darryl F. Zanuck al muralista Thomas Hart Benton, que, bajo aquel mismo espíritu «demócrata», había decorado con murales de contenido social las paredes de la New School[20].

La película se estrenó el 24 de enero de 1940 y, al igual que la novela, obtuvo un éxito de público y de crítica inmediato. Ford consiguió el Óscar al mejor director y a Jane Darwell le otorgaron la estatuilla a la mejor actriz de reparto. No sería del todo equivocado señalar que, por el carácter épico y melodramático de la narración fordiana, *Las uvas de la ira* gustó a los sectores liberales y conservadores del país, y por el fuerte contenido político de Steinbeck, a los grupos progresistas y radicales norteamericanos[21].

Eisler debió sentir fascinación por el film de Ford y, al mismo tiempo, debió percibir el modo en que la música de Alfred Newman afectaba a la despolitización de la narración de Steinbeck.

En efecto, la película no realizaba la crítica a la situación de los Okies en los mismos términos que lo hacía la novela. Como ha señalado Joseph Millichap, aunque también tenía sentimientos liberales (o al menos populistas), Ford era sobre todo un hombre conservador, y «su película estaba marcada por la nostalgia de una promesa perdida más que por la anticipación de un paraíso por alcanzar. Por eso enfatizaba inevitablemente sólo uno de los elementos de la novela de Steinbeck: la añoranza de

---

[19] La novela tuvo un éxito inmediato y, en tan sólo un año, vendió 430.000 ejemplares; en 1940 Steinbeck ganó el premio Pulitzer y el premio de la American Booksellers Association por su publicación.

[20] Para mayor información sobre el rodaje del film, véase Scott Eyman, *Print the Legend: The Life and Times of John Ford*, Nueva York, Simon & Schuster, 1999, pp. 214-226.

[21] Años más tarde, Losey diría: «En Hollywood no se hicieron películas que tuvieran impacto alguno en la izquierda americana, a excepción de *Las uvas de la ira*» (citado en Ciment, *Conversations with Losey*, p. 70).

la vida sencilla de los granjeros que se había perdido en las complejidades mecánicas del mundo moderno»[22].

La influencia de la música de Newman en este énfasis se podía observar en la conclusión del film, cuando Ford cambiaba la resolución abierta y crítica de Steinbeck por un final feliz de tono reconciliatorio: «A different time's coming'» («Un tiempo diferente se acerca»), decía el personaje de la madre Joad, al tiempo que se escuchaban los nostálgicos acordes de la célebre canción norteamericana *Red River Valley (El valle del río Rojo)*. El carácter sentimental que Newman daba a la canción ha llamado la atención de los diferentes estudiosos del film[23]. Walter French, por ejemplo, señaló en una ocasión (corroborando la visión de Millichap) que la interpretación melodiosa de la canción jugó «un papel muy importante en la neutralización de los elementos de protesta social del argumento, convirtiéndolo en un tributo lagrimoso a los indefensos defensores de un modo de vida en vías de desaparición»[24]. Johannes Carl Gall, por su parte, ha afirmado recientemente que los arreglos de Newman en el film *americanizaban* el conflicto, dándole un «colorido local auténtico» y vinculando la familia protagonista con los vaqueros que viajaban por el río Rojo que tanto había fascinado a Ford[25]. El propio cineasta había afirmado años antes que uno de los grandes logros de Newman había sido aportar la música apropiada al film: «Usó sólo un acordeón tocado suavemente, no una gran orquesta, y aquello sonó muy americano, y fue muy adecuado para la película»[26].

Las partituras de Eisler para *Las uvas de la ira* tienen su historia particular. Mientras que la composición para *Lluvia* fue estrenada junto al film en diciembre de 1947, la banda sonora alternativa para la película de Ford nunca fue escuchada. Hasta hace poco, de hecho, no se sabía con certeza si realmente existía.

Aunque no parecía haber duda de que Eisler había escrito música para algunas secuencias de la película de Ford (así lo afirmaba en su artículo «Film Music. Work in Progress» y en el apéndice a *Composición para el cine*), nadie había localizado ni identificado nunca las partituras, y a menudo, cuando no se negaba su existencia, se daban por desaparecidas[27]. Durante años se pensó erróneamente que el *Nonett Nr. 1*, originalmente compuesta para *The Living Land*, había sido escrito para *Las uvas de la ira*, ya que su duración total coincidía con una de las secuencias del film de Ford que Eisler había descrito en sus textos. Con el «descubrimiento» del cortometraje llevado a cabo por Berndt Heller en 1997, se corrigió este error, y *Las uvas de la ira* se quedó, por así decirlo, sin música de Eisler.

---

[22] Millichap, *Steinbeck and Film*, pp. 32-33. El énfasis en la idea de la familia unida y la negación de gran parte del carácter documental y progresista de la novela era admitido por el propio John Ford cuando, años más tarde, señalaba: «Sólo me interesaban los Joad [la familia protagonista] en tanto personajes. *Las uvas de la ira* no me interesó en tanto estudio social» (John Ford, citado en Scott Eyman, *opus cit.*, p. 217).

[23] Millichap, *Steinbeck and Film*, pp. 36, 48; Warren French, *Filmguide to The Grapes of Wrath*, Bloomington, Indiana University Press, 1973, pp. 20, 35; Johannes Carl Gall, «Hanns Eislers Musik zu Sequenzen aus *The Grapes of Wrath*. Eine unbeachtete Filmpartitur», *Archiv für Musikwissenschaft* 59/1 (2002), pp. 60-77.

[24] French, *Filmguide to the Grapes of Wrath*, p. 35.

[25] Johannes Carl Gall, «Hanns Eislers Musik zu Sequenzen aus *The Grapes of Wrath* (Forsetzung)», original facilitado amablemente por el autor, p. 3.

[26] John Ford, citado en Mel Gussow, *Darryl F. Zanuck: Don't Say Yes Until I Finish Talking*, Nueva York, DaCapo Press, 1980, p. 92.

[27] Schebera, «*Research Program on the Relations between Music and Films*. Hanns Eislers Filmmusikprojekt in den USA», p. 81; Helbing, «Hanns Eisler's Contribution to the New Deal», p. 523.

Pero los malentendidos no acabaron ahí; una segunda identificación errónea tuvo lugar en 1986, cuando Manfred Grabs publicó el inventario del Hanns-Eisler-Archiv, y años más tarde, en 1998, cuando el equipo de dicho archivo volvió a repetir la equivocación de Grabs: en ambas ocasiones se atribuían un conjunto de partituras de Eisler al film *Los verdugos también mueren* de Lang[28]. Cuando hace unos años, con motivo de su investigación sobre esta película, Gall acudió a estudiar dichas partituras, descubrió una anotación al margen de un pentagrama del original que decía «Sequenze Nro II: Death of an old man» («Secuencia n.º II: Muerte de un anciano»). Gall rápidamente se percató de que dicha secuencia no existía en el film de Lang, pero sí en *Las uvas de la ira* de John Ford[29].

Lo que Gall encontró fueron, por un lado, dos partituras alternativas a las secuencias del viaje de la familia Joad a California, que él ha denominado *Aufbruch nach Kalifornien Nr. 1 (Viaje a California n.º 1)* y *Aufbruch nach Kalifornien Nr. 2 (Viaje a California n.º 2)*, y, por otro, una partitura alternativa a las secuencias de la muerte y entierro del abuelo Joad, que el musicólogo alemán ha titulado *Death (Muerte)*.

Las primeras secuencias, que en la novela coincidían con el capítulo duodécimo, narraban, por este orden: (1) el momento en que la familia decidía que el ex predicador Jim Casy (John Carradine) fuese con ellos a California; (2) los sentimientos de la madre Joad (Jane Darwell) ante el hecho de tener que abandonar su hogar; y (3) el viaje de la familia a California en su destartalada furgoneta.

En la primera parte se daba el siguiente diálogo entre los Joad y Jim Casy:

Pa Joad: ¿No vienes con nosotros?
Casy: Me gustaría. Hay algo allí en el Oeste... y me gustaría verlo y saber qué es. Si es que tenéis sitio...
Pa Joad: ¡Mucho sitio! ¡Sube!
La familia: ¡Ven por aquí! ¡California, allá vamos![30]

En la versión original del film, Newman no incluía ningún tipo de música durante este diálogo. A continuación, Ford insertaba un plano donde el viento arrastraba hojas de periódico y latas vacías, y en el que Newman introducía el tema que había abierto el film, *Red River Valley*. La canción, a modo de música de fondo, acompañaba el siguiente diálogo de la madre Joad con su hijo Al:

Al: ¿No vas a mirar atrás, mamá?
Ma Joad: Nos vamos a California ¿no? Pues entonces, vayamos a California.
Al: Eso no suena a ti, mamá. Tú nunca antes habías dicho algo así.
Ma Joad: Nunca antes había abandonado mi casa. Nunca antes había visto a mi familia en la carretera. Nunca antes había tenido que perder todo lo que tenía en la vida[31].

---

[28] Grabs, *Hanns Eisler*, p. 90, y Christiane Niklew, Daniela Reinhold y Helgard Rienäcker, «Inventar der Musikautographe im Hanns-Eisler-Archiv», en Maren Köster (ed.), *'s müßt dem Himmel Höllenangst werden. Archive zur Musik des 20. Jahrhunderts. Band 3*, Hofheim, Stiftung Archiv der Akademie der Künste, 1998, pp. 207-296, 220.
[29] Gall, en conversación con el autor, Berlín, 7 de diciembre de 2002.
[30] Nunnally Johnson, «The Grapes of Wrath», en John Gassner y Dudley Nichols (eds.), *Twenty Best Film Plays*, Nueva York, Crown Publishers, 1943, pp. 333-377, 340.
[31] *Ibidem*, p. 340.

Este emotivo diálogo daba paso a un plano general del resto de la familia en la parte de atrás de la furgoneta, plano en el que Newman todavía mantenía la canción americana. A partir de ahí se sucedían una serie de planos, muchos de ellos encadenados, en los que se mostraba el viaje de la familia a California: imágenes de la furgoneta por la carretera, de las señales de los pueblos por los que iba pasando, del vehículo cruzando las ciudades del Oeste norteamericano, etc. Newman acompañaba este viaje con una partitura original: una música orquestal con desarrollo de marcha, que era alegre y triunfalista, y que imprimía a todo el viaje un júbilo que fundía armoniosamente los conceptos de emigración y felicidad.

Las dos composiciones alternativas de Eisler para estas secuencias eran completamente diferentes. En la primera partitura, *Aufbruch nach Kalifornien Nr. 1*, el compositor decidía introducir la música 33 segundos después de empezar la secuencia en la que los Joad invitaban a Jim Casy a ir a California. Cuando el personaje interpretado por John Carradine pronunciaba de forma solemne las palabras «hay algo allí en el Oeste... y me gustaría verlo y saber qué es», Eisler introducía una melodía misteriosa protagonizada en solitario por un conjunto de trompetas. Desde ese preciso instante, California, el destino de los Joad, no se iba a relacionar con un lugar de prosperidad, sino con un espacio desconocido y, por momentos, tenebroso.

El viento que arrastraba los periódicos y las latas iba acompañado de un velocísimo movimiento de los instrumentos de cuerda que lo imitaban, y que vinculaban la tragedia social de la emigración al desastre natural de la erosión del suelo que había arruinado las cosechas de los Okies. En el momento en que Ford daba paso al diálogo de Ma Joad, Eisler introducía con golpe de timbales la apertura de la escena. Las palabras de la madre, que para Newman y Ford evocaban el movimiento de los *cowboys* por el río Rojo, al compositor le recordaban inevitablemente su propia experiencia, tan dolorosa, del traslado y del exilio. La música de Eisler acompañaba las reflexiones de Ma Joad con unas variaciones sobre el primer tema, y otorga al personaje, lejos de cualquier identificación sentimental, una carga intelectual de la que carecía en la versión original del film. El *crescendo* que acompañaba el momento en que la mujer tomaba aire en su pecho era un perfecto ejemplo de ello.

Algo similar ocurría con las imágenes del viaje: el tono distanciado de la partitura de Eisler difería por completo de la alegre marcha de Newman. Aunque hubiese momentos en que el compositor alemán introducía breves pasajes sosegados, en su conjunto la música que acompañaba al viaje de la furgoneta era incómoda, afligida y disonante. De acuerdo con la idea que Steinbeck daba en la novela de la huida de los Joad a California, Eisler presentaba este trayecto como un proceso de dimensiones trágicas. Los fugaces instantes de alivio al dejar atrás una tierra devastada por el viento no dejaban de ser excepciones momentáneas al desgarrador fenómeno de tener que abandonar, forzosamente, el lugar donde uno había nacido.

Aufbruch nach Kalifornien Nr. 2 proponía una versión musical menos naturalista y mucho más distanciada de la imagen que la primera partitura. También comenzaba con el primer plano de Casy, cuando éste decía querer conocer el Oeste, pero esta vez los violines irrumpían con una fuerza melódica que, lejos de comentar la escena, desarrollaban un tema totalmente libre y especulativo. Mientras la primera partitura recurría ligeramente a la ilustración (el *crescendo* que acompañaba el respirar de Ma Joad, los violines que imitaban al viento), esta segunda parecía resistirse a corresponderse con la imagen de la forma que fuese. Con fuertes alteraciones rítmicas, la orquesta desarrollaba un rondó de forma independiente a la acción visual, y la dotaba de un carácter nuevo, más amplio y más abstracto.

Al acompañar a las palabras de la madre Joad, al plano de la familia o a las imágenes del viaje, la música presentaba también la emigración como proceso doloroso, pero en esta segunda ocasión los pasajes disonantes otorgaban una modernidad a las secuencias que las vinculaba directamente a la contemporaneidad: la vida del hombre moderno, parecía decirnos Eisler, es siempre exilio, desplazamiento y desterritorialización.

Su segunda partitura no remitía al pasado de los *cowboys* de *Red River Valley* que mitificaban Ford y Newman, sino al presente y al futuro de los miles de refugiados que sufrirían desde entonces el dolor de la diáspora. Un resonante estruendo producido por los timbales que acompañaban al plano del furgón parecía sacudir todas las sensaciones que Eisler había acumulado en sus años de compositor perseguido por el nazismo.

«Sentí que la música de esta larga secuencia –había dicho el compositor– debería evitar la introspección sentimental que podía evocar fácilmente la triste (y cómica) condición del viejo camión y sus viajeros»[32]. Eisler creía que el material musical de la secuencia tenía que «evitar la referencia a la canción popular» y otorgar, a través de recursos como un *ostinato* que imitase el ruido del vehículo, «una cualidad vigorosa» e incluso «chirriante» a toda la pieza. Su oposición a la partitura de Newman y al sentimentalismo propio de las bandas sonoras de Hollywood no podía ser más evidente.

Para la segunda serie de secuencias (la que narraba la muerte y el entierro del abuelo Joad) Eisler compuso, según la tesis de Gall, una única partitura: la titulada *Death*[33]. En la versión original del film estas secuencias apenas tenían música; Newman introducía sólo unos breves acordes de banjo de *Red River Valley* al principio, cuando moría el abuelo, y al final, cuando echaban tierra sobre su cadáver. Eisler, en cambio, decidía introducir música orquestal de principio a fin, y, por primera vez en el desarrollo del Film Music Project, componía música para un diálogo. (En *White Flood* había escrito música para combinar con la voz en *off,* y en *A Child Went Forth,* para mezclar con el sonido en directo, pero nunca antes en su proyecto había experimentado la ilustración musical del diálogo.)

La composición alternativa para esta secuencia estaba dividida en tres partes: la primera acompañaba a la muerte de Grandpa Joad (Charley Grapewin); la segunda, a las palabras que escribía en una nota su nieto Tom (Henry Fonda); y la tercera, al discurso de Jim Casy. La segunda y la tercera parte de la música de Eisler eran idénticas: el compositor repetía la misma melodía orquestal en ambas secuencias, aunque en la tercera parte parecía adaptarse con mayor sincronía a la acción visual.

Para analizar el primer pasaje, el que acompañaba al fallecimiento del anciano, conviene recordar las palabras que el compositor escribía en «Film Music. Work in Progress» respecto a la secuencia de la muerte del marinero en *Hombres intrépidos:*

---

[32] Eisler, «Film Music. Work in Progress», p. 593.
[33] En su informe final para la Rockefeller Foundation, Eisler afirmaba que la secuencia de «la muerte de un anciano» había sido ilustrada musicalmente «tres veces con finalidades comparativas» («Final Report on the Film Music Project on a Grant by the Rockefeller Foundation», p. 4). Gall cree que el compositor estaba anteponiendo en aquella ocasión su deseo a la realidad (en conversación con el autor, Berlín, 10 de enero de 2003).

Me impuse la tarea de escribir la banda sonora para un diálogo. El marinero moribundo le habla lentamente y con dolor a su amigo sobre su pasado común. Obviamente, el tipo de música que el compositor debe escribir para esta secuencia es recitativa, sobre todo si las palabras del marinero se oyen a intervalos largos. Incluso con una buena dirección y actuación, se corre el riesgo de caer en la cursilería. El método de Hollywood para escenas similares (no en esta película, que en su versión original no tenía música en esta secuencia) recurre al suave son de canciones de soldados y marineros. Mi banda sonora prescinde de recuerdos y del trasfondo profesional de un hombre moribundo; en vez de eso, describe su hundimiento sobre todo como un proceso físico. [...] La muerte es representada como una lucha, no como un asunto sentimental[34].

En un margen de la composición *Death*, Eisler escribió una nota que decía «Rezitativ», palabra que vincula de forma directa este párrafo con dicha partitura. En este segundo caso, las palabras del abuelo Joad eran pocas («tan sólo estoy cansado», decía), pero se oían igualmente a intervalos. La música de Newman recurría, en efecto, a una canción, no de marineros, pero sí de vaqueros. Y Eisler, frente a la convención musical de Hollywood, optaba también por dar expresión al hundimiento físico y a la lucha final del anciano, simbolizada en la mano que agarraba, en un último gesto vital, un puñado de tierra.

Aunque al principio la música era ilustrativa (la caída de la cabeza del abuelo era acompañada por la bajada de notas en la escala musical), tras la muerte se introducía un motivo en los timbales y, tras éste, un tema que funcionaba por cuenta propia. Se trataba de una hermosa melodía que se iba a repetir con el discurso de Casey y que seguiría a las imágenes hasta el cierre de la secuencia.

Eisler debió sentirse especialmente orgulloso de este pasaje, porque no sólo decidió emplearlo por duplicado en *Las uvas de la ira*, sino que también lo incluyó en la secuencia final del film *Un corazón en peligro* de Clifford Odets. Un espectador atento que observe el largometraje de Odets escuchará la misma música al final de la película, cuando el personaje de Ernie Mott (Cary Grant) camina por un puente bajo la niebla mientras conversa con Henry Twite (Barry Fitzgerald) sobre la imposibilidad de ser feliz en un mundo dominado por la guerra y la injusticia. Mott acaba de perder a su madre y la partitura escrita originalmente para el entierro del abuelo Joad posee en este caso un carácter funerario que sólo se descubre al conocer la procedencia original de la música.

Pero el juego de referencias eisleriano no acababa ahí. Como ha señalado Gall, *Death*, al igual que ocurría al final de la partitura de *The Living Land*, contenía además una cita directa a la *Kominternlied* o Canción del Comintern[35]. El énfasis del compositor en descubrir los elementos dialécticos de cualquier fenómeno social o natural hacía que rescatase en esta *Trauermusik* una serie de acordes que él consideraba ligados a la vida, a la rebeldía, a la lucha que supone la existencia de todo ser humano. Resulta muy significativo que la segunda vez que sonaba el pasaje principal de *Death* en *Las uvas de la ira,* la referencia a la *Kominternlied* coincidiese con el célebre discurso de Casy:

---

[34] Eisler, «Film Music. Work in Progress», p. 593.
[35] Gall, en conversación con el autor, Berlín, 7 de diciembre de 2002.

Casy: Este anciano vivió una vida y acaba de morirla. No sé si era un hombre bueno o malo, eso ya no importa. Una vez escuché a un amigo recitar un poema que decía: «Todo lo que vive es sagrado». Pero yo no rezaría sólo por un anciano que está muerto, porque él ya descansa. Yo rezaría por los hombres que están vivos y que no tienen adónde ir. El abuelo ya no tendrá problemas como ése. Le han quitado el asunto de encima, así que cubridlo y dejad que se vaya[36].

La referencia de Eisler a la canción del Partido estaba claramente motivada por la frase «los hombres que están vivos y no tienen adónde ir». El aspecto religioso de la situación justificaba la función del recitativo, como si de una pasión bachiana se tratase, pero el carácter político que Steinbeck introducía en el discurso de Casy secularizaba la música y la convertía en una obra política. Como ha señalado Joseph Millichap, en su huida Jim Casy pasaba a ser una figura que se encontraba «una religión más abstracta, una combinación de las tradiciones norteamericanas del trascendentalismo y del pragmatismo que se convertían ahora en una especie de socialismo idealista»[37]. Que las palabras de Casy fuesen acompañadas por una canción política no era una casualidad: también el propio Hanns Eisler debió verse a finales de 1942 como un refugiado en busca de un ideal.

LOS NOTICIARIOS DE GUERRA

De todos los materiales con los que Eisler trabajó durante el Film Music Project, los noticiarios de guerra son, sin duda alguna, aquellos de los que se posee menor información. No sabemos cuáles fueron los semanarios escogidos por el compositor, ni qué secuencias seleccionó de cada uno de ellos, ni siquiera cuál era el contenido de las imágenes. Desconocemos igualmente la música que compuso para dichas imágenes, porque nada se sabe ni de las partituras ni de la copia final de la película preparada por el compositor y su equipo en Los Ángeles.

Ni Albrecht Betz ni, más adelante, David Culbert y Albrecht Dümling, reconocieron de hecho su existencia; en el catálogo de Manfred Grabs tan sólo se indicaba que habían existido y que se habían perdido; y la aportación de Jürgen Schebera, incluso en sus textos más recientes, era (y es) exactamente igual. Aunque no poseamos mayor información que la de estos otros investigadores, creemos, sin embargo, que sí se pueden hacer aquí algunas anotaciones precedentes que sirvan no sólo para que el lector imagine de forma más completa cómo podrían ser esos noticiarios y su música, sino también para que futuros investigadores puedan encontrar aquí pistas de fuentes paralelas que posteriormente conduzcan al «descubrimiento» de las imágenes originales que en su día quizá usó Eisler en el Film Music Project.

La primera noticia que tenemos de la existencia de los noticiarios procede del «informe final» del 31 de octubre de 1942, en el que Eisler define su música como una partitura experimental para gran orquesta que «sigue un estilo musical totalmente libre e improvisado»[38]. En aquel texto el compositor aportaba además otros tres datos: decía

---

[36] Johnson, «The Grapes of Wrath», p. 341.
[37] Millichap, *Steinbeck and Film*, p. 40.
[38] Eisler, «Final Report on the Film Music Project on a Grant by the Rockefeller Foundation», p. 3.

que la partitura duraba 14 minutos, que había sido interpretada por músicos de la orquesta filarmónica de Los Ángeles, y que dicha orquesta había sido dirigida por Fritz Stiedry.

Con estos datos del «informe final», como con aquellos que en ese mismo texto se referían a *Las uvas de la ira,* se atan cabos y, a la vez, surgen otras dudas. No parece haber razones fundamentadas para señalar que la información sobre los nombres del director y de la orquesta sean falsos: Fritz Stiedry ya había colaborado con Eisler en *The 400 Million* y, como director exiliado en Los Ángeles, es más que probable que conociese a los miembros de la orquesta filarmónica. Sin embargo, y aunque es posible que el compositor conociese ya las imágenes de los noticiarios que quería emplear e incluso que hubiese compuesto la banda sonora, la lista de gastos de junio de 1944 demuestra que la grabación todavía no se había llevado a cabo. El «informe final» sobre el Film Music Project de Eisler está fechado el 30 de octubre de 1942, pero la lista de 1944 no contempla otras entradas que puedan relacionarse con los noticiarios hasta el 10 de noviembre de 1942[39].

Al igual que había ocurrido con algunas de las secuencias de las películas de Ford, el hecho de que Eisler fuese capaz de describir las imágenes de los noticiarios, explicar la música compuesta para dicha ocasión e indicar la duración de la misma, no quería decir que la grabación como tal ya hubiese sido realizada. Como hemos visto, en más de una ocasión el compositor se había adelantado a hablar de los resultados de su propio proyecto antes de haberlos producido[40].

Dos telegramas del War Production Board del ejército norteamericano dirigidos a Eisler a través de la Rockefeller Foundation por aquellas fechas confirman no sólo el trabajo del compositor con material bélico, sino también los plazos particulares en que este trabajo se desarrolló.

El primer telegrama es del 27 de octubre de 1942, día en el que podríamos fechar de forma aproximada el comienzo del trabajo con los noticiarios, y el segundo y último, del 27 de enero de 1943[41]. Estos telegramas demuestran dos cosas: (1) que Eisler colaboró con la comisión de producción cinematográfica de guerra desde finales de octubre de 1942 hasta principios de febrero de 1943, y (2) que esta comisión le facilitó un total de once mil pies de celuloide virgen de 35 milímetros en formatos negativo y positivo para emplear en el Film Music Project. Creemos que los extractos de los semanarios de guerra a los que Eisler puso música provenían no de producciones propias del ejército norteamericano, sino de la serie documental *The March of Time*. La presencia

---

[39] Por éste y otros documentos sabemos además que Eisler todavía trabajaría con los semanarios de guerra durante los meses de enero y febrero de 1943. En la FML se guarda un telegrama de Curtis Cadler a Eisler, del 27 de enero de 1943, que demuestra que Eisler, en el mes de enero, todavía estaba cooperando con el ejército norteamericano en la experimentación de imágenes de guerra.

[40] De hecho, Gall no cree que en realidad Eisler compusiera finalmente las partituras de los noticiarios; según él, las imágenes de guerra que el compositor incluyó en el proyecto fueron las secuencias del bombardeo en *The 400 Million*. Su hipótesis se basa en el hecho de que, en el apéndice a *Composición para el cine* y en el informe final, Eisler dice que el noticiario contiene imágenes de un bombardeo, que la partitura está escrita para gran orquesta y en forma de improvisación, y que la grabación fue grabada por Fritz Stiedry (tres datos que encajan, en efecto, con las características de la música del bombardeo en *The 400 Million*). El hecho de no descubrir ningún gasto elevado –el que supondría pagar a una gran orquesta– en los listados de Eisler permite a Gall confirmar que dicha grabación no se hizo y que, en su lugar, el compositor incluyó las imágenes del documental de Ivens.

[41] Telegramas de Ernest Kanzler a Eisler, 27 de octubre de 1942, y Calder a Eisler, 27 de enero de 1943, ambos en la FML.

de esta serie entre los demás nombres que Eisler citaba en *Composición para el cine* como suministradores de material, parece indicar que los noticiarios proceden de sus archivos. En este caso (que parece acertado), el War Production Board habría facilitado a Eisler las imágenes de *The March of Time,* el celuloide virgen para usar en la grabación de la banda sonora, y el permiso para emplear las secuencias de guerra.

Al explicar el surgimiento de Frontier Films nos referíamos a *The March of Time* como el modelo oficial de noticiario al que la productora independiente neoyorquina quería enfrentarse. En efecto, la serie con la que ahora colaboraba Eisler ofrecía una visión oficial de los hechos sociales y de los eventos de la actualidad que en nada contrariaba a la política bélica del gobierno[42]. *The March of Time* gozaba de enorme prestigio porque sus semanarios se distribuían a nivel nacional e internacional. Su orientación progubernamental se hizo mucho más fuerte a partir de la entrada de Estados Unidos en la Segunda Guerra Mundial, cuando el gobierno de Roosevelt empleó los noticiarios como forma de propaganda, en este caso, antinazi. Resulta irónico pensar que, mientras un hombre de tradición no radical como Siegfried Kracauer criticaba en la Film Library del MoMA las formas propagandísticas empleadas por los noticiarios de guerra, otro exiliado como Eisler, de fuerte formación revolucionaria, dedicaba su tiempo a perfeccionar los modos en que la música podía contribuir a comunicar con efectividad un mensaje del ejército norteamericano.

De todos modos, sería inapropiado exagerar el papel de Eisler en la producción del War Production Board o ver en este asunto una «adopción» de los principios bélicos del gobierno estadounidense por parte del compositor. Sería tan inapropiado, al menos, como negar dicha cooperación por completo (como han hecho Culbert, Dümling y Betz). A finales de 1939, Eisler había trabajado para el Departamento de Agricultura y ahora, tres años más tarde, colaboraba con el Departamento del Ejército; aunque ninguno de sus biógrafos lo haya señalado, conviene destacar aquí estas participaciones para poder realizar un retrato más completo del compositor.

Al mismo tiempo, hemos de señalar que, lejos de ser una excepción, la colaboración de Eisler con el War Production Board se sumó a la actividad de otros muchos artistas e intelectuales a favor del gobierno de los Estados Unidos durante el conflicto bélico. Tras el ataque a Pearl Harbour, la administración norteamericana se dio cuenta de la importancia que tenía producir propaganda bélica favorable en medios de comunicación de masas como el cine y la radio. Lo curioso es que, de la noche a la mañana, el Departamento de Estado se vio obligado a contratar a documentalistas especializados que supiesen diseminar eficazmente mensajes propagandísticos; paradójicamente, los únicos cineastas que podían dar una visión heroica y optimista del ejército para obtener más voluntarios eran aquellos que se habían formado en la tradición de la propaganda antinazi ligada al Partido Comunista.

Como Eisler, otras personas ligadas en un principio a la tradición documental de izquierdas o al pensamiento marxista participaron en la producción de guerra de la administración rooseveltiana. Por ejemplo, a finales de 1941 los gobiernos estadounidenses y canadiense contrataron a Joris Ivens y a Lewis Milestone para la realización de un film en defensa del ejército soviético que más tarde se titularía *Our Russian Front*

---

[42] Para mayor información sobre la serie, véase el que todavía es el libro más completo sobre *The March of Time:* Raymond Fielding, *The March of Time (1935-1951)*, Nueva York, Oxford University Press, 1978.

[Nuestro frente ruso, 1942][43]. En 1942 y 1943 Ivens trabajaría directamente para la Office of War Information, al igual que Helen van Dongen, Ruth Berlau (la compañera de Bertolt Brecht) o Marc Blitzstein. Éste ocuparía un importante cargo en la sede de la Office of War Information en Londres, que más tarde sería dirigida por un antiguo miembro de Frontier Films, Sidney Meyers. Más célebres incluso son los casos de algunos de los miembros de la Escuela de Fráncfort (en especial, el de Herbert Marcuse), que durante aquella época colaboraron con los servicios de inteligencia norteamericana para, supuestamente, frenar el desarrollo del totalitarismo en Europa y Japón. Por otro lado, liberales como Lazarsfeld o Stanton se entregaban de lleno al desarrollo de la propaganda estadounidense: su segundo volumen sobre investigación en materias radiofónicas se publicó, de hecho, en colaboración con la Radio Bureau de la Office of War Information[44]. Como hemos visto, también exiliados como Hans Speier, Ernst Kris o Siegfried Kracauer, con sus estudios sobre propaganda nazi, se sumaron a la actividad gubernamental de aquella época.

También el Film Music Project participó de aquel espítitu de unidad antinazi surgido en todos los ámbitos de la vida norteamericana. En la que sería la última partitura del proyecto, Eisler investigaba formas musicales e instrumentales novedosas. Aunque las imágenes y la música de los noticiarios de guerra se han perdido, en el apéndice de *Composición para el cine,* Eisler y Adorno aportan una breve descripción de las mismas:

> [En los noticiarios de guerra] se buscó la máxima libertad a partir de las estructuras formales; la música se ajustó sin reservas a la imagen y la forma resultante fue la improvisación. El horror de una ciudad bombardeada desde el aire [...] se resiste al tratamiento de las formas musicales autónomas. Si hay una forma para este caso, es la existente en las propias imágenes. Se muestra un sinnúmero de detalles, que a menudo duran un segundo cada uno, y que representan los muchos aspectos del horror. La música sigue a la imagen, varía constantemente su carácter, no se permite ni un segundo de contemplación, y se mantiene unida sólo a través de contrastes[45].

Cualquier persona interesada en el Film Music Project que lea esta breve pero fascinante descripción de los noticiarios habrá de sentir con nosotros la frustración del investigador que no puede conocer con totalidad el objeto de su investigación. Veloces detalles, ausencia de contemplación, retrato del horror, improvisación y contrastes, son palabras que resonarán en nuestra imaginación hasta que se «descubran» los perdidos noticiarios de guerra con música de Eisler.

30 DE OCTUBRE DE 1942: EL «INFORME FINAL»

El 30 de octubre de 1942 John Marshall escribía una cordial carta a Eisler para señalar que la beca de la Rockefeller Foundation se había acabado. Lejos de proponer una interrupción del Film Music Project, Marshall añadía:

---

[43] La banda sonora del film empleaba temas musicales populares de Eisler y Dmitri Shostakovich.

[44] Allí se publicaba, entre otros, el primer estudio del uso de la radio norteamericana en tiempos de guerra: Charles A. Siepmann, «American Radio in Wartime: An Interim Survey of the OWT's Radio Bureau», en *Radio Research 1942/1943*, pp. 111-150.

[45] Adorno y Eisler, «Report on the Film Music Project», pp. 145-146.

Debido a mi fuerte interés por el proyecto, le escribo para decirle que esperamos recibir pronto un breve informe sobre los logros de su investigación. Supongo que no le supondrá una molestia, y a mí me encantaría tener por escrito la demostración de lo que sé que ha sido un trabajo extraordinario[46].

Pese al agradable tono de Marshall, Eisler debió sentirse presionado por esta carta; el periodo de la prórroga, en efecto, había acabado, pero las grabaciones de los noticiarios todavía no se habían realizado. El compositor se apresuró entonces a solicitar a la New School un cheque de 500 dólares con el que poder pagar posiblemente esta última grabación. El 6 de noviembre de 1942, el compositor respondía a Marshall:

Muchas gracias por su amable carta. Estoy a punto de completar las últimas grabaciones del proyecto y de revisar algunos detalles técnicos que motivaron mi viaje a Hollywood. En un par de semanas le enviaré mi informe. Quisiera decirle que aquí los resultados del proyecto han interesado mucho a los expertos. En diciembre y en enero es posible que presente todo el material a un amplio grupo de personas. Aprovecho la ocasión para agradecerle personalmente el apoyo que me ha prestado. Su participación ha sido toda una ayuda para mi trabajo[47].

En esta carta se puede apreciar que Eisler prometía no sólo la inmediata finalización de la parte práctica del proyecto y la redacción del informe, sino además aquello que desde un primer momento había interesado a Marshall: la presentación del proyecto ante la industria del cine. Indudablemente más preocupado por su propio futuro que por la posible reacción del público a *Catorce maneras de describir la lluvia,* Eisler pensó que la presentación de los resultados del Film Music Project podrían ayudarle a hacerse un sitio en Hollywood. Una carta a Clara Mayer dejaba entrever dicho interés:

Querida señorita Mayer:
Algo muy importante: acaba de llegar el racionamiento de gasolina y vivo en Santa Mónica, muy lejos de los laboratorios y de los estudios, a los que voy a ir en diciembre y en enero todavía numerosas veces para el proyecto. Por favor envíeme (por correo aéreo) una carta en la que se diga que trabajo para la New School en un proyecto Rockefeller y que debo visitar los laboratorios y los estudios durante mi estancia en Hollywood[48].

Resulta un tanto paradójico que Eisler se presentase en Hollywood como becario Rockefeller justo en el momento en que su beca acababa de finalizar. Por si aquello fuera poco, Eisler incluía además un borrador de aquella carta de presentación que quería que Mayer le enviara.

Por la presente se certifica que el señor Hanns Eisler ha sido enviado a Hollywood con una beca de investigación de la Rockefeller Foundation para completar su proyecto sobre la

---
[46] Carta de Marshall a Eisler, 30 de octubre de 1942, RAC.
[47] Carta de Eisler a Marshall, 6 de noviembre de 1942, RAC.
[48] Carta de Eisler a Clara Mayer, original en alemán, 8 de noviembre de 1942, FML.

música en el cine. Es absolutamente necesario para este propósito que el señor Eisler pueda visitar los estudios y los laboratorios de Hollywood[49].

Por si no fuera del todo consciente de que su beca se había acabado, Marshall volvía a escribir al compositor el 14 de noviembre de 1942 para decirle lo siguiente:

> Le escribo para enfatizar un asunto más bien técnico. Usted entiende, claro, que no se puede hacer uso de la beca de la fundación después del 31 de octubre, excepto en el caso de que los pagos fueran realizados antes de esa fecha. Por ejemplo, si ha realizado grabaciones imposibles de completar antes del 31 de octubre, puede usted cubrir los gastos a partir de lo que le quedaba del presupuesto, pero, por poner otro ejemplo, no puede pagar un salario una vez que la beca ha acabado. Por regla general se entiende que recibos fechados tras el día de finalización de la beca con motivo de tareas realizadas antes de dicha fechas sí pueden ser cobrados con el dinero de la misma[50].

Esta información de Marshall debió agradar al compositor. Es cierto que no podía seguir cobrando un salario a partir del dinero que todavía quedaba del presupuesto original, pero sí podía emplearlo en pagar otro tipo de gastos, como grabaciones musicales, alquileres de salas de montaje o almacenamiento de material.

En todo caso, lo relevante ahora es indicar que el 16 de noviembre de 1942 Eisler daba por acabada la parte práctica del Film Music Project. En una carta a M. Alexander, de la Rockefeller Foundation, el compositor señalaba: «Espero que pueda poner al día sus libretas, *ahora que el proyecto está acabado*»[51]. Ese mismo día, con igual júbilo, escribía a John Marshall: «El próximo lunes mi informe estará en sus manos»[52].

Aunque es indudable que la parte práctica del Film Music Project estaba llegando a su fin, sería inapropiado fechar el final del proyecto en noviembre de 1942, porque Eisler todavía trabajaría en la grabación de bandas sonoras hasta marzo de 1943, y en el libro *Composición para el cine* hasta septiembre de 1944. Antes de examinar esos últimos meses de trabajo y la desaparición posterior de los resultados prácticos del Film Music Project, conviene referirse al así llamado por el propio Eisler «informe final» del proyecto.

Eisler escribió dos versiones de este texto, aunque puso el mismo título a ambas: «Final Report on the Film Music Project on a Grant by the Rockefeller Foundation» («Informe final sobre el Film Music Project financiado por la Rockefeller Foundation»)[53]. El texto fue fechado por el compositor el 30 de octubre de 1942, aunque, como hemos señalado con anterioridad, es posible que Eisler lo escribiese la tercera semana de noviembre, tras grabar las bandas sonoras de los noticiarios de guerra. Aunque el texto que redactó sobre el Film Music Project en 1944 como apéndice a *Composición para el cine* es un informe mucho más interesante y completo (en aquella ocasión, el pro-

---

[49] Eisler, borrador de carta de presentación, escrito a mano, sin fechar ni firmar, FML.
[50] Carta de Marshall a Eisler, 14 de noviembre de 1942, RAC.
[51] Carta de Eisler a M. Alexander, 16 de noviembre de 1942, FML; la cursiva es nuestra.
[52] Carta de Eisler a Marshall, 16 de noviembre de 1942, FML.
[53] La primera versión, que se conserva en los archivos de la FML, cuenta con numerosas correcciones hechas a mano por un corrector cuya identidad desconocemos. En la segunda versión, en haber del RAC y transcrita con la máquina de escribir de Eisler, se incorporaban las correcciones de la primera versión. Seguimos la paginación de esta versión corregida: Eisler, «Final Report on the Film Music Project on a Grant by the Rockefeller Foundation», 30 de octubre de 1942, 6 pp., RAC. Esta segunda versión fue publicada en Culbert y Dümling (eds.), *HJFRT* 4/18, pp. 595-598.

yecto *sí* estaba acabado), este «Final Report», con sus datos sobre los resultados, los métodos y las intenciones teóricas de la investigación, nos sirve ahora para analizar los logros y fracasos del compositor durante la prórroga del Film Music Project.

Casi al comienzo del texto, Eisler señalaba que el proyecto se había entendido más como una experimentación artística que como un discurso teórico determinado. «Como todos nuestros pasos han sido analizados con atención –señalaba–, tenemos a nuestra disposición un material abundante que será evaluado en un libro que publicará Oxford University Press»[54]. Aunque no podemos más que poner en tela de juicio dicha «atención a cada paso», lo que sí dejaba claro el compositor era que aquel informe no pretendía ser, ni mucho menos, un texto definitivo sobre los conceptos teóricos que había motivado o producido el Film Music Project, sino un breve informe sobre, principalmente, los logros prácticos del proyecto. Es importante destacar este párrafo porque explica el carácter esquemático y evasivo de este «Final Report».

También en la primera página se hacía referencia al que parecía el asunto principal del informe: las bandas sonoras de los filmes (que, según Eisler, se pondrían «a disposición del MoMA en un periodo de 6 meses»)[55]. Lo primero que destacaba el compositor eran las tres fases del proceso por el cual las películas con las que había trabajado pasaban a tener una nueva banda sonora: Eisler aclaraba que, en primer lugar, se componía una nueva música; después, se llevaba a cabo la grabación con expertos directores de orquesta bajo la supervisión permanente del compositor; y, finalmente, se completaba el proceso en la mesa de edición, donde se mezclaba la música con el material visual. Este desarrollo se había repetido en cinco sesiones diferentes, cada una de ellas directamente relacionadas con un film o una serie de filmes relacionados entre sí por un género común. La lista de bandas sonoras del proyecto y sus respectivas duraciones era la siguiente:

(1) Escenas del campamento infantil: niños jugando,
    niños y animales   22 minutos.
(2) Diversas escenas de la naturaleza   18 minutos.
(3) «Catorce maneras de describir la lluvia»   14 minutos.
(4) Extractos de noticiarios   14 minutos.
(5) Secuencias de diferentes largometrajes   17 minutos[56].

En cuanto a la duración total del proyecto, la cifra de 85 minutos también nos remite al «Report Concerning the Project» de enero de 1942: ¿qué había ocurrido con los 45 minutos de partituras para instrumentos eléctricos y de música experimental? Eisler ya no los mencionaba, porque no convenía ahora señalar aquello que *no* había realizado, o tal vez porque en su día sólo los citó como una treta para asegurarse la concesión de una prórroga y la realización de la música de los noticiarios y de *Las uvas de la ira*.

---

[54] *Ibidem*, p. 1.
[55] *Ibidem*, p. 1.
[56] *Ibidem*, p. 2. Es decir, *A Child Went Forth, White Flood* (y quizá *The Living Land*), *Lluvia,* los noticiarios de guerra y las secuencias de *The Forgotten Village, Las uvas de la ira* (e incluso, quién sabe, *Hombres intrépidos*). La lista se parecía a la que Eisler había presentado en su solicitud de prórroga, aunque ahora aparecían 14 minutos más de noticiarios y cambiaban las duraciones de las escenas de la naturaleza, que bajaban de 25 a 18 minutos, y de los largometrajes, que pasaban de 20 a 17.

Por primera vez en la historia del Film Music Project, Eisler especificaba los nombres de los directores de orquesta que se habían encargado de cada banda sonora: Jascha Horenstein había dirigido la interpretación las escenas infantiles, las de la naturaleza y los largometrajes; Rudolf Kolish, la del film sobre la lluvia; y Fritz Stiedry, los semanarios de *The March of Time*[57]. A continuación incluía también la procedencia de los músicos con los que había trabajado: eran miembros de la New York Philarmonics, New York NBC Orchestra, la orquesta filarmónica de Los Ángeles y «un grupo escogido de músicos de cámara asociados» a Rudolf Kolisch (para la interpretación de *Catorce maneras de describir la lluvia*). Entre los responsables de los cortes de sonido y montadores citaba a Robin, van Dongen, Ralph Aseew y Carl Junghans. Es evidente que Eisler quería llenar páginas de su breve informe y no encontró manera más sencilla y agradecida que la de citar los nombres de aquellos que habían colaborado con él.

Quizá de mayor relevancia para la Rockefeller Foundation y para la New School era el párrafo que incluía al final del informe:

> Los resultados prácticos del proyecto ya han sido presentados y discutidos con varios grupos de expertos, entre los que se encuentran los departamentos musicales de Warner Brothers y RKO Pictures, y distintos productores. En enero de 1943 está prevista una prueba ante un público más amplio en la Hollywood Academy of Motion Pictures[58].

Aunque no podemos probarlo, es muy posible que este párrafo sea de nuevo fruto de la imaginación del compositor. Como hemos visto, la proyección de los materiales nunca se dio en su totalidad (tan sólo *Lluvia* fue proyectada como resultado del proyecto en 1947 y 1948), y creemos que la presentación de los mismos en Hollywood (una frase hecha para satisfacer los oídos de Marshall) fue desafortunadamente otro plan frustrado.

El cuerpo central del «Final Report» lo ocupaba la descripción de la metodología empleada a la hora de componer la música para las películas seleccionadas. Los métodos que Eisler explicaba eran de dos tipos: musicales y dramáticos. Los primeros hacían referencia a la música en sí; los segundos, a su relación con la acción visual. Métodos musicales eran, por ejemplo, las formas de variación y canon presentadas en *A Child Went Forth* o la técnica dodecafónica empleada para componer la banda sonora de *White Flood*. Los métodos dramáticos, por su parte, eran de tres tipos: de acompañamiento (la música ilustraba con exactitud el hecho visual), de contrapunto (la banda sonora se contraponía a la imagen) y de «profundidad» (la música ampliaba el significado de la imagen). Este tercer punto era descrito del siguiente modo:

> Debido a la «profundidad» específicamente musical que constituye un espacio musical propio [...], la música puede acompañar e interpretar la imagen a un mismo tiempo. Por ejemplo: la música describe el ritmo de la lluvia monótona y rápida, mientras la armonización y el contrapunto expresan simultáneamente la tristeza y la melancolía que produce el movimiento de la lluvia[59].

---

[57] Eisler también reconocía la participación de Max Goberman como ayudante de director de orquesta.
[58] Eisler, «Final Report on the Film Music Project on a Grant by the Rockefeller Foundation», p. 6.
[59] *Ibidem*, p. 5.

Eisler se estaba refiriendo aquí a una cualidad única que la música podía aportar a la imagen: la de profundidad o ampliación. Más allá del uso ilustrativo o del efectivo empleo contrapuntístico de la banda sonora, la música podía «abrir» la imagen a un campo desconocido donde su dependencia de lo físico era suplantado por una cualidad puramente abstracta. El ejemplo más claro de esta función, tal como hemos visto, era su partitura alternativa para el film *Lluvia* de Ivens.

A la exposición de la metodología seguían unas breves frases sobre la instrumentación. El compositor enfatizaba aquí la importancia que se le había dado a la experimentación de nuevas combinaciones e instrumentos. En sus diversas composiciones había tenido en cuenta todo tipo de conjuntos («desde la orquesta de música de cámara más pequeña hasta la gran orquesta»[60]) y de nuevos instrumentos, incluyendo el novachord, el piano eléctrico y la guitarra eléctrica. Éstos, decía Eisler, se habían empleado «de un modo totalmente diferente al uso convencional que hasta hoy se ha hecho de ellos»[61]. El tipo de instrumentación, lejos de ser un asunto secundario, estaba íntimamente relacionado con el concepto de profundidad. En uno de los párrafos más reveladores del informe, Eisler decía haber estudiado «el efecto de la "neutralización" instrumental a través de la transformación de la música en una banda de sonido. El resultado más importante fue que el efecto de esta neutralización permitió introducir las combinaciones más disonantes sin poner en peligro la continuidad del efecto en su totalidad»[62].

Es decir, que la amalgama de disonancias producidas por diferentes instrumentos no interrumpía la acción musical, sino que la ampliaba sin tener que recurrir a los métodos de la ilustración o el contrapunto.

El «Final Report» incluía además seis puntos que resumían de forma esquemática las principales preocupaciones del compositor a la hora de escribir su futuro libro *Composición para el cine*: (1) el análisis de los prejuicios de la música comercial y «los malos hábitos» musicales derivados de este prejuicio en el cine; (2) el problema de la aplicación de música moderna al medio cinematográfico; (3) el papel dramático de la música en las películas; (4) las relaciones formales de la música y el cine; (5) los tipos de instrumentación y efectos de sonido que pudiesen neutralizar o ampliar, a través del contrapunto, aquello que se expresaba con imágenes; y (6) el estudio de algunos aspectos técnicos, como la sincronización y los tipos de mezclas de las distintas bandas de sonido (música, efectos y ruidos)[63].

Eisler cerraba su informe con la lista de «colaboradores» que lo habían asesorado durante la realización del Film Music Project: entre ellos se encontraban Adorno, Brecht, Chaplin, Schönberg, Clurman, Levant, Odets, Lang, Paul Czinner, William Dieterle, Rouben Mamoulian, Charles Seeger, Douglas Shearer, Gerald Strang, Joachim Schumacher, Eduard Steuermann, Victor Trivas y Tschin-schin Chen Yao[64]. Si a esta lista sumamos nombres como Joris Ivens, Jascha Horenstein o Joseph Losey, entonces nos encontramos ante un sorprendente listado de artistas e intelectuales. Aunque no hemos pretendido en ningún momento otorgarle importancia al Film Music Project por la fama de sus colaboradores, sino por la originalidad de sus pro-

---

[60] *Ibidem*, p. 4.
[61] *Ibidem*, pp. 4-5.
[62] *Ibidem*, p. 4.
[63] *Ibidem*, p. 6.
[64] *Ibidem*, p. 6. Nótese que en la primera versión de este ensayo no estaban incluidos Lang, Levant, Seeger, Strang, Trivas y Chen Yao.

puestas y la dimensión crítica de sus resultados prácticos y teóricos, lo cierto es que no resultaría muy exagerado decir que entre la gente que colaboró o aconsejó directamente a Eisler durante aquellos años se encuentran algunas de las figuras más importantes del siglo XX, tanto en el ámbito musical (Schönberg), filosófico (Adorno), dramático (Brecht), literario (Steinbeck) o cinematográfico (Chaplin, Ivens, Losey).

Aunque no podemos establecer con certeza si Eisler escribió el informe el 31 de octubre o algún otro día de las tres semanas siguientes, sí sabemos con seguridad que lo envió a la Rockefeller Foundation y a la New School for Social Research el 21 de noviembre de 1942[65]. Ese mismo día escribió tres breves cartas de presentación del proyecto a Clara Mayer, Alvin Johnson y John Marshall. La carta a Mayer decía así:

> Le envío aquí mi informe final y una carta para el doctor Johnson. Le ruego le pase ambos documentos al doctor Johnson, aunque sólo después de que usted haya leído el informe. Quisiera mostrarle mi más sincero agradecimiento; sé con cuánta paciencia ha sobrellevado las molestias que le he causado. Cuando pienso en la New School, me pongo sentimental, ya que realmente le debo a este centro una segunda existencia[66].

Igual de agradecido se mostraba el compositor ante Alvin Johnson:

> Mi querido doctor Johnson:
> Le mando aquí mi informe final al mismo tiempo que lo envío a la Rockefeller Foundation. Espero que mi investigación sea al menos una modesta contribución a la evolución del cine como forma artística. Quisiera agradecerle de forma muy especial su permanente ayuda, sin la que nunca hubiese sido capaz de realizar este trabajo. Me alegra mucho haber tenido la oportunidad de aportar algo a la New School. Una vez más, le agradezco el esfuerzo prestado[67].

Aunque no se ha conservado una copia de la carta a John Marshall, podemos imaginar un contenido similar, en donde Eisler mostrase su satisfacción y agradecimiento.

Marshall iba a ser, de hecho, el primero en felicitar a Eisler por la «finalización» de su proyecto. El 2 de diciembre le escribía:

> Querido Eisler:
> Muchas gracias por su carta del 21 de noviembre y por su informe final del Film Music Project. Creo que nos deja bien claro que ha conseguido usted todo lo que se proponía, y aún más. Es sin duda un logro por el que debe ser felicitado.
> Personalmente, estoy muy interesado en la repercusión de su trabajo. Por eso espero que tengamos algún modo de medirla, pongamos que a partir de ahora en un año, cuando quizá los resultados de su investigación se hayan publicado. Tengo este interés porque, como entenderá inmediatamente, para nosotros o para cualquier otra institución es difícil estimar todos los resultados que puedan surgir de la beca que se le dio para su proyecto.

---

[65] No hay documento que pruebe que Eisler enviase el informe al MoMA; si, en efecto, no lo envió, estaríamos ante una primera muestra de la desconexión entre el compositor y el museo que, más adelante, resultaría fatal para el proyecto.

[66] Carta de Eisler a Mayer, borrador escrito a mano, sin fechar ni firmar, original en alemán, FML.

[67] Carta de Eisler a Johnson, borrador escrito a mano, sin fechar ni firmar, FML.

Espero que, para su satisfacción y para la nuestra, desee mantener algún tipo de almacenamiento de los signos de la repercusión de su trabajo, que quizá nosotros y usted podamos evaluar juntos en una especie de alago final.

Con los mejores deseos para su futuro éxito, quedo a su entera disposición. Atentamente, John Marshall[68].

Aunque Marshall evidentemente no podía saber que a Eisler aún le quedaban cuatro meses de trabajo en la parte práctica del Film Music Project, ni tampoco que habrían de pasar todavía cinco años hasta que «los resultados de su investigación», es decir, el libro *Composición para el cine,* viesen la luz, su carta reflejaba de forma profética el largo camino que todavía le quedaba al proyecto para ser finalizado.

La carta revelaba además algo realmente importante: cierto sinsabor que el representante de la fundación sentía al no haber desarrollado Eisler los análisis de audiencia. Como se recordará, en enero de 1940 la Rockefeller Foundation había enfatizado la necesidad de «medir» las repercusiones sociales del Film Music Project a través de diversos tests y cuestionarios, de un modo similar a como lo estaba haciendo Paul Lazarsfeld en el Princeton Radio Research Project. En esta documento se puede observar cómo Marshall dejaba entrever amablemente a Eisler que la «medición» de las reacciones del público no había sido llevada a cabo[69].

A pesar de que no se conserva la respuesta de Clara Mayer, ella sería la única que, como veremos, mantendría la correspondencia con el compositor durante los años venideros.

FINALIZACIÓN Y DESAPARICIÓN DEL FILM MUSIC PROJECT

Resulta complicado señalar con seguridad la fecha en que fue finalizada la parte práctica del Film Music Project. Sabemos que Eisler trabajó en la música de los noticiarios de guerra al menos hasta marzo de 1943, pero es posible que lo siguiese haciendo incluso hasta septiembre de 1944[70]. La correspondencia existente entre el compositor y los distintos miembros de la administración de la New School nos permite rastrear el desarrollo final del proyecto y la misteriosa desaparición de sus resultados prácticos, ocurrida en algún momento entre la primavera de 1943 y la de 1948, cuando Eisler, convertido por entonces en una de las primeras víctimas del McCarthysmo, se vio obligado a abandonar los Estados Unidos.

Como dicha correspondencia es escasa, y como apenas existe documentación original sobre el Film Music Project a partir de noviembre de 1942, la reconstrucción del periodo final de la investigación se hace especialmente difícil, sobre todo cuanto más nos acercamos a la enigmática desaparición de los resultados prácticos del proyecto. Como veremos, todavía seguimos sin saber en qué lugar se almacenaron las películas con las bandas sonoras de Eisler y si (en caso de que hayan sobrevivido al paso del tiempo) existe hoy la posibilidad de encontrarlas.

---

[68] Carta de Marshall a Eisler, 2 de diciembre de 1942, RAC.

[69] Algo que, sin embargo, no importó a Alvin Johnson. Apenas unos días después de leer la carta de Marshall, Eisler recibía la felicitación del rector de la New School: «Querido doctor Eisler, muchas gracias por su informe. Ha realizado usted un trabajo de una creativad verdaderamente excepcional. Esperamos verle en el futuro. Atentamente, Alvin Johnson» (carta de Johnson a Eisler, 7 de diciembre de 1942, FML).

[70] La última entrada relevante en el listado de gastos de 1944 es de marzo de 1943.

En enero de 1943 la New School se puso en contacto con el compositor para recordarle que todavía tenía a su disposición 671 dólares del presupuesto original del Film Music Project[71]. En la posdata de aquella carta, en donde una secretaria del centro preguntaba a Eisler si pensaba solicitar una segunda prórroga, se añadía: «Usted sabe, por supuesto, que el dinero que no se gaste volverá directamente a la Rockefeller Foundation»[72]. Ante tal hecho, es posible que Eisler pensase una vez más que era preferible seguir investigando a que el dinero volviese a las arcas de la fundación.

Eisler aclaró entonces a la New School que no iba a pedir una segunda prórroga, y que necesitaba el dinero para poder pagar los gastos que se habían hecho (y se irían haciendo) después del 31 de octubre de 1942[73]. Aunque no la pidiese, en realidad el compositor actuó como si le hubiesen concedido una segunda prórroga, ya que siguió trabajando en el Film Music Project hasta marzo de 1943. Siguiendo las pautas que le había dado Marshall, el compositor aclaró que las actividades musicales que costearía en el futuro con el dinero de la fundación habían sido planeadas con anterioridad a aquella fecha.

Algo en aquella actitud no debió de gustar a la administración de la New School, siempre vigilante en lo que a cuestiones financieras se refiere y dubitativa ante aquella silenciosa «segunda prórroga» que ni siquiera había sido solicitada. El 3 de febrero de 1943 Eisler se vio obligado a explicar con detalle su procedimiento al personal del centro:

Querida señora Alexander,
Por favor perdone mi retraso en contestar. He estado ocupado, día y noche, escribiendo la música de una película [Los verdugos también mueren] que acabé justo ayer. El dinero que no se ha gastado es necesario para el proyecto. Todavía quedan facturas muy importantes que pagar. Un ejemplo concreto: el laboratorio que está haciendo mis copias finales no ha podido acabarlas porque tuvimos que esperar a que llegase el material cinematográfico. He tenido que solicitar autorización a la War Production Board (lo que supuso mucho trabajo, ya que tuve que hacerlo separadamente por cada rollo) para obtener el material. Eso me ha llevado mucho tiempo. Acabo de recibir el último permiso de Washington. (Gastos del telegrama: 2.78). Pronto recibirá las facturas de Brulator (celuloide), Pathe Lab (impresión y mezclas), Moviola Co., renta de casilleros, servicio de moviola, y la factura del hombre que está supervisando y haciendo todas las tareas técnicas. Habrá además algunos pequeños gastos para comprar libros necesarios para la redacción del libro. Tenga el dinero listo, porque las facturas le llegarán este mes. Y por favor respóndame cuando pueda por correo aéreo. Le quedo muy agradecido por la ayuda que me está brindando[74].

Tan seguro parecía el compositor de poder seguir trabajando en el proyecto que la administración de la New School dejaría por el momento de pedirle mayores explicaciones sobre los gastos últimos del Film Music Project.

Durante el mes de enero, Eisler trabajó en la composición de la banda sonora de *Los verdugos también mueren,* que se estrenaría finalmente el 23 de marzo de 1943 en Los Ángeles. Por una carta del tesorero de la New School al contable de la Rockefeller

---

[71] Carta de M. Alexander a Eisler, 12 de enero de 1943, FML.
[72] *Ibidem*.
[73] Carta de Eisler a Alexander, a mano, sin fechar, FML.
[74] Carta de Eisler a Alexander, 3 de febrero de 1943, FML.

Foundation, sabemos que durante el mes de febrero Eisler gastó 70 dólares, posiblemente en la preparación de la música de los noticiarios[75]. En el mes de marzo el compositor se dedicó a dar forma final a los resultados prácticos del proyecto: últimas mezclas, cortes y otros trabajos de edición cuyo coste ascendió a 266 dólares. El 12 de marzo, por ejemplo, se gastaron 70 dólares en revelado de películas, y el 25 de ese mismo mes, se pagaron 55 dólares a Glenn Wallichs y Carl Tughaus por trabajos de edición. La semana siguiente, el 1 de abril, Eisler pagó 133 dólares a los laboratorios Pathé por revelado y 6 dólares a General Service Studios por la proyeccion de una serie de cortometrajes, quizá los noticiarios con sus nuevas bandas sonoras ya incorporadas[76].

Durante las siguientes semanas de la primavera de 1943 Eisler se dedicó, junto a Theodor W. Adorno, a la redacción de *Composición para el cine*. «El libro que surgió de mi proyecto –le decía a Clara Mayer el 10 de mayo de 1943– está progresando favorablemente»[77]. En una carta escrita durante aquellas mismas fechas, Eisler hablaba por primera vez de enviar el proyecto finalizado a Nueva York. Lo hacía en una breve nota que escribió a la secretaria de la New School: «El envío a Nueva York de *todo el material para la Rockefeller Foundation, que ahora tengo aquí,* costará alrededor de 75 dólares. Me gustaría que dedujese usted esta suma del presupuesto general y lo pusiese ya a un lado ahora, porque no sé exactamente cuándo enviaré el material a la Costa Este»[78].

Este documento demuestra que antes del verano de 1943 el compositor daba por finalizada la parte práctica del proyecto; al mismo tiempo, se puede observar cómo el destinatario del material que el compositor citaba no es el MoMA, sino la Rockefeller Foundation. Pero si la parte práctica del proyecto había sido acabada, la pregunta que surge entonces es: ¿por qué no la enviaba Eisler a la Film Library del MoMA en Nueva York, tal como se había comprometido a hacer en enero de 1940?

Debido a la ausencia de documentos, nuestra reconstrucción de los hechos a partir de aquí está determinada por un fuerte carácter especulativo. Creemos que en mayo de 1943 el proyecto, aunque completo, todavía no tenía una forma final (es decir, los rollos todavía no habían sido organizados y ordenados), o bien que Eisler quería quedarse con los resultados, al menos durante una temporada, para sus propios fines profesionales. La primera respuesta parece correcta si observamos lo que el compositor decía a Alexander meses más tarde, en una breve carta fechada el 30 de agosto de 1943:

> Le envío aquí un listado de gastos de la beca de la Rockefeller Foundation, que creo que es correcto. Sin embargo, es usted quien tiene todas las cuentas. Por favor, recuerde que cada mes debo pagar el alquiler del casillero donde guardo el material fílmico; y que luego tendré que enviar este material a la Costa Este. Para estos propósitos usaré los 131 dólares que todavía no se han gastado[79].

Además de los 75 dólares reservados para el envío, Eisler señalaba aquí que necesitaba algo más de dinero (quizá para pagar al editor que le diese al proyecto la

---

[75] Carta W. R. Huntington a George Beal, 24 de febrero de 1943, FML.
[76] Listado de gastos, 29 de mayo de 1944, FML.
[77] Carta de Eisler a Mayer, 10 de mayo de 1943, FML.
[78] Carta de Eisler a Alexander, sin fechar, FML; la cursiva es nuestra.
[79] Carta de Eisler a Alexander, 30 de agosto de 1943, FML.

organización que no tenía). Como demuestra el informe de gastos de 1944, el compositor todavía tenía material en un casillero del Preview Theater que tal vez consideraba imprescindible para presentar una copia final y completa de su proyecto al MoMA.

La segunda posibilidad también parece justificable si observamos que, desde 1943 hasta finales de 1944, Eisler proyectaría *White Flood* en distintas ocasiones como ejemplo de su proyecto Rockefeller en Los Ángeles[80].

Desde agosto de 1943 hasta mayo de 1944 no existen cartas ni documentos que se refieran de forma directa a la parte práctica del Film Music Project. Afortunadamente, el listado de gastos de finales de mayo de 1944 nos permite reconstruir (aunque sólo sea parcialmente) algunas actividades de dicho periodo. Este listado, enviado por Henry Wendriner, de la New School, a Hanns Eisler el 29 de mayo de 1944, tenía dos páginas: la primera indicaba los gastos generales del Film Music Project, y la segunda, los gastos del mismo desde el 1 de noviembre de 1942, es decir, a partir de la «finalización oficial» del proyecto[81]. El total de los gastos ascendía a 20.098 dólares, de tal modo que a favor de Eisler restaban 61 dólares. Por la segunda página del presupuesto obtenemos dos datos relevantes: (1) hasta junio de 1944 Eisler pagó mensualmente el alquiler de casilleros en las ciudades de Nueva York y Los Ángeles para almacenar rollos de películas, y (2) en mayo de 1943 todavía no había enviado los resultados del proyecto al MoMA, a pesar de que la New School había reservado un cheque de 75 dólares para dicha función[82].

A partir de marzo de 1943 sucedieron una serie de acontecimientos difíciles de dilucidar que desembocarían en la desaparición de la parte práctica del proyecto. Los últimos documentos que existen sobre el Film Music Project son, por un lado, tres cartas entre Eisler y el nuevo tesorero de la New School, Issai Hosioski, en agosto de 1944; y, por otro, dos cartas que Clara Mayer escribió al compositor en junio y julio de 1947. Las cartas entre Hosioski y Eisler trataban sobre la responsabilidad de los pagos de los casilleros de almacenamiento de las películas[83]. Lo sorprendente de su contenido es que Eisler, ante la petición de Hosioski de que le enviase todo el material a la New School, señalaba que las bandas sonoras habían sido producidas *solamente* para la Rockefeller Foundation. De forma un tanto incomprensible, el compositor no recordaba que el lugar donde debían depositarse las películas, tal como se había acordado en enero de 1940, no era la fundación, sino la Film Library del MoMA. Todavía hoy no sabemos quién se encargó de pagar los casilleros, si Eisler asumió finalmente ese gasto o si, tal como anunciaba en la carta a Hosioski del

---

[80] Eisler proyectó dos extractos del film en el simposio «Music and the War», organizado por el Writers' Congress en Los Ángeles del 1 al 3 de octubre de 1943. De su conferencia en dicha ocasión existen varias versiones en el HEA de Berlín; el texto final fue publicado como «Prejudices and New Musical Material», en *Writers' Congress. The Proceedings of the Conference held in October 1943*, Berkeley, University of California Press, 1944, pp. 260-264. Además, el film fue proyectado por lo menos en otras dos ocasiones, en septiembre de 1944 (tal como informa la carta de Warren D. Allen a Eisler, 27 de septiembre de 1944, FML) y el 28 de octubre de 1944 en el «Music in the Films Forum» organizado por el National Film Music Council de Los Ángeles (tal como muestran las cartas de Helen Dill y Alice Evans Field a Eisler, 28 de septiembre y 31 de octubre de 1944, respectivamente, ambas en el HEA).

[81] Listado de gastos, 2 pp., sin firmar ni fechar (posiblemente última semana de mayo de 1944), FML.

[82] *Ibidem*, p. 2.

[83] Carta de Issai Hosioski a Eisler, 16 de agosto de 1944; respuesta de Eisler a Hosioski, 21 de agosto de 1944; y respuesta final de Hosioski a Eisler, 24 de agosto de 1944; las tres cartas se encuentran en la FML.

21 de agosto de 1944, no tenía capacidad para hacerlo, y, por tanto, se vio obligado a abandonar los rollos de película en sus respectivos casilleros en Nueva York y Los Ángeles.

El siguiente documento que hace referencia a los resultados del Film Music Project es de junio de 1947, casi tres años después. Se trata de una carta de Clara Mayer a Eisler en la que, después de relatar asuntos familiares, Mayer escribe:

> Bueno, ahora le digo la razón por la que finalmente le escribo: tenemos algunas de sus películas de 35 milímetros aquí en la New School, lo cual parece ir en contra de las reglas de seguridad. ¿Qué hacemos con ellas? Aparentemente no nos está permitido guardarlas en el edificio. ¿Podría ponerse en contacto conmigo? Parece que es algo urgente[84].

Esta breve nota, aunque no resuelve las incógnitas principales, sí arroja luz sobre una de las dudas que acabamos de presentar: parece señalar que, en efecto, Hosioski se encargó de hacer el traslado de algún material del Film Music Project al edificio de la calle 12 de la New School for Social Research. Si dicho material era el que residía en los casilleros de Los Ángeles, en Nueva York o en ambos, eso no lo sabemos. Aunque desafortunadamente no se conserva la respuesta de Eisler, sí existe otra carta de Mayer que es, a su vez, el «último» documento que hace referencia al Film Music Project. Por esta carta se entiende que Eisler en su misiva debió decirle a Mayer que él, por la razón que fuese, prefería que el material siguiese en la New School; que no todos los rollos contenían material igual de valioso; y que se pusiera en contacto con Harry Robin, posiblemente la única persona en Nueva York que conocía el contenido de las cintas.

La respuesta de Clara Mayer de julio de 1947 decía así:

> A propósito de sus películas he hablado con Harry Robin, [que] está totalmente dispuesto a ayudar. Aquí hay aproximadamente 55 rollos de su material; Robin estima que necesitaría dos días en una sala de proyección para verlos todos. Y ha planteado varias preguntas: ¿está seguro de que quiere dejarlos aquí en lugar de tenerlos en Hollywood? Porque si finalmente quiere que se los enviemos, entonces quizá prefiera verlos usted mismo. En ese caso, Robin estaría encantado de empaquetarlos y enviárselos. Si quiere usted que los vea él, a Robin le gustaría saber con qué criterio debe seleccionar o descartar los rollos. Ha hecho hincapié en que está listo para ayudarle en lo que desee, pero que necesita más información antes de tomar decisiones inteligentes al respecto. Quiere que lo recuerde con afecto.
>
> Robin ha mejorado mucho. Recuerdo que a mí no me entusiasmaba tanto como a usted, pero ayer he sentido que usted tenía razón[85].

Más allá de la hermosa reconciliación entre Robin y Eisler que la carta deja entrever, y que tanto agradó a Robin cuando más de cincuenta años después tuvo la oportunidad de leerla[86], las palabras de Mayer nos permiten sacar cuatro conclusiones. No obstante, y debido a la ausencia de documentación, ninguna de ellas se puede demostrar. A su vez, las cuatro parecen posibles respuestas a la incógnita surgida en tor-

---

[84] Carta de Mayer a Eisler, 17 de junio de 1947, FML.
[85] Carta de Mayer a Eisler, 3 de julio de 1947, FML.
[86] Gall envió esta carta a Robin poco antes de su muerte en verano de 2001. También Erica Clark, hija de Robin, expresó su agrado cuando se la facilitamos el 6 de abril de 2002 en Los Ángeles.

no al lugar donde se depositó y almacenó finalmente el conjunto de los resultados prácticos del Film Music Project[87]. La primera posibilidad es que Eisler, en algún momento entre agosto de 1944 y junio de 1947, hubiese enviado el material almacenado en la Moviola Company de Los Ángeles a la New School de Nueva York. La segunda posibilidad es que se hubiese quedado con el material que tenía en los casilleros en Los Ángeles, y la New School tuviese los rollos que había en el Preview Theatre de Nueva York. La tercera, que el material al que se refería Mayer fuesen las películas que Eisler había recibido desde Hollywood a finales de 1940 y que no había empleado para el Film Music Project, residiendo éste en su totalidad y forma final en Los Ángeles. La cuarta, que los resultados prácticos del proyecto siguiesen en los mismos lugares que en 1944, es decir, repartidos entre el Preview Theatre de Nueva York y la Moviola Company de Los Ángeles, y que aquellos rollos que estaban en la New School hubiesen sido almacenados a finales de 1940, cuando llegaron desde Hollywood

Ante la falta de documentación para probar alguna de estas cuatro conclusiones, vuelve a plantearse la famosa pregunta: ¿dónde están entonces los resultados prácticos finales del Film Music Project? ¿Dónde se encuentran las películas con las diferentes versiones musicales de Eisler de *White Flood, A Child Went Forth, Lluvia,* las secuencias de *Las uvas de la ira* y los noticiarios de guerra? A día de hoy, la única respuesta rigurosa que podemos dar es: seguimos sin saberlo.

Hanns Eisler, durante sus posteriores años en Austria y en la República Democrática Alemana, nunca se refirió de forma directa a la ubicación final del Film Music Project. Desde la New School, Alvin Johnson y Clara Mayer tampoco lo hicieron. Harry Robin y Helen van Dongen, aunque en diferentes ocasiones vieron cómo se les preguntaba dicha cuestión, no supieron responderla. Quienquiera que lo supiese, desde Ralph Ives a Jascha Horenstein, se llevó el secreto a la tumba. A la célebre pregunta, de hecho, sólo puede responderse con más preguntas: ¿estarán los filmes perdidos en alguna estantería de los archivos del MoMA? ¿Estarán abandonados en alguna caja polvorienta en las salas de la New School a las que todavía no está permitido el acceso? ¿Se encontrarán quizá en un casillero del antiguo edificio del Preview Theatre en Nueva York? ¿O acaso estarán, sencillamente, en algún lugar de la casa de Pankow en la que murió el compositor y que hasta hace poco ha sido residencia privada de su tercera esposa y viuda, la recientemente fallecida Stephanie Eisler? Estas cuestiones sólo podrían ser dilucidadas con una nueva investigación.

---

[87] Estamos dando por supuesto que la información facilitada por el MoMA, es decir, que el museo nunca recibió las películas de Eisler, es correcta. En caso de que no lo fuera, los resultados prácticos del proyecto podrían seguir almacenados en algún rincón de sus archivos cinematográficos.

Capítulo VIII

La nueva música del cine emancipado. *Composición para el cine*

Se desconocen las fechas exactas y el proceso particular que llevó a Hanns Eisler a firmar un contrato con la editorial Oxford University Press en primavera de 1938. La primera noticia que tenemos del texto que más tarde se convertiría en *Composición para el cine* proviene, de hecho, de una carta escrita por el editor de Oxford University Press, Philip Vaudrin, el 29 de noviembre de 1939, es decir, casi dos años más tarde[1]. En aquella ocasión Vaudrin se dirigía a Eisler para preguntarle cómo avanzaba la redacción del «libro sobre música moderna» cuyo trato habían acordado «la primavera pasada»[2].

Aunque la carta no revelaba ningún dato sobre el tipo de contrato que se había establecido entre el compositor y la editorial, hoy nos sirve para determinar la fecha aproximada del primer contacto entre ambas partes, y también para aclarar que el tema expuesto entonces en la propuesta del libro no era «la música de cine», como se ha afirmado habitualmente, sino «la música moderna»[3]. Esta primera carta nos remite además al documento escrito por Hanns Eisler «Why Is Modern Music So Difficult to Understand?» («¿Por qué es la música moderna tan difícil de entender?»), cuyas fechas de redacción permanecen hasta hoy desconocidas[4]. Por la carta de Vaudrin, podemos suponer que «Why Is Modern Music So Difficult to Understand?» fue la propuesta que el compositor escribió en primavera de 1938 para Oxford University Press.

En este texto Eisler señalaba que el libro que redactaría para la editorial incorporaría sus teorías expuestas en las aulas de la New School a propósito de la separación que existía desde principios del siglo XX entre el público y los compositores de música avanzada. «Nunca en la historia –señalaba el compositor en aquella ocasión– se ha encontrado la música seria más aislada de la gente que en la era actual»[5]. El estudio «metódico» que el compositor proponía estaba dividido en dos partes y abarcaba temas tan diversos como «la transformación de la sonata en la música moderna», «la música y la te-

---

[1] Carta de Philip Vaudrin a Eisler, 29 de noviembre de 1939, HEA.
[2] *Ibidem*.
[3] En toda la literatura sobre el Film Music Project, desde Betz a Schebera, pasando por Grabs, Culbert y Dümling, se señala erróneamente que Eisler firmó el contrato con Oxford University Press para escribir un libro sobre música de cine.
[4] Eisler, «Why Is Modern Music So Difficult to Understand?», s.f., 2 pp., HEA.
[5] *Ibidem*, p. 1.

rapia médica» y el estudio de «la distribución musical (las casas discográficas, las gestoras de conciertos, los sistemas de retransmisión, las agencias publicitarias, etc.)»[6]. Aunque el texto no era muy extenso (apenas tenía dos páginas), sí dejaba entrever el interés del compositor por combinar varias tradiciones interpretativas de un mismo fenómeno. Propósitos claramente marxistas como la interpretación de la música en tanto bien de consumo se conjugaban con intereses psicológicos de corte conductista («música y conducta») e incluso formalista («música y teoría de la Gestalt»)[7].

La finalidad de aquel libro que Eisler proponía escribir era doble; el autor pretendía, por un lado, explicar las características estéticas del material musical moderno (la politonalidad, el polirritmo, la técnica dodecafónica) y, por otro, determinar el desarrollo social e histórico que dicha música había experimentado durante los últimos años. Ambas problemáticas deberían por tanto ser abordadas desde «el punto de vista del compositor moderno, pero también a partir de un trabajo de investigación sociológica»[8].

Aparte de querer analizar el fenómeno que había supuesto la ruptura de Eisler con el círculo de Schönberg (el aislamiento social del compositor moderno), lo que sorprende de esta propuesta es la variedad de elementos que comparte con *Composición para el cine* (a pesar de haber sido redactado casi diez años antes de la publicación del libro). En uno de sus párrafos se decía:

> El material musical moderno [...] choca con los nuevos métodos de reproducción mecánica como la radio, la vitrola y el cine. [...] La creciente mecanización de los métodos de reproducción tiende de forma realmente natural a un tipo de democratización de la música. Sin embargo, el material musical moderno es cada vez más extraño. Esta contradicción se acentúa todavía más por la falta de una pedagogía musical progresista. La así llamada «apreciación musical» toma sus normas de enjuiciamiento demasiado a menudo del periodo romántico, y por ello es incapaz de explicar los problemas de la música moderna[9].

Eisler comentaba aquí dos de los elementos fundamentales del libro que más tarde escribiría con Adorno. El primero hacía referencia al contenido; planteaba la enorme contradicción a la que se enfrentaba la música moderna al aplicarse a medios de reproducción mecánica que podían democratizarla de una manera nunca antes pensada, pero que, paradójicamente, estaban provocando su mayor aislamiento y marginación. El segundo se refería al modo de enfocar el objetivo del estudio; la «apreciación musical» decimonónica no servía para explicar los problemas (y las posibilidades) de la música moderna, y por ello era necesaria una nueva forma de escribir sobre composición. Nadie en el ámbito de la crítica musical personificaría mejor dicha forma que Theodor W. Adorno.

---

[6] *Ibidem*, pp. 1-2.

[7] *Ibidem*, p. 1. Eisler pretendía compartir los métodos hermeúticos de su formación marxista con otros que estaba empezando a conocer en la New School, en donde impartían clases de psicología del arte psicólogos norteamericanos, y también el padre de la teoría de la Gestalt, Max Wertheimer. La relación entre Eisler y la escuela de Max Wertheimer pudo haberse desarrollado durante los años del Film Music Project; en 1941, por ejemplo, el compositor recibió una carta de ofrecimiento de Rudolf Arnheim, el célebre historiador del arte y seguidor de la teoría gestaltiana, para colaborar con el proyecto (carta de Arnheim a Eisler, 3 de enero de 1941, HEA).

[8] *Ibidem*, p. 2.

[9] *Ibidem*, p. 1.

Los vínculos con *Composición para el cine* aparecían incluso de manera más explícita cuando, más adelante, Eisler también proponía tratar asuntos como «los problemas musicales del cine sonoro» o «la técnica vocal y el micrófono». Es evidente que desde la llegada de Eisler a Norteamérica, su interés por el cine y por las características técnicas de la grabación musical había aumentado considerablemente. Que justo unas semanas después de asentarse en Nueva York de forma definitiva incluyese en esta propuesta temas como la música de cine o los mecanismos de grabación, refleja hasta qué punto había llamado la atención del compositor la relevancia social del cine norteamericano en la sociedad que desde hacía unas semanas lo rodeaba. El descubrimiento del cine sonoro había otorgado a la música moderna un propósito que antes no tenía (el de trabajar con la imagen), y dicho propósito parecía mucho más relevante en un país como los Estados Unidos, en donde el poder del cine era, desde todos los aspectos, apabullante.

Aunque desconocemos las condiciones de aquel primer acuerdo con Oxford University Press (la extensión del libro, los plazos de entrega, los pagos, etc.), sabemos que Eisler, desde 1939 a 1942, lo emplearía como una especie de prestigiosa carta de presentación. Como hemos visto, sería este contrato el que mostraría a la Rockefeller Foundation para conseguir la beca de 20.000 dólares; el que le serviría de respaldo para presentarse a su llegada a Hollywood en agosto de 1940 como estudioso de la música de cine; y el que justificaría más tarde el hecho de no haber producido los cuatro informes semestrales acordados con la fundación para el Film Music Project.

A pesar de que Eisler se apoyó repetidas veces en Oxford University Press como institución de prestigio, su relación con la editorial, aunque cordial, no fue, ni mucho menos, buena. En una carta que Philip Vaudrin envió al compositor el 23 de febrero de 1940, el editor reflejaba ya cierto desconcierto al no haber sido informado de la concesión de la beca Rockefeller: «Acabo de leer la noticia en *The New York Times* –decía Vaudrin a Eisler– y me he alegrado mucho. [...] Pero he de decir que también siento una ligera preocupación, porque entiendo que esto retardará la redacción del libro que ha acordado con nosotros»[10]. El problema en aquella ocasión no era que Eisler no hubiese comunicado a Vaudrin la obtención de la beca (en realidad, no tenía por qué hacerlo), sino su ocultación de que dicho estipendio había sido concedido en parte gracias a que la Rockefeller Foundation pensaba que Oxford University Press publicaría los resultados del proyecto.

Eisler debió de ser consciente de que Vaudrin podía descubrir su estrategia, y por eso decidió quedar con él en algún momento de la última semana de febrero de 1940. En aquel encuentro, momento del origen verdadero de *Composición para el cine,* se estableció un nuevo acuerdo entre la editorial y el compositor que normalizó la situación y convirtió el libro de «música moderna» en uno de «música de cine».

LA HISTORIA DEL LIBRO

Sabemos de las nuevas condiciones del contrato que allí se acordaron por una carta del 5 de marzo de 1940 en la que Vaudrin recordó a Eisler por escrito los acuerdos a los que habían llegado:

---

[10] Carta de Vaudrin a Eisler, 23 de febrero de 1940, HEA.

Querido señor Eisler:

Le prometí que le escribiría una carta resumiendo los acuerdos de nuestra charla de la semana pasada. Tal como yo los entendí, estos son los puntos con los que estamos de acuerdo:

I. El proyecto de investigación sobre música y cine que está usted llevando a cabo con una beca Rockefeller será la base de un libro general sobre idéntica materia, de tal modo que este texto será aceptado como sustituto del libro para el que en un principio le habíamos contratado.

II. No obstante, Oxford University Press, al considerar la publicación de su libro sobre el cine y la música, seguirá teniendo la posibilidad de publicar el libro para el que en un principio se le contrató, y se entiende que usted escribirá ese libro después de completar el proyecto actual.

III. Usted ha acordado entregarnos el manuscrito de su libro sobre la relación entre el cine y la música antes del 1 de agosto de 1941. Esperamos, sin embargo, que, para asegurar la publicación del texto en otoño de 1941, será capaz de adelantarse a esta fecha en, digamos, un mes.

IV. Se entiende que Oxford University Press podrá pedirle que realice ciertos cambios en su manuscrito en caso de que los consideramos necesarios con el fin de adecuar el libro al mercado.

V. Oxford University Press hará todo lo posible para publicar este libro en octubre de 1941, pero su capacidad para ello dependerá por supuesto de la fecha en que nos llegue el manuscrito finalizado y listo para la imprenta. Por lo habitual necesitamos como mínimo tres meses desde que recibimos el manuscrito final hasta su publicación. De ahí que sea probable que la publicación tenga lugar en noviembre [de 1941].

Como le dije, estaríamos encantados de hacer todo lo posible para ayudarle con la mimeografía de sus informes parciales. Tal como lo entendí, se trataría de cuatro informes, de 50 páginas cada uno, aproximadamente; creo que podríamos hacerle las mimeografías por no más de 50 dólares cada una, incluyendo por supuesto el coste del material y otros asuntos.

Le rogaría me enviase una carta confirmando estos puntos.
Con mis mejores deseos,
Philip Vaudrin[11].

Esta carta de Vaudrin revela tres asuntos importantes: (1) que Oxford University Press se reservaba la posibilidad de exigir a Eisler la redacción del libro sobre música moderna (o, dicho de otro modo, que Eisler pasaba a tener, no uno, sino dos contratos con la editorial); (2) que Vaudrin esperaba recibir el manuscrito el 1 de julio de 1941, antes de la finalización oficial del Film Music Project; y (3) que Oxford University Press estaba dispuesta a correr con los gastos de la publicación de los cuatro informes semestrales que Eisler había prometido a John Marshall y Alvin Johnson. No deja de ser sorprendente que en los años venideros Eisler no cumpliese ninguno de estos acuerdos: ni escribiría el libro sobre música moderna, ni entregaría el texto en julio de 1941, ni publicaría los informes semestrales. La respuesta a esta «inactividad» del compositor puede deberse a su mayor interés por la práctica que por la teoría de la música de cine, o bien a aquel rasgo de «vago encantan-

---

[11] Carta de Vaudrin a Eisler, 5 de marzo de 1940, HEA.

dor» que más tarde recordaría Helen van Dongen al caracterizar la personalidad de Hanns Eisler[12].

En todo caso, sabemos que el compositor aceptó las cinco nuevas condiciones de Oxford University Press porque, a pesar de que su respuesta al editor no se ha conservado, sí existe una carta del 15 de marzo de 1940 en la que Philip Vaudrin confirma el acuerdo del compositor con los principios expuestos en su carta del día 5[13].

Al mismo tiempo, algún tipo de contacto entre Eisler y Vaudrin debió establecerse respecto a Theodor W. Adorno. Como hemos visto, Adorno había llegado a Nueva York también en la primavera de 1938 y hasta enero de 1940 había trabajado en la sección musical del Princeton Radio Research Project de Lazarsfeld. En algunos de sus encuentros con el compositor durante aquellos dos años, Adorno debió de pedir a Eisler que hiciese de intermediario con Oxford University Press para promover la publicación de un texto suyo[14]. En una carta del 4 de julio de 1940, mientras Eisler se dedicaba a la composición de la banda sonora de *White Flood,* el filósofo le escribía para comunicarle la noticia de que la editorial había rechazado aquel texto:

Querido Eisler:

Vaudrin se ha negado: el libro es demasiado «difícil», la situación política no permite riesgo semejante y, además, la venta de textos sobre música resulta limitada. Escribe muy afectuosamente; tanto, que no parece haber duda del carácter definitivo de su decisión. Me apena mucho, y por más de un motivo.

Nuestros planes para las vacaciones todavía no son definitivos; posiblemente nos iremos a Miami dentro de diez días a visitar a mis padres. En todo caso, le quedaría sumamente agradecido si pudiésemos hablar antes con respecto a los planes de las clases en la New School, que para mí son de vital importancia. Dígame por favor si viene la próxima semana, y cuándo le convendría quedar.

Le quedo enormemente agradecido, una vez más, por su intervención. Lo que ha significado personalmente es por fortuna independiente del éxito o del fracaso.

Suyo,

Teddy Wiesengrund[15].

A cualquier lector de esta carta le sorprenderá el hecho de que Adorno contemplase la posibilidad de dar clases en la New School for Social Research. Y no sólo porque contradiga la imagen de enfrentamiento que académicos como Martin Jay han creado entre la New School y el Institut, sino también porque, lejos de resultar autosuficiente y arrogante (dos de los rasgos que los detractores de Adorno le han atribuido más a menudo), nos encontramos con un académico modesto y agradecido.

---

[12] «Algunos de sus amigos pensaban que [Eisler] era un «vago encantador». [...] A menudo bromeábamos diciendo que Hanns nunca tiraba una sola nota a la papelera, que guardaba todos sus partituras en un baúl, y que dejaba sus últimas piezas sobre un montón de manuscritos. De tal modo que, cuando necesitaba escribir una partitura para el cine o para el teatro o para lo que fuese, decíamos que se metía en su baúl, desenterraba un manuscrito del fondo, escribía una variación de aquel tema, lo desarrollaba, y listo» (Carta de Helen van Dongen a Manfred Grabs, 26 de noviembre de 1984, HEA).

[13] Carta de Vaudrin a Eisler, 15 de marzo de 1940, HEA.

[14] Según Hullot-Kentor, «el texto de Adorno que la editorial rechazó es una versión de "Radio Physiognomy"» (en correspondencia con el autor, 26 de abril de 2003).

[15] Carta de Adorno a Eisler, 4 de julio de 1940, HEA.

Desconocemos el intercambio epistolar entre Vaudrin, Eisler y Adorno durante los meses siguientes[16]. En 1941 Adorno se trasladó a Los Ángeles y allí empezó a desarrollar su colaboración con Max Horkheimer, con quien redactaría durante los tres años siguientes la hoy célebre *Dialéctica de la ilustración*[17]. Eisler, por su parte, hasta abril de 1942, permaneció la mayor parte del tiempo en Nueva York trabajando en las bandas sonoras del Film Music Project. La primera carta que tenemos de ambos (y la que es quizá uno de los documentos más interesantes del conjunto epistolar del Film Music Project) está fechada el 8 de enero de 1942 y dice así.

> Querido Hanns:
>
> Esta carta es sólo para dar señales de vida. Nos hemos instalado en una casa muy bonita, estamos bien y muy metidos en el trabajo, y vemos a muy poca gente; de vez en cuando a los Schönberg, y ayer a Brecht, quien le envía un cordial saludo y le echa mucho de menos.
>
> De Rudi [Rudolf Kolisch] he recibido una carta entusiasta a propósito de la música del film sobre la lluvia. Tengo muchísimas ganas de escucharla y, si sigue usted interesado en los experimentos, me gustaría hacer los análisis al respecto. ¿Ha hablado con Lazarsfeld de este asunto?
>
> Al traducir el trabajo musical a mi torpe inglés, lo he castrado por completo; si no sale bien, habré de esconder la publicación porque, de no hacerlo, Schönberg se enfadará enormemente. He escrito un prólogo que sigue todas sus sugerencias y se basa en la idea siguiente: se trata tan sólo de una música sobre cómo debería ser el mundo.
>
> Y ¿cuándo va a pasar por aquí? ¿Cómo va la prórroga de su proyecto? Me imagino que la Rockefeller se va a concentrar ahora en investigaciones de defensa, y que su proyecto sobre cine cobrará enorme actualidad; por eso espero que pronto se vengan ustedes y se hagan con una casa cerca de nosotros, y no en Connecticut. Aquí quizá pueda usar la música que ha escrito para la fundación como forma de presentación. Supongo además que, mientras *dure* la beca Rockefeller, le vendría muy bien continuar aquí con su proyecto sobre el cine, porque eso le permitiría, desde su experimentado puesto, entrar en contacto con los estudios y activar distintas posibilidades futuras.
>
> Un abrazo para Lou y para usted, también de Gretel,
> de su amigo,
> Teddie[18].

Leyendo esta carta atentamente se puede entrever el interés de Adorno por participar en el Film Music Project. Además de hacer referencia a la partitura de *Lluvia* y a los amigos comunes (Schönberg, Brecht, Kolisch), y de animar a los Eisler a trasladarse «con ellos» a Los Ángeles, el filósofo se ofrecía a realizar los análisis de audiencias del proyecto. Conviene enfatizar ahora esta voluntad de colaboración de Adorno porque nos ayudará a comprender algunas de las razones por las que más adelante el filósofo decidiría no firmar *Composición para el cine* junto a Eisler.

---

[16] Dicha correspondencia se creía perdida hasta que recientemente, en agosto de 2007, el profesor norteamericano David Culbert la ha facilitado al HEA, que no ha emprendido todavía su catalogación.

[17] Theodor W. Adorno y Max Horkheimer, *Dialektik der Aufklärung*, Ámsterdam, Querido Verlag, 1947.

[18] Carta de Adorno a Eisler, 8 de enero de 1942, HEA.

Pero la carta ofrecía además dos datos importantes: dejaba saber a Eisler que Adorno estaba trabajando en un ensayo sobre el maestro de ambos, Arnold Schönberg, y, de forma ciertamente profética, revelaba el giro que los proyectos de la Rockefeller Foundation comenzarían a hacer tras la entrada de los Estados Unidos en guerra hacia «investigaciones de defensa»[19].

Curiosamente, el mismo día en que Adorno escribía a Eisler, también lo hacía Vaudrin; pero éste contactaba con el compositor, en cambio, para quejarse por los 3 improductivos años que habían pasado desde que la editorial y Eisler habían firmado el segundo contrato[20].

Desconocemos las respuestas de Eisler a Adorno y a Vaudrin. Por el desarrollo posterior de los acontecimientos es más que probable que el compositor estuviese de acuerdo con Adorno en establecer una colaboración respecto al análisis de los resultados de las pruebas de audiencia del Film Music Project. En cuanto a su respuesta a Vaudrin, sabemos por una segunda carta del editor que Eisler le respondió el 19 de enero de 1942 para decirle que estaba trabajando en la redacción del texto, pero que no podía adelantar ninguna fecha concreta de entrega[21]. La respuesta de Vaudrin, incómodo ante la carta de Eisler, también se refería a la participación de su país en la contienda bélica: «No querría molestarle –decía el editor–, pero, aproximadamente, ¿cuándo cree que, en estos tiempos impredecibles, va a acabar el manuscrito?»[22]. Ninguno de los dos podría pensar por entonces que el libro no se publicaría hasta otoño de 1947.

El contacto entre Eisler y Vaudrin volvería a establecerse a partir de julio de 1942 con dos cartas que reflejan tanto los problemas que Eisler estaba pasando para redactar el libro, como la comprensible impaciencia del editor ante el retraso cada vez más pronunciado del compositor[23]. «Entiendo que, ahora que el trabajo de investigación está casi completo –decía Vaudrin a Eisler a comienzos de septiembre–, el manuscrito no le llevará mucho tiempo»[24]. A lo que Eisler respondía:

Querido Sr. Vaudrin:
 Desafortunadamente no he avanzado en el trabajo debido a la enfermedad de mi mujer, que es, al mismo tiempo, mi secretaria. No obstante, la semana que viene le enviaré un capítulo, y le quedaría muy agradecido si pudiesen hacer una traducción al inglés del mismo que después revisaría yo aquí. Espero enviarle en breves intervalos los diversos capítulos, uno tras otro, para que no le llegue todo el manuscrito demasiado tarde. De todos modos, le pido por favor que no me apresure porque soy un escritor lento e inexperto[25].

Las palabras de Eisler reflejaban claramente su dificultad para avanzar en la redacción del texto. A diferencia de la década de 1930, en la que el compositor (ya fuera en

---

[19] *Ibidem*. El ensayo al que Adorno se refiere es el texto que escribió en 1941, titulado «Schönberg und der Fortschritt», que más adelante formaría parte de su libro *Philosophie der neuen Musik*, publicado por Mohr Verlag en Tubinga en 1948.
[20] Carta de Vaudrin a Eisler, 8 de enero de 1942, HEA.
[21] Carta de Vaudrin a Eisler, 20 de enero de 1942, HEA.
[22] *Ibidem*.
[23] Nos referimos a las cartas de Eisler a Vaudrin del 20 de julio de 1942, y de Vaudrin a Eisler del 9 de septiembre de 1942, ambas en la FML.
[24] Carta de Vaudrin a Eisler, 9 de septiembre de 1942, FML.
[25] Carta de Eisler a Vaudrin, en alemán, sin fechar ni firmar, posiblemente de septiembre de 1942, FML.

solitario o en colaboración con Ernst Bloch)[26] había producido numerosos artículos y textos biográficos y de crítica musical, en la de 1940 Eisler tendría serios problemas para poner por escrito sus ideas y pensamientos. No haber realizado los cuatro informes del Film Music Project y el retraso en redactar *Composición para el cine* son dos claros signos de ello.

Esta tensa situación iba a cambiar en noviembre de 1942. Tras la finalización «oficial» del Film Music Project, Eisler, asentado ya en la ciudad de Los Ángeles, acordó con Adorno escribir el libro conjuntamente. Apenas unos días después de redactar el documento que acabamos de citar, el compositor escribía, con un tono totalmente diferente, esta otra carta:

> Querido señor Vaudrin:
> Finalmente nuestro libro avanza. Como acabo de completar la última sección de mi proyecto, ahora puedo dedicar gran parte de mi tiempo al texto.
> Querría informarle del siguiente cambio, desde hace varias semanas he estado colaborando con el señor Adorno. Me parece absolutamente necesario que, como esta colaboración está siendo tan fructífera, el doctor Adorno sea mencionado en la cubierta, con toda razón, como coautor. (Por Hanns Eisler y T. W. Adorno.) También los derechos de autor serán compartidos. Que el doctor Adorno aparezca como coautor no es sólo una cuestion de honestidad, sino también de conveniencia, ya que sin su intensa colaboración creo que la finalización del libro se retrasaría considerablemente o incluso estaría en peligro.
> Por favor recuerde el cambio en el título y la división del 50 por cien de los derechos de autor.
> Atentamente,
> Hanns Eisler[27].

Aquí Eisler mostraba su necesidad de contar con Adorno y admitía las dificultades que había pasado los meses anteriores: sin la participación del filósofo, decía de forma perfectamente ilustrativa, el libro «incluso estaría en peligro».

Desde noviembre de 1942 al verano de 1944 Adorno y Eisler redactarían la introducción, los siete capítulos y el apéndice de *Composición para el cine*. Como cualquier otro libro escrito por dos autores, una de las primeras preguntas que surgen al estudiarlo es: ¿quién escribió qué?. Este asunto de la autoría, que ha sido estudiado con detenimiento por Hartmut Lück, ha cautivado a estudiosos del filósofo y del compositor y ha provocado airados debates[28]. En nuestra opinión, sin embargo, creemos

---

[26] La colaboración entre Eisler y Bloch produjo dos fascinantes artículos: «Avant-Garde-Kunst und Volksfront», *Die neue Weltbühne* 50, 9 de diciembre de 1937, y «Die Kunst zu erben», *Die neue Weltbühne* 1, 6 de enero de 1938.

[27] Carta de Eisler a Vaudrin, 27 de noviembre de 1942, FML. Véanse los comentarios de Adorno a su colaboración con Eisler en sus *Cartas de los padres*, Buenos Aires, Paidós, 2006, p. 116 ss.

[28] Harmut Lück, «Anmerkungen zu Theodor W. Adornos Zusammenarbeit mit Hanns Eisler», en Wilfried F. Schoeller (ed.), *Die neue Linke nach Adorno*, Múnich, Kindler Verlag, 1969, pp. 141-157. Lydia Goehr, profesora de estética de Columbia University y nieta del director de orquesta y amigo de Eisler Walter Goehr, cree que el «libro fue escrito casi en su totalidad por Adorno» (en conversación con el autor, Nueva York, 21 de noviembre de 2001). Mordecai Bauman, en cambio, siempre se refirió a *Composición para el cine* como «el libro de Eisler» (en conversación con el autor, Nueva York, 4 de diciembre de 2001). En nuestras conversaciones con Robert Hullot-Kentor, Martin Jay, Tobias Fasshauer, Johannes Carl Gall y otros estudiosos del libro, el asunto de la autoría produjo asimismo respuestas igual de dispares.

que su importancia es secundaria. Aunque indudablemente nos vamos a referir a él en nuestro análisis del contenido del libro, pensamos que a la hora de estudiar *Composición para el cine* lo realmente relevante es analizar sus propuestas y no detenerse en cada párrafo para aclarar si determinado punto y coma fue incluido en el original por Adorno o por Eisler. El texto debe considerarse obra de ambos autores, y lejos de querer enfatizar lo individual en una obra de conjunto, deberíamos celebrar el carácter dual y comunicativo del texto original.

Desde el verano de 1944 al otoño de 1947, momento de su publicación final, el texto pasó por una serie de fases que, debido a la ausencia de documentación, resultan imposibles de reconstruir. Por una carta de Adorno que comentaremos a continuación[29], sabemos que Vaudrin comentó el original y exigió algunos cambios, pero eso no explica el considerable retraso de la publicación (recuérdese que el editor había señalado en marzo de 1940 que Oxford University Press necesitaba alrededor de tres meses para publicar un original). La traducción del texto del alemán al inglés llevada a cabo por dos traductores, Georges MacManus y Norbert Guterman, indudablemente necesitó de un considerable periodo de tiempo, pero en ningún caso pudo ocupar más de tres o cuatro meses (sobre todo si pensamos que se trató igualmente de una colaboración). Qué le ocurrió al manuscrito durante ese periodo es una incógnita que quizá se pueda dilucidar próximamente con la «nueva» correspondencia entre los autores y el editor.

Lo cierto es que, desde la carta de Eisler a Vaudrin del 27 de noviembre de 1942 hasta el 13 de junio de 1946, día en que Adorno escribió al editor desde Los Ángeles, desconocemos con exactitud el proceso de redacción y corrección de *Composición para el cine*.

En aquella ocasión, Adorno respondía a una carta que tres días antes Vaudrin había escrito al filósofo y a Eisler para sugerirles una serie de cambios respecto al sentido y a la forma del texto original. La extensa (e intensa) respuesta de Adorno decía así:

Querido señor Vaudrin:

Muchas gracias por su amable carta del 10 de junio. He tenido la oportunidad de hablar con Hanns Eisler sobre sus sugerencias.

Déjeme decirle, antes de nada, que estamos totalmente de acuerdo con el punto segundo. De hecho, había pensado en sugerirle una especie de «purga» para reemplazar los pasajes que podían resultar personalmente ofensivos por frases con palabras más correctas. El mejor procedimiento sería hacer una lista de dichos pasajes junto a las versiones revisadas y enviármela a mí (si es posible, en dos copias) para que Eisler y yo podamos dar nuestro consentimiento final y sugerir cambios si lo consideramos necesario.

También estamos de acuerdo, en principio, con el punto tercero. Habrá notado en la copia que envié a la señora Nicholson que ya marqué una serie de repeticiones. Revisarlo bajo este punto de vista favorecerá ciertamente al libro. Sin embargo, me gustaría señalarle cierta precaución. En un libro en el que se estudia una materia relativamente limitada desde una serie de puntos de vista diferentes, me parece que es inevitable que ciertos asuntos sean considerados más de una vez. Así, los tres primeros capítulos tratan de algunos problemas de forma más o menos introductoria, diríase de modo informal, que son abordados más sistemáticamente en los capítulos quinto y sexto. Sacrificar esta peculiaridad por el bien de una organización rígida puede perjudicar a la estructura del libro. Se dará cuenta, por ejemplo,

---

[29] Carta de Adorno a Vaudrin, 13 de junio de 1946, FML.

que la noción de la «función» de la música en el cine tiene un papel totalmente diferente en el capítulo segundo y en el quinto. Por eso sugerimos de nuevo que se prepare y se nos envíe una lista con las frases repetitivas antes de que se hagan los cambios definitivos.

El problema real aparece en el séptimo capítulo. Tanto el señor Eisler como yo pensamos que no debería quitarse y poner en su lugar parte del Prefacio*. Estas son nuestras razones:

El libro surgió a partir del proyecto del señor Eisler y su contrato se basó en la idea de que haría un informe sobre el proyecto; por cierto, un amplio número de expertos y de gente interesada en el trabajo práctico del señor Eisler en el cine y, en general, como compositor, esperan con expectación este informe.

Cuando Eisler recibió la beca de la Rockefeller Foundation se entendió que se publicaría un texto sobre el proyecto. Si el informe se omitiese en la publicación de este libro, Eisler se encontraría en una situación un tanto incómoda.

El capítulo sobre el proyecto es de una importancia intrínseca al libro, porque funciona como contrapunto positivo a muchos de los puntos críticos que hemos hecho, y porque aporta una idea muy concreta de cómo imaginamos nosotros que ha de entenderse el problema de la música de cine para que ésta posea más sentido del que suele tener. Además, la discusión de Eisenstein atraerá una atención considerable.

No obstante, le entiendo cuando dice que la relación entre este capítulo y el resto del libro resulta poco precisa. Para superar dicha deficiencia deberíamos, de acuerdo a nuestras convicciones, escribir unas pocas páginas (no más de tres) como *introducción* a dicho capítulo, señalando de forma concreta el vínculo del proyecto con las tesis principales del libro. Podríamos escribir estas páginas la semana que viene una vez que usted nos dé su consentimiento.

En cuanto al problema de los ejemplos musicales, estamos de acuerdo en omitir las dos secuencias sobre la suite infantil. Sin embargo, ambos creemos que la secuencia de *Lluvia* debe ser incluida. Un ejemplo musical realmente válido de la nueva aproximación resulta indispensable. Creemos que la partitura de dicha pieza hará que el libro sea comercialmente más atractivo. Mi idea era que se añadiese al libro como una separata de tamaño bolsillo, del mismo modo en que Willi Reich y yo presentamos los ejemplos musicales en nuestro libro sobre Alban Berg. En cuanto a los costes, no creo que sean elevados si la secuencia de *Lluvia*, en lugar de imprimirse sobre papel musical, se fotografía. El señor Eisler sugiere que entren en contacto con el señor Felix Greisle de Schirmer's Publishing House. Es un experto en dicha materia y quizá conozca un procedimiento para ahorrar dinero.

Quisiera añadir mi sugerencia de incluir subtítulos en el último capítulo. A diferencia del resto del libro, este capítulo está escrito más aforísticamente, y cada unidad puede poseer un título propio que la caracterice.

La cuestión del título nos ha causado mucho dolor de cabeza. Mi última idea era *Music in the Screen* [Música en la pantalla], pero a Eisler no le gustó demasiado y a mí tampoco me entusiasma. Estoy seguro de que usted encontrará una mejor solución solución al problema del título que nosotros.

Le enviaremos una versión revisada del texto con el prefacio muy pronto.

Atentamente,

T. W. Adorno[30].

---

* Adorno emplea la palabra «Prefacio» para referirse al texto que finalmente fue publicado en 1947 bajo el epígrafe «Introducción». El capítulo 7, finalmente publicado como apéndice, es el informe sobre los resultados teóricos del Film Music Project.

[30] *Ibidem.*

Por esta carta podemos indicar que las tres sugerencias que Vaudrin había hecho a Eisler y a Adorno eran: (1) no incluir el informe sobre el Film Music Project; (2) excluir igualmente aquellos pasajes ofensivos o excesivamente críticos; y (3) evitar ciertas repeticiones de ideas expuestas en capítulos anteriores. Afortunadamente las razones que Adorno aducía en su carta para incluir el séptimo capítulo (la responsabilidad de Eisler ante la Rockefeller Foundation, pero también la necesidad de aportar un «contrapunto positivo» a los pasajes más negativos del texto) fueron lo suficientemente convincentes para que Oxford University Press incluyera finalmente el informe sobre el proyecto en su edición del libro de 1947. También afortunada fue la idea de escribir una pequeña introducción a dicho informe, que se publicó originalmente para vincular el «Report on the Film Music Project» al grueso del libro[31]. A pesar de que la tercera sugerencia sí era pertinente, la segunda (que, desafortunadamente, los autores sí llevaron a cabo) ha privado a los lectores actuales de pasajes políticamente incorrectos en los que, muy posiblemente, Eisler y Adorno arremetían contra las formas de composición musical de Hollywood.

Que el informe final, aunque no en forma de separata, se incluyese para aportar una «idea concreta» del sentido de la música del cine, y que, en cambio, los pasajes más agresivos del texto fueran excluidos, nos da una idea de hasta qué punto los exiliados fueron influidos por las normas de comportamiento académico norteamericano. Inevitablemente estos cambios nos recuerdan a aquellos que Max Horkheimer, Friedrich Pollock y el propio Adorno habían realizado al original del célebre texto de Benjamin sobre la obra de arte en la época de su reproductibilidad técnica, en donde la palabra «fascismo» era sustituida por el concepto de «doctrina totalitaria», y la de «comunismo», por «las fuerzas constructivas de la sociedad».

Por aquellas mismas fechas, Eisler recibía una carta de John Marshall en la que éste le preguntaba por los resultados teóricos del Film Music Project.

Mi querido Eisler:

Me ha venido a la cabeza varias veces durante estos últimos días si el libro que iba a escribir como resultado de su estudio sobre la música de cine se va a publicar finalmente.

Resulta que hace unos días he recibido una o dos preguntas sobre la música en el cine, y los que me las hicieron estaban interesados en saber si finalmente tenía preparado aquel trabajo. ¿Podría darme alguna información?[32].

No muy grata debió ser la sorpresa de Marshall al saber que el compositor había recurrido a Theodor W. Adorno para la redacción de los resultados teóricos del proyecto. Años antes el filósofo había descrito el Princeton Radio Research Project como «el antojo de un joven ignorante», es decir, de John Marshall. La respuesta de Eisler y Adorno que Marshall recibió decía así:

Querido señor Marshall:

Nos alegra tener la oportunidad de informarle sobre el estado actual del libro sobre música de cine.

---
[31] Esta introducción, que va de la página 135 a la 138 de *Composing for the Films* (en la edición de Athlone Press), fue excluida en la edición de 1969 en lengua alemana.
[32] Carta de Marshall a Eisler, 22 de julio de 1946, RAC.

En 1942 decidimos compartir nuestras ideas teóricas y experiencias prácticas y escribir el libro juntos. El manuscrito en alemán lo acabamos en verano de 1944. La publicación se retrasó por problemas de la traducción. Ahora, sin embargo, el manuscrito en inglés está listo para la prensa tan pronto como Oxford University Press y nosotros lleguemos a un acuerdo con respecto a algunos pequeños cambios. El libro estará a la venta no después del próximo otoño o invierno. Nos encantaría pasarle una copia del manuscrito en inglés, pero desafortunadamente no tenemos ninguna. Estamos seguros de que el señor Philip Vaudrin de Oxford University Press le dará más información sobre la publicación.

En una separata unida al libro se dará un informe detallado del proyecto, en el que se incluirá el análisis de una de las secuencias de la banda sonora de *Lluvia*.

Atentamente,

Hanns Eisler y T. W. Adorno[33].

LA CAZA DE BRUJAS: EL CASO EISLER

Estos dos nombres que firmaban la carta a Marshall, sin embargo, no iban a aparecer juntos en la portada del libro *Composición para el cine*. En otoño de 1946, motivado por una serie de artículos publicados en los medios del magnate William Randolph Hearst y por la política agresiva del Comité de Actividades Antiamericanas, estalló el que más tarde sería conocido como el Caso Eisler. La persecución del Comité convertiría al compositor, tal como ha afirmado Albrecht Betz, en «la primera víctima de la Guerra Fría»[34], y el proceso de difamación que sufrió desde entonces hasta su deportación, en febrero de 1948, haría que Adorno retirase su firma del libro, por temor a que su nombre fuese vinculado políticamente al de Eisler.

Aunque el Caso Eisler podría ser objeto en sí mismo de otra investigación (por lo complicado y largo del proceso, y por haber detonado lo que más adelante se denominaría como la Caza de Brujas o el McCarhtysmo), conviene señalar aquí brevemente las fases por las que se desarrolló la persecución al compositor[35].

El caso comenzó en octubre de 1946, cuando Louis Budenz, antiguo director del periódico obrero *Daily Worker* declaró ante el HUAC que Gerhart Eisler, hermano del compositor, era el presidente del Partido Comunista soviético en los Estados Unidos de América[36]. Estas declaraciones no se habrían convertido en escandalosas si Ruth Fischer, la hermana mayor de los Eisler, no hubiese publicado a continuación una serie de artículos en la prensa de Hearst confirmando las declaraciones de Budenz y afirmando que sus hermanos eran los principales responsables de la introducción de la

---

[33] Carta de Eisler y Adorno a Marshall, 27 de julio de 1946, RAC. La carta está mecanografiada en la máquina de escribir de Adorno. Obsérvese como los autores esperaban entonces que el libro saliese en otoño de 1946 o, en todo caso, a comienzos de 1947, pero no en el otoño de 1947 como finalmente ocurriría.

[34] Betz, *Hanns Eisler. Political Musician*, p. 194.

[35] Los juicios a Eisler y a diferentes personas relacionadas con su caso se reproducen en su totalidad en *Hearings Regarding Hanns Eisler*. A los informes sobre Eisler que el FBI elaboró durante varios años, y que suman más de 500 páginas, se puede acceder desde la página de internet www.fbi.org. Los juicios de Hanns, Gerhart y Elfiede Eisler (más adelante, Ruth Fischer) se reproducen parcialmente en Eric Bentley (ed.), *Thirty Years of Treason*, pp. 55-107.

[36] «Kremlin Agent in US Identified. Hans Berger [Gerhart Eisler] Ex-German Red, Revealed as Director of All Communist Activities», en *New York World Telegram*, 17 de octubre de 1946, s.p., noticia albergada en el RAC.

ideología comunista en Hollywood[37]. En octubre de 1946, el por entonces jefe del FBI, John Edgar Hoover, señaló que Gerhart Eisler era «la figura principal del espionaje soviético en los Estados Unidos», y acto seguido se identificó a Hanns Eisler como «músico oficial del Partido Comunista» y colaborador secreto del Comintern. Un titular del *Journal American* lo decía claramente: «Films Enrich Hanns Eisler, Bard of Reds» («El cine enriquece a Hanns Eisler, músico de los rojos»)[38].

El Comité, y muy especialmente uno de sus miembros más jóvenes, Richard M. Nixon, comprobó cómo el caso Eisler permitía hacer una conexión directa entre el comunismo y Hollywood sin necesidad de grandes maniobras. Además, como Eisler había logrado integrarse en la industria y sociedad hollywoodiense, era el ejemplo perfecto de la imagen del «estalinista infiltrado» que la cruzada anticomunista quería ofrecer a los norteamericanos[39]. Fue durante aquellas fechas cuando la revista *Life* planeó publicar un extenso reportaje sobre los hermanos Eisler, y cuando Charles Chaplin dijo al compositor: «En tu familia, Hanns, las cosas pasan como en los dramas de Shakespeare»[40].

Una carta de Lou Eisler a Alan Busch fechada el 27 de agosto de 1947 refleja claramente las consecuencias psicológicas que la persecución anticomunista tuvo en la vida de los Eisler durante sus últimos meses en Norteamérica:

Querido Alan:

Nos ha alegrado mucho recibir tu telegrama; a continuación te cuento algunos hechos sobre la situación de Hanns.

Desde hace un año, Gerhart y él son el centro de un enorme escándalo público. Como posiblemente habrás leído, desde entonces Gerhart ha sido condenado dos veces; una, por desprecio al Congreso, y otra, por ser culpable de afirmaciones falsas. Ahora se enfrenta a una pena mínima de cinco años.

El escándalo empezó el pasado septiembre, cuando Gerhart quiso abandonar el país, Hanns salió en su ayuda y la campaña se volvió entonces también contra Hanns. No te puedes ni imaginar cómo ha machacado la prensa estadounidense a un artista, Alan, de forma incansable, con titulares, artículos, denuncias, mentiras e invenciones. El hecho conocido

---

[37] Fischer publicó seis artículos bajo el título de «The Comintern's American Agent» en *Journal American*, del 18 al 23 de noviembre de 1946. Desde su expulsión del Kommunistische Partei Deutschlands (KPD) en 1926, Fischer se había considerado una víctima del estalinismo y, a partir del asesinato de su compañero sentimental Arkadi Maslow, se había adscrito al anticomunismo norteamericano subvencionado por el HUAC. Fruto de su trabajo como investigadora antiestalinista publicó el libro *Stalin and German Communism. A Study in the Origins of the State Party*, Cambridge, Harvard University Press, 1948. Aunque fue descrita como «un monstruo con rasgos psicópatas» (Salka Viertel, *The Kindness of Strangers*, p. 302) y aunque sus declaraciones a menudo han sido calificadas de «irreales», «histéricas» y fruto de la «paranoia anticomunista» (Betz, *Hanns Eisler. Political Musician*, p. 197), también es cierto que, en sus declaraciones ante el Comité, Fischer aportó un recuento muy detallado y correcto de las actividades de su hermano Hanns desde finales de la década de 1920 hasta 1947. No obstante, carecemos de información suficiente para señalar si los cargos que alegó entonces contra su hermano Gerhart (el asesinato de Hugo Eberlein y Nikolai Bujarin) son ciertos.

[38] «Films Enrich Hanns Eisler, Bard of Reds», *Journal American*, 23 de octubre de 1946, s.p., RAC. La frase de Hoover aparece en el capítulo dedicado a Gerhart Eisler por Ellen Schrecker en *Many Are the Crimes. McCarthyism in America*, Princeton, Princeton University Press, 1998, pp. 122-135.

[39] Para un detallado análisis de la creación del «estalinista infiltrado» véase Schrecker, *Many Are the Crimes*, pp. 119-153. Richard Nixon diría más adelante: «El caso de Hanns Eisler es quizá el más importante de todos los casos del Comité» (citado en Betz, *Hanns Eisler. Political Musician*, p. 199).

[40] Véanse el telegrama de *Life Magazine* a Eisler, 5 de noviembre de 1946, FML, y Betz, *Hanns Eisler. Political Musician*, p. 197. El reportaje nunca se realizó porque ni Gerhart ni Hanns Eisler dieron su permiso a la revista.

por todos de que Hanns había escrito canciones obreras populares enfureció a la prensa, que pasó a llamarle el «compositor rojo», «el compositor de las canciones revolucionarias del movimiento comunista mundial», etc.

La vida se ha vuelto desde entonces realmente insoportable. Durante meses Hanns no ha podido encender la radio sin tener que oír historias estúpidas sobre Gerhart o sobre él. Ruth Fischer se unió a la caza de brujas. Escribió los artículos más atroces para el sindicato de Hearst, con un método basado en la farsa y la mentira. Hanns se convirtió entonces en un monstruo y en un personaje ilegal y subversivo en este país que, como sabes, se desvive por acabar con los rojos. Fue inmediatamente objeto de investigación del Comité del Congreso encargado de las actividades antiamericanas. En mayo tuvimos lo que llaman un «juico secreto» en Hollywood, que acabó con otro escándalo, cuando los investigadores (que habían venido directamente de Washington a Hollywood) acusaron al abogado de Hanns de obligar a su cliente a mentir. A pesar de responder de forma correcta a las más estúpidas cuestiones, una hora después el así llamado «juico secreto» apareció en todos los periódicos con titulares belicosos como «Hanns Eisler, evasivo». Sólo para que veas de que hablo, te doy unos ejemplos de la «evasividad» de Hanns:

Pregunta: «¿Qué opina de Karl Marx?»

Respuesta: «Creo que es el más grande pensador de la historia de la humanidad.»

Pregunta: «¿Qué opina de Lenin?»

Respuesta: «Una gran figura histórica», etc.

Todo esto fue llamado evasión.

[...] Durante todo este tiempo, por supuesto, nuestra situación económica se ha vuelto cada vez más y más difícil. Hanns, que estaba teniendo mucho éxito como compositor y profesor de universidad, ha perdido todos sus trabajos[41].

Gerhart Eisler y Ruth Fischer fueron llamados a declarar a Washington el 6 de febrero de 1947, y Hanns Eisler fue interrogado en mayo de aquel mismo año en Hollywood, y en septiembre, en Washington.

Durante su investigación, J. Parnell Thomas, decano del HUAC, escribió a la Rockefeller Foundation para pedir información acerca de las actividades políticas de Eisler durante la realización del Film Music Project. El presidente de la fundación, Raymond Fosdick, le respondió señalando que las actividades del compositor habían sido «puramente musicales» y que la decisión de haberlo becado había sido determinada por el apoyo constante de Alvin Johnson[42]. El antiguo rector de la New School, que por entonces disfrutaba ya de la tranquilidad de la jubilación, vio entonces cómo se atentaba contra su integridad como norteamericano, y tuvo que dar una rueda de prensa para aclarar aquella desagradable situación.

The New York Times resumía las declaraciones de Johnson en su edición del 26 de septiembre del siguiente modo: «Hanns Eisler, hermano de Gerhart, célebre agente secreto del Kremlin, negó que era comunista cuando se lo preguntó el doctor Alvin S. Johnson, entonces rector y hoy presidente emérito de la New School for Social Research»[43]. ¿Cómo no lo iba a creer, afirmaba Johnson, si el compositor gozaba de la amistad de la mismísima primera dama Eleanor Roosevelt? Pero ni su antigua conexión con la es-

---

[41] Carta de Lou Eisler a Alan Busch, 27 de agosto de 1947, FML.
[42] Carta de Raymond B. Fosdick a J. Parnell Thomas, 4 de junio de 1947, RAC.
[43] «Johnson Explains Actions on Eisler», en *The New York Times*, 26 de septiembre de 1947, s.p., RAC.

posa del presidente, ni el apoyo que a partir de septiembre de 1947 figuras como Thomas Mann, Albert Einstein, Charles Chaplin o Pablo Picasso brindarían al compositor, pudieron librar a Eisler del proceso de deportación final que le obligó a abandonar el país el 26 de marzo de 1948.

En medio de este clima de tensión, Theodor W. Adorno, quien también fue investigado (aunque en mucha menor medida) por el Comité de Actividades Antiamericanas, decidió distanciarse de Hanns Eisler[44]. La Caza de Brujas creó o desenterró antiguas diferencias entre ambos, y *Composición para el cine,* cuando finalmente fue publicado por Oxford University Press en septiembre de 1947, apareció firmado sólo por el compositor.

Años más tarde, en 1969, con motivo de la publicación en alemán del texto original en Múnich, Adorno aportó su versión de los acontecimientos en un breve epílogo titulado «Zur Neuausgabe» («A propósito de la nueva edición»):

> *[Composición para el cine]* apareció en principio en 1947 publicado por Oxford University Press en Nueva York en lengua inglesa. Como autor sólo aparecía Hanns Eisler. En aquella época, Gerhard, el hermano del compositor, fue atacado de forma colérica en los Estados Unidos debido a sus actividades políticas, y Hanns Eisler se vio implicado en el caso. Yo no tenía nada que ver con aquellas actividades y nada sabía de ellas. Eisler y yo no nos hacíamos ilusiones sobre nuestras diferencias de opinión política. No queríamos poner en peligro nuestra vieja amistad, que había empezado en 1925, y evitábamos discutir de política. Ningún motivo tenía yo para convertirme en mártir de una causa que ni ha sido ni es la mía. A la vista del escándalo renuncié a mi calidad de coautor. Por entonces ya había decidido el regreso a Europa y temía todo lo que pudiese suponer un obstáculo. Hanns Eisler mostró al respecto total comprensión[45].

En septiembre de 1947, cuando fue finalmente publicado, *Composición para el cine* apareció firmado solamente por Hanns Eisler.

DIAGNÓSTICO CRÍTICO DE LA MÚSICA DE CINE

En su primera edición, el libro estaba dividido en una introducción, siete capítulos y un apéndice (el informe final sobre el Film Music Project). Además adjuntaba 8 páginas con distintos pasajes de la composición *Catorce maneras de describir la lluvia,* lo que indica que la idea de publicar una separata no debió convencer finalmente a Oxford University Press.

A modo de sección previa de agradecimientos, Eisler y Adorno habían escrito un breve prefacio de apenas una página, fechado en Los Ángeles el 1 de septiembre de 1944[46]. El compositor agradecía entonces la colaboración de Alvin Johnson, Clara

---

[44] La información de que Adorno también fue objeto de las investigaciones del HUAC procede de Martin Jay, en conversación con el autor, Princeton, 10 de diciembre de 2001.

[45] Theodor W. Adorno, «Zur Neuausgabe», 3 pp., mayo de 1969, HEA.

[46] Este prefacio es el que reproducen generalmente las ediciones firmadas por ambos autores, como, por ejemplo, la edición en alemán que hemos empleado para esta investigación: Theodor W. Adorno y Hanns Eisler, «Vorrede», *Komposition für den Film,* en Theodor W. Adorno, *Gesammelte Schriften,* vol. 15, Fráncfort, Suhrkamp Verlag, pp. 9-10.

Mayer, Joseph Losey, Joris Ivens, Helen van Dongen, Clifford Odets, Harold Clurman y Bertolt Brecht; mientras que el filósofo mostraba un único agradecimento a su amigo Max Horkheimer, con el cual, tal como señalaba en aquella ocasión, había escrito un ensayo sobre la industria de la cultura[47]. Curiosamente, ninguno de los dos autores citaba el nombre de John Marshall.

Debido a que Adorno decidió no firmar el libro poco antes de su publicación, Eisler se vio obligado a escribir otro prefacio en 1947[48]. Resulta llamativo comprobar cómo, tres años más tarde, los nombres de los agradecimientos habían cambiado. Desaparecían Ivens, Losey y van Dongen, y aparecían Adorno, Marshall, Jean Renoir, Charles Chaplin y los traductores al inglés del manuscrito original, George MacManus y Norbert Guterman. Es evidente que la difícil situación política que en aquel momento vivía el compositor influyó en dichos cambios: los «radicales» Ivens y Losey dejaban paso al miembro de la Rockefeller Foundation y a célebres directores como Chaplin y Renoir.

En aquella primera edición, el índice de *Composición para el cine* se estructuraba del siguiente modo:

Introducción
1. Prejucios y malas costumbres
2. Función y dramaturgia
3. Los nuevos recursos musicales
4. Aspectos sociológicos
5. Elementos de estética
6. El compositor y la producción de cine
7. Sugerencias y conclusiones
Apéndice. Informe sobre el Film Music Project[49].

Este índice nos remite a la cuestión de autoría. Aunque no pretendemos detenernos aquí en el asunto del «quién escribió qué», por las razones anteriormente citadas, tras un rápido análisis del estilo y del contenido del libro se puede afirmar que los dos primeros capítulos y el sexto se deben más a Eisler, mientras que el cuarto, el quinto y las conclusiones son, sobre todo, obra de Adorno. El tercer capítulo y el informe sobre el Film Music Project están repartidos, y en diversos pasajes de ambos se puede observar qué procede del compositor y qué del filósofo.

Este reparto contradice la visión de algunos estudiosos que han señalado que el libro fue escrito casi en su totalidad por Adorno[50]. Incluso contradice la versión del propio filósofo, quien en una carta de 1964 señaló: «No exagero si digo que un 95 por cien del libro es mío»; y que, un año más tarde, volvió a indicar: «No creo ser injusto al

---

[47] *Ibidem*, p. 10.
[48] De este segundo prefacio existen dos versiones muy similares; la primera, fechada en 1944 (aunque escrita en 1947), de 2 folios, reside en la FML; la segunda, en haber del Adorno-Archiv de Fráncfort, fue la que finalmente publicó Oxford University Press («Preface», en Adorno y Eisler, *Composing for the Films*, pp. xlix-l).
[49] *Ibidem*, p. v.
[50] Miriam B. Hansen, «Introduction to Adorno, "Transparencies on Film" (1966)», *New German Critique* 24/25 (otoño/invierno 1981/1982), pp. 186-198, 198, n. 34; Graham McCann, «New Introduction», en Theodor W. Adorno y Hanns Eisler, *Composing for the Films*, pp. xxxiii-xl.

decir que nueve décimas partes del libro son mías, y que una décima parte es suya (pues el propio Eisler así lo afirmó)»[51].

Estas afirmaciones, sin embargo, fueron desmentidas por la segunda esposa del compositor, Lou Eisler-Fischer, quien, tras conocer esta nota editorial, escribió un texto titulado «Zur Entstehung des Buches "Komposition für den Film" und der Zusammenarbeit von Theodor W. Adorno und Hanns Eisler» («Sobre el origen del libro "Komposition für den Film" y la colaboración de Theodor W. Adorno y Hanns Eisler»)[52]. El texto de Lou Eisler-Fischer decía lo siguiente:

> Como presencié la mayor parte de aquella colaboración, puedo decir que ambos autores se complementaron muy bien; de Eisler venían las sugerencias y las propuestas, y de Adorno, las formulaciones finales. Eisler intentaba constantemente hacer las frases de Adorno más fáciles e inteligibles, y por eso realizó cambios en la edición de 1949. Pero a Adorno aquellos retoques le sentaron muy mal. [...] En 1947, sin embargo, Adorno había suplicado a Eisler que quitase su nombre del libro.
>
> A diferencia de Adorno, Eisler nunca dijo que él había contribuido en mayor medida a la obra. Al contrario, a menudo apreciaba el trabajo de la esposa de Adorno, Gretel, por haber mecanografiado todo el manuscrito y haber corregido errores.
>
> Adorno nunca pudo olvidar que su calidad de autor durante años no fue reconocida. [...] Al final de la Guerra Fría, cuando ya no sintió culpa alguna que pudiese hacerle daño, quiso que el libro apareciese sólo con su firma. Dijo que sus estudiantes tenían la intención de sacar una edición clandestina *[Raubdruck]* del texto. Vino entonces a buscarme a Viena, donde yo vivía tras haberme casado con Ernst Fischer. Intentó convencerme a mí, testigo de la colaboración, de que él había escrito la mayor parte del libro. Pero no le salió bien [porque] entonces intervino Ernst Fischer. Cuando de dos hombres importantes que han escrito juntos un libro, uno ha muerto, señaló Ernst, querer falsear el porcentaje del trabajo realizado o querer adueñarse de todo el libro sería algo indigno. A Adorno aquel argumento le pareció convincente[53].

Lou Eisler-Fischer cerraba su texto señalando que aquella era la peor de las debilidades de Theodor W. Adorno: querer apropiarse del trabajo de los demás. Y para demostrarlo citaba una carta de Thomas Mann a Jonas Lesser de octubre de 1951, en donde el novelista comentaba cómo el filósofo le había dado a entender en una ocasión que *Doktor Faustus* también era una novela suya[54].

Pese a parecerle convincente el argumento de Ernst Fischer, lo cierto es que más adelante, y ante otros interlocutores, la opinión de Adorno fue muy diferente. En una carta escrita en 1968, poco antes de su muerte, y dirigida a Eberhart Klemm, editor de *Komposition für den Film* como volumen integrante de las obras completas de Eisler, el filó-

---

[51] Ambas cartas son citadas por Rolf Tiedemann en «Editorische Nachbemerkung», en Adorno y Eisler, *Komposition für den Film*, pp. 405-406.

[52] Lou Eisler-Fischer, «Zur Entstehung des Buches "Komposition für den Film" und der Zusammenarbeit von Theodor W. Adorno und Hanns Eisler», 2 pp., s.f. (posiblemente segunda semana de octubre de 1976), HEA.

[53] *Ibidem*, pp. 1-2.

[54] *Ibidem*, p. 2. La nota aclaratoria concluía: «Con Adorno nos llevábamos bien hasta su muerte. Cuando venía a Viena, pasaba a visitarnos». Nótese que dicha «debilidad» era la misma que Lazarsfeld había descubierto en Eisler cuando la Rockefeller Foundation le pidió un informe sobre el compositor a comienzos de 1940.

sofo llegó a afirmar que él había escrito «todo el libro, de principio a fin»[55]. Quizá han sido este tipo de desafortunadas afirmaciones las que desde entonces han llevado a diferentes estudiosos a señalar a Adorno como autor único de la mayor parte del texto.

El propósito de este capítulo, no obstante, no es comprobar si Adorno y quienes como él han pensado tenían o no razón, sino analizar el fascinante contenido de un libro que sin lugar a dudas fue fruto del encuentro de dos mentes privilegiadas.

De hecho, que *Composición para el cine* fue el resultado de la conversación de ambos autores se puede observar ya en la breve introducción del libro. En la primera frase del texto se recogían ya, por un lado, la crítica adorniana a la ideología de la industria de la cultura y, por otro, el optimismo de Eisler a propósito de las posibilidades revolucionarias del medio cinematográfico. «El cine, en tanto forma artística específica, no debe entenderse de manera aislada, sino como el medio más idiosincrático de la industria de la cultura contemporánea que usa las técnicas de reproductibilidad mecánica»[56].

Dichas técnicas, que para Adorno podían significar, antes que nada, los más sofisticados mecanismos de manipulación, para Eisler (al igual que para el Benjamin de «El autor como productor» y para Brecht), eran además símil del carácter específicamente progresivo de los medios artísticos de masas. La combinación de ambas visiones se repetía en otros dos párrafos de la introducción. La crítica al cine como máquina de «aglutinación» de los diferentes artes autónomos que confluían en la pantalla la hacía probablemente Adorno en la página siguiente:

> De todos los medios de la industria cultural, el cine, al ser el más completo, es el que muestra más claramente esta tendencia a la aglutinación. El desarrollo y la integración de sus elementos técnicos (las imágenes, las palabras, el sonido, el guión, la interpretación y la fotografía) han sido paralelos a ciertas tendencias sociales por las que los valores culturales tradicionales, una vez convertidos en mercancías, se han aglutinado. Dichas tendencias ya existían con anterioridad en los dramas musicales de Wagner, en el teatro neorromántico de Reinhardt y en los poemas sinfónicos de Liszt y Strauss, pero fueron consumadas más adelante en la fusión que el cine hizo del teatro, la novela psicológica, la novela por entregas, la opereta, el concierto sinfónico y la revista[57].

Un poco más adelante, posiblemente era Eisler quien aportaba la visión más positiva por la cual se hacía hincapié en la potencialidad artística y expresiva que la fusión o *amalgamation* de las demás artes otorgaba al medio cinematográfico:

> El antiguo modo de producción individualista no debe ser presentado en contraposición [al cine] como superior, del mismo modo que la tecnología como tal no es responsable de la barbarie de la industria de la cultura. [...] La tecnología abre un ilimitado número de oportunidades para el arte en el futuro, e incluso en la más pobre de las películas existen momentos en los que dichas oportunidades son sorprendentemente aparentes[58].

---

[55] Carta de Adorno a Eberhart Klemm, 17 de diciembre de 1968, citada por Rolf Tiedemann en su carta a Georg Eisler del 30 de octubre de 1976, HEA.
[56] Adorno y Eisler, *Composing for the Films*, p. li.
[57] *Ibidem*, p. lii.
[58] *Ibidem*, pp. lii-liii.

A lo que posiblemente Adorno volvía a añadir: «Pero ese mismo principio que ha abierto dichas oportunidades es el que las ata a su vez a los grandes negocios»[59].

Lo que esta breve pero brillante introducción mostraba era la dinámica que iba a caracterizar a *Composición para el cine* en su totalidad. Al diagnóstico crítico del cine como industria cultural se iba a oponer un conjunto de ideas que enunciaban una nueva estética de la música de cine, y a este conjunto de ideas se le volvía a aplicar el criterio crítico, de tal modo que, a través de la rápida contraposición, se aclaraba cómo las frágiles posibilidades liberadoras del medio podía convertirse fácilmente en mecanismos de manipulación. «Un estudio de la cultura industrializada –decían Eisler y Adorno al cierre de la introducción– debe mostrar la interacción entre estos dos factores: el potencial estético del arte de masas en el futuro y su carácter ideológico en el presente»[60].

Para una mejor comprensión del libro hemos considerado oportuno dividir nuestro análisis de *Composición para el cine* en dos partes: aquella en la que los autores realizaban el diagnóstico crítico de la música de cine como un elemento primordial del medio cinematográfico en tanto peligrosa industria cultural, y aquella en la que se presentaba una posible práctica emancipadora de la composición musical para la gran pantalla. De este modo, en lugar de estudiar aquí el texto de forma lineal (de la página primera a la última), hemos preferido analizar primero los capítulos primero, cuarto y sexto, donde se realiza gran parte del estudio crítico, y luego los capítulos segundo, tercero y quinto, más orientados a proponer una nueva praxis de la música de cine.

Esto no quiere decir que los seis capítulos tratasen por separado sólo uno de los dos temas de cada vez; lejos de tal propósito, Adorno y Eisler concibieron el libro en términos fuertemente dialécticos, y rara vez criticaban los usos perniciosos del cine sin mostrar inmediatamente sus elementos progresivos, del mismo modo que sus conclusiones optimistas siempre eran puestas en tela de juicio en las frases que seguían a continuación.

El primer capítulo de *Composición para el cine*, «Prejudices and Bad Habits», enumeraba nueve «prejuicios y malos hábitos» de la música de cine convencional, nueve defectos o recursos estandarizados que los compositores de Hollywood empleaban constantemente a la hora de escribir bandas sonoras para el cine. Todos y cada uno de ellos eran a un mismo tiempo causa y consecuencia de la homogeneización de los productos de la industria cultural: «el *leitmotiv*», «la melodía y la eufonía», «la falta de obstrucción» (*unobtrusiveness*), «la justificación visual», «la ilustración», «la geografía y la historia», «la música de reserva» (*stock music*), «los clichés» y «la interpretación estandarizada».

De los nueve defectos, el *leitmotiv* era el que se explicaba con mayor detenimiento. Adorno y Eisler señalaban que, aunque como recurso musical wagneriano tenía pleno significado, su uso en la música de cine era totalmente inadecuado. Wagner había concebido los *leitmotiv*s como frases breves e independientes, completas en sí

---

[59] *Ibidem*, p. liii.
[60] *Ibidem*, p. liii. Recuérdese que en el pensamiento adorniano, a diferencia de lo que ocurría en la teoría de la música de masas de Eisler, el concepto de «ideología» sólo poseía un significado negativo. Adorno no creía en la división «falsa ideología/ideología emancipadora» que Eisler empleaba en sus textos de la década de 1930; para él toda ideología era en realidad un conjunto de ideologemas, un mecanismo de cosificación fatal del espíritu revolucionario, y el proceso mismo por el cual aquel espíritu era rápidamente fosilizado y absorbido por el sistema que intentaba derrocar.

mismas, que acompañaban de forma simbólica a un personaje o a una situación, y que tenían la función estética de evocar lo sublime, lo trascendente, lo sobrenatural. Su uso en la ópera se realizaba siempre en constante relación con la totalidad de una obra que, en el caso de Wagner, era extensa, expansiva y de titánicas dimensiones. Querer aplicar este recurso al cine, decían Eisler y Adorno, era ridículo, porque la música de cine no se desarrollaba nunca de tal forma; su cualidad específica era la brevedad, la irrupción, la presencia fugaz en una secuencia u otra. El cine obligaba a la música a desarrollarse de forma fragmentaria y, en dicha fragmentación, el *leitmotiv* sólo podía aparecer como un recurso empobrecido y homogeneizante, como mera identificación de la frase musical con la acción visual.

Pese a ser un recurso totalmente inadecuado para el medio, el uso del *leitmotiv* en las bandas sonoras del cine de Hollywood no podía ser mayor: cada vez que el héroe protagonista aparecía en la pantalla, señalaban los autores, oíamos un *leitmotiv*; si la heroína entraba en escena, surgía de forma irremediable otro motivo, esta vez femenino; y si ambos se encontraban, por supuesto, el compositor acompañaba la escena con otra manida melodía, esta vez la correspondiente al rótulo de «amor».

Según Eisler y Adorno, el *leitmotiv* estaba acompañado por otras ocho malas costumbres que eran modalidades de prácticas musicales muy similares. En todas y cada una de ellas se relegaba la música de cine a un segundo plano en el que se limitaba a duplicar o ilustrar la acción visual. Por ejemplo, en el apartado sobre la melodía se señalaba que la banda sonora tenía que desarrollarse de forma melódica y eufónica para ser inteligible y fácilmente digerible; en el pasaje sobre la «falta de obstrucción» se decía que «la música de cine no debía ser oída»[61]; en los subcapítulos dedicados a la ilustración, el cliché o la interpretación estandarizada se indicaba que la música en Hollywood se limitaba a justificar lo ya dicho visualmente y a recurrir de forma automática a tópicos musicales y a formas de interpretación ya trasnochadas. Dicha construcción y dicho empleo de la banda sonora no podían ser más erróneos: «El uso ilustrativo de la música da lugar a una duplicación desafortunada. [...] La música de la era wagneriana funcionaba como forma de clarificación, pero en el cine tanto la imagen como el diálogo son de por sí explícitos. La música convencional no puede añadir nada a lo que ya se ha dicho»[62].

Eisler y Adorno creían que la duplicación de lo expuesto en la imagen provocaba en realidad una neutralización de la música: cuanto más se esforzaba por ilustrar lo visual, más se negaba a sí misma. Dicha autonegación ayudaba a crear un estado de «pseudoindividuación» en los espectadores de cine: a través del hechizo creado por el dispositivo cinematográfico (formado por la sala a oscuras, la pantalla gigante y las butacas independizadas, pero también por el technicolor y la música sinfónica), el espectador llegaba a creer que en el cine era un individuo libre, cuando justamente ocurría lo contrario.

En el capítulo cuarto, «Sociological Aspects» («Aspectos sociológicos»), los autores intentaban dar una explicación más profunda de la razón por la cual se habían impuesto todos estos prejuicios y malos hábitos en la práctica compositiva de la música de cine. Eisler y Adorno creían que el proceso histórico que se podía percibir en el desarrollo de la música de cine no era otro que el de la conversión de los bienes cultu-

---

[61] *Ibidem*, p. 9.
[62] *Ibidem*, p. 13.

rales de las clases medias en meros «productos del mercado del entretenimiento»[63]. Dicha conversión suponía, claramente, un proceso de decadencia, y no porque aquellos bienes fueran valiosos, sino porque las nuevas mercancías lo eran todavía menos. A finales del siglo XIX, se decía al comienzo del capítulo, el compositor de música popular todavía era una figura situada socialmente a medio camino entre la conformidad y la rebeldía; su modo de vida bohemio e inconformista contrastaba con su pobre repertorio, en el que se repetían de forma regresiva y compulsiva una y otra vez las mismas fórmulas de composición. Con el nacimiento del cine, sin embargo, cuando aquella figura se había hecho un sitio en las barracas donde se proyectaban las primeras películas mudas necesitadas de acompañamiento musical, su estatus social había cambiado.

Entre 1913 y 1928 el cine vivió un hiperdesarrollo de industrialización, y dicho hiperdesarrollo, decían los autores, acabó de una vez por todas con los elementos de tímida rebeldía del compositor de música popular. El cambio por el cual la modesta compañía cinematográfica se convirtió, en apenas dos décadas, en el gran estudio de Hollywood, acarreó a su vez otros cambios radicales: de la barraca y la feria del cine se pasó al *nickelodeon* y al *film palace;* de la empresa familiar, a la administración burocrática de la gigantesca compañía; y de la pequeña pianola, al conjunto de salón y, más adelante, a la gran orquesta compuesta por decenas de músicos.

Con aquellas transformaciones, el propósito social de la música de cine, evidentemente, también cambió: dejó de ser una forma modesta de acompañamiento para convertirse en un elemento más del cinematógrafo como poderoso dispositivo cultural. Su desarrollo llevó a la música de cine a la forma pseudoartística, pretenciosa y orquestal del Hollywood de entonces (y del actual).

El nuevo papel del que, a partir de ese momento, se llamó «compositor de cine», era el de crear partituras que ayudasen a configurar aquello que Eisler y Adorno llamaban un «lujo pseudodemocrático»,

> un lujo pseudodemocrático que en realidad no es ni lujoso ni democrático, porque a la gente que sube por las escaleras alfombradas de los palacios de mármol y de los castillos glamurosos del cine se les engaña constantemente sin que tengan tiempo de saberlo. Este tipo de opulencia que se manifiesta, por ejemplo, en las orquestas monstruosas que se sumergen en el foso y que son iluminadas con luz artificial, marca el comienzo de un proceso que ha dejado atrás la clara ingenuidad del viejo parque de atracciones y ha desarrollado la técnica del timador hasta convertirla en un práctica anónima y universal[64].

Como señalaba el párrafo escogido, los autores creían que la función del músico bohemio quedaba ahora reducida a ser una pieza más en la maquinaria de la publicidad y la propaganda cinematográfica. El músico dejaba de escoger la música de acompañamiento y empezaba a componer piezas de forma mecánica y según los requisitos que se le imponían velozmente desde otros ámbitos del sistema burocrático de la industria de la cultura. Enriquecido con los beneficios del timo de alcance universal, pasaba de ser un miembro más de la *Angestelltenkultur* o cultura de los empleados de Kracauer, convirtiéndose así en un creador sin nombre de falsa cultura.

---

[63] *Ibidem*, p. 49.
[64] *Ibidem*, p. 53.

Aquel proceso que, según los autores, se hacía llamar «progreso», consistía solamente en el hecho de que la música de la barraca había abandonado «el pobre escondrijo» del compositor y se había configurado «como una institución oficial»[65]. La institucionalización de la estafa, sin embargo, no suponía progresión verdadera alguna; no suponía siquiera una historia de la música de cine *sui generis*, sino el mero embellecimiento de una falsa fachada. «El progreso –decían Eisler y Adorno– sólo ha sido el progreso de los medios, nunca el progreso de los fines»[66].

La conversión de los bienes de la cultura popular en mercancías de la industria de la cultura produjo a su vez un estancamiento *(stagnation)* de la creatividad. El talento del compositor, como el del director o el del actor, había quedado hipostasiado. El creador de partituras, como otra pieza más de la maquinaria del cine, se veía obligado a recurrir al cliché, al *leitmotiv*, a la eufonía, para componer más rápidamente un material que llenase los cientos de minutos que le tocaban componer cada temporada.

Era esta condición del compositor en Hollywood la que se analizaba en el capítulo séptimo. A modo de resumen que conectaba las tesis expuestas en el primer y en el cuarto capítulo, en «The Composer and the Movie-Making Process» («El compositor y la producción de cine») se explicaba el proceso por el cual las condiciones de trabajo impuestas en los estudios hacían que el compositor recurriese a las malas costumbres y a los prejuicios musicales. Por ejemplo, se señalaba cómo la constante amenaza de despido aseguraba la lealtad a los métodos de composición prestablecidos, o cómo la estructura de los departamentos musicales facilitaba la degradación no sólo del compositor, sino también de los arreglistas, los directores de orquesta, los intérpretes y los solistas. El valor de este capítulo procedía indudablemente del retrato certero y detallado que hacía del sistema de estudios hollywoodiense de la década de 1940, pero también del contrapunto que suponía a los capítulos que el lector había recorrido con anterioridad (los capítulos segundo, tercero y quinto), en los que se exponían con detalle los posibles nuevos métodos de composición para el cine.

IDEAS PARA UNA NUEVA ESTÉTICA

En la primera parte del segundo capítulo, «Function and Dramaturgy» («Función y dramaturgia»), el principal propósito de los autores consistía en señalar el «doble carácter» de la música. Para exponer esta idea decidían recurrir a un concepto de la psicología musical, la escucha, algo que ya habían hecho en sus textos más célebres de la década de 1930. Adorno y Eisler señalaban ahora que, frente al ojo, el oído era indefinido, pasivo, somnoliento y apático; no podía cerrarse ni abrirse; estaba siempre al descubierto. Esta cualidad «arcaica» era la que otorgaba un carácter precapitalista y colectivo, que lo hacía diferir fuertemente del sentido de la vista, más ligado a un tipo de percepción moderna e individualizada. Una frase redactada años más tarde por Adorno expresaba esta misma cualidad comunitaria de la música indicada en *Composición para el cine*: «Toda música, incluso aquella que en términos estilísticos es altamente individualista, posee un contenido colectivo: todo sonido dice *nosotros*»[67].

---

[65] *Ibidem*, p. 54.
[66] *Ibidem*, p. 50.
[67] Adorno, «Ideen zur Musiksoziologie», en *Klangfiguren*, Fráncfort, Suhrkamp Verlag, 1959, p. 23.

Esta evocación del «nosotros» hacía de la música (también la del cine) un fenómeno que podía desarrollarse de forma progresiva como expresión ideal de una sociedad libre; pero, al mismo tiempo, la convertía en el medio más apto para ser explotado regresivamente por la industria de la cultura. El «nosotros», señalaba Adorno, podía fácilmente pasar de sujeto emancipador a objeto alienable y alienado. La misma somnolencia que lo vinculaba con lo comunitario hacía del oído el sentido más susceptible de la manipulación. «Esta ambivalencia determina su función bajo el capitalismo avanzado –indicaban los autores–. Este ingrediente de colectividad, por su naturaleza esencialmente amorfa, es el que produce su deliberado mal uso para finalidades ideológicas»[68].

Frente al arte de la música seria, que a través de la concentración y el esfuerzo quería convertir el acto indefinido del oír en una experiencia verdadera, la música del entretenimiento aprovechaba su desnudez para manipular la conciencia del oyente. Era la música de cine, por acompañar al celuloide a cada rincón del mundo, la que llevaba dicho aprovechamiento hasta sus últimas y más nefastas consecuencias.

A partir de esta exposición teórica, el capítulo pasaba de forma un tanto brusca a explicar aquellos usos de la música de cine que no entendiesen la escucha como un fenómeno al servicio del mercado, sino como una praxis que enfatizase ese valor colectivo que le era propio. Esta segunda parte estaba a su vez dividida en dos pequeños apartados. En el primero se reflexionaba sobre cómo la música de cine podía enfatizar el sentimiento de colectividad, ya fuera ésta «falsa» o «verdadera». Para describir el uso de la música en la transmisión de una «falsa colectividad», los autores escogían un extracto de la partitura del propio Eisler para el film *Niemandsland* de Victor Trivas, donde la música enfatizaba el carácter enloquecido de una «masa embriagada con su propio poder»[69]. El ejemplo remitía inevitablemente al uso de la música llevado a cabo por el régimen nacionalsocialista en sus masivos mítines.

La música de una «solidaridad visible», en cambio, no aludía a la rigidez de aquellas botas de cuero del industrial u oficial nazi, sino al esfuerzo y a la fragilidad de los cuerpos de los trabajadores oprimidos. Eisler y Adorno se referían entonces a una secuencia de *Nieuwe Gronden* de Ivens en donde la música se ponía al servicio de una «colectividad real»:

> Veinte obreros aparecen transportando un enorme tubo de acero. Caminan encorvados por su pesada carga, y sus movimientos son casi idénticos, pero la presión y la dificultad de sus condiciones de trabajo son transformadas, gracias a la música, en solidaridad. Para lograr esta transformación, la música no podía limitarse a reproducir el «ánimo» de la secuencia, un ánimo de un gran esfuerzo agotador: este ánimo tenía que ser trascendido. La partitura intentó dotar de significado a aquella acción con un tema austero y solemne. [Su] melodía era rítmicamente muy libre y contrastaba fuertemente con lo que hubiese sido un acompañamiento de la acción: *llevaba lo representado en la pantalla más allá de sus límites*[70].

Aunque Eisler no lo dijese explícitamente, es indudable que en su voluntad de prescindir del «ánimo» para expresar la esencia de la verdadera colectividad, estaba aludiendo a uno de los puntos fundamentales de la teoría dramática brechtiana. Al

---

[68] Adorno y Eisler, *Composing for the Films*, pp. 21-22.
[69] *Ibidem*, p. 25.
[70] *Ibidem*, p. 26; la cursiva es nuestra.

igual que Brecht, Eisler indicaba aquí que, en la representación musical del grupo, los «estados de ánimo» debían ser sustituidos por «actitudes» y «gestos» que en ningún momento reflejasen sentimentalismo o pseudoemotividad. La ausencia de emoción que el dramaturgo exigía de la interpretación de sus dramas estaba íntimamente relacionada con su voluntad de convertir (en el terreno de lo artístico) a los sujetos en objetos: era como objetos, según Brecht, como el sistema se valía de aquellos seres humanos a los que robaba su fuerza de trabajo.

Lo realmente sorprendente de la música de *Nieuwe Gronden* era su objetivo de querer dar forma artística a un concepto abstracto muy determinado. En el caso de Brecht se trataba a menudo de expresar el concepto de «extracción de la plusvalía» o de «abuso de la fuerza productiva ajena»; en el de Eisler, en esta secuencia en particular, se trataba de la demostración visual y musical de la «lógica irracional» del sistema capitalista. Porque, además de la imagen de los obreros, Eisler se refería a aquella secuencia en la que un grupo de trabajadores arrojaba al mar cientos de toneladas de trigo. «La misma gente que ha cosechado el grano lo tira al mar. Es un incidente ocurrido durante la depresión económica de 1931, cuando los alimentos fueron destruidos para prevenir el colapso del mercado»[71].

Lejos de reforzar el triste ánimo de la situación, la música volvía a ampliar el contenido de la imagen con un ritmo vertiginoso: ¿no era violentamente veloz el modo en que el sistema podía destrozar lo que había construido? ¿No era el carácter de urgencia el elemento que la música debía enfatizar para dar testimonio del sufrimiento colectivo de aquellos obreros que tenían que destruir lo que habían producido? Joris Ivens diría años más tarde:

> Cuando estaba rodando *Nieuwe Gronden*, Hanns Eisler me enseñó a completar la tercera parte del film, el momento crucial, en el que se mostraba cómo el trigo, que había costado una tremenda cantidad de trabajo, se tiraba al mar, porque la crisis del sistema capitalista obligaba a *la destrucción de la producción* para mantener los precios en alza. En este sentido, Eisler no fue sólo el compositor de la música, sino que influyó en la realización de todo el film[72].

En el segundo apartado de «Function and Dramaturgy», Eisler y Adorno se referían precisamente a la función que la música podía desarrollar en el cine en tanto contrapunto dramático a la acción visual. En apenas dos páginas explicaban cómo, a diferencia del uso común de la música como originadora de suspense o unificadora temporal, su empleo como elemento estético *divergente* de la imagen apenas había sido explotado en el cine. A través de secuencias de *Kuhle Wampe, Dans les rues* y *Los verdugos también mueren*, los autores describían aquel uso contrapuntístico de la música, y, una vez más, incorporaban a su pensamiento la aplicación de una idea filosófica ajena al campo de estudio propio. En esta ocasión, se trataba del concepto de «interrupción» *(Aufhebung)* del pensamiento estético hegeliano.

En lengua alemana, el verbo *aufheben*, además de «anular» o «interrumpir» también puede significar «contener», «conservar», e incluso «guardar». Los propios autores parecían respetar la polisemia del término cuando lo explicaban más adelante con dos pa-

---

[71] *Ibidem*, pp. 25-26.
[72] Ivens, en Betz, «A Source Is Revealed: A Conversation with Joris Ivens about Hanns Eisler (1972)», en Culbert y Dümling (eds.), *HJFRT* 4/18, pp. 503-507, 504; la cursiva es nuestra.

labras inglesas, *delaying action* (acción retardante)[73], para señalar que la interrupción musical no anulaba la acción visual, sino que la suspendía y, al tiempo, la contenía (del mismo modo en que la negación contenía a la afirmación en la dialéctica hegeliana). Adorno y Eisler indicaban que estas interrupciones eran estéticamente muy valiosas en el arte, porque enriquecían la cualidad del discurso estético al multiplicar sus posibilidades expresivas: «Se puede pensar en la canción del centinela borracho a la mañana siguiente al asesinato del rey en *Macbeth*»[74], e incluso citaban un ejemplo de la partitura eisleriana para *Dans les rues*:

> Hay una secuencia que muestra a una pareja que acaba de hacerse una declaración de amor. La escena debía alargarse para demostrar lo genuino de su emoción a través de pequeñas formas de comportamiento; los héroes eran dos jóvenes que ya se habían dicho «te quiero» y que no tenían nada más que decir: estaban abrumados por la presencia del amor. En ese momento la solución musical más cruda demostró ser la más tierna. La propietaria del local cantaba una canción. Su texto no tenía nada que ver con la pareja, sino que hablaba de las penas de amor de una sirvienta que enumeraba las diferentes estaciones del metro de París en donde había esperado a su amante. Esta interrupción daba la oportunidad a los pudorosos amantes de sonreír[75].

La balada interrumpía la acción, pero también la contenía y la ampliaba. La contenía porque los jóvenes sonreían, escuchaban la canción, reaccionaban ante la música; y la ampliaba porque el espectador, inevitablemente, pensaba en una posible ruptura de los amantes, en el triste abandono del amor, en la soledad de la muchacha por las vacías calles de París.

Los conceptos expuestos en el capítulo 2 se desarrollaban en el capítulo siguiente, «The New Musical Resources» («Los nuevos recursos musicales»), que aportaba ideas sobre cómo superar aquellos prejuicios y malos hábitos que se habían descrito en el primer capítulo. Era aquí donde se justificaba la adecuación de la técnica de composición moderna al cine, y se pronunciaba quizá una de las frases claves del libro: «Cuanto más se adapta la música a sus propios principios estructurales, más se adapta a su aplicación a otros medios»[76]. El concepto eisleriano de *angewandte Musik* no podía encontrar una definición más breve y más precisa.

Comprensiblemente, la pregunta que surge de inmediato es: ¿por qué? ¿Por qué cuánto más se adapta la música a su modo de ser, más apta es para acompañar a otros medios? Al convertirse en «acompañante» de la imagen, ¿no abandonaba la composición cierto carácter de su autonomía? Quizá la respuesta de los autores pueda entenderse mejor si nos referimos por un momento al marco más general del pensamiento estético adorniano.

Adorno creía que el concepto de autonomía no debía ser unidimensional, sino dialéctico. Frente a aquellos que entendían la autonomía cómo una huida de las características materialistas de la música, el filósofo pensaba que sólo a través de la forma podía la música reflexionar sobre la realidad social. Esta concepción dialéctica de la autonomía la expondría años más tarde de forma muy precisa en diversos pasajes de su *Teoría estética*:

---

[73] Adorno y Eisler, *Composing for the Films*, p. 29.
[74] *Ibidem*, p. 29.
[75] *Ibidem*, p. 29.
[76] *Ibidem*, p. 34.

> Los insolubles antagonismos de la realidad aparecen de nuevo en las obras de arte como problemas inmanentes a su forma. Y es esto, y no la inclusión de los momentos sociales, lo que define la relación del arte con la sociedad. [...] No es sólo el modo de su procedencia, en el que se concentra la dialéctica entre las fuerzas y las relaciones de producción, ni el origen social de la materia de sus contenidos, lo que convierte al arte en hecho social. El arte es algo social, sobre todo por su oposición a la sociedad, oposición que adquiere sólo cuando se hace autónomo. [...] En su lenguaje se concreta la afirmación de que la forma es el lugar del contenido social de las obras de arte[77].

Adorno creía que un cine que pretendiese ser liberador, debería de ser una expresión artística autónoma; cada una de sus partes debería tender igualmente a la autonomía, porque sólo así podría conformar una unidad en la que los elementos compositivos del todo funcionasen como elementos de verdad a nivel estético y social. Era la idea de una forma libre la que aportaba el verdadero contenido social a la obra de arte. «En la liberación de la forma, tal como la desea todo arte nuevo que sea genuino, se esconde la liberación de la sociedad, pues la forma, contexto estético de los elementos singulares, representa en la obra de arte la relación social. Por eso una forma liberada lucha contra el *status quo*»[78].

Adorno y Eisler pensaban que la evolución de la música autónoma de las últimas décadas había desarrollado nuevos recursos formales que se correspondían realmente con los requisitos técnicos del cine. Por ejemplo, creían que una de las características esenciales del cine era su habilidad especial para crear conflicto y tensión. Esta cualidad era precisamente la que la música tradicional parecía haber perdido en favor de la música moderna, cuyo desarrollo de la armonía no era otra cosa que una progresión tensa, suspendida y sin resolver.

La forma musical breve o sin prolongación, pero también la ausencia de retórica comedida en favor de los cambios bruscos y desmedidos, o la disonancia de los temas y la armonía emancipada, eran otras formas que la técnica de composición moderna compartía con el lenguaje cinematográfico. «De forma un tanto exagerada –llegaban a señalar los autores– se podría decir que la música de cine avanza hacia la atonalidad porque no tiene espacio para la expansión formalmente satisfactoria de la tonalidad»[79].

Aquella autonomía que permitía a la obra ser más social cuanto más centrada estuviera en su propia forma, permitía al mismo tiempo que la música moderna se adaptase mejor al cine cuanto más siguiese sus propios principios estéticos. Si se aplicaba a la pantalla, la música moderna de composición más pura evitaría el *leitmotiv* y el cliché, la justificación visual y la ilustración, y cubriría las exigencias específicas del cine con configuraciones realmente novedosas. El compositor debía escoger elementos musicales que fueran requeridos por el contexto particular de la imagen a la que acompañaba, «en lugar de sucumbir a tópicos musicales y sentimentalismos prefabricados»[80].

En el capítulo quinto, «Elements of Aesthetics» («Elementos de estética»), se explicaban primero algunas características del medio cinematográfico que, más adelante, ser-

---

[77] Adorno, *Teoría estética*, Madrid, Taurus, 1971, pp. 15-16, 296 y 302.
[78] Adorno, *Ibidem*, pp. 332-333.
[79] Adorno y Eisler, *Composing for the Films*, p. 41.
[80] *Ibidem*, p. 32.

vían para enumerar, explicar y justificar nuevas prácticas de composición musical. Se indicaba, por ejemplo, que la relación entre la imagen y la música, no importa de qué modo (si contrapuntístico o ilustrativo) tenía que existir: «Resulta una premisa fundamental [de la música de cine] que la naturaleza específica de la secuencia visual determine la naturaleza específica de la música que la acompañe, o que la música específica determine su secuencia visual. La ausencia de relación intrínseca constituye su pecado original»[81]. Adorno y Eisler citaban a este respecto una de las ideas básicas de la teoría del montaje de Eisenstein, aquella que afirma que la yuxtaposición de dos elementos visuales provoca siempre un tercer concepto novedoso y original. Para luego añadir: «Esto vale no sólo para el choque de elementos visuales heterogéneos, sino también para la música y la imagen, sobre todo cuando la una no se parece a la otra»[82].

Recogiendo ideas previas sobre música teatral y cinematográfica, los autores señalaban entonces que la máxima expresión del contrapunto entre la imagen y la música se podría lograr a través del carácter gestual del cine. El gesto, decían,

> no se refiere al movimiento o al «ritmo» del film como tal, sino a los movimientos fotografiados y a su función en la totalidad del film. La función de la música, sin embargo, no consiste en «expresar» el movimiento (aquí Eisenstein comete un error bajo la influencia de las ideas wagnerianas sobre la *Gesamtkunstwerk* y la teoría de la empatía estética), sino en desencadenar o, mejor dicho, justificar dicho movimiento. La imagen fotográfica carece en sí de motivación para el movimiento; sólo indirectamente entendemos que las imágenes se mueven, que a la réplica congelada de una realidad externa le ha sido otorgada la espontaneidad que se le privó cuando fue captada, y que algo petrificado manifiesta ahora una especie de vida propia. Es en ese instante cuando la música interviene, aportando un ímpetu, una energía muscular, un sentido de la corporeidad. *Su efecto estético es el estímulo del movimiento, no la reduplicación del movimiento.* Del mismo modo, la buena música de ballet (la de Stravinsky, por ejemplo) no expresa los sentimientos de los bailarines ni pretende identificarse con ellos, sino tan sólo invitarlos a la danza. Por eso mismo la relación entre música y cine es antitética justo en el momento en que ambos logran su máxima unidad[83].

Adorno y Eisler explicaban aquí una de las cualidades únicas del medio cinematográfico: su necesidad de parar el tiempo y el movimiento para poder captarlos y reproducirlos a continuación. Cualquier persona que haya empleado una cámara de cine alguna vez habrá percibido de inmediato lo paradójico de un instrumento que, para mostrar el movimiento y la duración de una acción, ha de congelar dicha acción veinticuatro veces por segundo. En efecto, como afirmaban Eisler y Adorno, cada fotograma carecía «en sí de motivación para el movimiento», y sólo después del montaje y la proyección, las imágenes se movían y la realidad congelada obtenía la espontaneidad que le habían robado en el momento de captarla. Aquella idea de que en el cine lo petrificado volvía siempre a latir podría calificarse como la expresión de un auténtico proceso de *desreificación*.

Era esta idea de *desreificación* la que llevaba a los autores a afirmar de inmediato que la música no debía duplicar el movimiento de forma identificativa (ya que éste ha-

---

[81] *Ibidem*, p. 70.
[82] *Ibidem*, p. 71, n. 6.
[83] *Ibidem*, p. 78; la cursiva es nuestra.

bía sido activado a priori en la propia imagen), sino motivar o estimular dicho movimiento, para, justo en el instante en que imagen y música pareciesen unidas por el movimiento, ampliar radicalmente la forma visual a la que hasta entonces había acompañado. El estímulo de la partitura sólo podía llevarse a cabo a través de una composición que produjese finalmente un efecto amplificador con la imagen. Pero dicha relación no sólo debía darse en un sentido de contenidos, sino también a nivel estructural.

«El desarrollo de la música de cine –añadían Adorno y Eisler más adelante– se medirá en tanto en cuanto sea capaz de hacer que esta relación [...] rechace la ilusión de una unidad directa»[84]. Para tal cometido, compositor, director y montador debían *repensar* la función del montaje como unificador de las imágenes, las palabras y la música. En realidad, las tres tenían que ser concebidas como un todo, pero dicha concepción no debía fusionarlas ni negar su autonomía en forma de aglutinación totalizante. Imagen, palabra y música debían estar «separadas», porque sólo en su fragmentación dentro del todo fílmico podían hablar de una sociedad fragmentada que se había alienado a sí misma.

Además de este énfasis en la independencia de los elementos constitutivos del cine, otra de las ideas fundamentales que se proponían en este capítulo tenía que ver con la génesis de la música cinematográfica. Adorno y Eisler señalaban que la incorporación original de la música al cine se había dado para camuflar el fracaso del lenguaje hablado que tenía lugar en la era del capitalismo avanzado. El cine mudo, de hecho, señalaba más que ningún otro arte la inutilidad del lenguaje en la época moderna:

> La música se introdujo en el cine como una especie de antídoto a la imagen. Se necesitaba calmar el desagrado del espectador que veía efigies de personas que vivían, actuaban, incluso hablaban, y que, a la vez, eran mudas. El hecho de que viviesen y no viviesen al mismo tiempo les otorgaba su carácter fantasmal, de tal modo que la música no se introdujo para aportarles la vida que les faltaba [...] sino para exorcizar el miedo o ayudar al espectador a sobrellevar aquel *shock*[85].

Los autores creían que la música no sólo se había incorporado al cine en primer lugar para silenciar el ruido del proyector (tal como había revelado Kurt London), sino también para calmar el pavor de los espectadores que veían al ser humano sin habla, alienado e incomunicado, de una forma total. Para protegerse de aquellos que tildasen este pensamiento de demasiado especulativo, Adorno y Eisler formulaban entonces una pregunta: ¿por qué no se añadió al cine mudo entonces, como parecería lógico, la voz de actores que hablasen en directo fingiendo ser las voces de las efigies que aparecían en las imágenes? ¿Por qué la figura del «comentarista» no tuvo éxito en las barracas como la del pianista o la orquestina que interpretaban la música? Sólo la máxima expresión sonora podía aplacar el pavor de observar al ser humano carente por completo de habla.

De una forma que parece anticiparse en varias décadas al pensamiento deleuziano, Adorno y Eisler señalaban a continuación que el cine no era un medio discursivo en

---

[84] *Ibidem*, p. 78.
[85] *Ibidem*, p. 75.

el sentido lingüístico de las palabras. *«También la película sonora es muda»*, enfatizaban con el uso de la cursiva[86].

La forma de expresar del cine, como más tarde diría Adorno del arte en general en su *Teoría estética,* no era la del lenguaje: «La disparidad técnica entre la imagen y la palabra se sostiene en algo mucho más profundo: en el hecho de que en el cine todo discurso es impersonal y artificial. El principio fundamental del cine, su invención básica, consiste en fotografiar el movimiento»[87]. La imagen y la música que pretendiesen hablar como la palabra sólo funcionarían como elementos postizos, porque el cine no expresaba conceptos e ideas con las normas establecidas en el habla.

> El arte necesita de la filosofía que le sirve de intérprete para decir lo que él no puede, y esta posibilidad de hablar sobre el arte se debe precisamente a que él no habla. [...] En arte, lo que fluye queda objetivado y convertido en duración: en esto el arte es concepto, aunque no como en la lógica discursiva. [...] El verdadero lenguaje del arte no tiene palabras[88].

Frente a la lógica discursiva, el cine ofrecía gesto, movimiento, tiempo y enigma; frente a la mentira de la industria de la cultura, un antídoto en busca de la verdad. Y ¿cómo debería ser aquella música que motivase el movimiento para luego ampliarlo? ¿Cómo podía la composición participar de manera activa e independiente en el montaje? ¿Cómo podía la música ayudar al cine a proponer un idioma propio?

La música moderna compuesta para el nuevo cine no debería utilizar clichés ni las así llamadas consignas estandarizadas *(standard cues)* que le marcaban automáticamente su momento de entrada en las películas convencionales; debería incorporarse a la imagen con una amplia variedad de planos sonoros (desde el primer plano al plano general); acaparar el protagonismo del film en momentos en los que no hubiese ni imágenes ni palabras; e incluso tener la posibilidad de interrumpir bruscamente el desarrollo de ambas, si así enfatizaba sus «elementos de verdad». Una nueva música de cine que realmente fuese tal, decían Adorno y Eisler, quizá no debería existir, o quizá tendría que ser ensordecedora.

Lo que sí parecía evidente a los autores era que el estilo tradicional ya no servía para la música de cine. Las bandas sonoras podían incluso prescindir del estilo, al menos del «estilo» tal como se había entendido en la musicología clásica. En su lugar, Eisler y Adorno proponían una «planificación musical» por la cual el músico pasaría a disponer de todos los recursos posibles que facilitaban las nuevas técnicas y los nuevos materiales modernos. A través de dicha planificación podía hacer un uso libre de ellos y seguir la función dramática que cada secuencia visual pedía a la música. «La composición [moderna] se ha vuelto tan lógica –afirmaban al final del capítulo– que ya no ne-

---

[86] *Ibidem*, p. 76. Nótese la similitud con la idea expuesta por Gilles Deleuze en el segundo capítulo de *L'image-temps*, donde afirma que el cine no es lengua ni lenguaje, sino «materia signalética» no lingüísticamente formada, asignificante y asignificada.

[87] *Ibidem*, p. 76. Deleuze ampliaría este pensamiento al señalar que, más allá del movimiento, el principio fundamental del cine era aportar una imagen óptica pura del tiempo.

[88] Adorno, *Teoría estética*, pp. 101, 151. Esta idea volvería a enfatizarla el filósofo en su análisis de *Film*, la película (casi) muda realizada por Beckett en 1964: «Puede decirse que *Film* es en cierto modo un enigma, [porque] propone una lengua sin lenguaje *(eine sprachlose Sprache)*», en '"Optimistisch zu denken ist kriminell". Eine Fernsehdiskussion über Samuel Beckett», en *Frankfurter Adorno Blätter III*, Múnich, edition text + kritik, 1992, pp. 78-122, 110. Para mayor información sobre la obra audiovisual de Beckett, véase David Cortés y Breixo Viejo, *Samuel Beckett. Obra para cine y televisión*, Madrid, Museo Reina Sofía, 2006.

cesita ser la consecuencia de su material y, figurativamente hablando, puede incluso dominar cualquier tipo de material al que se aplique»[89].

Una dominación completa de los materiales, un montaje de finalidades antitéticas y una composición planificada serían algunos de los métodos por los que el compositor podría evitar la neutralización de la música; es decir, con los que podría componer música *para* el cine cuya finalidad fuese *ser oída* y enfatizarse así la *verdadera esencia* del medio y la realidad.

> La planificación objetiva, el montaje y la ruptura de la neutralización universal son algunos de los aspectos de la emancipación de la música de cine de su opresión comercial. La necesidad social de un función crítica de la música no censurada ni predigerida coincide con la tendencia tecnológica inherente a eliminar los factores de neutralización. La música planeada objetivamente, construida orgánicamente en relación al significado de la imagen, haría productivas por primera vez las potencialidades de las nuevas y mejoradas técnicas de grabación[90].

Romper el mecanismo de neutralización ayudaría a la música de cine a aproximarse al cumplimiento de una de las funciones primordiales del arte: su *promesse de bonheur*.

El último capítulo, «Suggestions and Conclusions» («Sugerencias y conclusiones»), funcionaba a modo de resumen de las tesis principales del libro, pero también como un último espacio para la reflexión estética. Como parte de las conclusiones, Eisler y Adorno volvían a enfatizar aquí el carácter doble de la práctica musical en el medio cinematográfico: el compositor de cine, decían, podía ser una pieza más de aquella maquinaria que (tanto por inercia como por censura) anulaba cualquier tipo de expresión de la verdad, o podía intentar crear, no importa lo tímido de su intento, una nueva práctica musical a partir de ideas como las que se acababan de exponer.

> Incluso a costa de tener peleas diarias con oponentes desdichados resulta realmente importante que se forme una tradición no oficial del arte auténtico, un arte que algún día incluso podrá llegar a existir. El *nuevo cine* no caerá del cielo; su historia, que realmente todavía no ha empezado, estará determinada en gran medida por su prehistoria actual[91].

Una tradición no hegemónica de un *nuevo cine* auténtico sólo podría nacer si el compositor, junto al director, al guionista, al productor y a todos aquellos que configuraban el equipo de rodaje, decidía introducir «elementos de verdad» que se enfrentasen a las limitaciones formales e ideológicas del medio cinematográfico. Dichos elementos existían ya en las películas, pero sólo «de forma fragmentaria y anónima»[92]. Para ser percibidos y desarrollados consciente y plenamente se necesitaba un conocimiento previo de las cualidades estéticas del cine. Esta era la justificación y conclusión última de *Composición para el cine*: sentar algunas bases para el *nuevo cine* del futuro.

---

[89] *Ibidem*, pp. 85-86.
[90] *Ibidem*, p. 88.
[91] *Ibidem*, p. 116; la cursiva es nuestra.
[92] *Ibidem*, p. 116.

Lejos de caer en esperanzas ingenuas, Eisler y Adorno señalaban que el papel del compositor en el proceso de creación de un arte auténtico era, evidentemente, muy limitado. Un cambio radical en la manera de componer música de cine no suponía un cambio radical en la manera de hacer cine, del mismo modo que una racionalización emancipadora y no instrumental de un medio artístico no era posible si no se hacía previamente lo mismo con cada una de sus partes:

> El postulado por el cual la música [de cine] debe tener siempre algún tipo de relación con la imagen de la pantalla define su limitación [...]; una buena música que acompañe a una acción estúpida o a un diálogo inconsistente se vuelve de inmediato mala y carente de sentido. Es cierto que una música compuesta con destreza para dicha ocasión puede rebelarse y enfrentarse a la imagen que la degrada (ya sea por oposición directa o revelando una exageración), pero el valor de dicha estrategia no debe ser supervalorado como algo más que un mero sabotaje artístico[93].

Para ir más allá del mero sabotaje artístico, o trascender aquel fenómeno que recientemente se ha dado en llamar «negatividad artificial del arte»[94], lo particular (la música de cine) debía cambiar si quería que el todo (el cine) también cambiase. Pero no podría hacerlo si no era conjuntamente con cada uno de los componentes de aquella totalidad. «La mejora de la música de cine –señalaban los autores– es inseparable de la mejora del cine»[95].

La enunciación de esta conclusión de Adorno y Eisler daba paso a la presentación de una última idea, quizá una de las más brillantes del libro, por la cual se demostraba que el carácter de la música de cine era irremediablemente cómico.

Debido al hermetismo de la ideología de la industria de la cultura, se decía en las conclusiones, el compositor tenía que ser consciente de que su lucha por introducir en el medio cinematográfico elementos gestuales iba a ser un *tour de force* constantemente frustado. Como integrante de los estudios, el músico sufría y propagaba al mismo tiempo «la enfermedad del macrocosmos»[96] del que formaba parte. No lo podía evitar. Dicha enfermedad se transmitía a través del falso placer prometido por el cine a cada uno de sus espectadores (la pseudoindividuación que les hacía creerse individuos únicos cuando en realidad formaban parte de una masa anónima); a través de aquel automatismo asociativo por el cual nada debía ser dicho de *otra* manera; a través de la duplicación acrítica de una realidad irreparablemente cosificada. Se trataba de la deformidad de percibir algo como divertido cuando en realidad no lo era: «Todo producto de la industria cultural es objetivamente aburrido, pero la psicotecnia de los estudios ha privado a sus consumidores de la conciencia del aburrimiento que ellos experimentan»[97].

La enfermedad, sin embargo, no había sido fatal; el público, el compositor, el artista, estaban moribundos... pero no muertos. Como todos aquellos intelectuales cuyo pensamiento asentaba sus raíces en los principios filosóficos del marxismo occidental,

---

[93] *Ibidem*, p. 117.
[94] Jay, en conversación con el autor, Princeton, 10 de diciembre de 2001.
[95] Adorno y Eisler, *Composing for the Films*, p. 118.
[96] *Ibidem*, p. 118.
[97] *Ibidem*, p. 122.

Eisler y Adorno también escribían motivados por la idea de una sociedad finalmente libre y verdadera. La música, el cine, el arte, parecían decir, podían contribuir a la lenta construcción de una sociedad tan lejana.

Las partes no cambiarían sin el todo, ni el todo sin las partes. La música de cine en particular podía modificar su particularidad para producir una alteración de la totalidad: evitando los malos hábitos, estableciendo tensiones antitéticas entre sí y la acción visual, motivando la imagen en vez de duplicarla, rompiendo el hechizo de la pantalla para enfatizar que la reproducción de la realidad *no era* la realidad, sino una imagen mediatizada de la misma... Pero además, añadían ahora, si realmente quería motivar un *cine nuevo*, la música debía tomarse a sí misma a broma.

¿Cómo, si no era jocosamente, podía concebir una pieza musical el compositor que era consciente de que la reproducción en serie de la interpretación de su partitura anulaba la esencia misma de su música, es decir, la expresión espontánea de su *aquí* y su *ahora*? La paradoja inherente a la música de cine, señalaban Eisler y Adorno, era que estaba tecnificada y, al mismo tiempo, «obligada a tener un carácter de unicidad»: «La música de cine es un único multiplicable del que se espera que logre lo que en realidad no puede lograr»[98].

Frente a aquella visión regresiva que consideraba que la reproductibilidad técnica eliminaba el carácter esencial de la música (la expresión de su *hic et nunc*), Eisler y Adorno, haciendo eco de la célebre tesis benjaminiana, señalaban que, en realidad, con aquel advenimiento de la reproducción mecánica del original, era el propio concepto estético de la música el que había cambiado.

Es cierto que la idea marxista de antropogénesis estaba presente en estas conclusiones de *Composición para el cine*, pero también es cierto que en el texto irrumpía con igual fuerza, aunque fuese en una nota a pie de página, el concepto de autodisolución del arte expuesto en la estética hegeliana. Adorno y Eisler parecían afirmar con Marx que el hombre poseía una capacidad irreductible de inventarse a sí mismo a través del arte, pero también acogían la idea de Hegel de que el arte guardaba dentro de sí el germen que causaría su propia desaparición[99].

Como el compositor no podía evadir la contradicción inherente a toda música de cine (ser un único multiplicable), debía incluir dicha contradicción como elemento de verdad en sus partituras. La música de cine tenía que desarrollar con total discreción una antítesis radical a la imagen; tenía que mostrar «la avergonzada cercanía de un evento íntimo»; tenía que estar ahí y, a la vez, ser distante. Que Igor Stravinsky se hubiese negado a poner música a la escena de un beso reflejaba el conflicto no resuelto del compositor moderno ante la música de cine. Stravinsky quizá no había pensado que, debido a aquella contradicción tan profunda (estar destinada a algo que nunca podría lograr), la música de cine ya no podía tomarse en serio a sí misma, o, por lo menos, no del modo en que lo había hecho hasta entonces la música autónoma.

Al estar subordinada a la imagen y al no poder desarrollarse de forma independiente, su propio modo de ser contenía un explosivo elemento de humor (y estaba

---

[98] *Ibidem*, p. 130.

[99] *Ibidem*, p. 128, n. 2. Adorno y Eisler recurrían a la segunda parte de la estética de Hegel (*Vorlesungen über die Aesthetik*) para fundamentar esta idea del carácter autodestructivo del arte; Adorno desarrollaría esta idea años más tarde en diversos pasajes de su *Teoría estética*, especialmente en los apartados «Contra la cuestión de sus orígenes» y «Verdad y vida de las obras de arte» (en Adorno, *Teoría estética*, pp. 11-14).

condenado a cierta degeneración aberrante si dicho elemento no era empleado adecuadamente). Por supuesto que se podía suscribir la imagen de un beso con música, decían Eisler y Adorno, pero solamente si se hacía de forma humorística. Incorporar voluntariamente el elemento cómico no sólo salvaba a la música de cine de ser involuntariamente cómica, sino que además le otorgaba una conciencia-de-sí y para-sí por la cual sus contradicciones inherentes (la suspensión del *hic et nunc,* la unicidad multiplicable, su vocación de ser algo que nunca podría alcanzar) pasaban a ser, precisamente, sus cualidades redentivas.

Epílogo

Composición para el cine tuvo desde su publicación una existencia relativamente afortunada. El libro salió a la venta en septiembre de 1947 y volvió a editarse en diferentes versiones en inglés y en alemán en 1949, 1951 y 1969. A partir de la década de 1970 ha sido reeditado numerosas veces y traducido a varios idiomas, entre ellos, el francés, el italiano y el español[1]. A cada nueva versión le han seguido por lo general críticas y reseñas casi siempre favorables. De hecho, desde la década de 1980, con el surgimiento de los estudios sobre música de cine, el libro ha pasado a ser una referencia obligada dentro de los *film music studies*. Hoy puede decirse incluso que el ensayo de Adorno y Eisler ha sido, de entre todos los libros de esta materia, uno de los pocos que ha trascendido los límites de la disciplina[2].

Desafortunadamente, y a diferencia de la parte teórica del proyecto, durante las décadas que siguieron a la finalización de la investigación original apenas hubo interés por localizar y estudiar los resultados prácticos del proyecto. El olvido de las películas y las partituras con las que trabajó Eisler se debió principalmente a dos razones; la primera, la violenta expulsión del compositor de los Estados Unidos, y la segunda, los años de Guerra Fría que definieron la difícil existencia de la Alemania Oriental hasta la caída del Muro de Berlín en 1989.

En Norteamérica, en un clima tan tenso como el que generó el McCarthysmo, la figura de Eisler quedó vinculada inevitablemente al estereotipo de «compositor comunista». Dicha estigmatización provocó durante varias décadas el desinterés generalizado de los estudiosos estadounidenses de cine y música por la actividad del compositor en general, y por el Film Music Project en particular (tal como ha demostrado Joy Calico en su artículo sobre la recepción de Eisler en los Estados Unidos desde 1947 hasta la actualidad)[3]. Por otro lado, en la RDA, aquellos musicólogos o historiadores de cine que sí estuvieron interesados por la obra del compositor,

---

[1] Las distintas ediciones en inglés y en alemán de *Composición para el cine* se enumeran en el apartado de fuentes al final de este libro.

[2] Para mayor información sobre la recepción y relevancia del libro, véanse Philip Rosen, «Adorno and Film Music», *Yale French Studies* 60 (1980), pp. 157-182; y Martin Hufner, «"Composing for the Films" (1947): Adorno, Eisler and the Sociology of Music», en Culbert y Dümling (eds.), *HJFRT* 4/18, pp. 535-540.

[3] Joy Calico, «"The Karl Marx of Music". Hanns Eisler Reception in the United States after 1947», en Maren Köster (ed.), *Hanns Eisler: 's müsst dem Himmel Höllenangst werden*, pp. 121-135.

no pudieron, por razones obvias, investigar ni viajar a los Estados Unidos para localizar y evaluar los resultados finales del proyecto. Incluso el propio Eisler, tras haber sido fuertemente censurado por las autoridades estatales con motivo de la publicación de su libreto operístico *Johann Faustus*, y motivado indudablemente por lo que pudiera existir en el proyecto de «inmoral formalismo», contribuyó a arrojarlo al largo túnel del olvido. Ya fuera por ser considerado «demasiado político» a un lado del Atlántico o extremadamente «apolítico» al otro, lo cierto es que durante los siguientes treinta años ningún investigador mostró interés real por el proyecto de Eisler.

Frente a esa desafortunada tendencia, este libro ha pretendido aportar una visión corregida y completa del desarrollo histórico y de los resultados estéticos del Film Music Project. A lo largo del texto hemos intentado, por un lado, documentar cronológicamente cada una de las fases por las que pasó el proyecto original y, por otro, analizar sus resultados prácticos y teóricos atendiendo a cuestiones de contenido y forma. La hipótesis principal (que el proyecto fue contradictorio debido a las tensiones de su tiempo), esperamos haberla justificado con la suma de pequeños detalles que descubrimos durante nuestra investigación en varios archivos de Nueva York, Los Ángeles y Berlín. De hecho, ha sido este metodo del microanálisis el que nos ha permitido obtener conclusiones finales.

En efecto, *Música moderna para un nuevo cine* ha ido de asuntos amplios y generales (como el fenómeno del exilio) a minúsculos y particulares (como la interacción de las partituras de Eisler con las imágenes a las que acompañaban). No obstante, dicho trayecto se ha hecho en todo momento para obtener conclusiones determinadas que se pudieran relacionar con la totalidad del texto, con su objetivo final, que no ha sido otro que documentar el modo en que un proyecto teórico y práctico intentó dignificar el medio del cine por el potencial revolucionario que en él creyeron haber visto sus principales protagonistas (Eisler, Adorno y los demás colaboradores del Film Music Project).

Lejos de pretender resumir aquí lo ya expuesto en los ocho capítulos anteriores, sí nos gustaría presentar, aunque fuese sólo en forma de dos breves párrafos, dos nuevas ideas que confirman la hipótesis principal de nuestra investigación.

Analizar las pruebas de audiencia que Eisler había prometido a la Rockefeller Foundation significa al mismo tiempo recordar el carácter fallido del Film Music Project, ya que dichas pruebas finalmente nunca se realizaron[4]. De hecho, de entre todos los rasgos de la investigación original que en su día pudieron disgustar a su creador o a sus productores (no componer música sintética, no hacer demostraciones musicales extensas con largometrajes de ficción, o no escribir un libro más analítico y menos especulativo), sin duda el más problemático fue el de no haber realizado una presentación pública del proyecto con cuestionarios para entender las reacciones del espectador. Si pensamos que presentaciones así ya se habían llevado a cabo –aunque tímidamente– en el Princeton Radio Research Project, e incluso, y con éxito, en producciones similares a *White Flood* y *A Child Went Forth* (como en el caso del film *Va-*

---

[4] En el listado de gastos de 1944 se contemplaba una entrada de 250 dólares dedicados a «pruebas de audiencia». En realidad, dicho gasto no estuvo destinado al Film Music Project; al igual que ya había hecho antes con Brecht y Schönberg, en aquella ocasión Eisler, aunque anotaba el gasto como parte del proyecto, estaba facilitando dinero a uno de sus amigos, en este caso, el doctor Joachim Schumacher.

lley Town [La ciudad del valle, 1940]), entonces el proyecto de Eisler reaparece como una investigación fallida e inacabada[5].

Sin embargo, una mirada a la amplia gama de usos de la música de cine empleados en el Film Music Project nos convence también de lo contrario. En *White Flood,* la partitura de Eisler había ampliado la noción de cambio, y en *A Child Went Forth,* la de inocencia perdida; en *Lluvia* había mostrado el dolor ante la destrucción y la guerra, y en *Las uvas de la ira,* la rebeldía contra la injusticia y la muerte. Las composiciones habían ahondado en la belleza natural y en la degradación de la naturaleza; habían expresado desde la aflicción más intensa hasta el júbilo más explosivo; habían extraído, de forma puramente dialéctica, todos aquellos elementos contradictorios de la música del nuevo medio cinematográfico. ¿No justifican todos estos brillantes usos el entendimiento del proyecto como una investigación que, tal como había señalado el propio Eisler, contribuía a la verdadera evolución del cine en tanto forma artística?

Lo que de fracaso hubo en el Film Music Project no se puede desligar de sus máximos logros. El poderoso impulso creador del proyecto no se diferenciaba de aquel que comentaban Eisler y Adorno, cuando, al mencionar la películas de los hermanos Marx en *Composición para el cine,* recordaban el modo en que estos «destrozaban un escenario de ópera expresando alegóricamente el pensamiento filosófico de la desintegración de la propia ópera, [o] rompían un piano para obtener de su marco y de sus cuerdas un ejemplo del arpa del futuro»[6]. Si en nuestro estudio del Film Music Project hemos encontrado trozos inertes del piano destruido de los Marx es porque también Eisler se empeñó en la construcción de un instrumento del futuro.

La motivación última del proyecto original fue la voluntad de querer dignificar el medio cinematográfico a través de la demostración real de sus potencialidades revolucionarias a nivel estético y social. Eisler, como también Adorno, Benjamin, Brecht, y casi todos los protagonistas de la estética marxista alemana del siglo XX, creyó que, al subvertir el uso pernicioso que el sistema hacía del medio, el cine podía cambiar de forma efectiva numerosos aspectos de la realidad cosificada de su tiempo.

Sin embargo, para que aquella posibilidad se llevase a cabo, el cine había de alcanzar antes una autonomía que todavía no poseía: debía ser capaz de expresar conceptos propiamente filosóficos y de moverse en el terreno de las más complejas abstracciones; tenía que adquirir una especificidad verdadera y propia que lo liberase de una vez por todas de las cadenas de la industria cultural. Aquella voluntad reflejaba el entusiasmo general de una generación y de una época: era el mismo entusiasmo que había motivado el proyecto de Eisenstein de llevar a la pantalla *El capital* de Karl Marx; el mismo que había celebrado el director soviético al afirmar que, con la incorporación de la música al cine sonoro, los cineastas habían «dado el primer paso embrionario hacia una forma de expresión cinematográfica *totalmente nueva*, hacia un cine *puramente intelectual* que, liberado de las limitaciones tradicionales, logrará for-

---

[5] Las reacciones del público a *Valley Town* fueron analizadas por Adolf Sturmthal y Alberta Curris ante una audiencia de 190 personas. Además de *Valley Town,* Sturmthal y Curris también emplearon en su investigación el film *What So Proudly We Hail,* dos capítulos de la serie *The March of Time* y otros dos cortometrajes producidos por el Departamento de Defensa norteamericano. Para mayor información, véase el artículo de Sturmthal y Curris, «Program Analyzer Test of Two Educational Films», en Lazarsfeld y Stanton (eds.), *Radio Research 1942-1943,* 485-506.

[6] Adorno y Eisler, *Composing for the Films*, p. 132, n. 3.

mas directas para expresar ideas, sistemas y conceptos, sin necesidad de transiciones ni paráfrasis»[7].

Sin embargo, es evidente que si Eisenstein enunciaba con tanto optimismo la llegada de aquel nuevo cine era porque él mismo dudaba de que realmente hubiese llegado. Al igual que el propio Marx, quien, según la interpretación adorniana, había cerrado su manifiesto comunista con signos de exclamación motivado por las propias dudas que albergaba en su interior sobre la posibilidad real de una revolución mundial, Eisenstein, y todos aquellos que celebraron el advenimiento del nuevo arte en voz alta, sabían que dicha posibilidad podía desembocar en verdadero cambio... o en estrepitoso fracaso. La contradicción última del Film Music Project fue quizá fruto del choque de los conceptos de antropogenesis y autodisolución: Eisler fue capaz de inventarse a sí mismo, pero no pudo frenar el germen autodestructivo que posee toda obra de arte mayor. Por eso su proyecto, muestra de la voluntad de un cine totalmente nuevo y puramente intelectual, desapareció, y no sólo a nivel simbólico, sino también a nivel físico y real.

Pero a veces, por misterios algo inexplicables, lo desaparecido vuelve a resurgir. Al igual que el propio dispositivo cinematográfico aviva lo petrificado a través de la proyección vertiginosa de los fotogramas fijos, el Film Music Project reaparece hoy, con su reconstrucción final y tras décadas de olvido, como un auténtico antídoto a las devastadoras mentiras de la industria cinematográfica. Y frente a la enfermedad del macrocosmos, muestra el arpa del futuro, la radical oposición a la barbarie, la manifestación artística de una verdad que no se expresa más que a sí misma. Como tal debemos recordar, aquí y ahora, aquel intento de proteger desde el ámbito del arte la dignidad última del ser humano.

---

[7] Sergei M. Eisenstein, *Film Form*, Nueva York, Harcourt, Brace and Company, 1949, p. 63; la cursiva es nuestra.

Fuentes y bibliografía

MATERIAL ORIGINAL DEL FILM MUSIC PROJECT

Los documentos

Gran parte de los documentos originales del Film Music Proyect se encuentran en los archivos que citamos a continuación, con su dirección, correo electrónico y teléfono de contacto.

Hanns-Eisler-Archiv
Stiftung Archiv der Akademie der Künste
Robert-Koch-Platz 10
10115 Berlín
Alemania
benutzerservice@adk.de
(030) 200-57 32 47

Rockefeller Archive Center
The Rockefeller Foundation
15 Dayton Avenue
Sleepy Hollow, Nueva York 10591
Estados Unidos
archive@rockarch.org
(914) 631-4505

Otros archivos donde se puede encontrar información sobre Hanns Eisler, Theodor W. Adorno y otros temas relacionados con el Film Music Project tratados en este trabajo, son:

Raymond Fogelman Library
Nex School for Social Research
65 Fifth Avenue
Nueva York, Nueva York 10011
Estados Unidos
gilferts@newschool.edu
(212) 229-5307

Joris Ivens Archive
European Foundation Joris Ivens
Arsenal Poort 12
P.O. Box 606-6511 Nijmegen
Países Bajos
info@ivens.nl
(024) 388-8874

Joseph Losey Collection
British Film Institute
21 Stephen Street
Londres W1T 1LN
Reino Unido
(020) 795 – 1444
specoll@bfi.org.uk

Film Archiv
Stiftung Deutsche Kinemathek
Potsdamerstraße 2
10785 Berlín
Alemania
(030) 300 – 90330
filmarchiv@deutsche-kinemathek.de

LAS PELÍCULAS

1929
Regen (Lluvia)
Holanda
Dirección: Joris Ivens
Asistente de dirección: Chang Fai
Guión: Joris Ivens y Mannus Franken
Dirección de fotografía: Joris Ivens
Montaje: Joris Ivens y Mannus Franken
Película: 35 mm, blanco y negro, sin sonido
Duración: 12 minutos
Estreno: Ámsterdam, diciembre de 1929

1940
The Grapes of Wrath (Las uvas de la ira)
Estados Unidos
Productora: Twentieth Century-Fox
Dirección: John Ford
Producción: Darryl F. Zanuck
Guión: Nunnally Johnson, basado en la novela homónima de John Steinbeck
Dirección de fotografía: Gregg Toland
Montaje: Robert Simpson
Música: Alfred Newman
Reparto: Henry Fonda (Tom Joad), Jane Darwell (madre Joad), John Carradine (Casy), Charley Grapewin (abuelo Joad), Dorris Bowdon (Rosasharn), Russell Simpson (padre Joad), Grant Mitchell (director del campamento), O. Z. Whitehead (Al), John Qualen (Muley), Frank Sully (Noah), Frank Darien (tío John), Darryl Hickman (Winfield), Shirley Mills (Ruthie Joad).
Película: 35 mm, blanco y negro, sonora.
Duración: 128 minutos
Estreno: Hollywood, marzo de 1940

1940
White Flood (Riada blanca)
Estados Unidos
Productora: Frontier Films
Guión y montaje: Lionel Berman, Ben Maddow (bajo el pseudónimo de David Wolff) y Sidney Meyers (bajo el pseudónimo de Robert Stebbins)
Dirección de fotografía: William Osgood Field Jr. y Sherman Pratt
Comentario: Ben Maddow (bajo el pseudónimo de David Wolff)
Narrador: Colfax Sanderson
Música: Hanns Eisler
Director de orquesta: Jascha Horenstein
Sincronizador musical: Harry Robin
Película: 35 mm, blanco y negro, sonora
Duración: 16 minutos
Estreno: Nueva York, julio de 1940

1941
The Forgotten Village (El pueblo olvidado)
Estados Unidos
Productora: Pan-American Films, Inc
Producción: Herbert Kline, Rosa Harvan, Mark Marvin, Alexander Hackenschmid
Dirección: Herbert Kline
Asistencia de dirección: Carlos Cabello
Guión: John Steinbeck
Fotografía: Alexander Hackenschmid
Narrador: Burgess Meredith
Montaje: Herbert Kline
Música: Hanns Eisler
Director de orquesta: Jascha Horenstein
Película: 35 mm, blanco y negro, sonora
Duración: 66 minutos
Estreno: Nueva York, 18 de noviembre de 1941

1941
A Child Went Forth (Un niño prosiguió)
Estados Unidos
Productora: National Association of Nursery Educators, Nueva York
Dirección: Joseph Losey
Producción: Joseph Losey, John Ferno
Guión: Munro Leaf
Fotografía: John Ferno
Montaje: Joseph Losey
Narrador: Lloyd Gough
Música: Hanns Eisler
Película: 35 mm, blanco y negro, sonora
Duración: 19 minutos
Estreno: Nueva York, septiembre de 1941

LAS EDICIONES DE *COMPOSICIÓN PARA EL CINE*

EISLER, H., *Composing for the Films*, Nueva York/Londres, Oxford University Press, 1947. Primera edición en lengua inglesa.
—, *Komposition für den Film*, Berlín Oriental, Verlag Bruno Henschel und Sohn, 1949. Primera edición en lengua alemana con cambios realizados por Hanns Eisler del original en alemán.
—,*Composing for the Films*, Londres, Denis Dobson, 1951. Reedición en lengua inglesa de la primera edición de Oxford University Press.
ADORNO, Th. W. y EISLER, H., *Komposition für den Film*, Múnich, Verlag Rogner & Bernhard, 1969. Primera edición en lengua alemana firmada por ambos autores y editada con el epílogo de Theodor W. Adorno.

—, *Komposition für den Film*, en Th. W. Adorno, *Gesammelte Schriften*, vol. 15, Fráncfort, Suhrkamp Verlag, 1976. Reedición del texto en lengua alemana de 1969 publicada dentro de las *Obras completas* de Adorno, con una nota editorial de Rolf Tiedemann.

—, *Komposition für den Film*, en Hanns Eisler, *Gesammelte Werke*, serie III, vol. 4, Leipzig, Deutscher Verlag für Musik, 1977. Reedición del texto en lengua alemana de 1969 publicada dentro de las *Obras completas* de Eisler y comentada por Eberhart Klemm.

—, *Composing for the Films*, Nueva York, Books for Libraries Press, 1971. Primera edición en lengua inglesa firmada por ambos autores y con el epílogo de Adorno de 1969. Es la única edición en inglés que incluye el epílogo.

—, *Composing for the Films*, Londres/Atlantic Highlands, The Athlone Press, 1994. Reedición de la primera edición en lengua inglesa, que no incluye el epílogo de Adorno, pero sí una introducción de Graham McCann.

—, *Komposition für den Film*, Hamburgo, Europäische Verlagsanstalt, 1996. Reedición (no comentada) del texto en lengua alemana de 1969.

—, *Komposition für den Film*, Fráncfort, Suhrkamp Verlag, 2006. Edición dirigida, corregida y ampliada por Johannes Carl Gall, a partir del texto en lengua alemana de 1969, que contiene el DVD con la reconstrucción audiovisual del proyecto. Incluye además el apéndice «Entwurf zum Filmmusikbuch» de Adorno y el epílogo «Modelle für den befreiten musikalischen Film» del propio Gall.

BIBLIOGRAFÍA CONSULTADA

Adorno, Th. W., *Gesammelte Schriften*, R. Tiedemann (ed.), 20 vols., Fráncfort, Suhrkamp Verlag, 1970-1986.
—, «Hanns Eisler: Duo für Violine und Violoncell op. 7 Nr 1», *Musikblätter des Anbruch* 7 (agosto/septiembre 1925), pp. 422-423.
—, «Hanns Eisler: Klavierstücke op. 3», *Die Musik* 19, 10 de julio de 1927, pp. 749-750.
—, «Hanns Eisler: Zeitungsausschnitte. Für Gesang und Klavier, op. 10», *Anbruch* 11 (1929), pp. 219-221.
—, «On Popular Music», *Studies in Philosophy and Social Science* 9 (1941), pp. 17-48.
—, «The Radio Symphony: An Experiment in Theory», en P. F. Lazarsfeld y F. Stanton (eds.), *Radio Research 1941*, pp. 110-139.
—, «A Social Critique of Radio Music», *Kenyon Review* 7 (verano 1945), pp. 208-217.
—, «Scientific Experiences of a European Scholar in America» (traducido del alemán al inglés por Donald Fleming), en B. Bailyn y D. Fleming (eds.), *The Intellectual Migration. Europe and America, 1930-1960*, Cambridge, Harvard University Press, 1969, pp. 338-370.
—, «Notizen über Eisler», *Frankfurter Adorno Blätter* VII, Múnich, Edition text + kritik, 2001.
—, *Briefe an die Eltern, 1939-1951*, Fráncfort, Suhrkamp, 2003.
—, *Current of Music. Elements of a Radio Theory*, R. Hullot-Kentor (ed.), Fráncfort, Suhrkamp, 2006.
— y Benjamin, W., *Briefwechsel 1928-1940*, Fráncfort, Suhrkamp Verlag, 1994.
Alexander, W., *Film on the Left: American Documentary Film from 1931 to 1942*, Princeton, Princeton University Press, 1981.

—, «Frontier Films, 1936-1941: The Aesthetics of Impact», en *Cinema Journal* 1 (otoño 1975), pp. 16-28.
—, «*The March of Time* and *The World Today*», en *American Quarterly* 29 (verano 1977), pp. 69-73.
ALBERT, Cl., *Das schwierige Handwerk des Hoffens. Hanns Eislers «Hollywooder Liederbuch» (1942-1943)*, Stuttgart, J. B. Metzlersche Verlag, 1991.
ALTMAN, R. (ed.), *Yale French Studies* 60 (número especial subtitulado «Cinema/Sound»), 1980.
— (ed.), *Sound Theory/ Sound Practice*, Nueva York, Routledge, 1992.
AMLUNG, U. (ed.), *«Leben ist immer ein Anfang!» Erwin Piscator: 1893-1966. Der Regisseur des politisichen Theaters*, Marburgo, Jonas-Verlag, 1993.
ARNHEIM, R., *Film*, Londres, Faber and Faber, 1933.
—, «The World of Daytime Serial», Paul Lazarsfeld y Frank Stanton, *Radio Research 1942-43*, pp. 34-85.

BAILYN, B. y FLEMING, D. (eds.), *The Intellectual Migration. Europe and America, 1930-1960*, Cambridge, Harvard University Press, Cambridge, 1969.
BANDY, M. L., «Iris Barry et la fondation du département de film du MoMA», *Cinémathèque. Revue semestrielle d'esthétique et d'histoire du cinéma* 2 (1992), pp. 105-111.
BARBIAN, J.-P. y RUŽIČKA, W. (eds.), *Poesie und Politik. Der Dokumentarfilmer Joris Ivens (1898-1989)*, Tréveris, WVT Wissenschaftlicher Verlag, 2001.
BAUMAN, M. y COMMANDAY, I., «In Praise of Learning: Encounters with Hanns Eisler», *Das Brecht-Jahrbuch* 26 (2001), pp. 14-34.
BELKE, I. y RENZ, I., *Siegfried Kracauer: 1889-1966*, *Marbacher Magazine* 47 (1998).
BELTON, J. y WEISS, E., *Film Sound: Theory and Practice*, Nueva York, Columbia University Press, 1985.
BENJAMIN, W., *Gesammelte Schriften*, R. Tiedemann y H. Schweppenhäuser (eds.), 7 vols., Fráncfort, Suhrkamp Verlag, 1972-1989.
—, *Briefe*, G. Scholem y Th. W. Adorno (eds.), 2 vols., Fráncfort, Suhrkamp Verlag, 1966.
BENTLEY, E., *Thirty Years of Treason: Excerpts from the Hearings Before the HUAC, 1938-1968*, Nueva York, The Viking Press, 1971.
BENTWICH, N., *The Rescue and Achievement of Refugee Scholars: The Story of Displaced Scholars and Scientists, 1933-1952*, La Haya, Nijhoff, 1953.
BERNSTEIN, M., *Walter Wanger. Hollywood Independent*, Berkeley, University of California Press, 1994.
BERNSTEIN, J., «Introduction», en Th. W. Adorno, *The Culture Industry*, Londres, Routledge, 1991, pp. 1-28.
BETZ, A., *Hanns Eisler. Political Musician*, Cambridge, Cambridge University Press, 1982.
—, «A Source is Revealed: a conversation with Joris Ivens about Hanns Eisler», en D. Culbert y A. Dümling (eds.), *Historical Journal of Film, Radio and Television* 4/18 (octubre 1998), pp. 503-507.
—, «Music and Politics: Theme and Variations», en David Blake (ed.), *Hanns Eisler. A Miscellany*, Luxemburgo, Harwood Academic Publishers, 1995, pp. 393-405.
BEVERIDGE, W. H., *A Defense of Free Learning*, Nueva York, Oxford University Press, 1959.

BILLINGSLEY, K. Ll., *The Hollywood Party. How Communism Seduced the American Film Industry in the 1930s and 1940s*, Roseville, Forum, 2000.
BLAKE, D. (ed.), *Hanns Eisler: A Miscellany*, Luxemburgo, Harwood Academic Publishers, 1995.
BLOCH, E., *Essays on the Philosophy of Music*, Cambridge, Cambridge University Press, 1985.
— y EISLER, H., «Avant-Garde Kunst und Volksfront», *Die neue Weltbühne* 50, 9 de diciembre de 1937, pp. 21-27.
—, «Eislers "Kantaten" in Prag», *Deutsche Volkszeitung,* 26 de diciembre de 1937, p. 102.
— y EISLER, H., «Die Kunst zu erben», *Die neue Weltbühne* 1, 6 de enero de 1938, pp. 13-18.
BLOMSTER, W., «Sociology of Music: Adorno and Beyond», *Telos* 28 (verano 1976), pp. 81-112.
BLUMENFELD, H., «Ad Vocem Adorno», *The Music Quarterly* 75 (invierno 1991), pp. 263-284.
BOGDANOVICH, P., *Fritz Lang in America*, Nueva York, Praeger, 1969.
— y WELLES, O., *This Is Orson Welles*, Nueva York, Da Capo Press, 1998.
BONSS, W. y HONNETH, A. (eds.), *Sozialforschung als Kritik. Zum sozialwissenschaftlichen Potential der Kritischen Theorie*, Fráncfort, Suhrkamp Verlag, 1982.
BORDWELL, D., «The Musical Analogy», *Yale French Studies* 60 (1980), pp. 141-156.
BRECHT, B., *Werke*, W. Hecht, J. Knopf, W. Mittenzwei y K.-D. Müller (eds.), 30 vols., Fráncfort, Suhrkamp Verlag, 1988-1998.
BREIDECKER, V., «Kracauer und Panofsky: Ein Rencontre im Exil», en *Im Blickfeld. Jahrbuch der Hamburger Kunsthalle. Konstruktion der Moderne,* Hamburgo, Hamburger Kunsthalle, 1994, pp. 125-147.
—, «"Ferne Nähe". Kracauer, Panofsky und "the Warburg Tradition"», en S. Kracauer y E. Panofsky, *Briefwechsel 1941-1966 Kracauer/Panofsky*, V. Breidecker (ed.), Berlín, Akademie-Verlag, 1996, pp. 129-226.
BRENMAN-GIBSON, M., *Clifford Odets: American Playwright*, Nueva York, Applause Theatre, 2002.
BRODERSEN, M., *Siegfried Kracauer*, Reinbek, Rowohlt, 2002.
BROWN, R. S., *Overtones and Undertones: Reading Film Music,* Berkeley, University of California Press, 1994.
BUCK-MORSS, S., *The Dialectics of Seeing. Walter Benjamin and the Arcades Project*, Cambridge, MIT Press, 1991.
—, *The Origin of Negative Dialectics. Theodor W. Adorno, Walter Benjamin and the Frankfurt Institute*, Nueva York, MacMillan Free Press, 1977.
BUHLE, P. y MCGILLIGAN, P. (eds.), *Tender Comrades. A Backstory of the Hollywood Blacklist*, Nueva York, St. Martin's Griffin, 1997.
BUNGE, H., *Fragen Sie mehr über Brecht. Hanns Eisler im Gespräch*, Múnich, Rogner & Bernhard, 1970.
BURRIS-MEYER, H. y COLE, E. C., *Scenery for the Theatre*, Boston, Little, Brown and Company, 1938.
— y COLE, E. C., *Theatres and Auditoriums*, Nueva York, Reinhold, 1949.
BUXTON, W., «Rockefeller Support for Projects on the Use of Motion Pictures for Educational and Public Purposes 1935/1954», en http://archive.rockefeller.edu/publications/resrep/buxton.pdf

CABOT, M. (ed.), *El pensamiento de Th. W. Adorno. Balance y perspectivas*, Mallorca, Universitat de les Illes Balears, 2007.
CALICO, J., «"The Karl Marx of Music". Hanns Eisler Reception in the United States after 1947», en M. Köster (ed.), *Hanns Eisler: 's müsst dem Himmel Höllenangst werden*, pp. 121-135.
CAMPBELL, R., *Cinema Strikes Back. Radical Filmmaking in the United States 1932-1942*, Ann Arbor, UMI Research Press, 1982.
CAUTE, D., *Joseph Losey: A Revenge on Life*, Nueva York, Oxford University Press, 1994.
CEPLAIR, L. y ENGLUND, St., *The Inquisition in Hollywood: Politics in the Film Community 1930-1960*, Garden City, Anchor Press/Doubleday, 1980.
CIMENT, M., *Conversations with Losey*, Londres, Methuen, 1985.
CLARK, E., «Eisler Opened the Door. Harry Lewis Robin, 1915-2001: A Musical Remembrance», *Eisler-Mitteilungen* 29 (junio 2002), pp. 10-12.
CLAUSSEN, D., *Theodor W. Adorno. Ein letztes Genie*, Fráncfort, S. Fischer, 2003.
CLURMAN, H., *The Fervent Years: The Story of the Group Theatre and the Thirties*, Nueva York, Knopf, 1945.
—, *All People Are Famous. Instead of an Autobiography*, Nueva York, Harcourt, Brace and Jovanovich, 1974.
COPLAND, A., *Our New Music*, Nueva York, W.W. Norton, 1968.
CORTÉS, D. y VIEJO, B. (eds.), *Samuel Beckett. Obra para cine y televisión*, Madrid, Museo Reina Sofía, 2006.
CREMONINI, G. y MARINIS, W. DE, *Joseph Losey*, Florencia, La Nuova Italia, 1981.
CULBERT, D., «Siegfried Kracauer, the Rockefeller Foundation, and the Museum of Modern Art Film Library, 1941», *Historical Journal of Film, Radio and Television* 13/1 (1993), pp. 495-511.
—, «Introduction. Hanns Eisler (1898-1962): The Politically Engaged Composer», en D. Culbert y A. Dümling (eds.), *Historical Journal of Film, Radio and Television* 4/18 (octubre 1998), pp. 493-502.
— y DÜMLING, A. (eds.), *Historical Journal of Film, Radio and Television* (número especial dedicado a la música de cine de Hanns Eisler) 18/4 (octubre 1998).
CURRIS, A. y STURMTHAL, A., «Program Analyzer Tests of Two Educational Films», en P. Lazarsfeld y F. Stanton (eds.), *Radio Research 1942-1943*, pp. 485-506.
CHAPLIN, Ch., *My Autobiography*, Nueva York, Simon and Schuster, 1964.
CHION, M., *Le Cinéma comme art sonore*, 3 vols., París, Cahiers du cinéma, 1982, 1985 y 1988.

DARBY, W. y BOIS, J. DU (eds.), *American Film Music. Major Composers, Techniques, Trends, 1915-1990*, Jefferson, McFarland and Company, 1990.
DELEUZE, G., *L'image-mouvement. Cinéma I*, París, Les Éditions de Minuit, 1983.
—, *L'image-temps. Cinéma II*, París, Les Éditions de Minuit, 1985.
DELMAR, R., *Joris Ivens: 50 Years of Film-Making*, Londres, British Film Institute, 1979.
DREW, D., «Introduction. From the Other Side: Reflections on the Bloch Centenary», en E. Bloch, *Essays on the Philosophy of Music*, Cambridge, Cambridge University Press, pp. xi-xlv.
DRURY, B. y DUGGAN, St., *The Rescue of Science and Learning: the Story of the Emergency Committee in Aid of Displaced Foreign Scholars*, Nueva York, MacMillan, 1948.
DUBIEL, H., *Kritische Theorie der Gesellschaft. Eine einführende Rekonstruktion von den Anfängen im Horkheimer-Kreis bis Habermas*, Juventa, Weinheim, 1988.

DÜMLING, A., *Lasst euch nicht verführen. Brecht un die Musik*, Múnich, Kindler Verlag, 1978.
—, «Eisler's Music for Resnais' *Night and Fog* (1955): A Musical Counterpoint to the Cinematic Portrayal of Terror», en D. Culbert y A. Dümling (eds.), *Historical Journal of Film, Radio and Television* 4/18 (octubre 1998), pp. 575-584.

EAGLETON, T., *The Ideology of the Aesthetic*, Nueva York, Oxford University Press, 1990.
EISLER, G., «Mein Vater. Einige Erinnerungen an Hanns Eisler», *Neues Forum* (septiembre/octubre 1972), pp. 74-75.
—, «Spuren», *Zeitschrift für Kunst und Gesellschaft,* 4 de septiembre de 1979, pp. 24-25 y 27-29.
EISLER, G., «Erinnerung an Hanns Eisler. Zum 10. Todestag des Komponisten», *Deutsche Lehrerzeitungen* (4 agosto 1972), p. 6.
—, «Sein Burder Hannsel», *Das Magazin,* 7 de julio de 1968, pp. 36-39.
EISLER, H., *Gesammelte Werke*, St. Eisler y M. Grabs (eds.), fundada por N. Notowicz bajo los auspicios de la Akademie der Künste de la RDA, 9 vols., Leipzig, Deutscher Verlag für Musik, 1968-1989.
—, *Johann Faustus* (libreto), Berlín Oriental, Aufbau Verlag, 1952.
—, *Reden und Aufsätze*, W. Höntsch (ed.), Leipzig, Reclam Verlag, 1961.
—, *Materialen zu einer Dialektik der Musik*, M. Grabs (ed.), Leipzig, Reclam Verlag, 1973.
—, *A Rebel in Music. Selected Writings*, M. Grabs (ed.), trad. de M. Meyer, Berlín Oriental, Seven Seas Books, 1978.
EISLER-FISCHER, L., «Faust in der DDR. Dokumente betreffend Hanns Eisler, Bertolt Brecht, Ernst Fischer», *Neues Forum* (octubre 1969), pp. 561-567.
—, «Eisler in der Emigration», *Neues Forum* (octubre 1972), pp. 70-73.
EYMAN, S., *Print the Legend: The Life and Times of John Ford*, Nueva York, Simon & Schuster, 1999.

FASSHAUSER, T., «Hanns Eisler's "Chamber Symphony op. 69" as Film Music for "White Flood" (1940)», en D. Culbert y A. Dümling (eds.), *Historical Journal of Film, Radio and Television* 4/18 (octubre 1998), pp. 509-522.
—, «Kontrapunkt und Sozialtheorie», *Eisler-Mitteilungen* 29 (junio 2002), pp. 18-21.
—, «Music Rediscovered», *Eisler-Mitteilungen* 30 (octubre 2002), pp. 20-23.
—, «A Beginning in an Evolving Field», *Eisler-Mitteilungen* 31 (febrero 2003), pp. 16-19.
—, «Hanns Eislers *Kammersymphonie* als Filmmusik zu *White Flood* (1940)», *Musik & Äesthetik* 31 (julio 2004), pp. 30-48.
FEUCHTWANGER, L., «Briefe an Hanns Eisler», *Neues Forum* (octubre 1969), p. 565.
FERMI, L., *Illustrious Immigrants: The Intellectual Migration from Europe, 1930-1950*, Chicago, University of Chicago Press, 1968.
FIELDING, R., *The March of Time (1935-1951)*, Nueva York, Oxford University Press, 1978.
Films. A Quarterly of Discussion & Analysis 4 (invierno 1940).
FISHER, D., «The Role of Philantropic Foundations in the Reproduction and Production of Hegemony: Rockefeller Foundation and Social Sciences», *Sociology* 17 (1983), pp. 206-233.
—, *Fundamental Development of the Social Sciences: Rockefeller Philanthropy and the US Social Science Research Council*, Ann Arbor, University of Michigan Press, 1993.

FISCHER, E., «Doktor Faustus und der deutsche Bauernkrieg», *Sinn und Form* 6 (1952), pp. 59-73.
—, «Hanns Eisler und die Literatur», en *Überlegungen zur Situation der Kunst*, Zúrich 1971, pp. 77-121.
FISCHER, R., *Stalin and German Communism. A Study in the Origins of the State Party*, Cambridge, Harvard University Press, 1948.
FLECK, Ch., «The Choice between Market Research and Sociography, or What Happened to Lazarsfeld in the United States», en J. Lautman y B. P. Lecuyer (eds.), *Paul Lazarsfeld (1901-1976). La sociologie de Vienne à New York*, París, L'Harmattan, 1998, pp. 84-119.
FLINN, C., *Strains of Utopia: Gender, Nostalgia and Hollywood Film Music*, Princeton, Princeton University Press, 1992.
FOSDICK, R. B., *The Story of the Rockefeller Foundation*, Nueva York, Harper and Row, 1952.
FRENCH, W., *Filmguide to The Grapes of Wrath*, Bloomington, Indiana University Press, 1973.

GALL, J. C., «Hanns Eislers Musik zu Sequenzen aus *The Grapes of Wrath*. Eine unbeachtete Filmpartitur», *Archiv für Musikwissenschaft* 59/1 y 2 (2002), pp. 60-77 y 81-103.
—, «A Rediscovered Way to Describe Rain? On the Trail of a Sound Version, Unseen and Unheard for 57 years», *European Foundation Joris Ivens Newsmagazine* 10 (2004), pp. 3-8.
—, «Modelle für den befeiten musikalischen Film», en Theodor W. Adorno y Hanns Eisler, *Komposition für den Film*, Fráncfort, Suhrkamp, 2006, pp. 155-182.
GEMELLI, G. (ed.), *«The Unacceptables». American Foundations and Refugee Scholars between the Two Wars and After*, Bruselas, PIE-Peter Lang, 2000.
GIOVACCHINI, S., «"The Land of Milk and Honey": Anti-Nazi Refugees in Hollywood», en *Historical Journal of Film, Radio and Television* 18/3 (agosto 1998), pp. 437-444.
GOEHR, L., «Political Music and the Politics of Music», *The Journal of Aesthetics and Art Criticism* 52/1 (invierno 1994), pp. 99-112.
—, «"Music Has No Meaning to Speak of": On the Politics of Musical Interpretation», en F. Sibley (ed.), *The Interpretation of Music: Philosophical Essays*, Nueva York, Oxford University Press, 1993, pp. 177-190.
—, «Music and Musicians in Exile: The Romantic Legacy of a Double Life», en *The Quest for Voice: On Music, Politics and the Limits of Philosophy*, Berkeley, University of California Press, 1998, pp. 175-207.
GORBMAN, Cl., *Unheard Melodies: Narrative Film Music*, Bloomington, Indiana University Press, 1992.
—, «Hanns Eisler in Hollywood», *Screen* 32/4 (1991), pp. 272-285.
GORDON, E. A., *Mark the Music. The Life and Work of Marc Blitzstein*, Nueva York, St. Martin's Press, 1989.
GRABS, M., «Film und Bühnenmusik im sinfonischen Werk Hanns Eislers», en *Sammelbände zur Musikgeschichte der DDR* 1, Berlín Oriental, 1969, pp. 20-29.
—, *Hanns Eisler. Kompositionen. Schriften. Literatur. Ein Handbuch*, Leipzig, Deutscher Verlag für Musik, 1984.

GROSCH, N., LUCCHESI, J. y SCHEBERA, J. (eds.), *Emigrierte Komponisten in der Medienlandschaft des Exils, 1933-1945*, Stuttgart, M&P Verlag für Wissenschaft und Forschung, 1998.
GUSSOW, M., *Darryl F. Zanuck: Don't Say Yes Until I Finish Talking*, Nueva York, DaCapo Press, 1980.

Hanns Eisler File. Federal Bureau of Investigation, en [www.fbi.org].
HANSEN, M. B., «Introduction to Adorno, "Transparencies on Film" (1966)», *New German Critique* 24/25 (otoño/invierno 1981/1982), pp. 186-198.
—, «Mass Culture as Hieroglyphic Writing: Adorno, Derrida, Kracauer», *New German Critique* 56 (primavera 1992), pp. 66-87.
—, «With Skin and Hair. Kracauer's Theory of Film, Marseilles 1941», *Critical Inquiry* 31 (primavera 1993), pp. 437-469.
Hearings Regarding Hanns Eisler Before the Committee on Un-American Activities, Washington, U.S. Government Office, 1947.
HECHT, W., *Brecht Chronik 1898-1956*, Fráncfort, Suhrkamp Verlag, 1997.
HEILBUT, A., *Exiled in Paradise. German Refugee Artists and Intellectuals in America from the 1930s to the Present*, Berkeley, University of California Press, 1997.
HELBING, V., «Hanns Eisler's Contribution to the New Deal: "The Living Land" (1941)», en D. Culbert y A. Dümling (eds.), *Historical Journal of Film, Radio and Television* 4/18 (octubre 1998), pp. 524-534.
HELLER, B., «The Reconstruction of Eisler's Film Music: *Opus III*, *Regen* and *The Circus*», en D. Culbert y A. Dümling (eds.), *Historical Journal of Film, Radio and Television* 4/18 (octubre 1998), pp. 541-559.
HENNENBERG, F., *Hanns Eisler*, Reinbeck, Rowohlt, 1987.
HERZOG, H., «On Borrowed Experience: An Analysis of Listening to Daytime Sketches», *Studies in Philosophy and Social Science* 9 (1941), pp. 65-95.
—, «Why Did People Believe in the "Invasion from Mars"?», en P. F. Lazarsfeld y M. Rosenberg (eds.), *The Language of Social Research. A Reader in Methodology of Social Research*, Nueva York, The Free Press, 1955, pp. 420-428.
HIRSCH, F., *Joseph Losey*, Boston, Twayne Publishers, 1980.
HOLMAN, B., *Puppet Animation in the Cinema. History and Technique*, Nueva Jersey, A. S. Barnes & Company, 1975.
HORKHEIMER, M., «Theoretische Entwürfe über Autorität und Familie», en *Studien über Autorität und Familie*, París, Institut für Sozialforschung, 1936, pp. 3-76.
HOUSEMAN, J., *Run-Through: A Memoir*, Nueva York, Simon and Schuster, 1980.
HUFNER, M., «"Composing for the Films" (1947): Adorno, Eisler and the Sociology of Music», en D. Culbert y A. Dümling (eds.), *Historical Journal of Film, Radio and Television* 4/18 (octubre 1998), pp. 535-540.
HUFSCHMIDT, W., *Willst zu meinen Liedern deine Leier drehn? Zur musikalischen Semantik in Schuberts «Winterreise» und Eislers «Hollywood-Liederbuch»*, Saarbrücken, Pfau Verlag, 1992.
HULLOT-KENTOR, R., «Adorno's Aesthetic Theory: The Translation», *Telos* 65 (otoño 1985), pp. 143-147.
—, «Popular Music and Adorno's "The Aging of New Music"», *Telos* 77 (otoño 1988), pp. 79-94.

—, *Things Beyond Resemblance. Collected Essays on Theodor W. Adorno*, Nueva York, Columbia University Press, 2006.
HURWITZ, L., «Survey of Workers' Films: A Report to the National Film Conference», *New Theatre* (octubre 1934), pp. 27-28.

IVENS, J., «Collaboration in Documentary», *Films. A Quarterly of Discussion & Analysis* 1 (primavera 1940), pp. 30-42.
—, «The Documentary Film and Morale», en *Writers' Congress. The Proceedings of the Conference Held in October 1943 under the Sponsorship of the Hollywood Writers' Mobilization and the University of California*, Berkeley, University of California Press, 1944, pp. 75-79.
—, «Monolog auf Hanns Eisler», en *Sinn und Form. Sonderheft Hanns Eisler* (1964), pp. 32-44.
—, *The Camera and I*, Berlín Oriental, Seven Seas Books, 1969.

JÄGER, L., *Adorno. Eine politische Biographie*, Múnich, Deutsche Verlagsantalt, 2003.
JAMESON, F., *Marxism and Form*, Princeton, Princeton University Press, 1971.
— (ed.), *Aesthetics and Politics. Theodor Adorno, Walter Benjamin, Ernst Bloch, Bertolt Brecht, Georg Lukács*, Nueva York, Verso, 1980.
JAY, M., *The Dialectical Imagination: A History of the Frankfurt School and the Institute of Social Research 1923-1950*, Boston, Little, Brown and Co., 1973.
—, *Marxism and Totality*, Berkeley, University of California Press, 1984.
—, *Adorno*, Londres, Fontana, 1984.
—, *Permanent Exiles. Essays of the Intellectual Migration from Germany to America*, Nueva York, Columbia University Press, 1986.
—, «Mass Culture and Aesthetic Redemption: The Debate between Max Horkheimer and Siegfried Kracauer», en *Fin-de-Siècle Socialism and Other Essays*, Nueva York, Routledge, 1988, pp. 82-96.
JENNEMAN, D., *Adorno in America*, Mineápolis, University of Minnesota Press, 2007.
JOHNSON, A., *Liberal Education. Fact and Fiction*, Nueva York, New School for Social Research, 1945.
—, *Ideas Are High Explosives*, Nueva York, New School for Social Research, 1962.

KAES, A.; JAY, M. y DIMENDBERG, E. (eds.), *The Weimar Republic Sourcebook*, Berkeley, University of California Press, 1995.
KALINAK, K., *Settling the Score. Music and the Classical Hollywood Film*, Madison, University of Wisconsin Press, 1992.
KAUFMAN, R., «Aura, Still», *October* 99 (invierno 2002), pp. 45-80.
—, «Brecht's Autonomous Art, or More Late Modernism!», *Das Brecht-Jahrbuch* 26 (2001), pp. 191-212.
KAZAN, E., *Elia Kazan: A Life*, Nueva York, Alfred Knopf, 1988.
KERBS, D. y UKA, W., *Willi Münzenberg*, Berlín, Echolot, 1989.
KLEMM, E., *Hanns Eisler für Sie porträtiert*, Leipzig, Deutscher Verlag für Musik, 1973.
KLINE, H., «On John Steinbeck», *Steinbeck Quarterly* 4 (verano 1971), pp. 80-88.
KNEIF, T. (ed.), *Texte zur Musiksoziologie*, Colonia, Arno Volk Verlag, 1975.
KOCH, G., *Kracauer zur Einführung*, Hamburgo, Junius Verlag, 1996.
—, «Die kritische Theorie in Hollywood», en *Die Einstellung ist die Einstellung. Visuelle Konstruktionen des Judentums*, Fráncfort, Suhrkamp Verlag, 1992, pp. 54-126.

KÖSTER, M. (ed.), *Hanns Eisler: 's müsst dem Himmel Höllenangst werden*, Hofheim, Wolke Verlag/Stiftung Archiv der Akademie der Künste, 1998.

KRACAUER, S., *Schriften*, K. Witte (ed.), 8 vols., Fráncfort, Suhrkamp Verlag, 1971-1990.

—, *Propaganda and the Nazi War Film*, Nueva York, The Museum of Modern Art, 1942.

—, «The Conquest of Europe on the Screen: The Nazi Newsreel 1939-1940», *Social Research* 10 (1943), pp. 337-357.

—, «The Challenge of Quantitative Content Analysis», *Public Opinion Quarterly* 16 (1952/1953), pp. 631-642.

—, *Satellite Mentality: Political Attitudes and Propaganda Susceptibilities of Non-Communists in Hungary, Poland and Czechoslovakia*, Nueva York, F. A. Praeger, 1956.

—, *Theory of Film. The Redemption of Physical Reality*, Nueva York, Oxford University Press, 1960.

— y PANOFSKY, E., *Briefwechsel 1941-1966 Kracauer/Panofsky*, V. Breidecker (ed.), Berlín, Akademie-Verlag, 1996.

KRENEK, E., «Bemerkungen zur Rundfunkmusik», *Zeitschrift für Sozialforschung* 7 (1938), pp. 112-146.

KRIS, E. y SPEIER, H., *German Radio Propaganda: Report on Home Broadcasting during the War*, Nueva York, Oxford University Press, 1944.

KROHN, Cl.-D., *Intellectual in Exile. Refugee Scholars and the New School for Social Research*, Amherst, The University of Massachusetts Press, 1993.

KUNTZE, Ch. (ed.), *Materialen zur Filmgeschichte* 12 (número especial dedicado a la música de cine de Hanns Eisler), Berlín Occidental, 1982.

—, «Filmkomposition bei Hanns Eisler. Praxis und Theorie», en R. Schlagnigweit y G. Schlemmer (eds.), *Film und Musik*, Viena, Synema, 2001, pp. 99-116.

LACK, R., *Twenty Four Frames Under. A Brief History of Film Music*, Londres, Quartet Books, 1997.

LAZARSFELD, P. F., «Some Remarks on the Typological Procedures in Social Research», *Zeitschrift für Sozialforschung* 1 (1937), pp. 119-139.

—, «Administrative and Critical Communications Research», *Studies in Philosophy and Social Science* 9 (1941), pp. 2-16.

—, «An Episode in the History of Social Research: A Memoir», en D. Fleming y B. Bailyn (eds.), *The Intellectual Migration. Europe and America, 1930-1960*, Cambrige, Harvard University Press, 1969, pp. 270-337.

—; JAHODA, M. y ZEISEL, H., *Die Arbeitlosen von Marienthal*, Viena, Verlag von S. Hirzel, 1933.

— et al., *Radio and the Printed Page. An Introduction to the Study of Radio and its role in the Communication of Ideas*, Nueva York, Duell, Sloan and Pearce, 1940.

— y STANTON, F. (eds.), *Radio Research 1941*, Nueva York, Duell, Sloan, and Pearce, 1942.

— y STANTON, F. (eds.), *Radio Research 1942-1943*, Nueva York, Duell, Sloan, and Pearce, 1944.

— y MERTON, R. K., «Studies in Radio and Film Propaganda», *Transactions of the New York Academy of Sciences* 6 (1943), pp. 58-79.

LENHARDT, Ch., «Reply to Hullot-Kentor», *Telos* 65 (otoño 1985), pp. 147-152.

LENK, Th. K., *Erwin Piscator im Exil in den USA, 1939-1951. Eine Darstellung seiner antifaschistischen Theaterarbeit am Dramatic Workshop der New School for Social Research*, Berlín Oriental, Henschelverlag, 1984.

Levant, O., *A Smattering of Ignorance*, Nueva York, Knopf, 1940.
—, *Memoirs of an Amnesiac*, Nueva York, Putman, 1965.
—, *The Unimportance of Being Oscar*, Nueva York, Putman, 1968.
Levin, Th. Y., «Iconology at the Movies: Panofsky's Film Theory», *The Yale Journal of Criticism* 9 (1996), pp. 27-55.
London, K., *Film Music. A Summary of the Characteristic Features of its History, Aesthetics, Technique, and Possible Developments*, Londres, Faber & Faber, 1936.
Losey, J., «Dialogue on Film», *American Film* 6 (noviembre 1980), pp. 53-60.
—, «Speak, Think, Stand Up», *Film Culture* 50/51 (otoño 1970), pp. 53-61.
Lowenthal, L., «Biographies in Popular Magazines», en P. Lazarsfeld y F. Stanton (eds.), *Radio Research 1942-1943*, pp. 507-548.
—, «An Historical Preface to the Popular Culture Debate», en N. Jacobs (ed.), *Culture for the Millions? Mass Media in Modern Society*, Princeton, D. Van Nostrand Company, 1959, pp. 134-157.
—, «As I Remember Friedel», *New German Critique* 54 (otoño 1991), pp. 1-6.
Lück, H., «Anmerkungen zu Theodor W. Adornos Zusammenarbeit mit Hanns Eisler», en W. F. Schoeller (ed.), *Die neue Linke nach Adorno*, Múnich, Kindler Verlag, 1969, pp. 141-157.
Luckmann, B., «Eine deutsche Universität im Exil: Die "Graduate Faculty" der "New School for Social Research"», *Kölner Zeitschrift für Soziologie und Sozialpsychologie* 23 (1981), pp. 427-439.
Lyon, J. K., *Brecht in America*, Princeton, Princeton University Press, 1980.
— (ed.), «Der Briefwechsel zwischen Bertolt Brecht und der New Yorker Theatre Union von 1935», en *Das Brecht-Jahrbuch 1975*, Fráncfort, Suhrkamp Verlag, 1975, pp. 136-155.

Maiso, J. y Viejo, B., «Imágenes en negativo. Notas introductorias a "Transparencias cinematográficas" de Theodor W. Adorno», *Archivos de la Filmoteca* 52 (febrero 2006), pp. 122-129.
Massing, H., *This Deception*, Nueva York, Duell, Sloan and Pearce, 1951.
Mayer, G., «Adorno und Eisler», *Beiträge zur Musikwissenschaft* 3 (1978), pp. 169-185.
— (ed), *Hanns Eisler der Zeitgenosse. Positionen. Perspektiven*, Leipzig, Deutscher Verlag für Musik, 1997.
Mayer, H., «An Aesthetic Debate of 1951. Comment on a Text by Hanns Eisler», *New German Critique* 2 (primavera 1977), pp. 58-62.
—, *Brecht*, Fráncfort, Suhrkamp Verlag, 1996.
McCann, G., «New Introduction», en Th. W. Adorno y H. Eisler, *Composing for the Films*, Nueva Jersey/Londres, Athlone Press, 1994, pp. vii-xlvii.
Millichap, J. R., *Steinbeck and Film*, Nueva York, Frederick Ungar Publishing, 1983.
Milne, T., *Losey on Losey*, Doubleday, Garden City, 1968.
Mittenzwei, W., *Das Leben des Bertolt Brecht oder Der Umgang mit den Welträtseln*, Berlín Oriental, Aufbau Verlag, 1986.
Moscariello, A., *Invito al Cinema de Losey*, Milán, Mursia, 1998.
Morrison, D. E., «Kultur and Culture: The Case of Theodor W. Adorno and Paul F. Lazarsfeld», *Social Research* 45 (verano 1978), pp. 331-345.
Müller, H.-P., *Eine Genie bin ich selber! Hanns Eisler in Anekdoten, Aphorismen und Aussprüchen*, Berlín Oriental, Verlag Neue Musik, 1984.

MÜLLER-DOOHM, St., *En tierra de nadie. Theodor W. Adorno, una biografía intelectual*, Barcelona, Herder, 2003.

MÜNZENBERG, W., *Erobert den Film!*, Berlín, Neuer deutscher Verlag, 1925.

—, *Solidarität. Zehn Jahre Internationale Arbeiterhilfe, 1921-1931*, Berlín, Neuer deutscher Verlag, 1931.

NAVASKY, V. S., *Naming Names*, Nueva York, The Viking Press, 1980.

NOTARIO RUIZ, A., *La visualización de lo sonoro. Sonido, concepto y metáfora en la frontera entre filosofía y literatura desde el prisma de Th. W. Adorno*, Salamanca, Ediciones Universidad de Salamanca, 2000.

NOTOWICZ, N., *Gespräche mit Hanns Eisler und Gerhart Eisler. Wir reden hier nicht von Napoleon. Wir reden von Ihnen!*, Berlín Oriental, Verlag Neue Musik, 1971.

PADINSON, M., *Adorno's Aesthetics of Music*, Cambridge, Cambridge University Press, 1993.

PALMER, J. y RILEY, M., *The Films of Joseph Losey*, Cambridge, Cambridge University Press, 1993.

PANOFSKY, E., «On Movies», *Bulletin of the Department of Art and Archaeology of Princeton University* (junio 1936), pp. 5-15. Ampliado y publicado posteriormente como «Style and Medium in the Moving Pictures», *Transition* 26 (1937), pp. 121-133, y como «Style and Medium in the Motion Pictures», *Critique. A Review of Contemporary Art* 1 (1947), pp. 5-28.

—, «The Ideological Antecedents of the Rolls-Royce Radiator», *Proceedings of the American Philosophical Society* 107 (1963), pp. 273-288.

PISCATOR, M.-L., *The Piscator Experiment*, Nueva York, James H. Heineman, 1967.

PLESSNER, M., «Die deutsche "University in Exile" in New York und ihr amerikanischer Gründer», *Frankfurter Hefte* 19 (1964), pp. 181-194.

PRENDERGAST, R. M., *Film Music. A Neglected Art*, Nueva York, W. W. Norton, 1992.

PRINZLER, H. H., *Joseph Losey*, Múnich, Hanser Reihe Film, 1977.

ROBIN, H., «Es funktionierte ausgezeichnet», *Eisler-Mitteilungen* 29 (junio 2002), p. 13.

ROOB, R., «Rockefeller Vision and the Making of the Museum of Modern Art», *Research Reports from the Rockefeller Archive Center* (primavera 1997), pp. 1-5.

ROSEN, Ph., «Adorno and Film Music: Theoretical Notes on *Composing for the Films*», *Yale French Studies* 60 (1980), pp. 157-182.

ROSTEN, L. C., *Hollywood. The Movie Colony, The Movie Makers*, Nueva York, Harcourt, Brace and Company, 1941.

ROTHA, P., *Rotha on Film*, Londres, Faber & Faber, 1958.

RUBSAMEN, W., «A Modern Approach to Film Music», *Arts and Architecture* (noviembre 1944), pp. 20 y 38.

RUTKOFF, P. M. y SCOTT, W. B., *New School: A History of the New School for Social Research*, Londres, Collier Macmillan, 1986.

SAUNDERS, Th. J., *Hollywood in Berlin: American Cinema and the Weimar Republic*, Berkeley, University of California Press, 1994.

SCHEBERA, J., *Hanns Eisler im USA–Exil 1938-1948. Zu den politischen, ästhetischen und kompositorischen Positionen des Komponisten (1938 bis 1948)*, Berlín Oriental, Akademie-Verlag, 1978.

—, *Hanns Eisler: Eine Bildbiographie*, Berlín Oriental, Henschelverlag, 1981.

—, *Kurt Weill. Eine Biograpie in Texten, Bildern und Dokumenten*, Maguncia, Schott, 1990.
—, «*Hangmen Also Die* (1943): Hollywood's Brecht-Eisler Collaboration», en D. Culbert y A. Dümling (eds.), *Historical Journal of Film, Radio and Television* 4/18 (octubre 1998), pp. 567-574.
—, «*Research Program on the Relations between Music and Films*. Hanns Eislers Filmmusikprojekt in den USA, finanziert durch die Rockefeller Foundation 1940-1942: Verlauf und Resultate», en N. Grosch, J. Lucchesi y J. Schebera (eds.), *Emigrierte Komponisten in der Medienlandschaft des Exils, 1933-1945*, pp. 73-90.
—, *Hanns Eisler. Eine Biographie in Texten, Bildern und Dokumenten*, Maguncia, Schott, 1998.
SCHEIBLE, H., *Theodor W. Adorno*, Reinbek, Rowohlt, 1989.
SCHLIE, T. (ed.), *Willi Münzenberg (1889-1940). Ein deutscher Kommunist im Spannungsfeld zwischen Stalinismus und Antifaschismus*, Berlín, Lang, 1995.
SCHOOTS, H., *Living Dangerously: A Biography of Joris Ivens*, Ámsterdam, Amsterdam University Press, 2000.
SCHRECKER, E., *No Ivory Tower: McCarthyism and the Universities*, Nueva York, Oxford University Press, 1986.
—, *The Age of McCarthyism. A Brief History with Documents*, Boston, Bedford Books, 1994.
—, *Many Are the Crimes. McCarthyism in America*, Princeton, Princeton University Press, 1998.
SCHWEINHARDT, P., «This Is Incredible!», *Eisler-Mitteilungen* 29, p. 3.
—, *Fluchtpunkt Wien. Hanns Eislers Wierner Arbeiten nach der Rückkher aus dem Exil*, Wiesbaden, Breitkopf & Härtel, 2006.
SHAPLEN, R., *Toward the Well-Being of Mankind. Fifty Years of the Rockefeller Foundation*, Garden City, Doubleday, 1964.
Sinn und Form. Sonderheft Hanns Eisler, Berlín Oriental, 1964.
STEINBECK, J., *The Forgotten Village*, Nueva York, The Viking Press, 1941.
— y RICKETTS, E., *Sea of Cortez: A Leisurely Journal of Travel and Research*, Nueva York, The Viking Press, 1941.
STEINER, R., «Revolutionary Movie Production», *New Theatre* (septiembre 1934), pp. 22-23.
— y HURWITZ, L., «A New Approach to Filmmaking», *New Theatre* (septiembre 1935), pp. 22-23.
STOTT, W., *Documentary Expression and Thirties America*, Nueva York, Oxford University Press, 1973.

TAFALLA, M., *Theodor W. Adorno. Una filosofía de la memoria*, Barcelona, Herder, 2003.
THIEL, W., *Filmmusik in Geschichte und Gegenwart*, Berlín Oriental, Henschelverlag, 1981.
TRETIAKOV, S., «Briefe an Hanns Eisler», *Neue Deutsche Literatur* 29 (febrero 1981), pp. 153-167.
TRUMBO, D., *The Time of the Toad: A Study of Inquisition in America*, Nueva York, Harper & Row, 1972.
VIEJO, B., «The Making of *Stretta*», *Eisler-Mitteilungen* 29 (junio 2002), pp. 14-15.
—, «Disonancias revolucionarias. La banda sonora alternativa de Hanns Eisler para *Las uvas de la ira* de John Ford», *Archivos de la Filmoteca* 47 (junio 2004), pp. 127-141.

—, «La historia de un libro. Adorno, Eisler y *Composición para el cine*», *Secuencias* 21 (primer semestre 2005), pp. 27-45.

—, «El contenido de la forma o las catorce maneras de describir la lluvia de Ivens y Eisler», en M. Cabot (ed.), *El pensamiento de Theodor W. Adorno. Balance y perspectivas*, Palma de Mallorca, Universitat de les Illes Balears, 2007, pp. 215-224.

—, «Enduringly Passionate. In Memoriam Mordecai Bauman», *Eisler-Mitteilungen* 44 (noviembre 2007), p. 32.

—, «Neue Musik für einen befreiten Film. Fuscos Filmmusik von Resnais' *Hiroshima mon amour* (1959)», en P. Schweinhardt (ed.), *Hanns Eiler. Kompositionen für der Film,* Wiesbaden, Breitkopf & Härtel, 2008, pp. 187-198.

VIERTEL, S., *The Comfort of Strangers*, Nueva York, Holt, Rine and Winston, 1969.

WALDMAN, D., «Critical Theory and Film: Adorno and "The Culture Industry" Revisited», *New German Critique* 12 (otoño 1977), pp. 39-60.

WEBER, H., «Eisler as Hollywood Film Composer, 1942-1948», en D. Culbert y A. Dümling (eds.), *Historical Journal of Film, Radio and Television* 4/18 (octubre 1998), pp. 561-566.

WEINSTEIN, L., «"Solidarity Song"», en D. Culbert y A. Dümling (eds.), *Historical Journal of Film, Radio and Television* 4/18 (octubre 1998), pp. 585-590.

WIGGERHAUS, R., *Die Frankfurter Schule: Geschichte, theoretische Entwicklung, politische Bedeutung*, Múnich, Hanser, 1986.

—, *Theodor W. Adorno*, Múnich, Verlag C. H. Beck, 1987.

—, «Ein abgrundtiefer Realist. Die Aktualisierung des Marxismus und das Institut für Sozialforschung», en M. Kessler y Th. Y. Levin (eds.), *Siegfried Kracauer: Neue interpretationen*, Tubinga, Stauffenberg, 1990, pp. 45-67.

WITTERBUR, Kl., *Die deutsche Soziologie im Exil 1933-1945. Eine biographischen Kartographie*, Münster, Lit, 1999.

WILLET, J., *The Theatre of Erwin Piscator. Half a Century of Politics in the Theatre*, Londres, Methuen, 1978.

WITTE, K., «Siegfried Kracauer im Exil», *Exilforschung* 5 (1987), pp. 135-149.

ZAMORA, J. A., *Theodor W. Adorno. Pensar contra la barbarie*, Madrid, Trotta, 2004.

Índice onomástico

Abbot, John, 31
Adorno, Gretel, 183
Adorno, Theodor W. 8, 10-12, 15, 16, 25, 32, 34, 42, 56, 81, 117, 163, 168, 171, 177, 181-183, 205, 207, 210, 211, 213, 215, 217-220
Albers, Josef, 20
Alexander, M., 156, 162
Alexander, William, 75, 79, 88
Allen, Warren, 84, 164
Apell, Donald, 89
Arnheim, Rudolf, 168
Ascoli, Max, 20
Aseew, Ralph, 100, 158
Ataturk, Kemal, 24
Auden, W. H., 39

Balázs, Béla, 130
Barry, Iris, 31, 65, 68, 209
Bauman, Irma C., 17, 34
Bauman, Mordecai, 7, 34, 35, 59, 174, 220
Beckett, Samuel, 195, 211
Beethoven, Ludwig van, 43, 51
Benjamin, Walter, 21, 25, 130, 210, 215
Benton, Thomas H., 145
Berg, Alban, 176
Berlau, Ruth, 20, 154
Bernstein, Leonard, 127
Blitzstein, Marc, 36, 46, 63, 76, 118, 154, 213
Bloch, Ernst, 20, 34, 37, 95, 174, 215
Blumer, Herbert, 89
Boaz, Franz, 26

Borzage, Frank, 143
Brahms, Johannes, 144
Brecht, Arnold, 12, 26, 144
Brecht, Bertolt, 12, 19, 28, 33, 35, 56, 62, 101, 118, 131, 143, 144, 154, 182, 212, 215, 217
Britten, Benjamin, 118
Brown, Clarence, 93
Brunel, Claude, 129
Budenz, Louis, 178
Bujarin, Nikolai, 179
Bunin, hermanos, 49
Buñuel, Luis, 31
Burris-Meyer, Harold, 60
Busch, Alan, 179, 180
Busch, Ernst, 34
Butler, Nicholas Murray, 24
Buxton, William, 30, 31

Cadler, Curtis, 152
Calico, Joy, 201
Campbell, Russell, 75, 80
Capra, Frank, 63
Carradine, John, 147, 148, 206
Cartier-Bresson, Henri, 75, 76
Caute, David, 120, 122
Chaplin, Charles, 34, 127, 141, 144, 179, 181, 182
Chen Yao, Tschin-schin, 159
Ciment, Michel, 48, 77
Clark, Erica, 17, 63, 165
Clurman, Harold, 77, 143, 144, 182

Cole, Edward, 60
Copland, Aaron, 118, 127
Cowell, Henry, 36
Cromwell, John, 93
Cukor, George, 93
Culbert, David, 15, 151, 172
Curtiz, Michael, 22
Czinner, Paul, 159

Darwell, Jane, 145, 147, 206
Day, Richard, 145
DeBra, Arthur, 99, 101, 102
Debussy, Claude, 115
Deleuze, Gilles, 124, 130, 195
Deren, Maya, 106
Dessau, Paul, 20
Dewey, John, 26
Dieterle, William, 159
Disney, Walt, 75, 99
Dmytrik, Edward, 22, 54
Döblin, Alfred, 21, 22
Dongen, Helen van, 32, 49, 66, 76, 100, 129, 154, 166, 171, 182
Douglas, Melvyn, 90
Du Bois, Coert, 73, 74
Dudow, Slatan, 38, 56, 78
Duggan, Stephen, 24
Dümling, Albrecht, 15, 151
Dyke, Willard van, 76, 77, 123

Eberlein, Hugo, 179
Einstein, Albert, 20, 181
Eisenstein, Sergei M., 123, 204
Eisler, Elfriede, 52
Eisler, Gerhart, 52, 178-180, 218
Eisler, Stephanie, 166
Eisler-Fischer, Louise, 8

Fasshauer, Tobias, 17, 36, 80, 81, 85, 174
Fermi, Laura, 23
Fernández, Emilio, 106
Ferno, John, 119, 120, 207
Feuchtwanger, Lion, 28, 62, 144
Feyder, Jacques, 56
Field, William, 79, 206
Fischer, Ernst, 183, 212
Fischer, Ruth, véase Eisler, Elfriede, 52,116

Fitzgerald, Barry, 150
Flaherty, Robert, 50
Fonda, Henry, 149, 206
Forbstein, Leo, 94
Ford, John, 7, 12, 59, 92, 93, 102, 137, 139, 142, 145, 146, 206, 212, 219
Fosdick, Raymond, 28, 180
Franken, Mannus, 129, 206
French, Walter, 146
Fromm, Erich, 25, 39

Gall, Johannes C., 15, 143
Garnett, Tay, 92
Geller, Harold, 73
Gemelli, Giuliana, 19, 27, 30
George, Manfred, 22
Gershwin, George, 48
Gingrich, Arnold, 73
Giovacchini, Saverio, 21, 22
Goberman, Max, 158
Goehr, Lydia, 16, 174
Goehr, Walter, 86, 174
Goethe, Johann W., 118, 144
Goldsmith, Nell, 120, 124
Gordon, Michael, 76
Gough, Lloyd, 122, 207
Grabs, Manfred, 14, 15, 35, 49, 117, 118, 147, 151, 171
Grant, Cary, 150
Grapewin, Charley, 149, 206
Grierson, John, 32
Grosz, George, 76
Grune, Karl, 56
Guterman, Norbert, 175, 182

Hackenschmid, Alexander, 105, 106, 207
Harris, Roy, 127
Hasenclever, Walter, 20
Hathaway, Henry, 93
Haydn, Joseph, 43
Hearst, William R., 178, 180
Hegel, Georg W. F., 198
Heilbut, Anthony, 19, 21
Helbing, Volker, 50
Heller, Berndt, 8, 17, 55, 131, 132, 146
Herzfeld, Wieland, 28, 118
Hill, Helen, 50

Hiscott, Leslie, 94
Hitchcock, Alfred, 92
Hitler, Adolf, 24
Hölderlin, Friedrich, 144
Hoover, John E., 179
Horenstein, Jascha, 34, 39, 40, 79, 83, 86, 102, 110, 122, 158, 159, 166, 206, 207
Horkheimer, Max, 11, 22, 25, 37, 41, 172, 177, 182, 215
Hosioski, Issai, 164
Huetigg, Mae, 89
Hullot-Kentor, Robert, 16, 41, 43, 174
Hurwitz, Leo, 76, 77, 100

Ivens, Joris, 8, 12, 13, 15, 32, 34, 38, 46, 47, 52, 56, 66, 68, 76, 78, 120, 129, 131, 153, 159, 182, 190, 205, 206, 209, 211, 213, 219
Ives, Ralph, véase Aseew, Ralph, 100, 158

Jacobs, Lewis, 39
Jay, Martin, 16, 19, 25, 38, 171, 174, 181
Johnson, Alvin, 26, 27, 36, 53, 54, 61, 62, 64, 68, 69, 71, 73, 97, 101, 137, 140, 160, 161, 166, 170, 180, 181
Johnson, Nunnally, 145, 147, 206
Jones, Dorothy, 89, 94, 101
Junghans, Carl, 158

Kant, Immanuel, 9
Kazan, Elia, 76, 106, 215
Kern, Edward, 76
Kirk, Mark L., 145
Kissack, Robert, 31
Klemm, Eberhart, 183, 184, 208
Klemperer, Otto, 39
Kline, Herbert, 15, 50, 75, 80, 105, 109, 110, 207
Kline, Rosa, 106, 109, 207
Kluttig, Roland, 9
Kolish, Rudolf, 158
Kortner, Fritz, 144
Koyré, Alexandre, 27
Kracauer, Siegfried, 28, 31, 153, 154, 209-211, 215, 220
Kris, Ernst, 39, 154
Krohn, Claus-Dieter, 23, 29

Lang, Fritz, 8, 21, 22, 54, 92, 143, 210
Lange, Dorothea, 145
Laski, Harold, 26
Lasswell, Harold, 89
Laughton, Charles, 144
Lawrence, Jack, 94
Lazarsfeld, Paul, 14, 20, 21, 28, 41, 42, 44, 64, 65, 161, 209, 213, 217
Leaf, Munro, 120, 122, 207
Lenin, Vladimir, 180
Lerner, Irving, 75
Lesser, Jonas, 183
Levant, Oscar, 48, 73, 74, 83
Lévi-Strauss, Claude, 27
Leyda, Jay, 39, 75, 77, 123
Lichtveld, Lou, 129
Liszt, Franz, 184
Litvak, Anatole, 22
London, Kurt, 56, 194
Lorentz, Pare, 50
Lorre, Peter, 144
Losey, Joseph, 8, 12, 32, 46, 48, 49, 53, 73, 77, 119, 120, 122-124, 159, 182, 207, 211, 214, 218
Löwe, Adolf, 26
Lowenthal, Leo, 22, 25
Lukács, Georg, 16, 215
Lynd, Robert, 89
Lyon, James, 19, 23, 100

MacManus, Georges, 175
Maddow, Ben, 75-78, 206
Mamoulian, Rouben, 159
Mann, Heinrich, 20, 21
Mann, Thomas, 19, 37, 144, 181, 183
Mannheim, Karl, 27
March, Fredric, 144
Marcuse, Herbert, 25, 154
Marley, Lord, 24
Marshak, Jacob, 26
Marshall, John, 43, 53, 55, 60, 64-66, 68, 71, 89, 93, 128, 137, 140, 154, 156, 160, 161, 170, 177, 182
Marvin, Mark, 106, 207
Marx, hermanos, 203
Marx, Karl, 180, 201, 203, 211
Mayer, Clara, 73, 96, 97, 155, 160, 161, 163-166

Mayer, Ernst H., 35
Meredith, Burgess, 107, 207
Meyer, Abe, 109, 110
Meyers, Sidney, 75-78, 154, 206
Milestone, Lewis, 93, 153
Millichap, Joseph, 106, 145, 151
Milliken, Carl, 99, 101
Mirkine-Guetzévitch, Boris, 27
Mooney, Tom, 35
Mörike, Eduard, 118
Morrison, David, 42, 43
Münzenberg, Willi, 20, 78, 215, 219

Newman, Alfred, 145, 206
Nixon, Richard, 179
North, Alex, 76

Odets, Clifford, 34, 54, 74, 76, 77, 83, 143, 144, 150, 182, 210
Ottwalt, Ernst, 38

Page, Charles, 96
Page, Polly, 96
Parsons, Louella, 90
Pascal, Blaise, 144
Pfietzinger, profesor, 58
Picasso, Pablo, 181
Piscator, Erwin, 34, 39, 209, 216, 220
Pollock, Friedrich, 25, 177
Potamkin, Harry Alan, 76
Pratt, Sherman, 79, 206
Prokofiev, Sergei, 59

Ravel, Maurice, 115
Reich, Wilhelm, 39
Reich, Willi, 176
Reinhardt, Max, 184
Renoir, Jean, 34, 54, 143, 182
Resnais, Alain, 34
Revueltas, Silvestre, 108
Ricketts, Ed, 106
Robeson, Paul, 76
Robin, Harry, 13, 49, 60, 63, 66, 69, 79, 83, 89, 91, 95, 97, 98, 100, 119, 165, 166, 206, 211
Robinson, Earl, 76
Rockefeller, John D., 28, 88
Rockefeller, John D., Jr., 28
Roosevelt, Eleanor, 111, 180
Roosevelt, Franklin D., 31, 38
Rosten, Leo, 13, 32, 89, 114
Roszá, Miklós, 20
Roth, Joseph, 21
Rotha, Paul, 31, 79
Ruttman, Walter, 55

Sanders, Moe, 101
Sanderson, Colfax, 79, 206
Schebera, Jürgen, 14, 15, 17, 52, 74, 117, 118, 135, 151
Schönberg, Arnold, 12, 20, 33, 37, 87, 115, 128, 131, 144, 173
Schrecker, Ellen, 16, 23, 38, 179
Schubert, Franz, 144
Schumacher, Joachim, 117, 130, 159, 202
Schumann, Robert, 144
Seeger, Charles, 36, 159
Sessions, Roger, 127
Shaefer, George, 93
Shapiro, Meter, 39
Shearer, Douglas, 159
Shostakovich, Dimitri, 118
Siegmeister, Elie, 76
Simons, Hans, 26
Sirk, Douglas, 20, 34, 54, 143
Slesinger, Donald, 32, 89, 97
Speier, Hans, 27, 39, 154
Stalin, Josef, 38
Stam, Robert, 40
Stanton, Frank, 44, 209
Staudinger, Hans, 26, 28
Stebbings, Robert, véase Meyers, Sidney 75-79, 81, 154, 206
Steffin, Margarette, 118
Steinbeck, John, 12, 15, 50, 105, 106, 109-111, 145, 206, 207, 215
Steiner, Ralph, 76, 78, 123
Steuermann, Eduard, 39, 131, 132, 159
Stevens, David, 60
Stiedry, Fritz, 152, 158
Stockhausen, Karlheinz, 45
Strand, Paul, 76, 77, 100
Strang, Gerald, 159

Strauss, Richard, 115
Strauss, Theodore, 108, 109
Stravinsky, Igor, 127, 198
Sturges, Preston, 93
Szell, George, 39

Taub, Leo, 73
Tchaikovsky, Pyotr I., 115
Thomas, J. Parnell, 180
Thompson, Norma, 71
Thompson, Randall, 127
Thomson, Virgil, 46
Tiedemann, Rolf, 183, 184, 208
Toch, Ernst, 39, 127
Toland, Gregg, 145, 206
Toller, Ernst, 37
Tretiakov, Sergei, 38
Trivas, Victor, 56, 159, 189
Trotsky, Leon, 61
Tucholsky, Kurt, 20
Tughaus, Carl, 100, 163

Ussher, Bruno D., 91

Vaudrin, Philip, 135, 167, 169-171, 178
Vidor, Charles, 94
Viertel, Berthold, 20
Viertel, Salka, 20, 179

Wagner, Oscar, 73
Wagner, Richard, 73, 83, 184-186
Wallichs, Glenn, 163
Wallis, Hal, 94, 99
Wanger, Walter, 89, 92, 93, 102, 114, 209
Weill, Kurt, 21, 22, 52, 87, 219
Wertheimer, Max, 20, 27, 39, 168
Whitman, Walt, 120, 124, 126
Wilder, Billy, 20
Willits, Joseph, 27
Wirth, Louis, 89
Wolf, Hugo, 144
Wolff, David, véase Maddow, Ben 75-81, 206
Wunderlich, Frieda, 26

Zanuck, Darryl, 145, 146, 206, 214
Zederman, Minna, 114
Zedong, Mao, 47

Índice general

Prólogo de Johannes Carl Gall		7
Introducción		11
Capítulo I	La nueva fuga de Constantinopla. El exilio centroeuropeo en los Estados Unidos	19
	Un distinto exilio común 19 - Procesos de acogida y centros académicos de recepción 23 - La ayuda a los refugiados de la Rockefeller Foundation 28	
Capítulo II	«Si no has visto América...» La llegada de Eisler y Adorno a Nueva York	33
	Entre Hollywood y Nueva York 34 - Adorno y la medición de la cultura 40 - Los antecedentes del Film Music Project 46	
Capítulo III	El surgimiento del Film Music Project. Propuestas y concesiones	53
	La primera propuesta 57 - La segunda propuesta 62 - La concesión de la beca 68	
Capítulo IV	Una sinfonía de cámara. *White Flood* de Frontier Films (1940)	73
	Frontier Films, una productora independiente 75 - *White Flood* de Lionel Berman, Ben Maddow y Sidney Meyers (1940) 78 - La banda sonora o *Kammer-Symphonie* 81 - Relación de Eisler con la Rockefeller Foundation 86 - El viaje a Hollywood 88 - La visita a los estudios 91 - Esperando en Mexicali: el conflicto con Harry Robin 95 - Fin de Año 100	
Capítulo V	Interludio mexicano. *The Forgotten Village* de Steinbeck y Kline (1941)	105
	La no teleología de John Steinbeck 105 - Alegres marchas fúnebres 108	

| CAPÍTULO VI | El contenido de la forma. *A Child Went Forth* de Losey y *Lluvia* de Ivens (1941) .... | 113 |

Un proyecto en construcción 115 - 1941, un año multidisciplinar 117
A *Child Went Forth* de Joseph Losey 119 - El septeto de Hanns Eisler
123 - La música de *Regen:* catorce maneras de describir la lluvia 128
Recapitulación 134

| CAPÍTULO VII | Disonancias revolucionarias. *Las uvas de la ira* de John Ford (1942) .... | 137 |

Solicitud y concesión de la prórroga 137 - La llegada a California 142
La música de *Las uvas de la ira* (1942) 145 - Los noticiarios de guerra
151 - 30 de octubre de 1942: el «informe final» 154 - Finalización y desaparición del Film Music Project 161

| CAPÍTULO VIII | La nueva música del cine emancipado. *Composición para el cine* .... | 167 |

La historia del libro 169 - La caza de brujas: el caso Eisler 178 - Diagnóstico crítico de la música de cine 181- Ideas para una nueva estética 188

EPÍLOGO	....	201
FUENTES Y BIBLIOGRAFÍA	....	205
ÍNDICE ONOMÁSTICO	....	221

TÍTULOS PUBLICADOS

La música medieval
Hoppin, Richard H.

La música medieval, de Richard Hoppin, constituye el primer volumen de una colección concebida para estudiar en profundidad la música de diferentes periodos e investigar los compositores más destacados. La obra tiene en cuenta las más modernas contribuciones de la musicología a los arduos problemas de la música medieval, como son la transcripción o la rítmica y, sobre todo, las últimas aportaciones en torno a muchos de los misterios que encierra la música de este periodo. Se trata de un libro imprescindible para todo aquel que quiera acercarse a la música medieval, tanto el musicólogo especializado, como toda persona relacionada con la música o las artes.

ISBN 978-84-7600-683-2
576 págs.

La música del Renacimiento
Allan W. Atlas

El presente volumen ofrece un completo panorama de la creación musical en el periodo comprendido entre los años 1400 y 1660. En sus páginas se aborda la evolución de los distintos géneros, el estudio de los principales compositores y otras cuestiones de carácter teórico, sin olvidar las circunstancias histórico-culturales que rodearon la génesis de las obras. Acompañado de un importante aparato de ejemplos musicales con su correspondiente análisis, el libro se completa con distintos apartados de orden práctico en los que se ofrece al lector las pautas necesarias para interpretar documentos o realizar la edición de una partitura de la época.

ISBN 978-84-460-1208-5
624 págs.

La música barroca
Hill, John Walter

En este completo y penetrante análisis de la música de la época barroca, el autor asume el papel de historiador social, antropólogo cultural, musicólogo y narrador, para, con su descripción de las fuerzas culturales, sociales y políticas del momento, ofrecer a los lectores un contexto que resulta esencial para valorar en su justa medida los logros e innovaciones musicales que tuvieron lugar en el espacio de tiempo comprendido entre 1580 y 1750.
Del Sacro Imperio a los territorios de la América hispana, de la ópera al oratorio, de la cantata a la sonata, de la teoría a las prácticas improvisatorias, en sus páginas se analizan los principales géneros, formas y estilos que marcaron la evolución musical durante más de dos siglos, de la mano de sus principales protagonistas: Purcell, Corelli, Vivaldi, Lully, Rameau, Händel… hasta llegar a la inmensa figura de Johann Sebastian Bach, con la que se cierra este intenso y dinámico periodo de la historia de la cultura occidental.
El texto se completa con el análisis en profundidad de ochenta ejemplos musicales, a lo que se suma una amplia bibliografía al final de cada capítulo.

ISBN 978-84-460-2515-3
560 págs.

La música clásica
La era de Haydn, Mozart y Beethoven
Downs, Phillip G.

El presente volumen analiza el ascenso y declive del estilo clásico, desde mediados del siglo XVIII hasta la segunda década del XIX. En sus capítulos se pone de manifiesto la enorme diversidad y los continuos cambios que caracterizan la música del periodo, sin olvidarse de las condiciones sociales y la vida cotidiana de los músicos, así como de la estética imperante y de las preferencias de la audiencia respecto a las estructuras musicales, la organización de las combinaciones y grupos orquestales, y los distintos estilos de interpretación.
El libro de Downs se centra en el estudio de Haydn, Mozart y Beethoven, los tres grandes genios que dominan este periodo, pero sin olvidarse del resto de compositores, que son igualmente observados con detalle en el espejo de su tiempo.

ISBN 978-84-460-0734-0
624 págs.

La música romántica
Plantinga, Leon

En el presente libro, que constituye el quinto volumen de la Historia Akal de la Música, se abordan los orígenes y el desarrollo del Romanticismo musical, desde los años medios de Beethoven hasta Bruckner o Hugo Wolf, pasando por Schubert, Rossini, Wagner o Mussorgsky.
En sus distintos capítulos, el autor ofrece un completo panorama del conglomerado de géneros y genios que tanto proliferaron durante el turbulento siglo XIX en los ámbitos de la música instrumental, la música vocal y el mundo de la ópera, analizados con brillantez en sus formas y escuelas nacionales.
Como es norma en esta serie, el libro se completa con el análisis de algunas de las principales obras del periodo.

ISBN 978-84-460-0040-2
532 págs.

La música del siglo XX
Morgan, Robert P.

En este volúmen, Robert Morgan traza con gran acierto el cuadro de las diversas corrientes que han caracterizado el arte de la música del siglo XX. La obra se organiza en tres partes principales -Más allá de la tonalidad: desde 1900 hasta la Primera Guerra Mundial; Reconstrucción de nuevos sistemas: el periodo de entreguerras; e Innovación y fragmentación: desde la Segunda Guerra Mundial hasta el presente. Cada parte comienza con un capítulo en el que se describe el clima intelectual y social de aquel momento, proporcionando una información indispensable para comprender las transformaciones que tuvieron lugar en la música. Además, a lo largo del texto, aparecen análisis de algunas obras, al igual que gran cantidad de ilustraciones y ejemplos musicales.

ISBN 978-84-460-0368-7
566 págs.

Guía Akal de la música (con 6 casetes)
Sadie, Stanley

La obra de Stanley Sadie constituye una de las guías más completas para conocer la historia de la música culta occidental, desde sus orígenes hasta nuestros días. Además de una historia diacrónica de los distintos periodos, estilos, movimientos y autores, el libro introduce los conceptos fundamentales del lenguaje musical, las formas y los instrumentos. La obra se completa con la presentación ordenada y progresiva de fragmentos de partituras y una serie de audiciones que acompañan al análisis, así como amplios resúmenes sobre la vida y obra de los principales autores. Opcionalmente el libro se acompaña con la edición de 6 casetes que recogen en su conjunto la totalidad de las audiciones propuestas y comentadas, imprescindible hilo conductor para comprender la Historia de la Música.

ISBN 978-84-460-0434-9
560 págs.

Antología de la música del siglo XX
Morgan, Robert P.

En esta antología, complemento de *La Música del siglo XX*, el autor reúne cuarenta y una partituras de obras compuestas entre 1903 y 1983. Cada partitura corresponde a una obra completa o bien a movimientos o secciones íntegras de obras más extensas. Además de comentarios analíticos para cada una de las obras presentadas, el libro incluye un glosario de términos técnicos, índices de las categorías analíticas, así como de las formas y géneros correspondientes a las obras analizadas.

ISBN 978-84-460-0638-1
490 págs.

Historia de la música negra norteamericana
Southern, Eileen

Esta obra es una completa y excelente guía para conocer y apreciar los distintos géneros y los múltiples estilos que definen la música afroamericana de los Estados Unidos. Siguiendo la historia de la música negra desde su origen africano hasta la época actual, a través de sus manifestaciones en la América colonial y después en los Estados Unidos, la obra incluye innumerables datos, así como documentos gráficos y musicales que, en su conjunto, conforman uno de los estudios más completos sobre el tema traducido a lengua castellana.

ISBN 978-84-460-1066-1
689 págs.

Teoría general de la música
Grabner, Hermann

La *Teoría general de la música* de Herman Grabner (1886-1969), con el «Suplemento necesario» de Diether de la Motte, constituye el último intento de comprender y describir la música como un todo desde una base teórica general. Los capítulos de este libro están provistos de numerosos ejemplos musicales y representaciones gráficas, lo que permite entender su contenido de una manera viva e intuitiva, tanto al músico profesional como a todas aquellas personas interesadas en la música.

ISBN 978-84-460-1091-3
338 págs.

Antología de la música medieval
Hoppin, Richard H.

La presente antología, complemento de *La música medieval* de la Historia Akal de la Música, recoge en sus páginas una completa selección de los principales géneros del periodo comprendido entre la Plena Edad Media y mediados del siglo XV, desde el canto gregoriano a las obras de Machaut, pasando por las composiciones trovadorescas y las *Cantigas* de Alfonso X. Sus setenta y una piezas ofrecen, en versiones íntegras, un amplio panorama de la creación musical de la época, con ejemplos de *conductus, organum,* motete o ballata, entre otros.

ISBN 978-84-460-1612-0
190 págs.

Antología de la música del Renacimiento
Atlas, Allan W.

La presente antología, complemento de *La música del Renacimiento* de la Historia Akal de la Música, recoge en sus páginas una completa selección de los principales géneros del periodo comprendido entre los años 1400 y 1600, representados por algunas de sus composiciones más célebres, como el *Nuper rosarum flores* de Dufay. De la misa al madrigal, pasando por el motete o la *chanson,* entre sus 102 piezas hay obras de Dufay, Busnoys, Ockeghem, Lasso, Juan de Encina, Palestrina, Tomás Luis de Victoria o William Byrd.

ISBN 978-84-460-1615-1
506 págs.

Teoría generativa de la música tonal
Jackendoff, Ray Lerdahl, Fred

Convertida en un clásico desde su publicación en 1983, la presente obra construye un modelo de la comprensión musical desde el punto de vista de la ciencia cognitiva. El punto de partida es la búsqueda de una gramática de la música con la ayuda de la lingüística generativa. La teoría, ilustrada con numerosos ejemplos tomados de la música clásica occidental, pone en relación la superficie audible de una pieza con la estructura musical deducida inconscientemente por el oyente experimentado. Desde el punto de vista de la teoría de la música tradicional, ofrece muchas innovaciones, tanto por lo que respecta a la notación como al fondo de las teorías rítmica y de reducción.

ISBN 978-84-460-1598-7
432 págs.

Beethoven
Filosofía de la música
Adorno, Theodor W.

El presente volumen recoge diversos textos y fragmentos en los que Adorno se ocupa de la obra de Beethoven. Enfocado desde el punto de vista de la teoría y la filosofía de la música, el libro se aleja de las biografías y catálogos al uso, y el profundo y penetrante análisis del que hace gala su autor lo convierten en una referencia indiscutible de la literatura musical contemporánea.

ISBN 978-84-460-1537-6
258 págs.

La música contemporánea a partir de 1945
Dibelius, Ulrich

Tras la conclusión de la Segunda Guerra Mundial, se inicia uno de los periodos más feraces, pero también controvertidos por la complejidad de sus propuestas, de la historia de la música. De ahí que, para apreciar en su justa medida la obra de figuras clave de la creación del siglo XX como Nono, Henze, Stockhausen o Lygeti, sea más necesario que nunca conocer los presupuestos sobre los que se asienta su obra.

Tal es el objetivo del presente libro, todo un clásico sobre el tema, en el que su autor aborda con rigor y claridad, en una admirable síntesis, los principales movimientos y tendencias seguidos por la creación musical a partir del año 1945, ocupándose de sus protagonistas y ofreciendo un completo panorama de la composición contemporánea en los distintos países.

ISBN 978-84-460-1291-7
688 págs.

Enfoques analíticos de la música del siglo XX
Lester, Joe

Concebido como introducción a diversas técnicas analíticas aplicables a la música del siglo XX, este valioso libro está escrito en un estilo directo y claro, e incluye numerosos ejemplos musicales y ejercicios prácticos. Libre de la jerga y las abstrusas ecuaciones matemáticas que caracterizan tantas obras de naturaleza especulativa, este lúcido estudio utiliza obras maestras de la música del siglo XX como base para la exposición y el análisis.

El texto está organizado en cuatro unidades. La primera se centra aspectos de la estructura musical como son el ritmo, la textura, el timbre, la forma y la relación de la música tonal con las músicas de nuestro tiempo. La segunda y la tercera se ocupan de la estructura de alturas (conjuntos de clases de altura y música serial, respectivamente). La cuarta, por último, contiene un estudio de la música de la generación de la posguerra. Partiendo de la premisa de que la percepción de una obra de arte es un asunto personal, el autor no pretende enseñar el modo de escuchar o de analizar la música contemporánea. Al contrario, su objetivo es que el lector pueda realizar una escucha más informada gracias a una mejor comprensión del modo en que se emplean los materiales musicales para lograr efectos tan sónicos como expresivos.

ISBN 978-84-460-1692-2
320 págs.

Antología de la música clásica
Downs, Phillip G.

En esta antología, cuidadosamente seleccionada, el autor de «La música clásica» ha elegido setenta y seis obras representativas del siglo XVIII y comienzos del XIX, que constituyen una completa ilustración de los géneros, estilos y combinaciones instrumentales del periodo, de la sinfonía al cuarteto, pasando por el concierto, la sonata o la ópera. Los grandes genios de la época, Haydn, Mozart y Beethoven, están representados con ejemplos de las formas musicales que utilizaron. Y junto a ellos, el lector encontrará una generosa recopilación de la obra de esos compositores «menores» que trabajaron diligentemente en toda Europa para proveer a un público cada vez mayor de las últimas tendencias musicales.

ISBN 978-84-460-1613-7
276 págs.

La flauta mágica
Ópera y misterio
Assmann, Jan

La flauta mágica es la ópera más popular de Mozart, a pesar de que su acción plantea grandes enigmas. ¿En qué país una astuta serpiente hace de las suyas en los aledaños de un Templo de la Sabiduría? ¿Quién es bueno y quién malo? ¿Qué significa la prueba del fuego y del agua? Los contemporáneos de Mozart supieron orientarse en este mundo, pues en la historia de las dos desiguales parejas descubrieron alusiones a la francmasonería, a las concepciones de ésta sobre el Antiguo Egipto y a los cultos mistéricos a él ligados.

El gran egiptólogo Jan Assmann nos cuenta *La flauta mágica* escena por escena, mostrando lo estrechamente conectadas que la acción y la música de esta ópera están con la fascinación que el Antiguo Egipto y los cultos mistéricos ejercieron sobre Mozart y sus contemporáneos. Y de repente esta historia deja de parecernos tan enigmática. Más bien asistimos a la transformación de los actores en el escenario, entre dudas y pruebas, en hombres ilustrados, y nosotros mismos nos convertimos en parte de la historia, ya sea un teatro de ópera como ante un equipo de música. Estamos, pues, ante un libro que vuelve a abrir los ojos y los oídos a una ópera que hace mucho que creíamos conocer.

ISBN 978-84-460-2383-8
288 págs.

Las hechiceras
Starobinski, Jean

Aliándose con la música, recurriendo a las antiguas fábulas y a las convenciones del teatro, la poesía ha inventado un nuevo espacio de ficción: la ópera. Todas las figuras del deseo y del extravío pasional pueden interpretarse y desbaratarse en ella. También todas las autoridades se pueden poner en cuestión. Las hechiceras tienen bajo su dominio a los héroes que ellas han descarriado. Sin embargo, su triunfo no es duradero. Ellas son las encarnaciones del arte que multiplica los placeres y que también sabe hasta qué punto su soberanía es precaria.

Escuchando a las hechiceras, Jean Starobinski va al encuentro de algunos oyentes de exigencia inquieta: Rousseau, Stendhal, Hoffmann, Balzar y Nietzsche. De sus lecturas, el autor vuelve cargado de descubrimientos intelectuales esclarecedores. Y de algunos problemas.

ISBN 978-84-460-2484-2
200 págs.

Diccionario de la música
Rousseau, Jean-Jacques

La notoriedad alcanzada por el *Dictionnaire de musique* de Sébastien de Brossard se vio coronada por la publicación en 1768 del *Dictionnaire de musique* de Jean-Jacques Rousseau, texto nacido con vocación de contribuir al conocimiento de la terminología predominante en la práctica musical francesa del momento. Sin embargo, el contenido teórico-técnico se destaca controvertible sobre un escenario netamente iluminado por una erudición domesticada con vistas al bien común.

El silencio acaecido tras la pionera traducción del *Diccionario* al inglés (William Waring, 1771), la exigua aportación al alemán de Dorothea y Peter Gülke (1984), y la escasez testimonial del *Essay* de John T. Scott (1998), concluye en nuestro país con la primera edición en castellano, realizada por José Luis de la Fuente Charfolé, que, tras un riguroso estudio introductorio en el que expone el estado actual de las investigaciones, aportaciones y sucesos de mayor relevancia acaecidos sobre el texto, evidencia la influyente presencia que el epítome rousseauniano ha desplegado en el mundo de habla hispana.

ISBN 978-84-460-2172-8
512 págs.

Antología de la música romántica
Plantinga, Leon

Esta antología, ideada para acompañar a la obra *La música romántica*, de esta misma colección, tiene como propósito ofrecer las partituras de todas las obras que en aquélla se analizan en profundidad, al mismo tiempo que servir, independientemente, como una equilibrada colección para los interesados por la música del siglo XIX. A tal fin, el editor abarca ampliamente toda la gama de formas y géneros propios del periodo romántico. En cada una de las treinta y ocho selecciones de esta antología, se ha reproducido la mejor de las ediciones actualmente disponibles y se han incluido piezas completas allí donde los límites del presente libro lo han permitido; sin embargo, dadas las grandes proporciones de muchas de las obras decimonónicas, ello no siempre ha sido factible. Todos los textos vienen recopilados al final de la obra, traducidos al castellano, y acompañados en algunos casos en el idioma original.

Hoy en día, cuando la música del siglo XIX continúa predominando en los teatros de ópera y salas de concierto en todo el mundo, esta antología, práctica y bien diseñada, será de gran interés para los estudiantes, profesores y amantes de la música.

ISBN 978-84-460-1614-4
668 págs.

Otra historia del tiempo
Gavilán, Enrique

El punto de partida de este libro es un descubrimiento de la imaginación romántica: la música crea un tiempo propio que llega a experimentarse con tal intensidad que puede sustituir al tiempo real hasta provocar su transfiguración. La detención de la rueda del tiempo y su ruido ensordecedor, en la historia del monje desnudo (Wackenroder), se convierte en paradigma de la experiencia artística romántica, sucedáneo de la religión. Así, la primera parte del libro pasa revista al modo en que la idea es sistematizada y desarrollada, entre otros, por Schopenhauer, Wagner, Adorno y Lévi-Strauss. La segunda, analiza cómo ciertas músicas contemporáneas han abordado el tiempo, para afrontar sus enigmas a través del sonido. Los principales ejemplos son la *Sinfonia* de Luciano Berio y el cuarteto de cuerdas de Luigi Nono, pero también un modelo literario, poesía que imita de forma estricta la música para conseguir hablar del tiempo más allá de los límites del lenguaje: *Cuatro cuartetos* de T. S. Eliot.

ISBN 978-84-460-2436-1
192 págs.

La edición crítica de la música
Historia, método y práctica
Grier, James

Este es el primer libro que proporciona una introducción a los métodos de la crítica textual y a sus aplicaciones en la edición musical, al tiempo que ofrece una historia de este campo, y una discusión de las cuestiones y problemas encontrados. En este volumen, James Grier examina los principales temas de la edición musical y desarrolla un marco teórico para una metodología crítica, proporcionando ejemplos que van desde el repertorio de la música antigua a las obras contemporáneas, e incluyendo diversos géneros. El autor atiende a las diversas actividades inherentes a la edición musical y examina el futuro de la edición musical y sus aplicaciones en CD-ROM y otros medios electrónicos.

ISBN 978-84-460-2398-2
240 págs.

Augusto Bournonville
Historia y estilo
Matamoros Ocaña, Elna

Augusto Bournonville, uno de los artífices del resurgir de la danza durante el Romanticismo, dejó un legado cuyo estudio es fundamental para entender la técnica del ballet. Heredero de la danza argumental de Noverre y Angiolini, y precursor del esplendor del clasicismo de Petipa, fue además un maestro brillante que supo revolucionar la formación del bailarín a lo largo de sus casi cincuenta años de trabajo en el Real Ballet de Dinamarca. El estilo Bournonville, como se conoce en la actualidad, es un compendio de estética, técnica y metodología que permite que las coreografías del creador danés se puedan seguir interpretando hoy con la misma pureza y rigor que en el siglo XIX. Gracias al recorrido histórico y a las claras explicaciones técnicas que este libro ofrece, acompañadas de las fotografías de los bailarines Tamara Rojo y Sergio García, el lector encontrará aquí el instrumento indispensable para apreciar y disfrutar no sólo la obra coreográfica de Bournonville, sino también la riqueza, exigencia y brillantez del ballet clásico en todo su esplendor.

ISBN 978-84-460-2967-0
256 págs.